高等院校石油天然气类规划教材

油气地质与勘探概论

（第二版）

李 斌　廖明光　主编

石油工业出版社

内 容 提 要

本书主要阐述石油和天然气在地壳中的生成、运移、聚集成藏的基本原理与分布规律，以及油气藏勘探的方法和程序。内容体系上以油气成藏原理为核心，按油气藏形成及分布的正演顺序，从认识石油、天然气和油田水的基本特征入手，系统阐述了油气成藏的基本要素及其作用过程，重点阐述了储集层和油气藏形成基本原理，系统介绍了油气藏类型及其分布规律，在此基础上简述了油气勘探的方法和程序，以及钻井地质基本知识与油气资源评价和储量计算的基本理论和方法。

本书可作为高等院校勘查技术与工程（物探和测井）、地质学、石油工程、地球物理学专业本科生教材，也可供其他非石油主干专业的师生以及从事油气田勘探开发工作的生产和科研人员参考。

图书在版编目（CIP）数据

油气地质与勘探概论/李斌，廖明光主编．—2 版．—北京：石油工业出版社，2020.12（2024.05 重印）
高等院校石油天然气类规划教材
ISBN 978–7–5183–4432–1

Ⅰ.①油… Ⅱ.①李…②廖… Ⅲ.①石油天然气地质–高等学校–教材 Ⅳ.①P618.130.2

中国版本图书馆 CIP 数据核字（2020）第 259748 号

出版发行：石油工业出版社
（北京市朝阳区安定门外安华里 2 区 1 号楼　100011）
网　　址：www.petropub.com
编辑部：(010)64523694　图书营销中心：(010)64523633
经　　销：全国新华书店
排　　版：北京乘设伟业科技有限公司
印　　刷：北京中石油彩色印刷有限责任公司

2020 年 12 月第 2 版　2024 年 5 月第 2 次印刷
787 毫米×1092 毫米　开本：1/16　印张：18.25
字数：467 千字
定价：42.00 元
（如发现印装质量问题，我社图书营销中心负责调换）
版权所有，翻印必究

第二版前言

《油气地质与勘探概论》作为高等院校石油天然气类规划教材，自2011年出版已经10年，共印刷2次。教材主要针对资源勘查技术与工程及地质学专业人才培养的方案和能力素质要求，侧重学生对油气地质的基本概念、基本原理和基本应用的理解和掌握，内容精炼、表述清晰，深受广大师生的欢迎，被多所高校选为教学用书或参考教材。10年来，世界及我国油气资源发展迅速，在天然气、深部和非常规油气等领域取得重要进展。尤其是以页岩气、致密油为代表的油气资源开发极大促进了相关油气地质的理论发展和技术进步，部分传统概念、定义和原理不断拓宽和完善。因此，对《油气地质与勘探概论》进行修订十分必要。

与第一版相比，本版教材主要有以下变化：

(1) 补充了非常规油气藏、次生油气藏、非常规油气藏的定义和基本特征。其中，第五章补充了油气藏的寿命和形成时间，第七章更新了我国和世界油气资源的分布特点，第十章补充了页岩气储量计算的参数。

(2) 完善了第二章有机质热演化的过程和第三章碎屑岩储集层次生孔隙的成因，第三章碳酸盐岩储集层类型按成因和储集空间进行分类描述，完善了第四章油气二次运移、第九章定向井的地质设计、第十章油气资源评价的方法。

(3) 删减了第三章储集层中孔隙度、渗透率的测定方法，孔隙结构中典型毛管压力曲线分布，重新梳理了第三章盖层的有效性因素，第八章删减了勘探典型实例，第十章删减了储量参数的选值。

(4) 各章增加了思考题。

本教材是在《油气地质与勘探概论》基础上修订而成的，由西南石油大学李斌、廖明光主编。教材编写大纲的确定及编写组织工作由李斌和廖明光负责。具体编写分工如下：前言、绪论、第二章和第七章由李斌编写；第一章、第六章由祝海华编写；第三章和第十章由刘明洁编写；第四章和第五章由渠芳编写；第八章由廖明光编写；第九章由杨辉廷编写。全书由李斌、廖明光审查定稿。

在教材立项和编写过程中，得到了西南石油大学地球科学与技术学院和石油工业出版社的大力支持，在此表示衷心的感谢！西南石油大学张欣、钟笠、姜萧俊、龙刚等参加了本教材的资料收集整理及图件清绘和文字校对工作，在此一并表示感谢。

由于编者水平所限，教材中一定还有许多不当之处，在此诚请使用本教材的广大师生和读者提出宝贵意见，以便教材再版时修改。书面意见可寄至本人（四川成都新都区西南石油大学地球科学与技术学院，邮编610500）或发至邮箱（lbin@swpu.edu.cn）。

李　斌

2020年8月于成都

第一版前言

  油气藏的形成是发生在地质历史中的事件,要经济、有效地寻找到这些深埋地下的油气矿藏,需要以油气地质理论作为指导,搞清油气在地壳中的分布规律,同时还需要先进的勘探技术手段。地壳中的油气藏是如何形成及分布的?通过何种方法才能有效地找到这些油气藏?这就是本书要回答的主要问题。本教材主要阐述了油气在地壳中的生成、运移、聚集成藏的基本原理与分布规律,以及油气勘探的方法和程序,核心内容是油气成藏原理。

  本教材的内容体系围绕油气藏的形成、分布及油气勘探这一主线,按照事物发生、发展的顺序展开论述。全书共分为十章,建立了以下体系:首先从认识石油、天然气和油田水的基本特征入手,讨论石油和天然气的成因以及生成、储存和封盖油气的烃源岩、储集层和盖层;然后重点阐述油气的运移、聚集与油气藏形成的基本原理,介绍油气聚集的最基本单元油气藏及其特征以及油气在地壳中的分布规律和控制因素;再介绍油气勘探的方法及程序;最后简介钻井地质、油气资源与储量的基本知识。

  本教材被列为高等院校石油天然气类规划教材,由西南石油大学廖明光主编。教材的申请立项、编写大纲及各章节内容体系安排、编写组织工作由廖明光负责。为了充分反映我国石油高等院校广大石油地质学教师的科研成果和教学经验,组成了由3所石油高校教师参加的教材编写组。参加本教材编写的有中国石油大学(北京)陈冬霞、李潍莲、邹华耀,长江大学郭甲世、林小云,西南石油大学李斌、廖明光、唐洪。本书的具体编写分工如下:前言、绪论、第三章和第六章第三节至第五节由廖明光编写;第一章由李斌编写;第二章和第六章第一节至第二节由林小云编写;第四章和第五章的第二节由陈冬霞编写;第五章的第一节、第三节和第四节由李潍莲编写;第七章由邹华耀编写;第八章由郭甲世编写;第九章和第十章由唐洪编写。全书由廖明光审查定稿。

  在本教材的立项和编写过程中,得到了中国石油大学(华东)蒋有录教授、中国石油大学(北京)柳广弟教授、西南石油大学颜其彬教授的大力支持,在此表示衷心的感谢!西南石油大学李凌、路俊刚、王显财、苟亚西、王少奇等参加了本教材的资料收集整理、图件清绘和文字校对工作,在此一并表示感谢。

  由于编者水平所限,教材中一定还有许多不当之处,在此诚请使用本教材的广大师生和阅读本书的读者提出宝贵意见,以便教材再版时更正。在此表示衷心欢迎和感谢!

编 者
2011年4月

目 录

绪论 ………………………………………………………………………………… (1)
 第一节 石油和天然气在现代社会中的地位 ………………………………… (1)
 第二节 近现代油气勘探发展概况 ………………………………………… (2)
 第三节 油气地质与勘探概论的主要内容 ………………………………… (7)

第一章 石油、天然气和油田水的基本特征 ………………………………… (9)
 第一节 石油 …………………………………………………………………… (9)
 第二节 天然气 ………………………………………………………………… (19)
 第三节 油田水 ………………………………………………………………… (22)
 思考题 …………………………………………………………………………… (24)

第二章 石油和天然气成因 ………………………………………………………… (25)
 第一节 油气成因概述 ………………………………………………………… (25)
 第二节 油气生成的原始物质 ………………………………………………… (28)
 第三节 有机质的演化与油气生成 …………………………………………… (32)
 第四节 烃源岩及评价 ………………………………………………………… (39)
 思考题 …………………………………………………………………………… (45)

第三章 储集层和盖层 ……………………………………………………………… (46)
 第一节 岩石的孔隙性和渗透性 ……………………………………………… (46)
 第二节 碎屑岩储集层 ………………………………………………………… (55)
 第三节 碳酸盐岩储集层 ……………………………………………………… (64)
 第四节 非常规储集层 ………………………………………………………… (79)
 第五节 盖层及其封闭性 ……………………………………………………… (83)
 思考题 …………………………………………………………………………… (89)

第四章 油气运移 …………………………………………………………………… (90)
 第一节 基本概念 ……………………………………………………………… (90)
 第二节 初次运移 ……………………………………………………………… (92)
 第三节 二次运移 ……………………………………………………………… (100)
 思考题 …………………………………………………………………………… (114)

第五章 油气聚集与油气藏的形成 ……………………………………………… (115)
 第一节 圈闭和油气藏的概念及度量 ……………………………………… (115)
 第二节 油气聚集原理 ………………………………………………………… (118)
 第三节 油气藏形成的基本条件 ……………………………………………… (123)
 第四节 油气藏的寿命和形成时间 …………………………………………… (134)
 思考题 …………………………………………………………………………… (142)

第六章 油气藏的类型和特征 (143)
第一节 油气藏分类 (143)
第二节 构造油气藏 (144)
第三节 地层油气藏 (156)
第四节 岩性油气藏 (163)
第五节 复合油气藏 (170)
第六节 非常规油气藏 (172)
思考题 (179)

第七章 含油气盆地 (180)
第一节 含油气盆地基本特征 (180)
第二节 前陆盆地油气分布规律 (184)
第三节 裂谷盆地油气分布规律 (189)
第四节 (狭义的)克拉通盆地油气分布规律 (194)
第五节 我国及世界油气资源分布特点 (199)
思考题 (207)

第八章 油气勘探 (208)
第一节 油气勘探概述 (208)
第二节 油气勘探技术 (213)
第三节 区域勘探 (220)
第四节 圈闭预探 (223)
第五节 油气藏评价勘探 (229)
第六节 滚动勘探开发 (231)
思考题 (235)

第九章 钻井地质 (236)
第一节 钻井地质设计 (236)
第二节 地质录井 (240)
第三节 完井资料整理 (256)
思考题 (261)

第十章 油气资源与储量 (262)
第一节 资源量与储量分类 (262)
第二节 油气资源评价方法 (263)
第三节 油气地质储量计算 (266)
思考题 (277)

参考文献 (278)

绪 论

第一节　石油和天然气在现代社会中的地位

石油和天然气作为一种重要的能源和战略资源，在当代社会和国民经济中占有极其重要的地位。党中央和国务院对油气资源高度重视，将油气资源与粮食、水资源一同列为影响经济社会可持续发展的三大战略资源。石油已经不仅仅是"工业的血液"，它已经渗透到社会生活的方方面面，并且在国际战略中具有举足轻重的地位。

石油和天然气是非常宝贵的燃料。从石油中提炼的汽油、煤油、柴油等是汽车、拖拉机、火车、飞机、轮船的优质动力燃料，超音速飞机、火箭、导弹、飞船等现代化设备的燃料也离不开石油产品。石油和天然气的发热量大、燃烧完全、运输方便和污染小等优点，使其在世界能源消费结构中所占的比重越来越大。据《世界能源统计年鉴2020》，2019年世界能源消费总量为 141.33×10^8 t 油当量，其中石油占33.06%、煤炭占27.03%、天然气占24.22%、水电占6.45%、可再生能源占4.96%、核能占4.27%。石油和天然气占世界能源消费的57.28%。

石油又是生产润滑油的原料。从微小精密的钟表到庞大高速的发动机，都需要润滑才能转动，所以人们将润滑油料视为机器的"血液"。

石油和天然气还是非常重要的化工原料，乙烯、丙烯等化学工业应用的主要基础原料多来自石油和天然气。目前已从石油中提炼出3000多种产品，应用到各个领域。由石油和天然气为原料生产的品种繁多的石油化工产品，是国民经济不可缺少的重要材料。

改革开放以来，国民经济获得了快速发展，对石油和天然气的需求也随之增加。虽然我国石油产量每年仍有所增长，但已不能满足经济快速发展的需求。1993年以后，我国石油的进口量逐年上升，由出口国变为石油的净进口国，2015年消费石油 5.54×10^8 t，是继美国之后的全球第二大石油消费国，石油的对外依存度已高达65%。2018年中国油气消费继续快速增长，继2017年成为世界最大原油进口国之后，又超过日本成为世界最大的天然气进口国，天然气进口量 $1254 \times 10^8 m^3$，同比增长31.7%，对外依存度升至45.3%。石油净进口量 4.4×10^8 t，同比增长11%，对外依存度升至69.8%。预计今后，我国的石油和天然气对外依存度还将继续上升，构建全面开放条件下的油气安全保障体系，提升国际油气市场话语权，成为当务之急。

石油作为一种战略资源在国际政治中占有越来越重要的地位。从近几十年来国际关系的现实可以看到，石油资源是国家间发生战争和冲突的主要因素，特别是谋求对石油资源的控制成为国际斗争的焦点之一。两伊战争、伊拉克入侵科威特、海湾战争、阿富汗战争、伊拉克战争、巴以冲突、非洲一些国家的内战等，其背后都存在着深刻的石油因素。随着石油资源的日益紧缺，石油对社会经济发展的制约作用将愈加突出，以各种形式出现的全球能源争夺战也将愈演愈烈。

由于人类对环保的要求越来越高，天然气作为更洁净、更高效的能源正越来越受到世界各国的重视。据专家预测，21世纪上半叶，天然气将逐渐取代石油成为第一能源。

第二节 近现代油气勘探发展概况

英文"Petroleum"一词来源于希腊文 petra(岩石)和 oleum(油)。中文"石油"一词,来源于宋代沈括(1031—1095)的《梦溪笔谈》。人类发现并利用石油和天然气的历史悠久,但真正有意识地、较大规模地寻找和开发油气,则只有近两百年的历史。19世纪中叶,近代石油工业诞生,标志着人类大规模勘探、开采石油和天然气的开始。人类最初利用油气苗寻找油气,后来提出了经典的"背斜学说";到20世纪初,诞生了对现代油气勘探起重要作用的地球物理方法,油气地质理论和方法不断发展完善,指导油气勘探活动的理论——油气地质学也获得了突飞猛进的发展。回顾近现代油气勘探与油气地质学发展历史,对认识现代油气地质与勘探理论有重要意义。

一、我国近现代油气勘探发展概况

(一)新中国成立前的油气勘探概况

我国是世界上最早开发气田的国家,四川自流井气田的开采约有2000年的历史。《自流井记》关于"阴火潜燃于炎汉"的记载表明,早在汉朝就已在自流井发现了天然气。自流井即因这口井自喷卤水而得名。

近代世界石油工业诞生以前,我国在认识、利用和开采石油及天然气资源方面一直走在世界前列,积累了丰富的知识和宝贵的经验。但在19世纪中叶近代石油工业诞生以后至新中国诞生前的100年时间,我国的油气勘探开发工业发展极为缓慢,远远落在了西方国家后面。加上当时国外一些地质家以唯海相生油论对中国陆相盆地含油气远景的错误推论,认为中国贫油,大大影响了我国油气勘探的进程。我国长期依赖"洋油"的历史直到发现大庆油田后才得到改变。

中国近代石油勘探从1878年台湾钻探第一口油井开始,已有近130年的历史。借助于国外技术力量,1878年清政府在台湾苗栗打了中国第一口油井,1907年在陕西延长打成了中国大陆的第一口油井(延1井),1909年在新疆独山子开凿油井。1913年美国某公司组成调查团到我国陕西、山东、河南、河北、甘肃、东北等地进行首次石油地质调查,并于1914年在陕北打井7口,均未获工业油流。1922年2月,美国地质学家 E. Blackwelder 撰写的论文《中国和西伯利亚石油资源》指出:"中国没有中、新生代海相沉积,古生代沉积也大部分不生油,除了中国西部、西北部某些地区外,所有各个年代的岩层都已剧烈褶皱、断裂,并或多或少被火成岩侵入。因此,中国绝不会生产大量石油。"从此,中国贫油论在世界传播(张文昭,1999)。

1937年抗日战争全面爆发,石油来源断绝,国民党政府不得不自己加紧勘探、开发石油。1938年冬,孙健初等一行9人骑骆驼顶寒风,在戈壁滩上开始石油勘探,地质人员在酒泉盆地和河西走廊地区进行地质普查、构造细测,于1939年8月1日,1号井钻至88.18m获工业油流,日产油10t,发现了老君庙油田。

20世纪40年代,中国地质学家李四光、谢家荣、翁文灏、翁文波、潘钟祥、黄汲清等通过亲身的地质考察和勘探实践,指出中国石油勘探前景广阔。在一系列勘探实践的基础上,中国石油地质理论开始萌芽。如1941年潘钟祥在美国石油地质家协会会志(AAPG)发表《论中国陕北和四川白垩系陆相生油》的论文;1947年黄汲清、翁文波等提出"陆相生油,多期、多层含油的理论";1948年翁文波撰写了《从定碳比看中国石油远景》。这些杰出的地质学家开创了中国和世界陆相生油理论,为我国陆相盆地油气勘探提供了坚实的理论基础。

但到新中国成立以前,全国只开发了台湾出磺坑、陕西延长、新疆独山子和甘肃老君庙4个小油田,四川自流井、石油沟、圣灯山和台湾锦水、竹东、牛山、六重溪等7个小气田。全国从事石油地质的技术人员20余人,钻井工程师10多人,地球物理和采油工程师不足10人。从1904年到1948年累计产油278.5×10^4 t。1943年石油最高产量32×10^4 t,1949年仅产原油12×10^4 t。1949年全国只有8台钻机,累计探明石油储量2900×10^4 t。

(二)新中国成立后的油气勘探发展概况

1949年中华人民共和国成立后,党和政府十分重视石油地质勘探事业,我国石油勘探工作者发扬自力更生、艰苦奋斗的精神,发现了一个又一个的油气区和油气田,石油年产量成倍上升:从1949年的年产12×10^4 t至20世纪70年代末期就突破了一亿吨大关,2010年年产原油20301×10^4 t,成为世界第四大石油生产国。

综观1949年以来的油气勘探历程,我国的油气勘探可以划分为三个阶段:20世纪50年代的初期发展阶段、20世纪60—80年代中期的快速发展阶段、20世纪80年代中期至今的稳定发展阶段。

1. 初期发展阶段(1950—1959年)

新中国成立初期至大庆油田发现的10年是我国石油勘探的初期发展阶段。这一时期的勘探重点在中西部地区的四川、鄂尔多斯、酒泉、准噶尔、柴达木、吐鲁番等盆地,这些地区地表油气显示较多,已有少数油气田,地层出露较好,构造比较明显。除原有的老君庙、延长、圣灯山等油气田继续详探开发外,又陆续发现克拉玛依、冷湖、油砂山、鸭儿峡、蓬莱镇、南充等油田和川南一批气田,石油工业有了显著发展,尤其是准噶尔盆地西北缘克拉玛依大油田的发现,是新中国石油勘探史上的第一次重大突破。但还没有从根本上改变进口石油的局面。

2. 快速发展阶段(1960—1985年)

从1959年大庆油田的发现到20世纪80年代中期,我国石油勘探进入快速发展阶段。1959年9月26日,松辽盆地松基三井获得了工业油流,发现了大庆油田,实现了中国石油工业发展史上历史性的重大突破,也标志着我国石油勘探进入了第二个大的阶段,由此中国石油勘探开始战略转移,即重点由中西部地区转向东部地区。大庆油田发现的理论意义在于突破了唯海相生油论,从实践上证明了陆相盆地,尤其是大型湖泊沉积物不仅能够生油,而且可以形成大型油田。这极大地解放了中国油气地质学家的思想,开创了在陆相盆地寻找大油田的新篇章。

1961年,渤海湾盆地东营凹陷的华8井喷油,1962年在营2井获高产油流,发现和证实了胜利油田。1964年勘探重点从松辽盆地转移到渤海湾盆地,相继发现和建成了胜利、大港、辽河、华北、中原等石油生产基地。特别是1975年华北任丘古潜山油田的发现,开拓了石油勘探的新领域。在松辽、渤海湾盆地勘探和开发取得重大进展的同时,全国其他地区石油勘探工作也在蓬蓬勃勃地展开。相继在四川、江汉、鄂尔多斯、苏北等盆地进行了较大规模的石油勘探,发现了一大批油气田。

这一时期,大庆油区和渤海湾油区的发现和全面开发使石油工业进入前所未有的高速发展时期,是我国石油勘探的黄金时期。该时期石油产量大幅度增长,1965年产量超过1000×10^4 t,1973年超过了5000×10^4 t,1978年突破了1×10^8 t,到1985年中国累计探明石油地质储量116×10^8 t,当年石油产量达到1.294×10^8 t,使我国跃居世界产油大国的行列。

3. 稳定发展阶段（1986年至今）

20世纪80年代中后期至现在,我国石油勘探进入稳定东部、发展西部、油气并举、大力发展海洋勘探和积极开拓海外石油勘探开发市场的新阶段。在东部深化勘探的同时,重点加强了西部地区,特别是塔里木、准噶尔、吐哈、柴达木和鄂尔多斯盆地的油气勘探工作。经过近20年的艰苦努力,发现了一大批新油田,保证了我国原油产量的稳定增长,西部盆地探明石油储量较快速增长的趋势还将继续下去。天然气勘探获得了重大突破,相继发现了南海琼东南盆地的崖13-1大气田;鄂尔多斯盆地的靖边大气田、苏里格气田、榆林气田、乌审旗气田;塔里木盆地的克拉2大气田、大北气田等;四川盆地的川东北三叠系鲕滩气田勘探获得突破,发现了罗家寨、普光等一批大气田,川中三叠系须家河组发现了合川、安岳、广安等大型致密气田,川中深层还发现了磨溪寒武系龙王庙组大气田、高石梯震旦系大气田,页岩气勘探也取得重大突破,探明了礁石坝和蜀南龙马溪组页岩气田;探明天然气储量快速增长。我国海洋石油勘探获得了前所未有的快速发展,南海和东海的天然气勘探均取得了重要成果,我国近海已探明天然气地质储量超过 $1.0 \times 10^{12} m^3$。产量也迅速增长,1996年超过 $1500 \times 10^4 t$,2010年中国海洋石油天然气产量首次超过 $5000 \times 10^4 t$,目前已成为保持我国石油产量增长的主要领域。

近年来中国石油企业积极推进海外油气勘探活动,海外油气业务迅速发展,已形成了非洲、中亚、南美、中东和亚太五个合作区域。截至2019年12月31日,中国石油全年海外权益产量已达 $1.04 \times 10^8 t$,海外油气业务取得历史性突破。

新中国的石油勘探走过了近70年的光辉历程。到2016年底,我国累计探明石油地质储量 $381 \times 10^8 t$,累计探明天然气地质储量 $13.74 \times 10^{12} m^3$,探明油气田993个,其中油田722个、气田271个。2016年年产原油 $19960 \times 10^4 t$,年产天然气 $1231.72 \times 10^8 m^3$。根据国土资源部油气资源动态评价结果,我国陆地和近海拥有石油地质资源量 $1257 \times 10^8 t$,可采资源量 $301 \times 10^8 t$;天然气地质资源量 $90.3 \times 10^{12} m^3$,可采资源量 $50.1 \times 10^8 t$。南海南部海域还拥有石油地质资源量 $130 \times 10^8 t$,天然气地质资源量 $9 \times 10^{12} m^3$。我国目前石油资源探明程度仅为30%,天然气资源探明程度仅为14%。另外我国还有丰富的油砂、油页岩、煤层气、页岩气、天然气水合物等非常规油气资源。据国土资源部油气资源战略研究中心估算,2015年全国埋深4500m以浅的页岩气地质资源量为 $122 \times 10^{12} m^3$,可采资源量为 $22 \times 10^{12} m^3$,截至2016年累计探明页岩气地质储量 $5441 \times 10^8 m^3$,探明程度仅0.4%;埋深2000m以浅的煤层气地质资源量 $30 \times 10^{12} m^3$,可采资源量 $12.5 \times 10^{12} m^3$,累计探明煤层气地质储量 $6293 \times 10^8 m^3$,探明程度仅2.1%。因此,我国油气资源勘探的潜力仍然很大,勘探前景依然广阔。

在油气地质理论方面,以勘探实践为基础,形成了具有中国特色的陆相盆地石油地质理论,主要包括3个方面:陆相生油理论、源控论和复式油气聚集带理论。松辽盆地大庆油田的发现使陆相生油理论得到实践的检验,并成为松辽盆地、渤海湾盆地等一批陆相盆地寻找大型油气田的理论依据。根据陆相盆地油气近距离运移聚集的勘探实践建立的"源控论",成为我国陆相盆地油气勘探的重要理论。以渤海湾盆地断块油田成藏条件与分布规律为主要内容的复式油气聚集（区）带理论的建立,丰富了中国石油地质理论,并有效地指导了中国东部断陷盆地的油气勘探。中国陆相盆地油气地质与勘探理论及实践丰富了世界油气地质与勘探的理论宝库。

二、世界近现代油气勘探发展概况

早期利用的石油主要来自从地层中自然流出的石油。在美国宾夕法尼亚州泰特斯维尔城附近有一条小河，河边有一系列油苗，河面上常常漂着原油，人们把这条小河称为石油溪。近代的石油工业就是从这里开始的。Drake 尝试用顿钻钻井，并于 1859 年 8 月 27 日在钻到 21m 深时出油，他用蒸汽动力泵抽出了石油。实际上，在中国、俄罗斯、罗马尼亚等国都有早于 Drake 井的气井和油井（吴凤鸣，1999），但世界石油界还是将 Drake 钻的油井看作世界第一口油井，并作为近代石油工业的开端。尽管这口井钻井深度只有 21.69m，产油量每天只有 69.5bbl，但由此产生的巨大利润，极大地刺激了投资者，因此迅速掀起了寻找和开采石油的热潮，使油气勘探和开采进入了工业化阶段。

到 19 世纪结束，世界上只有美国、俄国等十几个国家产油，石油产量迅速增加，1900 年世界总产油量达到 2043×10^4t。当时找油的主要依据是地面油气苗，在具有地面油气苗的地方钻井。随着不断进行的油气勘探实践，地质家们发现油气常常位于背斜的高点，1861 年美国地质学家怀特提出了著名的"背斜聚油理论"。该理论在 19 世纪结束前的二三十年期间，在美国、欧洲得到广泛的应用，取得了油气勘探的极大成功。

进入 20 世纪后，背斜学说已成为石油勘探公司普遍接受的理论，石油勘探人员通过地面地质测量圈定背斜构造，使油气勘探取得了巨大成功，找油工作已具有专业性特点，石油地质学家逐渐成为找油不可缺少的专业人才。1917 年美国石油地质家协会（AAPG）成立和 AAPG 会刊出版，标志着石油地质学的诞生，石油地质家从此正式走上油气勘探的舞台。

20 世纪二三十年代，地震、重力及其他地球物理方法的发明和应用，使在覆盖区查明地下的背斜构造成为可能，找油工作可在地面没有任何显示的平原区进行，大大拓展了人们找油的领域，油气产量迅速增加，1930 年世界产油量接近 2×10^8t。地球物理方法使人们不仅可识别背斜圈闭，还可识别地层、岩性等圈闭，从而形成了找油的圈闭理论。

20 世纪的前 60 年是世界主要油气区的发现时期，波斯湾油区、伏尔加—乌拉尔油区、北非油区、阿拉斯加油区、墨西哥湾油气区、南美油区等世界重要产油区都是在这一时期发现和开发的。尤其是波斯湾巨型富油气区的发现，使世界油气分布格局发生了巨大改变，世界产油国到 20 世纪 50 年代末达到 60 多个。20 世纪六七十年代是世界石油勘探的高峰发现时期，产量大幅度增加，到 1980 年世界石油产量接近 30×10^8t。

20 世纪 60 年代以来，自然科学理论的突破和新技术革命带来了油气勘探理论和技术的巨大进步。在此期间，石油地质学的新理论、新方法层出不穷。板块构造理论在石油勘探中得到广泛应用；有机地球化学的发展确立了干酪根热降解生油理论的主导地位；沉积学的发展从现代沉积类比入手建立了不同沉积环境的相模式，可以充分利用地震信息进行地层、岩性和岩相的预测；地层油气藏、岩性油气藏等隐蔽油气藏、深盆气藏等新的油气藏类型的发现，为油气的勘探开发提供了更广阔的前景。在勘探技术上，由于大量采用数字地震仪，多道多次覆盖技术，配以大容量存储设备、高速电子计算机数据处理，使油气勘探技术达到新的水平，在勘探程度高的老探区也不断扩大了储量。20 世纪 60 年代以来，海上钻井设备的开发和使用大大促进了海上油气的勘探。自 20 世纪 80 年代至今的第三次石油科技革命正在向纵深发展，新理论、新方法和新技术不断涌现，如高分辨率地震、三维地震、四维地震、处理解释一体化、三维可视化、层析成像、核磁共振测井等，地震地层学、层序地层学、未成熟—低成熟油理论、煤成油理论、天然气成因与成藏理论、油气系统等新理论、新方法和新概念不断应用于油气勘探，保证了世界油气储量持续稳定的增长。

尽管进入20世纪60年代以后油气勘探的难度越来越大,但由于新理论和新技术的广泛应用,油气田仍然持续被发现,油气储量稳定增长,在老油区的勘探也不断有新的发现。尽管全球石油产量从1960年的$10.8 \times 10^8 t$增加到2016年的$39.2 \times 10^8 t$,但全球剩余石油可采储量仍从1960年的$364 \times 10^8 t$上升到2016年的$2254 \times 10^8 t$。20世纪60年代以后,天然气的勘探取得了长足的进展,发现了北海南部和西西伯利亚等大气区,在波斯湾盆地发现了目前世界储量最大的北方气田。世界天然气剩余探明可采储量从1960年的$7.46 \times 10^{12} m^3$增加到了2016年的$188 \times 10^{12} m^3$。科学技术的进步在油气开发中起到了关键作用。

21世纪初开始于美国的以"页岩气革命"为标志的非常规油气资源的勘探开发在美国和中国取得极大成功,同时有力地促进了石油地质学的发展。页岩气、致密储层油气、煤层气等非常规油气资源的勘探开发,促进了与非常规油气有关的油气成藏理论的发展。这一新发展使得储集层、圈闭、油气藏等石油地质学的基本概念有了新的内涵,新的油气藏类型的发现促进了油气藏分类体系的进一步完善,油气聚集和成藏理论也得到了新的发展。

随着石油地质理论研究的不断深入和科学技术的进步,油气勘探正在向新领域、新类型和新深度发展,世界油气勘探仍有广阔而光明的前景。

三、油气地质勘探发展趋势

从国外油气勘探形势来看,近十几年来油气勘探领域呈现了新的特点。世界油气勘探的重大发现主要集中在海洋和新区,新增油气储量相当一部分来自已发现油气区的深化勘探;剩余常规油气资源多分布在海域、偏僻的沙漠,以及寒冷的极地地区和已开发含油气盆地的深部层位;非常规油气资源越来越受到重视,已成为油气勘探新的重要领域。

近十几年来,我国油气勘探难度加大,面临着严峻挑战。在勘探程度较高的地区,新发现油气田越来越小。未发现的剩余资源分布中,地面条件恶劣地区(如沙漠、海滩、沼泽等)的石油剩余资源量约占30%(丁贵明,1997),低渗透和重稠油还有相当大的比例;地面条件较好的常规油剩余资源量中,受岩性、地层控制的油气藏又占很大比重。

尽管油气勘探的难度在增大,但由于油气价格的持续上涨,极大地刺激了世界各国的油气勘探活动,加速了油气勘探开发工业的发展。归纳起来,未来世界油气勘探的重要领域主要为新区、海洋、深层、隐蔽油气藏以及天然气(常规与非常规)等。

(一)新区油气勘探

从世界和我国石油勘探的历史可清楚地看到,新区是寻找大型油气田的主要领域,是一个国家石油生产持续增长的基础。只有新区不断有重大发现,才能接替老油区的产量递减,才能使一个国家石油生产保持可持续性发展。当然,这些勘探新区一般都是地面条件较恶劣的地区,是过去难以开展勘探工作的地区。

(二)海洋油气勘探

实际上海洋油气勘探也是新区油气勘探。随着海洋地球物理勘探和海上钻井技术及装置的发展,人类向海洋进军的步伐加快,海洋石油勘探不仅可在浅海大陆架钻探,甚至可到更深的水域开展勘探,从而为人类开辟了更加广阔的油气勘探领域。目前海洋油气勘探方兴未艾,将越来越显示其重要性。

(三)深层油气勘探

随着深层地震和钻井技术的发展,4000m以下的深层油气资源已成为重要勘探领域。尤其是在一些多层系含油气地区,开展深部层系的油气勘探已取得重要突破。近十几年来,我国东部渤海湾及松辽等盆地加强了深部勘探研究,已取得重要成果,尤其是松辽盆地深层天然气勘探已取得重大突破。

(四)隐蔽油气藏勘探

在一些勘探程度较高的地区,在容易找到的构造油气藏,主要是背斜和断层油气藏都发现之后,较难发现的以岩性、地层油气藏为主体的隐蔽油气藏就成为主要的勘探目标。一般大型构造油气藏在勘探的早期基本即可被发现,而大量的、单个规模较小的隐蔽油气藏是中高勘探成熟区油气勘探的主要目标。我国渤海湾盆地济阳坳陷的隐蔽油气藏勘探已取得很大成功,近几年每年都在隐蔽油气藏中获得数千万吨的地质储量。

(五)天然气勘探

天然气勘探包括常规和非常规天然气勘探。近十几年来,世界天然气的储产量增长幅度超过石油,天然气总探明储量当量($1000m^3$ 天然气折合 1t 石油)已与石油总探明储量持平,而且天然气快速增长的趋势还在继续。我国天然气储产量近十几年呈快速增长趋势。在不远的将来,天然气可能将取代石油成为第一能源。因此,常规天然气勘探是非常重要的领域。在地下呈吸附或固体状态的非常规天然气,即页岩气、煤层气、致密砂岩气和天然气水合物,已越来越受到重视。目前,非常规油气的突破与发展,已成为中国陆上原油产量稳步增长、天然气产量快速发展的接替资源。油气勘探开发领域从常规油气向非常规油气跨越,是石油工业发展的必然趋势。

第三节 油气地质与勘探概论的主要内容

作为油气地质及勘探工作者,主要任务是更多、更快、更好、更经济地找到地下油气资源,查明它们的规模和分布,并高效地将其开采出来。

然而,石油和天然气深埋地下,一般埋深从几百米到数千米,油又是流体,现在储存的地方一般不是当初形成的地方,而且从油气矿藏的形成到现今,已经历了漫长的地质历史时间,有些可能已被后期的构造运动改造或破坏,可谓时过境迁。那么油气矿藏是如何形成和分布的?哪些条件控制地壳上油气资源的分布?我们应该到何处去寻找油气矿藏?如何"多快好省"地找到油气田?油气勘探的技术方法和程序是什么?这些就是油气地质与勘探所要回答的主要问题。

本教材主要阐述油气在地壳中的生成、运移、聚集成藏的基本原理与分布规律,并介绍油气田勘探的程序和方法,以及简要介绍钻井地质和油气资源与储量的基础知识,内容包括:石油、天然气、油田水的基本特征;储集层和盖层;油气的生成、运移和聚集原理;油气藏类型及特征;油气分布规律;油气勘探的方法和程序;钻井地质;油气资源与储量等。其主要内容可概括为六部分:油气的成因、油气成藏原理、油气分布规律、油气勘探方法与程序、钻井地质和油气资源与储量简介,其中核心内容是油气成藏原理。

本教材的体系围绕油气藏形成与分布这一主线,按照事物发生、发展的顺序展开讨论。首先是油气的生成、运移、聚集成藏的过程,然后是油气的分布和如何寻找油气藏,最后是钻井地质和油气资源与储量的简介。按照这种认识规律,将整个教材内容分为十章,建立了以下体系:首先认识石油、天然气和油田水的基本特征,为后续几章奠定基础;然后介绍石油和天然气是如何生成和储集的;接下来阐述油气运移、聚集成藏的基本原理;之后介绍油气藏的类型和特征,以及油气分布规律与控制因素;接着介绍油气勘探的方法与程序;最后简要介绍钻井地质、油气资源与储量的基本知识。

  本教材的学习,需要综合利用已学过的矿物学、岩石学、构造地质学、沉积学、油藏地球化学等知识,将生、储、盖层静态成藏要素与油气生成、运移、聚集动态成藏过程结合起来,深刻理解沉积盆地中油气藏的形成与分布规律,掌握油气勘探的程序与方法。

第一章 石油、天然气和油田水的基本特征

第一节 石 油

石油是地下岩石空隙中天然生成的、以液态烃为主要化学组分的可燃有机矿产。这种矿产成分复杂,现已鉴定出上千种有机化合物,主要为烃类,还含有数量不等的非烃化合物和多种微量元素,有时溶有一些烃类气体、非烃气体、不等量固态烃和非烃物质。所以,石油实际上是多种有机化合物的混合体。

研究石油的化学组成和物理性质,对于查明油气的生成、运移、聚集和分布规律,制定开采、加工方案,评价油品的质量等都具有非常重要的意义。

一、石油的化学组成

(一)元素组成

不同地区、不同时代的石油元素组成比较接近,但也存在一定的差异(表1-1)。组成石油的化学元素主要有碳、氢、氧、硫、氮,其中碳和氢两种元素占绝对优势。

表1-1 国内外某些石油的元素组成(据张厚福等,1999)

	石油产地	元素组成(质量分数),%				
		C	H	O	N	S
中国	大庆油田(萨尔图混合油)	85.74	13.31	0.11	0.15	0.69
	胜利油田(101混合油)	86.26	12.20	0.80	0.41	
	胜利油田孤岛地区	84.24	11.74	2.20	0.47	
	大港油田	85.67	13.40	0.12	0.23	
	江汉油田(混合油)	83.00	12.81	2.09	0.47	1.63
	克拉玛依油田(混合油)	86.13	13.30	0.04	0.25	0.28
原苏联地区	雅雷克苏	80.61	10.36	1.05		8.97
	乌克兰	84.60	14.00	0.14	1.25	1.25
	老格罗兹内	86.42	12.62	0.32		0.68
	卡拉布拉克	87.77	12.37			0.46
美国	文图拉(加利福尼亚州)	84.00	12.7	0.4	1.70	1.20
	科林加(加利福尼亚州)	86.40	11.7	0.60		
	博芒特(得克萨斯州)	85.70	11.00	0.70	2.61	
	堪萨斯州	84.20	13.00	1.60	0.45	0.45

1. 碳和氢

从石油中各组分的质量分数来看,一般石油中碳的含量为84%~87%,氢的含量为11%~14%,这两种元素总量达95%~99%,平均为97.5%;碳、氢元素的质量比(C/H)平均为6.5,

原子比约为 0.57(或 1:1.8)。这两种元素主要以烃类形式存在,是组成石油的主体。

2. 氧、硫、氮

在石油中,氧、硫、氮也主要以化合物形式存在;这三种元素及微量元素的总含量一般只有 1%~4%;但有时由于硫分增多,这个比例可高达 3%~7%。

石油中氧的含量为 0.1%~4.5%,均以结合氧的形式存在。

各油田石油的含硫量差异很大,多数油田石油的含硫量不到 1%,例如我国任丘油田为 0.33%~0.43%,克拉玛依油田平均为 0.05%;但有些油田石油的含硫量却可高达 4%~5%,如墨西哥石油含硫量高达 3.6%~5.3%。依据含硫量通常把开采至地表的石油(简称原油)分为高硫(含硫量大于 1%)和低硫(含硫量小于 1%)两类;也有人采用三分的方式,将原油分为高硫原油(含硫量大于 2%)、含硫原油(含硫量为 2%~0.5%)和低硫原油(含硫量小于 0.5%)。

石油中的硫含量有环境指示意义,通常海相、近海湖盆相、盐湖相等半咸—咸水沉积地层中生成并产出的石油含硫量较高,一般大于 1%;内陆淡水湖泊相沉积地层中生成并产出的石油含硫量较低,一般小于 1%。石油中的硫是一种有害杂质,它容易产生硫化氢(H_2S)、硫化亚铁(FeS)、亚硫酸(H_2SO_3)、硫醇铁($[RS]_2Fe$),甚至硫酸等化合物,对机器、管道、油罐、炼塔等金属设备具有强腐蚀性,因此它是评价石油质量的一项重要指标。

石油中氮含量一般比硫含量低得多,绝大部分石油含氮量小于 0.2%,通常以 0.25% 作为贫氮和高氮原油的界线。

3. 微量元素

除上述 5 种主要元素外,在石油中还发现其他微量元素,构成了石油的灰分。通过对石油的灰分进行分析,识别出 50 多种微量元素,其含量变化从十万分之几到万分之几。按其含量多少和常见程度列举 33 种微量元素如下:Fe、Ca、Mg、Si、Al、V、Ni、Cu、Sb、Mn、Sr、Ba、B、Co、Zn、Mo、Pb、Sn、Na、K、P、Li、Cl、Bi、Be、Ge、Ag、As、Gd、Au、Ti、Cr、Cd。

石油中的元素构成与自然界的有机物十分接近,被作为石油有机成因的证据之一。这些微量元素中,钒(V)和镍(Ni)两元素分布普遍并具成因意义,通过 V/Ni 值可区别海相或陆相成因的石油:钒、镍含量低且 V/Ni<1 者一般为陆相成因的石油;钒和镍含量较高且 V/Ni>1 者一般为海相成因的石油。因此,研究石油灰分的元素组成对解决石油成因和运移聚集问题都有着重要意义。

(二)石油的化合物组成

石油的化合物组成归纳起来,主要可分为烃类和非烃类两种。

1. 烃类化合物

目前石油中已鉴定出的烃类化合物超过 425 种。按本身结构的不同可分为三类:烷烃、环烷烃、芳香烃和环烷芳香烃。其中烷烃与环烷烃为饱和烃,芳香烃和环烷芳香烃为不饱和烃。

1) 烷烃

烷烃又名脂肪族烃、石蜡烃,通式为 C_nH_{2n+2},化学性质不太活泼;事实上,"石蜡"这个名称本身就意味着"亲和力不大"。在常温常压下,含 1~4 个碳原子($C_1~C_4$)的烷烃呈气态;含 5~16 个碳原子($C_5~C_{16}$)的直链烷烃呈液态;17 个碳原子(C_{17})以上的烷烃皆呈固态。烷烃的相对密度、熔点及沸点均随相对分子质量增加而上升。所有烷烃的相对密度都小于 1,几乎不溶于水(气态烃除外)。

烷烃分子结构的特点是碳与碳原子都以单键C—C相连。排列成直链式,无支链者,为正构烷烃;有支链者,为异构烷烃,如图1-1所示。

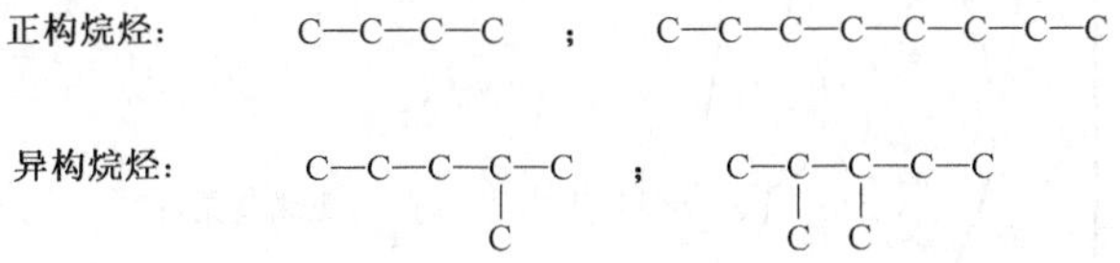

正构烷烃:　　C—C—C—C　;　C—C—C—C—C—C—C

异构烷烃:　　C—C—C—C—C　;　C—C—C—C—C
　　　　　　　　　　　|　　　　　　　　　|　|
　　　　　　　　　　　C　　　　　　　　　C C

图1-1　正构烷烃和异构烷烃结构示意图

(1)正构烷烃

石油中已鉴定出C_1~C_{45}的正构烷烃。正构烷烃一般占石油质量的15%~25%,轻质石油中可达30%以上,而重质石油中可小于15%。常见的正构烷烃的物理常数见表1-2。

表1-2　正构烷烃的物理常数(据张厚福等,1999)

名称	分子式	熔点,℃	沸点,℃	相对密度(液态时)	物态通常状态
甲烷	CH_4	-182.6	-161.6	0.424	气
乙烷	C_2H_6	-183.13	-88.6	0.456	气
丙烷	C_3H_8	-187.1	-42.2	0.501	气
丁烷	C_4H_{10}	-138.0	-0.5	0.579	气
戊烷	C_5H_{12}	-129.7	36.1	0.6263	液
己烷	C_6H_{14}	-95.3	68.8	0.6594	液
庚烷	C_7H_{16}	-90.3	98.4	0.6837	液
辛烷	C_8H_{18}	-56.8	125.6	0.7028	液
壬烷	C_9H_{20}	-53.7	150.8	0.7028	液
癸烷	$C_{10}H_{22}$	-29.7	174.0	0.7179	液
十一烷	$C_{11}H_{24}$	-25.6	195.8	0.7404	液
十二烷	$C_{12}H_{26}$	-9.7	216.2	0.7498	液
十三烷	$C_{13}H_{28}$	-6.0	235.5	0.7568	液
十四烷	$C_{14}H_{30}$	5.5	251.0	0.7638	液
十五烷	$C_{15}H_{32}$	10.0	268.0	0.7688	液
十六烷	$C_{16}H_{34}$	18.1	280.0	0.7749	液
十七烷	$C_{17}H_{36}$	22.0	303	0.7767	固
十八烷	$C_{18}H_{38}$	28.0	305	0.7776	固
十九烷	$C_{19}H_{40}$	32	330		固
二十烷	$C_{20}H_{42}$	36	343		固

在石油中不同碳原子数正构烷烃的相对含量呈一条连续的分布曲线,称正构烷烃分布曲线。这说明石油中正构烷烃同系物是一个连续系列。不同类型石油的正构烷烃分布特点如图1-2所示,每条曲线上极大值对应的碳数为该曲线的主峰碳。

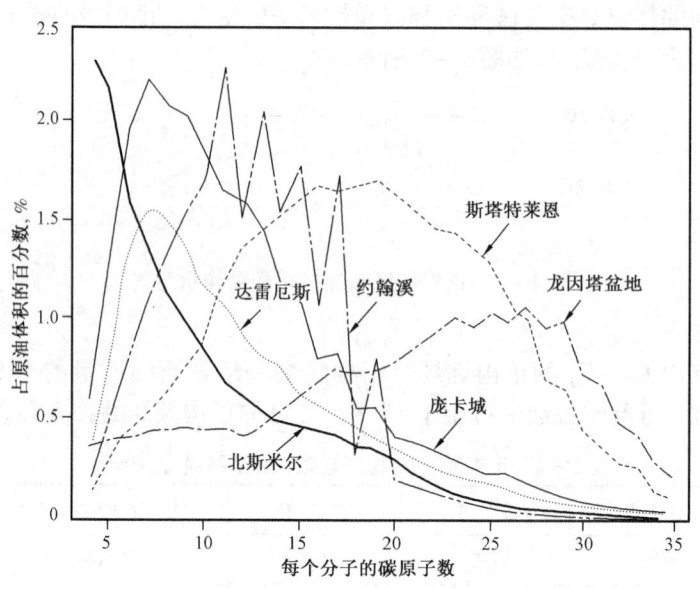

图 1-2　不同类型石油的正构烷烃分布曲线图
（据 Martin,1963；陈荣书,1994）

曲线的分布特点与成油的原始有机质类型、成油环境以及有机质的成熟度密切相关,不同石油的正构烷烃分布曲线特征是不同的。一般陆源有机质形成的石油中高碳数(C_{22}以上)正构烷烃含量高,海生低等浮游生物(细菌、藻类)形成石油中低碳数(C_{22}以下)的正构烷烃居多。有机质演化成熟程度较高、年代较老、埋深较大的石油中低碳数正构烷烃居多；相反,演化程度低的石油,正构烷烃碳数偏大。此外,受微生物强烈降解的石油中,正构烷烃常被选择性降解,一般含量较低,低碳数的正构烷烃更少。

（2）异构烷烃

石油中的异构烷烃以碳数不大于 10 为主,高碳数者以异戊间二烯型烷烃最受重视。其特点是在直链上每四个碳原子有一个甲基支链。

异戊间二烯型烷烃在石油中的含量可达 0.5%,现已发现 C_9 至 C_{25} 规则的异戊间二烯型烷烃。在沉积物和石油中,往往以植烷、姥鲛烷、降姥鲛烷、异十六烷及法呢烷的含量最高,其结构式如图 1-3 所示。

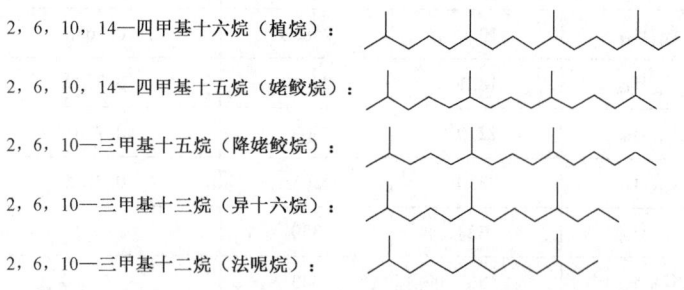

2,6,10,14—四甲基十六烷（植烷）：

2,6,10,14—四甲基十五烷（姥鲛烷）：

2,6,10—三甲基十五烷（降姥鲛烷）：

2,6,10—三甲基十三烷（异十六烷）：

2,6,10—三甲基十二烷（法呢烷）：

图 1-3　常见异戊间二烯型烷烃结构示意图

由于同源石油中所含的异戊间二烯型烷烃类型,含量相近,都直接来自生物体,可用于油源对比,故称为生物标志化合物。具体地讲,所谓生物标志化合物,是指来源于生物体,基本保持了原始组分的碳骨架,记载了原始生油母质特殊分子结构信息的有机化合物。这类化合物又被称为"分子化石"、"地球化学化石"以及"指纹化合物"。

异戊间二烯型烷烃中,以姥鲛烷和植烷为最常用的生物标志化合物。姥鲛烷和植烷含量的相对高低,不仅可以反映原始沉积环境的氧化还原条件,还与水介质的酸碱度有关。一般来说,姥植比(Pr/Ph)小于1反映还原环境,大于1反映氧化环境;酸性水介质环境有利于姥鲛烷的形成,而偏碱性水介质环境有利于植烷的形成。不同沉积相Pr/Ph的变化情况见表1-3。

表1-3 不同沉积相环境形成的石油的Pr/Ph变化(据梅博文,2001)

沉积相	水介质	Pr/Ph	石油类型
咸水深湖相	强还原	0.2~0.8	植烷优势
淡水—微咸水深湖相	还原	0.8~2.8	植烷均势
淡水湖沼相	弱氧化—弱还原	2.8~4.0	姥鲛烷优势

2) 环烷烃

石油中的环烷烃是一类性质与烷烃相似,但在分子中含有碳环结构的饱和烃,多为五元环或六元环及其衍生物,以单环和双环为主。多环中以四环甾烷和五环萜烷较为重要,其结构与生物体的四环甾族化合物和五环三萜烯类化合物有明显的相似性,也是重要的生物标志化合物,广泛应用于烃源岩成熟度分析和油源对比中。这类化合物有明显的旋光性,它们的存在被认为是石油有机成因的标志。

在石油中多环烷烃的含量随成熟度增加而明显减少,高成熟石油中以1~2环的环烷烃为主。由于碳原子所有的价已被饱和,所以环烷烃和烷烃一样,都是比较稳定的。环烷烃的相对密度、熔点和沸点都比碳原子数相同的烷烃为高,但相对密度仍小于1(表1-4)。

表1-4 环烷烃的物理常数(据张厚福等,1999)

名称	结构式	相对密度	熔点,℃	沸点,℃
环丙烷	△	0.720(-79℃)	-127.6	-32.9
环丁烷	□	0.703(0℃)	-80	12
环戊烷	⬠	0.745(20℃)	-93	49.3
甲基环戊烷	⬠—CH_3	0.779(20℃)	-142.4	72
环己烷	⬡	0.779(20℃)	6.5	80.8
甲基环己烷	⬡—CH_3	0.769(20℃)	-126.5	100.8
环庚烷	⬣	0.810(20℃)	-12	118
环辛烷	⬣	0.836(20℃)	11.5	148

3) 芳香烃和环烷芳香烃

芳香烃系指具有六个碳原子和六个氢原子组成的特殊碳环——苯环的化合物,其特征是分子中含有苯环结构,属不饱和烃。由于此类烃族中许多成员具有一种强烈的芳香气味,故称芳香族(又称苯族)。

根据结构,芳香烃可分为单环、多环、稠环三类芳香烃。单环芳香烃是指分子中含一个苯环的芳香烃,包括苯及其同系物。多环芳香烃是指分子中含两个或多个苯环,彼此之间通过共用两个相邻碳原子稠合而成的芳香烃。石油中的芳烃以苯、萘、菲三种化合物含量最多。

环烷芳香烃包含一个或几个缩合芳环,并与饱和烃和链烷基稠合在一起,最重要的是四环和五环的环烷芳香烃,它们大多与甾萜类化合物有关,是生物成因标志化合物。

随着石油成熟度增大,芳烃系列向低环方向演化。单环芳烃不溶于水,但溶于汽油、乙醚、乙醇等有机溶剂。它们具有特殊气味,有毒,相对密度一般为 0.86~0.9,比水小。几种常见的单环芳香烃的物理常数见表 1-5。

表 1-5　几种单环芳香烃的物理常数(据蒋有录,2006)

名称	相对密度(20℃)	熔点,℃	沸点,℃
苯	0.879	5.5	80.1
甲苯	0.867	-95	110.6
对二甲苯	0.861	13.2	138.4
乙苯	0.867	-95	136.1
正丙苯	0.862	-99.6	159.3
异丙苯	0.862	-96	152.4
连三甲苯	0.894	-25.5	176.1

2. 非烃化合物

石油中的非烃化合物主要是含硫、氮、氧化合物,重馏分中居多。总含量不多,但种类不少。

1) 含硫化合物

硫是石油的重要组成元素之一。它在石油中的含量变化较大,从万分之几到百分之几。石油中所含的硫是一种有害的杂质,在石油中以单质硫(S)、硫化氢(H_2S)、硫醇(RSH)、硫醚(RSR′)、环硫醚、二硫化物(RSSR′)、噻吩及其同系物等形态出现,会对机器、管道、油罐、炼塔等金属设备造成严重腐蚀。通常将含硫量大于 2% 的石油称为高硫石油;低于 0.5% 的称为低硫石油;介于 0.5%~2% 之间的称为含硫石油。一般含硫量较高的石油多产自碳酸盐岩系和膏盐岩系含油层,而产自砂岩的石油则含硫较少。

2) 含氮化合物

石油中的含氮量一般在万分之几至千分之几。我国大多数原油含氮量均低于 0.5%,大庆原油含氮量少(0.15%),孤岛原油最多(0.47%)。石油中的含氮化合物包括碱性和非碱性两类。现已从石油中鉴定出的碱性氮化物多为吡啶、喹啉、异喹啉和吖啶及其同系物,非碱性氮化物主要是吡咯、卟啉、吲哚和咔唑及其同系物。其中以金属卟啉化合物最为重要,它的分子中包含四个吡咯环,被四个次甲基(—CH)桥键相间连结而成。在石油中钒、镍等重金属都与卟啉分子中的氮呈络合状态存在,形成钒卟啉(图 1-4)和镍卟啉。我国石油一般以镍卟啉为主。

石油中卟啉的含量与地层的新老也有一定关系,一般中—新生代地层中形成的石油卟啉

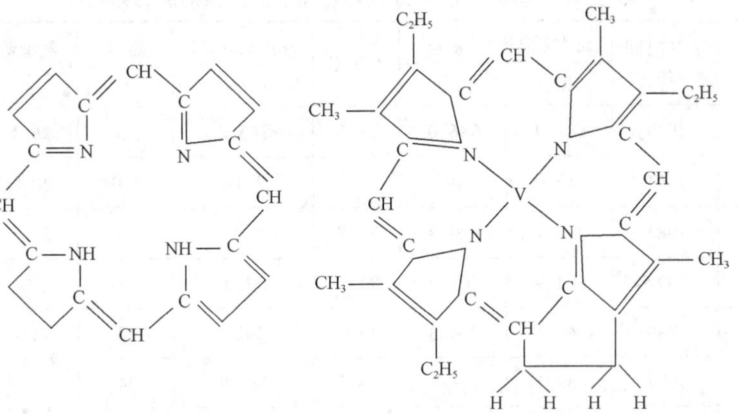

图 1-4　卟啉和钒卟啉的结构式

含量较多,而古生代地层中含量甚低或不含。这可能与卟啉的稳定性差有关,高温(>250℃)或氧化条件下,卟啉即被破坏、分解,所以一般石油中存在卟啉,说明石油形成和经受的温度都不高于250℃,地层越老卟啉越少。

石油中的卟啉化合物与动物血红素和植物叶绿素的化合物结构相同,表现出比较明显的亲缘关系,所以,在石油中发现卟啉化合物,对研究石油成因问题有重要意义。

3)含氧化合物

石油中的含氧量一般只有千分之几,个别石油可高达2%~3%。氧在石油中均以有机化合物状态存在,含氧化合物可分为酸性和中性两类。前者有环烷酸、脂肪酸及酚,总称为石油酸;后者有醛、酮等,含量极少。在石油酸中,以环烷酸最重要,约占石油酸的90%左右,在石油中的含量多在1%以下。环烷酸在水中的溶解度很小,高分子环烷酸实际上不溶于水,但易溶于石油烃中。环烷酸很容易生成各种盐类,其中碱金属的环烷酸盐能很好地溶解于水,在与石油接触的地下水中常含这种环烷酸盐,可作为找油的一种标志。

二、石油的物理性质

石油的物理性质,取决于它的化学组成。不同地区、不同层位,甚至同一层位在不同构造部位的石油,其物理性质也可能有明显的差别。

(一)颜色

石油的颜色变化范围很大,在反射光下,它们的颜色从褐色过渡到红色,一直到淡绿黄色。在透射光下,大多数石油是黑色的,但也有淡黄色、无色、黄褐、深褐、黑绿色等。例如,四川黄瓜山油田、大港板桥油田产淡黄色石油,克拉玛依油田产出的石油呈褐至黑色,大庆、胜利和玉门油田的石油以黑色为主。

石油的颜色与胶质—沥青质含量有关,含量越高,颜色越深。

(二)相对密度

石油的相对密度是指20℃时石油的质量与4℃同体积纯水的质量的比值,用 d_4^{20} 表示。一般为0.75~1.00,变化较大。通常将 d_4^{20} 大于0.934的原油称为重质油,介于0.934~0.870之间的为中质油,小于0.870的为轻质油(SY/T 5735—2019《烃源岩地球化学评价方法》)。不同国家和地区划分油质轻重的标准不完全统一。表1-6为我国部分地区原油的物理性质参数。

表1-6 国内原油物理性质参数(据张厚福等,1999)

原油名称	取样时间 年	密度(20℃),kg/m³ 原油	密度(20℃),kg/m³ 渣油	API度	黏度(50℃) mm²/s	凝点 ℃	含蜡量 %	沥青质 %	胶质 %
大港枣园原油	1989	881.9	986.0	28.2	845.2	33	26.1	0.61	15.7
新疆吐哈胜金口	1961	813.0			2.11	3.0	9.4	0	1.88
中原文留原油	1983	832.1	929.8	37.7	7.27	33	25.1	0	5.4
辽河曙光原油	1977	884.9	963.4	27.7	52.3	31			26.3
辽河高升原油	1980	944.1	994.3	17.3	2435	13	6.6		47.6
华北任丘原油	1977	882.1	—	28.2	43.38	34			
克拉玛依白碱滩原油	1976	857.0	944.5	32.8	15.05	10	6.8		17.2
新疆依奇克里原油	1965	814.0	945.0	41.4	2.37	(6)	8.8		
新疆柯克亚原油	1990	769.0	875.5	—	1.82	-2	8.5	0	1.85
大庆萨尔图	1962	861.5		32.0	23.79	(30)	28.7	0.98	15.9
冀东原油	1992	861.6	955.0		13.35	28	21.44	0	7.11
胜利孤岛原油	1971	946.0		17.5	498.0	-2	7.0		32.9

世界石油按相对密度多数属轻质油。d_4^{20} 大于1或小于0.75的石油,在自然界也有发现。例如伊朗曾产出 d_4^{20} 为1.016的原油,我国胜利油田孤岛油区馆陶组曾产出 d_4^{20} 为1.026的原油;而原苏联苏拉罕曾产出 d_4^{20} 为0.71原油。

在美国,通常用API度(American Petroleum Institute)表示原油的相对密度,而西欧一般用波美度表示原油的相对密度:

$$\text{API度} = \frac{141.5}{d_4^{60°F}} - 131.5; \quad \text{波美度} = \frac{140}{d_4^{60°F}} - 130; \quad 60°F = 15.5℃$$

$d_4^{60°F}$ 即1大气压下、60°F时单位体积原油与60°F单位体积纯水的质量比。因此,API度和波美度与 d_4^{20} 在数值上正好相反。它们的换算关系列入表1-7。

表1-7 相对密度与API度、波美度的换算表(据张厚福等,1999)

15.5℃时相对密度	波美度	API度	15.5℃时相对密度	波美度	API度
1.0000	10.0	10.0	0.8485	35.0	35.3
0.9655	15.0	15.1	0.8325	40.0	40.3
0.9333	20.0	20.1	0.8000	45.0	45.4
0.9032	25.0	25.2	0.7778	50.0	50.4
0.8750	30.0	30.2			

石油的相对密度主要取决于化学组成。同一族组分中,相对密度随碳数增加而变大;碳数相同的烃类,烷烃相对密度较小,环烷烃居中,芳烃最大;与胶质、沥青质相比,烃类相对密度较小。因此,高相对分子质量成分或胶质、沥青质含量高的石油,其相对密度较大。

(三)黏度

石油受力发生流动时,其内部分子间有一种内摩擦力阻止分子间的相对运动。石油的这种特征称作石油的黏滞性。其大小用黏度(μ)来度量。石油黏度越大,就越不易流动。黏度大小是一个很重要的物理参数,直接影响到开采石油的难易程度、石油的储存、运输以及炼制。

石油的黏度可以分为动力黏度、运动黏度。动力黏度又称绝对黏度,在国际单位制(SI)中,单位为帕斯卡秒($Pa \cdot s$)和毫帕斯卡秒($mPa \cdot s$),$1Pa \cdot s = 1000 mPa \cdot s$。石油动力黏度的变化范围很大。例如,大庆油田白垩系石油为 $19 \sim 22 mPa \cdot s$,任丘油田中—新元古界石油为 $53 \sim 84 mPa \cdot s$,克拉玛依彩南油田 $3 \sim 3300 mPa \cdot s$,胜利孤岛油田为 $103 \sim 6451 mPa \cdot s$。石油动力黏度的大小取决于石油的化学成分和外界的温度、压力条件。分子小的烷烃、环烷烃含量多,动力黏度就低;而石蜡、胶质、沥青质含量高,黏度就高。随温度升高,动力黏度则降低,所以石油在地下深处比在地面黏度小,且易流动;在地下 $1500 \sim 1700m$ 处,石油动力黏度值通常仅为地表的一半。压力加大,动力黏度也随之增加。而石油中溶解气量的增加则会使动力黏度降低。运动黏度为动力黏度与相对密度之比,其单位为 m^2/s。

(四)荧光性

在紫外线照射下,石油中的不饱和烃及其衍生物能吸收紫外光中波长较短、能量较高的电子,随后放出可见光,这种低能量的可见光称作荧光。石油在紫外光的照射下能产生荧光的这种特性,被称作石油的荧光性。在油气勘探工作中,人们常利用荧光分析来鉴定岩样中的含油性,并可粗略确定其组分和含量。这个方法简便快速、经济实用。

石油的荧光性取决于化合物组成。石油中的多环芳香烃和非烃引起发光,而饱和烃则完全不发光。轻质油的荧光为浅蓝色,含胶质较多的石油呈绿色和黄色,多环芳烃、油质为天蓝色荧光,含沥青质多的石油或沥青质则为褐色荧光。发光颜色随石油或沥青物质的性质而变,不受溶剂性质的影响。而发光强度,则与石油或沥青物质的浓度有关,在低浓度范围下,发光强度与石油类物质的浓度成正比,但浓度超过某一临界值以后,发光强度反而降低,这叫做浓度消光。浓度消光是可逆的,用溶剂稀释,发光强度增加。

(五)旋光性

当偏振光通过天然石油时,石油能使其振动面旋转一个角度,石油的这种特性称为旋光性。偏振光振动面的旋转角度称旋光角。石油的旋光角一般为几分之一度到几度,且多数右旋(顺时针方向旋转)。石油的旋光性可用旋光仪来测定。

石油具有旋光性的原因是,石油中的含氮化合物,甾烷和萜烷等生物标志化合物,常具有手征性碳原子,使石油具有旋光性。因此,旋光性被认为是石油有机成因的证据之一。

(六)溶解性

石油易溶于多种有机溶剂,如苯、氯仿、二硫化碳、四氯化碳、乙醚等。这种溶解性特点,有助于鉴定岩石中的石油含量及性质。

石油总体上在水中的溶解度很低,若以碳数相同的分子进行比较,各种成分在水中溶解度由大到小的顺序是:非烃→芳烃→环烷烃→烷烃。除甲烷外,烃类在水中的溶解度均随相对分子质量增大而减小。温度升高或水中溶解 CO_2 量增多,石油在水中溶解度增大。若水中含盐度增大,烃溶解度下降。石油在水中的溶解度对认识石油初次运移时所处的物理状态是很有意义的。

(七)导电性

石油导电性极差,具高电阻率。石油电阻率为 $10^9 \sim 10^{16} \Omega \cdot m$,与矿化油田水(电阻率 $0.02 \sim 0.1\Omega \cdot m$)和沉积岩(电阻率 $1 \sim 10^4 \Omega \cdot m$)相比,可视为无限大、非导体。利用这一特性在视电阻率测井曲线上可确定油层和水层。

三、重质油与沥青砂概述

重质油(简称重油)是石油烃类能源中的重要组成部分,蕴藏着常规原油资源数倍的巨大潜力,广泛分布于世界各地,据统计有 1046 个重质油和特重油油藏,地质储量 $15500 \times 10^8 t$。我国重质油资源比较丰富,已在 15 个大中型含油气盆地和地区发现数量众多的重质油油藏,规模大且成带分布,从中元古界到古近系均有分布,该类资源将成为 21 世纪重要的接替能源。

所谓重质油,是指在原始油层温度下,脱气石油黏度为 $100 \sim 10000 mPa \cdot s$,或在标准条件下密度为 $0.934 \sim 1.00 g/cm^3$ 的石油。重质油在储层条件下仍有流动性,但常规技术生产效率很低。

沥青砂(超重油)是指在储层条件下,黏度大于 $10000 mPa \cdot s$,或在标准条件下密度大于 $1.00 g/cm^3$ 的石油。这种油没有流动性。

重质油和沥青砂资源比常规石油资源大数倍,广泛分布于世界各地。有些在地表或浅层形成的沥青砂,可成为具有开采价值的沥青砂油田,如加拿大的阿萨巴斯卡(Athabaska)和梅尔维尔岛(Melville Island)沥青砂矿、委内瑞拉的奥菲锡纳—坦布拉多(Oficina - Temblador)和瓜诺科(Guanoco),特立尼达的拉布雷亚(La Brea),美国犹他州的地沥青山(Asphalt Ridge)、白岩(Whiterocks)和森尼赛德(Sunnyside)等,都是世界著名的沥青砂油田。其中阿萨巴斯卡储量约达 $800 \times 10^8 t$,是世界最大的沥青砂油田。我国重质油资源较为丰富,已在 15 个大中型含油气盆地和地区发现数量众多的重质油油藏。

重质油和沥青砂的元素组成与常规油的组成相似,但氧、硫、氮等元素含量高,硫元素含量为 $0.4\% \sim 1.0\%$ 以上,氮元素含量在 $0.7\% \sim 1.2\%$ 以上。重质油中硫和氮元素含量高是细菌生物降解作用的结果。与常规石油相比,重质油和沥青砂更富含微量元素,高于常规石油几倍至几十倍。重质油和沥青砂化合物组成中,烃类含量低(一般小于60%),非烃、沥青质含量高($10\% \sim 30\%$)。

由于重质油和沥青砂比常规油的高分子烃和杂原子化合物含量高,在物理性质上,具有相对密度大、黏度大、含蜡量低、凝点低等特点(表 1 – 8)。

表 1 – 8 我国部分地区重质油常规物性参数(据张厚福等,1999)

盆地	油田	层位	相对密度(d_4^{20})	黏度,$mPa \cdot s$	含胶量,%	含蜡量,%	凝点,℃
渤海湾	冷东—雷家	Es_{1+2}	0.9685	445.40 (100℃)	40.99	4.70	11.0
	曙光	Ng	1.0072	1261.8 (100℃)	56.22	2.44	36
	枣园	K_1	0.8935	167.49	28.07	24.96	33
	王官屯	Es_1	0.9527	3485.9	37.32	5.23	16.5
	孤岛	E	0.9438	231.43	28.4	6.60	4.00
南襄	井楼	Eh^I	0.9905	7515.30	37.02		

续表

盆地	油田	层位	相对密度(d_4^{20})	黏度,mPa·s	含胶量,%	含蜡量,%	凝点,℃
准噶尔	吉木萨尔	P_{2l}	0.9451	2385.92		6.24	2
	北三台	P_{ij}	0.9192	457.73		4.02	6
	乌尔禾	J_{1b}	0.955	7400		0.87~3.4	-11.5~28.0
	红山嘴	J_{1b}	0.9089~0.9689	2789~5544	43.7~99.7	0.22~7.93	-22.5
	轮南	O	0.9332~0.9962	395~3430	23.16	3.02	-24.5~19
	桑塔木	T	0.9283~0.9389	141.27	15.27~27.33	3.4~4.71	-10.5~-4
	轮南凸起南	T	0.9246	258.40	30	5.45	0.7
	东河塘	J	0.9487~0.9577	374.73	25.42	9.5	1.5~13.5
	英买力	K	0.9357	177.99	34.32	14.51	43
三塘湖	石板墩构造	J	0.8943	234.11	10	14.58	18
吐哈	艾丁湖	T	0.96	5000			

第二节 天然气

广义上,所谓天然气,是指存在于自然界的一切天然生成的气体。В.А. Соколов(1971)根据存在的环境将天然气分为八大类:大气;表层沉积物中的气体;沉积岩中的气体;海洋中的气体;变质岩中的气体;岩浆岩中的气体;地幔排出气;宇宙气。

实际上,在天然气地质学中着重研究的是狭义的天然气,是指任何天然成因在地下储集层中产出成分上以烃类为主,并有一定量非烃的气体。非烃气体大多与烃气伴生,占次要地位,但在某些条件下,也可以形成以非烃气为主的气藏。

一、天然气的化学组分

与油气田有关的天然气,主要成分是烃类气体,其中以甲烷为主。同时含有数量不等的多种非烃气体。

烃气主要为 C_1~C_4 的烷烃,即甲烷到丁烷,其中以甲烷(CH_4)最多,重烃气(2个碳数以上的烃气,常用 C_{2+} 表示)较少;其内可溶有少量 C_5、C_6 等烃气。烃类气体中,$CH_4 \geq 95\%$、$C_{2+} < 5\%$ 的烃气,称干气,又叫贫气;$CH_4 \leq 95\%$、$C_{2+} > 5\%$ 的烃气,称湿气,又叫富气。

地层条件下的非烃气总量不多,但种类不少,主要有 N_2、CO_2、CO、H_2S、H_2 等气体。非烃气中还含有微量的惰性气体,如氦气、氩气、氖气等。

二、天然气的产状

地壳中的天然气,根据分布特征可分为分散型和聚集型两大类,依其与石油产出的关系可分为伴生气和非伴生气。

分散型天然气属非常规天然气,主要包括以溶解于石油或水形式存在的溶解气,以吸附或游离状态存在于煤层中的煤层气,以及由甲烷等气体分子被封闭冻结在水分子的扩大晶格中而形成的固态气水合物等类型。

聚集型天然气为游离气,即气态单独运移聚集,包括气藏气、气顶气和凝析气三类。这是常规气藏中天然气存在的基本形式。

(一)气藏气

气藏气是指圈闭中具有一定规模的单独天然气聚集,即纯气藏中的气体,基本上不与石油伴生(图1-5),可为烃气,也可能为非烃气。有些存在于油气田中的气藏气,纵横向上与油(气)藏保持一定的联系,与下伏或侧向分布的油气藏或油藏有关,这是在特定地质条件下油气运移作用的结果。

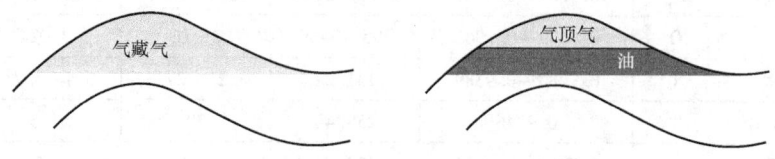

图1-5 气藏气、气顶气示意图

非烃气比较富集时,可成为非烃气藏。如我国华北冀中坳陷赵兰庄构造古近系孔店组—沙河街组四段的高压H_2S气藏(H_2S含量高达92%);加拿大艾伯达潘塞河区泥盆系H_2S气藏(H_2S含量高达88%);美国科罗拉多州韦尔登CO_2气田(CO_2含量高达92%);广东三水盆地沙头圩的CO_2气田(CO_2含量高达99.53%)。

А. Н. Воронов 和 В. В. Тихомировдидр(1976)根据世界含气及含油气盆地中约2000个气藏、15000个气样的分析资料发现:绝大多数气藏气以含气态烃为主,含烃量超过80%的气藏约占气藏总数的85%以上;N_2为主的气藏不到10%;以CO_2或H_2S等酸性气体为主的气藏数量更少,低于1%。

(二)气顶气

气顶气是指与石油共存于油气藏中、呈游离气顶状态的天然气(图1-5)。它在成因和分布上均与石油关系密切,重烃气含量可达百分之几至几十,仅次于甲烷,属于湿气(富气)。随着地层压力的增减,气顶气可溶于石油或析出。在油气藏中气顶体积的大小与其化学组成及地层压力有关。

(三)凝析气

当地下温度、压力超过临界条件后,液态烃逆蒸发而形成的气体,称为凝析气。采至地面过程中,随着温度、压力下降,这部分气可凝结析离成轻质油,称凝析油。凝析油占到一定比例(例如我国为大于$30g/m^3$)的气藏,叫凝析气藏,如我国黄骅坳陷板桥油田的凝析气藏。

(四)溶解气

天然气易溶于石油或地下水。因此,在地质条件下,可区分为油内溶解气和水内溶解气,它们日益引起人们的注意。

油内溶解气常见于饱和或过饱和油藏中,其主要特点是重烃气含量高,有时可达40%。在地质时代上,一般古老地层的油内溶解气比年轻地层含重烃气更多;且随含油气层时代老,正丁烷、正戊烷与其异构物的比值增加。例如,在伏尔加—乌拉尔含油气盆地,正丁烷与异丁烷的比值在泥盆系为2~3,石炭系为1~2,二叠系不超过1。

水内溶解气不仅可以在国民经济中综合利用,而且可以利用其某些特性来预测含油气性,根据水内溶解气的化学成分变化规律也有助于指明寻找油气藏的方向,因此显得更加重要。

三、天然气的物理性质

天然气一般无色,可有汽油味或硫化氢味,可燃。由于其化学组成变化大,致使物理性质也变化甚大。在地下较高温度压力下,$C_4 \sim C_7$烷烃及部分环烷烃、芳烃及有机硫化物,也可呈气态存在。天然气中常见组分的基本物理常数见表1-9。

表1-9 常见天然气组成的基本物理常数(据陈荣书,1994,有修改)

化合物	相对分子质量	沸点(10^5Pa) ℃	蒸气压力 10^5Pa	熔点 ℃	临界温度 ℃	临界压力 10^5Pa	气体相对密度 (10^5Pa,15.55℃,空气=1.0)
甲烷	16.043	-161.49	340.228	-182.48	-82.57	45.44	0.5539
乙烷	30.070	-86.60	54.436	-183.23	32.27	48.16	1.0382
丙烷	44.097	-42.04	12.929	-187.69	96.67	41.94	1.5225
丁烷	58.124	-0.50	3.511	-138.36	152.03	37.47	2.0068
异丁烷	58.124	-11.72	4.913	-159.61	134.94	36.00	2.0068
戊烷	72.151	36.07	1.059	-129.73	196.50	33.25	2.4911
异戊烷	72.151	27.88	1.390	-159.91	187.28	33.37	2.4911
己烷	86.178	68.73	0.337	-95.32	234.28	29.73	2.9753
庚烷	100.205	98.43	0.110	-90.58	267.11	27.00	3.4596
环戊烷	70.135	49.25	0.675	-93.84	238.60	44.49	2.4215
环己烷	84.162	80.72	0.222	6.54	286.39	40.22	2.9057
苯	78.114	80.09	0.219	5.53	289.01	48.34	2.6969
甲苯	92.141	110.63	0.0702	-94.97	318.64	40.55	3.1812
二氧化碳	40.010	-78.50	—	—	31.06	72.88	1.5195
硫化氢	34.076	-60.33	26.810	-82.89	100.39	88.87	1.1765
氮	28.013	-195.78	—	-210.00	-146.89	33.55	1.9672

(一)相对密度

天然气的相对密度一般是指在标准状况下,单位体积天然气与同体积空气的质量比。它一般与相对分子质量成正比。

天然气中烃类各组分的相对密度为0.5539(甲烷)~2.4911(戊烷),烃气混合物一般在0.56~1.0之间,随重烃气及CO_2、H_2S含量的增加,天然气相对密度增大。

(二)黏度

天然气的黏度很小,地表条件下小于0.01mPa·s,远比石油低。天然气的黏度与压力、温度和气体成分等有关。在接近常压条件下,黏度与压力无关,随温度增加而变大,随相对分子质量增加而减小;而在较高压力下,黏度随压力增高而增大,随温度升高而降低,随相对分子质量增加而增大。此外,随非烃气含量增加,天然气黏度增大。

(三)蒸气压

某一温度下,将气体液化时所需施加的最低压力,称为该气体的饱和蒸气压。一般地,蒸气压随温度升高而增大。在同一温度条件下,碳氢化合物的相对分子质量越小,则其蒸气压越大,因此甲烷比其同系物的蒸气压大得多,这也正是在天然气的组成中往往甲烷等轻质碳氢化合物含量较多的原因。

(四)溶解性

天然气能不同程度地溶于石油和水中。天然气和水互溶性差,而与石油具有较强的互溶能力。

天然气在水中的溶解度很大程度上取决于气体组分、温度、压力及含盐量。若水中含盐量增加,则溶解度下降。高温高压下的地层水溶解气量明显增加。另外,烃气在水中的溶解度还与 CO_2 含量有关,当地层水被 CO_2 所饱和时,烃气溶解度明显增加。

水内溶解的烃气(简称水溶气)含气量一般在 $1\sim5m^3/t$,个别大于 $5m^3/t$,一般不单独采取,但可综合利用。如1975年日本开采浅层碘水时,回收水溶气 $5.3\times10^8m^3$,占日本当年总产气量的1/6;美国墨西哥湾沿岸异常高压带以下的高压水溶气很丰富,储量可达 $8.5\times10^{12}m^3$;我国四川的威远高压水溶气田,也是典型实例之一。

天然气在石油中的溶解度是指在地层温压条件下,液态石油中所溶有的、而在地表温压条件下(温度压力均下降)可析出的气体量。在石油中溶有天然气时,可以降低石油的相对密度、黏度及表面张力。

在相同温压条件下,烃气在石油的溶解度远远大于在水中的溶解度,例如甲烷在石油中的溶解度是水中的10倍左右。影响天然气在石油中的溶解度的因素,主要是地层压力、气体组成和石油轻组分的含量。当天然气中重烃增多,或者石油中的轻馏分较多,都可增加天然气在石油中的溶解度。另外,降低温度或增大压力,也可得到同样效果。

第三节 油 田 水

任何一个油气藏的流体系统中,油田水都是以不同形式与油气共存于地下岩石的孔隙空间中。油田水的形成及其运动规律始终与油气的生成、运移以及油气藏的形成、保存和破坏有着密切的关系。因此,油田水文地质学的研究对于油气勘探和开发有着十分重要的意义。

广义上,油田水是指油气田区域(含油构造)内的地下水,包括油层水和非油层水。在石油地质勘探与开发上,研究的重点是油气田范围内直接与油层连通的地下水,即油层水,被认为是狭义上的油田水。

油层水与非油层水物理性质有较大差异。油层水相对密度一般大于1,黏度明显高于非油层水,含盐量越高,相对密度、黏度越大;一般不透明,呈混浊状,含硫化氢时呈淡青绿色,含铁质胶状体时带淡红色、褐色或淡黄色;常有汽油、煤油味,含硫化氢气体时有腐臭味;若含有 $MgSO_4$,尝之有苦味。油层水中因含有较多离子成分,可导电;含离子越多,导电性越强。

一、油田水的来源

一般认为,油田水的来源主要有4种:沉积水、渗入水、深成水、转化水。

沉积水是指沉积物堆积过程中保存在其中的水。这种水的含盐度和化学组成与古海(湖)水有密切关系。因此,不同环境下形成的油层水矿化度有着明显差别。

渗入水是大气降雨时渗入地下空隙和渗透性岩层中的水。其矿化度低,可淡化高矿化度地下水。在靠近不整合面的油田水中,这种淡化作用特别明显。

深成水又称内生水,指来源于上地幔及地壳深部、由岩浆游离出来的初生水(即原生水)和变质作用过程的变质水。它是一种高温高矿化度、饱和气体的地下水。

转化水是沉积成岩和烃类形成过程中,黏土转化脱出的层间水及有机质向烃类转化时分解出的水。这种转化主要因素是温度和压力,并伴随着离子交换等反应。

实际上,油田水可以看作是沉积水、渗入水和深成水等以不同比例的混合水,经过一系列复杂的物理化学作用,并与油气相伴生的油层水。

二、油田水的矿化度

矿化度是指单位体积水中所含溶解状态的固体物质总量,即单位体积水中各种元素的离子、分子和化合物总含量,用 g/L、mg/L 表示。

河水和湖水都是淡水,它们的矿化度多数情况下都很低,一般为几百毫克每升;海水的总矿化度比较高,可达 35000mg/L。油田水的矿化度在大多数情况下,比沉积水的矿化度要高,以具有高矿化度为特征,如科威特布尔干油田白垩系砂岩中的油田水矿化度为 154400mg/L、我国酒泉盆地某油田的油田水矿化度为 30000~80000mg/L。根据我国陆相油田水的资料,矿化度一般低于 50000mg/L,以低于 10000mg/L 的占优势。

三、油田水的化学组成

油田水的化学组成,实质上是指溶于油田水的溶质的化学组成。在油田水形成过程中水与油气的相互作用,使得油田水中除了无机组成和溶解气外,还具有一般地下水中不常见的组分——烃类及其衍生物。

(一)无机组成

油田水的无机组成主要由 Na^+ (包括 K^+)、Ca^{2+}、Mg^{2+} 和 Cl^-、SO_4^{2-}、HCO_3^-(包括 CO_3^{2-})等离子构成,另外还含有几十种微量元素,如碘、溴、硼、锶、铵、钡等。微量元素的种类及其含量,可以指示油田水的来源和所处环境的封闭程度。

(二)有机组成

油田水中常见的有机组成有烃类、酚和有机酸。

油层水中有液态烃和 C_1~C_4 各种气态烃,而非油层水中常只含少量甲烷。油层水的液态烃中苯系化合物含量较高,一般可达 0.01~1.58mg/L,最高可达 5~6mg/L,且甲苯/苯大于 1;非油层水中苯系化合物含量低,且甲苯/苯小于 1。

(三)气体成分

油田水中常见的气体有烃气和非烃气两大类,烃类气体以甲烷为主,另外还有乙烷等重烃气体;非烃气种类较多,如二氧化碳、硫化氢、氮气、氦、氩等气体。含重烃气体是油田水的主要特征,可作为寻找油气田的标志之一。

四、油田水的类型

自 1911 年美国帕勒梅尔提出第一个油田水分类开始,出现了多种油田水分类方案,大都是以 Na^+(包括 K^+)、Ca^{2+}、Mg^{2+} 和 Cl^-、SO_4^{2-}、HCO_3^-(包括 CO_3^{2-})含量及其组合关系作为分类基础。在各种分类方案中,以苏林分类较为简明,应用广泛。因此,这里着重介绍苏林(1964)的水型分类。

苏林认为,水化学成分的形成主要取决于其所处的环境,不同的环境可以形成不同性质、含有不同盐类和化学组成特征的水。某些典型盐类的出现可以反映水的形成环境。根据 Na^+、Ca^{2+}、Mg^{2+} 和 Cl^-、SO_4^{2-}、HCO_3^- 等离子的当量比例,可将水划分为硫酸钠型(Na_2SO_4 型)、碳酸氢钠型($NaHCO_3$ 型)、氯化镁型($MgCl_2$ 型)及氯化钙型($CaCl_2$ 型)四种水型(表 1-10)。

表 1-10　苏林的天然水成因分类表（据张厚福等，1999）

水的类型		成因系数（浓度比）		
		Na^+/Cl^-	$(Na^+-Cl^-)/SO_4^{2-}$	$(Cl^--Na^+)/Mg^{2+}$
大陆水	硫酸钠型（Na_2SO_4 型）	>1	<1	<0
	碳酸氢钠型（$NaHCO_3$ 型）	>1	>1	<0
海水	氯化镁型（$MgCl_2$ 型）	<1	<0	<1
深层水	氯化钙型（$CaCl_2$ 型）	<1	<0	>1

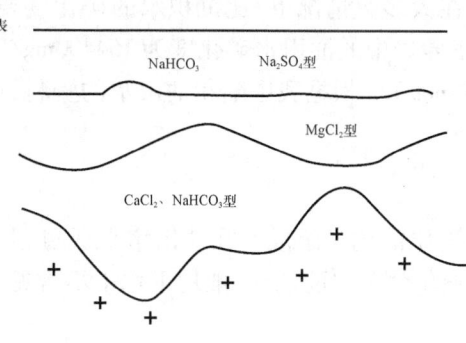

图 1-6　垂直水化学剖面分带

$CaCl_2$ 型水形成于地壳深部封闭性良好、水体交替停滞、利于油气藏保存的还原环境（图 1-6），油田水往往是高矿化度的 $CaCl_2$ 型水，但其与油气物质间无成因联系。

$NaHCO_3$ 型水一般根据矿化度分为高矿化度的和低矿化度的两种。高矿化度 $NaHCO_3$ 型水是油气物质存在的还原环境的产物，成因上与油气田有关，为油田水的基本水型之一。

$MgCl_2$ 型水主要为海水在潟湖中蒸发浓缩所致；大陆淡水溶滤海相沉积岩中所保留的盐分，也可形成 $MgCl_2$ 型水；或为来自深层的 $CaCl_2$ 型水与上部的 $NaHCO_3$ 型或 Na_2SO_4 型低矿化度水掺和产生的。$MgCl_2$ 型水环境下一般无或少有油气田。

Na_2SO_4 型水系地表水中分布最广的一类水，一般分布于地表或者地下浅层水活跃区，通常表示地壳的水文地质封闭性差，不利于油气藏的保存，因此，其分布带一般无油气藏。当然，个别油田也有 Na_2SO_4 型水，但此时正是油气藏濒于破坏的阶段。

油田水的水型以 $CaCl_2$ 型为主，$NaHCO_3$ 型次之，Na_2SO_4 和 $MgCl_2$ 型较为罕见。在含油气区随埋深增加，油田垂直剖面上自上而下依次出现 Na_2SO_4 型或 $MgCl_2$ 型、$NaHCO_3$ 型、$CaCl_2$ 型。个别地区也有水型倒转情况，即上部为高矿化度水，下部出现低矿化度水，如某些褶皱区。

油田水的水型对其中的环烷酸含量有一定影响。在 $NaHCO_3$ 型水中，环烷酸与钠结合而成的环烷酸钠能溶于水，因此，环烷酸含量较高；在 $CaCl_2$ 水型中，环烷酸与钙结合而成的环烷酸钙不溶于水，环烷酸相应地减少。

思　考　题

1. 石油组成中主要有哪些烃类化合物和非烃化合物？
2. 简述海相原油和陆相原油的基本区别。
3. 描述石油物理性质的主要指标有哪些。
4. 简述天然气在地壳中的产出类型及分布特征。
5. 简述天然气的组成特征。
6. 什么是油田水？油田水的主要水型及特征是什么？

第二章 石油和天然气成因

第一节 油气成因概述

世界石油工业已有150多年的历史,但石油和天然气的成因问题是历史上自然科学界长期争论的一个课题,也是石油地质学的主要研究课题之一。石油和天然气的性质复杂多变,给石油和天然气成因的研究带来了巨大困难。油气成因争论的焦点是原始物质、转化条件及生成过程等问题。根据对原始生油物质的不同认识,油气成因学说历来是无机成因说和有机成因说两大学派对垒。前者认为石油及天然气是在地下深处高温、高压条件下由无机物合成的;后者主张油气是在地质历史发展过程中由分散在沉积岩中的动物、植物等有机物质逐步转化生成的。

一、无机成因说

在石油工业发展早期,人们从纯化学角度出发,认为石油是无机成因的。俄罗斯中央地球物理研究院总地质师阿赫梅特·齐穆尔基耶夫在他的文章中直言:"石油沉积运移假说是20世纪人类最大的科学谬误。"早期的油气无机成因理论归纳起来有以下5种。

(一)碳化物说

碳化物说由俄国著名化学家 Д. И. 门捷列夫于1876年提出。他认为,在地球形成时期,温度很高,碳和铁变为液态,互相作用而形成碳化铁。由于它们密度较大,被保存在地球深处。后来,地表水沿地壳断裂向下渗透,与碳化铁作用产生碳氢化合物,沿断裂上升到地壳比较冷却的部分,冷凝下来形成石油,并在孔隙性岩层中聚集即形成油藏。有些碳氢化合物浸透了岩石,形成油页岩、藻煤及其他含沥青岩石;有些则在地表附近受到氧化,形成地沥青等产物。

(二)宇宙说

宇宙说是由俄国学者 В. Д. 索可洛夫于1889年10月3日在莫斯科自然科学研究者协会年会上首次提出的。宇宙说主张在地球呈熔融状态时,碳氢化合物就包含在它的气圈中;随着地球冷凝,碳氢化合物被冷凝岩浆吸收,最后,它们凝结于地壳中而成石油。近年来,宇航技术和宇宙化学的发展表明,在太阳系某些星球的大气中,其主要成分为甲烷,这从一个侧面说明了太阳系星球中碳氢化合物宇宙成因的可能性,这就是现代的宇宙说(戴金星,1995)。

(三)岩浆说

1949年10月3日,在发表宇宙说六十周年纪念日的同一讲坛上,苏联学者 Н. А. 库得梁采夫突然由有机说的观点转变为无机说,提出了石油起源岩浆说,并且强调要发扬几乎被遗忘了的宇宙说。他认为石油的生成同基性岩浆冷却时碳氢化合物的合成有关,在高温高压条件下,可以促使不饱和碳氢化合物聚合而成饱和碳氢化合物。他还指出,因为岩浆中形成石油的过程在不断进行着,古老的油气通过扩散作用早已逸散消失,所以,所有的油藏,包括寒武系中的油藏,都是年轻的油藏,并且依靠石油才在地球上产生了生物,石油中含有生物所需要的一切化学元素,因此,石油不是来自有机物质,恰好相反,有机物质却是来源于石油。

(四)高温生成说

切卡留克(Э. Б. Чекалюк,1971)根据合成金刚石的实验,用装满矿物混合物(方解石、石英、六水泻盐等)代替石墨反应器,在高压 6000~7000MPa 和高温 1800K 下,几分钟后由反应器中分离出易挥发组分,包括甲烷、乙烷、丙烷、丁烷、戊烷、己烷及少许庚烷。他从而认为在深约 150km 的上地幔古登堡(Гутенберг)层内,在温度超过 1500K、压力达 5000MPa 情况下,由于有 FeO 及 Fe_3O_4 的参与,H_2O 与 CO_2 还原而成烃类。在强烈褶皱作用时,深部石油进入地壳沉积岩,并由低分子烃转化为高分子烃及环状烃。

(五)蛇纹石化生油说

耶兰斯基(H. H. Еланский,1966,1971)根据某些油田在蛇纹岩及强烈蛇纹岩化的橄榄岩中被发现的事实,例如俄罗斯伏尔加—乌拉尔油区的巴依土冈和丘波夫油田,提出橄榄石的蛇纹石化作用可以产生烃类。由埋深 22~40km 的地壳玄武岩层底的橄榄岩同 12~22km 深处的深水圈层接触产生的蛇纹石化作用,由于延伸扩张、裂开,水沿萌芽状态的断裂进入橄榄岩发育带,生成烃类又沿着断裂而进入沉积岩。

上述关于石油的无机成因假说一般缺乏来自于油气勘探实践的证据的支持,对 150 多年来的勘探实践也从未起到重要的指导作用,始终未成为石油成因的主流学说。尽管如此,目前仍有少数学者在进行石油无机成因的研究(张景廉,2013)。无机成因天然气的存在已经被勘探实践所证实,在我国及世界一些盆地均发现了一些无机成因的天然气聚集(主要是 CO_2 气,也有少量烃类气体),天然气的无机成因具有一定的科学性。

二、有机成因说

与无机学派相对立的是有机学派。随着世界油气勘探实践的丰富和发现的油气越来越多,人们越来越发现无机成因的观点很难解释油气分布上的一些事实。这些事实包括:

① 世界上已经发现的油气田 99.9% 都分布在沉积岩中。无论是在海相沉积盆地中,还是在陆相沉积盆地中,都发现了大油气田。

② 从前寒武纪至第四纪更新世的各时代岩层中都找到了石油。如在我国渤海湾盆地冀中坳陷任丘油田的原油主要产自中—新元古界雾迷山组白云岩中;委内瑞拉东部夸仑夸尔油田和美国加利福尼亚州夏陆油田都有上新世和更新世地层中的工业油藏。

③ 世界上既没有化学成分完全相同的两种石油,也没有成分完全不同的石油。石油是由多种碳氢化合物组成的非常复杂的混合物。较老的古生代石油多为烷烃类,而年轻的古近—新近纪石油成分则以环烷烃类为主;但是,大多数石油的化学组成十分相似,按质量计算,含碳 80%~88%、含氢 10%~14%。所以,石油的相似性是主要的,这正好说明它们的成因可能大致相同。

④ 光谱分析证明,中—新生代石油的灰分以氧化铁为主(低于 70%),古生代石油的灰分则主要含氧化钒和氧化镍(低于 60%~80%)。将石油灰分与岩石圈的成分比较,可见石油中大大富集了几种元素:钒是岩石圈中含量的 2000 倍;镍是岩石圈中含量的 1000 倍;铜是岩石圈中含量的 50 倍;钴是岩石圈中含量的 30 倍。而在石油与煤的灰分对比中发现,沉积岩的基本元素富集系数都在 1~5 以下,但钒、镍、铜、钴、铅、锡、锌、钡、银等稀有元素的富集系数却都超过 10~1000;这种吻合现象可能正说明煤和石油在成因上是相似的。

⑤ 从大量油田测试结果可知:油层温度很少超过 100℃,有些深部油层温度可以高达 150℃。在所有石油中,轻质芳香烃含量为二甲苯 > 甲苯 > 苯,而当温度增加到 700℃ 时,就会

急剧发生逆向变化。此外,石油所含卟啉化合物、石油旋光性以及环己烷、环戊烷与其同系物之间存在的一定关系都证明石油是在低温条件下生成的,而不是高温高压条件下合成的。

⑥ 由前所述,上新世至更新世地层中发现商业油藏,表明生成石油并聚集成油藏所需的时间大约不到一百万年。在委内瑞拉东部佩德纳尔斯有一个厚约6m的砂层被封闭在约61m厚的帕里亚黏土层中,其中所含烃类浓度比周围的黏土层或连到地面的砂岩高出4倍。用^{14}C测定整个帕里亚层的沉积不到1万年,而所封闭的砂层沉积只有5千年左右。在砂层中平均含烃浓度约为150g/t,减去整个地层平均含烃量25g/t,剩下的125g/t就是在砂层沉积后聚集起来的;换言之,平均每年增加0.025g/t。依此类推,只要一百万年就可聚集成一个丰富的油田了。

⑦ 我国石油地质工作者对青海湖及洞庭湖,美国P. V. 史密斯对墨西哥湾,G. T. 菲利波对加利福尼亚滨外大陆架,前苏联B. B. 维别尔和A. H. 高尔斯卡娅对里海、黑海及谢万湖的近代沉积物的研究成果表明,在近代沉积物中确实存在着油气生成过程,至今还在进行着,而且生成的油气数量也很可观。这也为油气有机成因学说提供有力的科学依据。

⑧ 我国和世界其他国家的研究人员在实验室对从沉积岩中分离出来的有机物质加热,生成了类似石油的物质。由此证明,对有机物质加热可以生成石油。

上述重要事实的存在大大促进了石油有机生成理论的发展,也是石油有机成因说的主要证据。油气有机成因说的学者认为油气起源于活的有机体,即由地质体中动植物的遗体转化而来。19世纪中叶以来,不少研究者根据自己的观察和实验,提出成油原始有机质以低等动物为主的"动物说"、以藻类为主的"植物说"以及"动植物混成说"。在有机成因学派中,具有实际意义的主要有早期成油说和晚期成油说两种学说。

(一)早期成油说

20世纪50年代初,Smith将先进的测试分析技术引入对墨西哥湾及各种环境的现代沉积物中的烃类的分离和鉴别,并将这些烃类的组成与某些原油进行对比,具有明显的可比性,因此提出"石油是早期生成的烃类富集而成"。然而进一步研究表明,这些烃类与油藏中石油相比,在数量上,相同有机碳含量的现代沉积物的烃含量及烃转化率远远低于古代沉积物;在质量上,现代沉积物的烃组成与原油和生油岩均有较大的区别(陈荣书,1994)。成岩作用早期不是石油形成的主要时期,但也不能完全排除其生油的可能。油气生成是一个逐渐演化的过程,成岩作用早期是有机质向石油转化的一个阶段。

(二)晚期成油说

20世纪60—70年代初,Philipp(1965)、Tissot和Welte(1971)等对生油剖面研究表明,沉积物埋藏达到一定的深度和温度,即成岩作用晚期或后生作用初期,沉积岩中的不溶有机质(称为干酪根)在温度的作用下达到成熟,通过热降(裂)解才可生成大量液态石油和天然气。因此,晚期成因说也称为干酪根热降解生烃学说。

以法国著名地球化学家B. P. Tissot等为代表的科学家综合归纳前人的研究成果,建立了干酪根热降解生烃演化模式,提出并完善了干酪根热降解生烃学说,揭示了油气形成、演化与分布规律,这些新进展完善了油气有机生成学说。干酪根热降解生烃学说是当代指导油气勘探的主要油气成因理论,并在油气勘探实践中取得了巨大成功(柳广弟等,2009)。

但在干酪根晚期生烃理论被国际石油界广泛接受的同时,许多国家的油气勘探实践中不断发现有"未成熟—低成熟"石油的存在,即在晚期生烃理论中相应的R_o值约为0.4% ~

0.5%的根本不具备成熟烃源岩的地区发现了石油,甚至已探明的石油储量超过成熟烃源岩的可能生油量。这表明,自然界中确实还存在相当数量的各类早期生成的非常规油气资源。晚期生油学说与早期生油学说相互统一与相互补充,已形成了一个比较完善的有机生油理论,在油气勘探实践中发挥重要的作用。

近20多年来,宇宙化学和地球形成新理论的兴起、板块构造理论的发展和应用以及同位素地球化学研究的深入,为油气无机成因提供了理论依据,出现了地幔脱气说、费—托合成说等新假说,所以,不能否定油气无机成因理论的科学价值。

按照现在的油气成因理论,石油主要是有机成因的,天然气大部分是有机成因的,但不排除相当一部分天然气是无机成因的。相信随着现代科学技术和实验手段的发展,油气成因理论的科学研究必将更加完善,油气无机生成和有机生成理论的发展将会对世界油气勘探事业作出更大的贡献(柳广弟等,2009)。

第二节 油气生成的原始物质

根据有机晚期成因理论,生成油气的原始物质是沉积岩中的那些不溶于有机溶剂的分散有机质——干酪根,而干酪根是原始有机质在成岩作用阶段经过生物化学作用和缩聚作用形成的。

一、原始有机质来源

有机说的核心就是认为石油是地质时期生物遗体(或有机残体)在适当条件下生成的。生物的主要化学组成是脂类、碳水化合物、蛋白质以及木质素等。可以认为,石油是由上述四种有机化合物演化而成的,但普遍认为最有利于生油的是脂类。

脂类又称类脂化合物,如萜烯类化合物。脂类物质的特征是抗腐力较强,能在各种地质条件下保存起来。此外,其元素组成和分子结构最接近于石油,被认为是生成油气的主要原始物质。由表2-1可见,类脂只要去掉少量的氧即可演化为石油,而碳水化合物和木质素则要去掉大量的氧,蛋白质除要去掉大量的氧还要去掉大量的氮。

表2-1 天然有机质与石油平均元素组成(据Hunt,1979;潘钟祥等,1984)

	C,%	H,%	S,%	N,%	O,%
碳水化合物	44	6	—	—	50
木质素	63	5	0.1	0.3	31.6
蛋白质	53	7	1	17	22
类脂	76	12	—	—	12
石油	84.5	13	1.5	0.5	0.5

蛋白质是生物体内最重要的成分,是组成细胞的基础物质,占动物干重50%以上。蛋白质是生物体中氮的主要载体,氮约占蛋白质重量的16%,所以石油中的含氮化合物可能与之有关。蛋白质容易受喜氧细菌的破坏,不利保存。

碳水化合物是植物的主要组成,作为油气生成的原始物质以其数量之丰富而引人注意,有些实验还证明,碳水化合物被氢还原后可以得到烃类。但碳水化合物大多容易被喜氧菌所消耗或者被分解成水溶物质,因而难以保存下来。植物中的纤维素较为稳定,是多糖中对沉积有机质最有意义的成分,是煤的重要母质。

木质素仅存在高等植物中,具有比纤维素还强的抗腐能力,还有丰富的芳环结构。它们都是成煤的重要母质,也可生成天然气。有的研究者认为石油中的某些芳烃和沥青烯或许与之有成因联系。

二、沉积有机质的形成

生物死亡后,一部分作为它种生物的食料而被消耗,大部分被氧化为二氧化碳气体消失在空气中,只有一小部分由于沉积在乏氧环境中而被泥沙埋藏起来,受到各种地球化学因素的作用才转化为石油。所以生成石油的原始物质是生物遗体中的一小部分。通过沉积作用进入沉积物中并被埋藏下来的这部分有机质称为沉积有机质。

有机残体得以保存的必要条件是湖泊、海洋的乏氧环境。随着地壳的不断下沉,混杂在泥沙中的有机残体不断发生变化,有机残体分解为脂类、蛋白质等各个组分,其化学性质很不稳定,随着埋藏加深,类脂化合物相对含量升高,蛋白质含量相对略高,碳水化合物含量降低。当沉积物厚度进一步加大,在成岩过程中,这些生物聚合物遂逐渐转化成更加稳定的地质聚合物——沥青和干酪根,呈分散状存在于沉积物中并进一步演化形成油气。古代沉积岩中分散有机质的组成包括沥青和干酪根。

沥青可溶于有机溶剂,是烃类和非烃类物质的混合物。按照其在有机溶剂中的溶解度不同,可区分为油质、胶质及沥青质。就化学性质而言,沥青是接近石油的,是有机质向油气转化的中间产物。干酪根是不能溶解于有机溶剂的固体分散有机质。

三、干酪根

(一)干酪根的定义

干酪根(Kerogen)最初是用来描述苏格兰页岩中的有机质,后来泛指现代沉积物和古代沉积岩中不溶于一般有机溶剂的沉积有机质(Durand,1980)。J. M. Hunt(1979)将干酪根定义为沉积岩中所有不溶于非氧化性酸、碱和非极性有机溶剂的分散有机质。但近年来煤成油的大量研究成果表明,煤中以集中状态存在的有机质不仅可以生成天然气,在一定条件下也可以生成具有商业价值的石油。因此,干酪根应定义为沉积岩中所有不溶于非氧化性的酸、碱和非极性有机溶剂的有机质(柳广弟,2009),既包括以分散状态存在于沉积岩中的不溶有机质,也包括以集中状态存在于煤中的不溶有机质。沉积岩中的有机质根据是否可以溶解于有机溶剂可以划分为两部分:可以溶解于有机溶剂的部分为可溶有机质,一般称为沥青;不溶于有机溶剂的部分即为干酪根。

(二)干酪根的成分及结构

干酪根是地球上有机碳的最重要形式,是岩石里最重要的成烃母质。它比煤和储集层中石油含量之和还要多上千倍,比非储集层中沥青和其他分散的石油多50倍。在古代沉积岩中,有机质的80%~99%是干酪根。

从岩石中提纯出来的干酪根呈黑色或褐色粉末,是复杂的有机高分子聚合物,没有固定的化学成分,主要由C、H、O和少量S、N组成。它们的一般分布范围是:C为70%~90%,H为3%~10%,O为3%~19%,N为0.4%~4%,S为0.2%~5%(Tissot,1984)。由于不同来源和经历的干酪根千差万别,其元素组成跨度很大,这正是干酪根原始物质来源复杂而广泛的反映。

不同来源与演化程度的干酪根的结构千差万别,没有固定的结构表达式。20世纪80年代以来,人们通过对干酪根进行高温热解或低温降解,使其成为相对分子质量低的产物,然后用现代的分析技术鉴定出它们含有活有机体中鉴定出来的全套有机结构,包括萜类、甾族、卟啉、氨基酸、单糖、羧酸、酮、醇、烯烃和醚。对干酪根的结构研究最详细的是美国尤因塔盆地古近系始新统绿河页岩和爱沙尼亚奥陶系库克页岩。不同干酪根的化学结构具有显著差别。但总的来讲,干酪根属于三维网状结构,由被链状桥键和各种官能团连接着的多个具有芳香结构的核组成,核和桥键上连接着数量不等的具有脂肪族结构的支链(图2-1)。不同来源和后期经历不同演化过程的干酪根中所含的芳香结构和脂肪族链状结构的比例不同(柳广弟等,2009)。

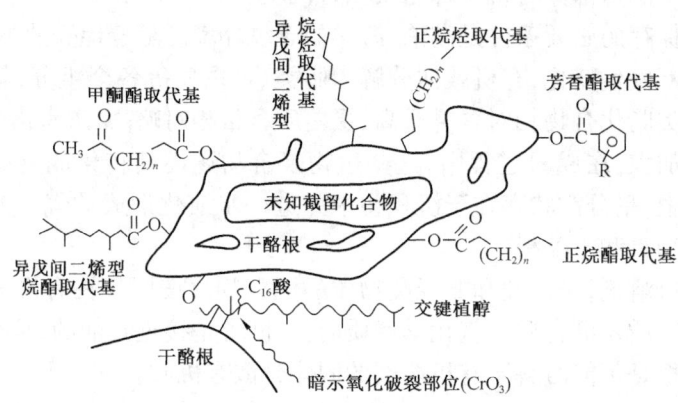

图2-1 绿河页岩干酪根的结构(据 B. P. Tissot et al. ,1978)

(三)干酪根的类型

干酪根的类型与原始物质的类型和化学结构密切相关,类型不同,其成烃潜力也不同。不同研究领域对干酪根类型划分采用不同的分类,目前比较广泛应用的是煤岩学的显微组分分类和元素分析的化学分类。

1. 煤岩学分类

显微组分是煤岩学的术语,现在也用来研究干酪根。它是用光学方法对干酪根组分形态进行描述,在反射光下(显微光度计)观察干酪根的显微结构,可以鉴别出4种形态的显微组分(表2-2)。

表2-2 干酪根显微组分分类及生油潜力

显微组分	亚组分	原始有机质	生油潜力	反射率
腐泥组	无定形体、藻质体	藻类和其他低等水生生物及细菌,腐泥化产物,相对富氢	生油潜力降低 ↓	反射率增高 ↓
壳质组	孢粉体、树脂体、角质体、木栓质体	陆生植物孢子、花粉、角质层、树脂、蜡和木栓层等,相对富氢		
镜质组	结构镜质体、无结构镜质体	植物的结构和无结构木质纤维,来自高等植物,相对富氧		
惰质组	丝质体	丝炭化的木质纤维,来源于森林火灾、再沉积有机质,相对富氧		

腐泥组:主要包括无定形体和藻类体,是富氢组分。无定形体是没有固定形态和结构的有机组分,呈不规则的团块、絮状和云雾状结构,是水生生物(藻类)彻底分解的产物。藻类体是具有藻的结构的有机组分,主要来源于藻类。

壳质组:主要来源于植物的孢子、角质、植物的表皮组织、树脂、蜡质等,包括孢子体、角质体、树脂体和木栓质体,也是富氢组分。

镜质组:植物的茎、叶和木质纤维经过凝胶化作用形成的各种凝胶体。镜质组是富氧组分。

惰质组:一种丝炭化组分,由木质纤维素经丝炭化作用而形成。惰质组属稳定的不活泼组分,富含氧。

2. 化学分类

Tissot(1974)根据干酪根的成分,主要是其中 C、H、O 三种主要元素的组成,采用 H/C 和 O/C 原子比绘制相关图,利用范·克雷维伦(D. W. Van Krevelen)图解,将干酪根划分为三种主要类型(图 2-2)。

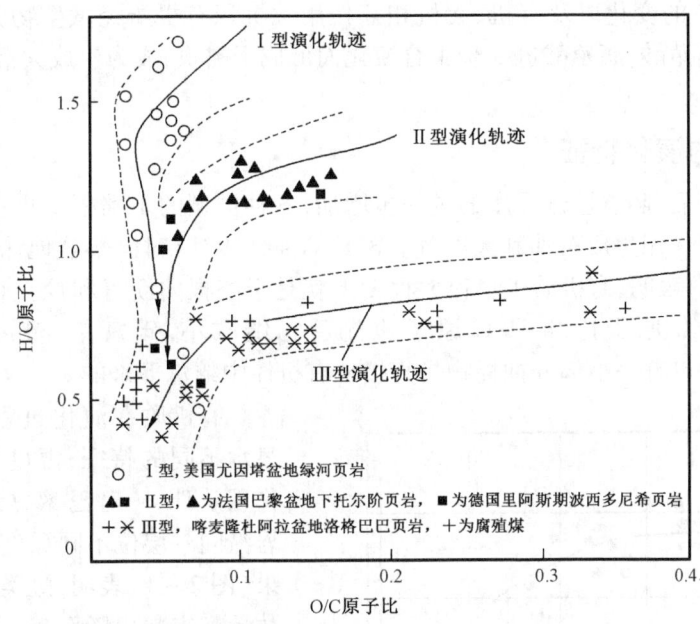

图 2-2 不同来源干酪根的元素分析图解(据 B. P. Tissot et al.,1978;B. Durand et al,1976)

Ⅰ型干酪根:主要来自藻类堆积物,也可以是各种有机质被细菌强烈改造留下原始物质的类脂化合物馏分和细菌的类脂化合物,或称腐泥型。富氢贫氧,H/C 高,一般为 1.5~1.7,而 O/C 低,一般小于 0.1。在结构上以含脂肪族直链结构为主,多环芳香结构及含氧官能团很少。生油生气潜能大,生烃潜力为 0.4~0.7,相当于浅层未成熟样品重量的 80% 都可以转化为油气。美国尤因塔盆地始新统绿河页岩、我国松辽盆地下白垩统青山口组一段、嫩江组一段泥岩以及泌阳盆地古近系核桃园组泥岩中的干酪根皆属此类。

Ⅱ型干酪根:烃源岩中常见干酪根,主要来源于海相浮游生物(以浮游植物为主)和微生物的混合物。H/C 较高,约为 1.3~1.5,O/C 较低,约为 0.1~0.2。在结构上属高度饱和的多环碳骨架,富含中等长度直链结构和环状结构,也含多环芳香结构及杂原子官能团。其生油生气潜能中等,生烃潜力为 0.3~0.5。例如法国巴黎盆地侏罗系下托尔阶页岩经热解后,产物约为有机质原始重量的 60%。北非志留系、中东白垩系、西加拿大泥盆系以及我国东营凹陷古近系沙三段的干酪根均属此类。

Ⅲ型干酪根:主要来源于陆地高等植物,含可鉴别的植物碎屑很多,又称腐殖型。H/C

低,通常小于1.0,而O/C高,可达0.2~0.3。在结构上以含多环芳香结构及含氧官能团为主,脂肪族链状结构很少,且被连接在多环网格结构上。与Ⅰ、Ⅱ型相比,其生油能力较差,生烃潜力为0.1~0.2,热解时可生成30%产物。但埋藏到足够深度时,可以生成天然气。喀麦隆杜阿拉盆地上白垩统及我国塔里木盆地库车坳陷侏罗系的干酪根属此类。

实际上,干酪根的三种类型是人为划分的,在自然界由于干酪根来源和演化的复杂性,干酪根的类型是逐渐过渡和连续变化的。

第三节　有机质的演化与油气生成

沉积有机质在埋藏过程中必然要经历地质条件下的生物、化学和物理作用,使其发生与介质环境相适应的变化以及有机、无机相互作用。沉积有机质经微生物分解、化学水解以及聚合作用形成腐殖酸,腐殖酸进一步聚合演化而形成干酪根,成为生成大量石油及天然气的先躯。

一、有机质的演化特征

干酪根形成以后,随着埋藏深度的进一步增加,各种类型的干酪根将进一步演化,通过热降解作用和热裂解作用生成石油和天然气。B. P. Tissot(1971)对巴黎盆地侏罗系托尔页岩有机质研究(图2-3)表明,有机质生烃很大程度上就是干酪根向沥青和烃类转化的过程,演化的基本规律是 O/C 原子比和 H/C 原子比先后相继减小,碳富集,最后都向碳极收敛(图2-2)。当然,也有一小部分抽提物是直接从有机体中继承下来的。

有机质在演化过程中,不同的阶段显示不同的特征,温度起到明显的控制作用。Tissot 对巴黎盆地侏罗系托尔页岩沿同一层位不同深度横向取样研究结果(图2-4)表明,烃类和氯仿抽提物的数量都表现出随深度(温度)而增长,显著增长出现在1200~1400m(相当60℃)处(图2-4)。Albrecht 等(1976)对喀麦隆杜阿拉盆地白垩系洛克巴巴组的剖面研究中,由于钻井较深,能观察到较完整的烃类变化过程(图2-5),烃类显著增长出现在1370m 和65℃处,在2200m 和90℃达到最大值,然后反而下降,至3000m 和115℃基本终止生油过程。之所以下降,主要是较高温度下裂解形成低分子气态烃所致。生油终止表明干酪根对于生油来说已经枯竭,但对于生气还是有潜力的。

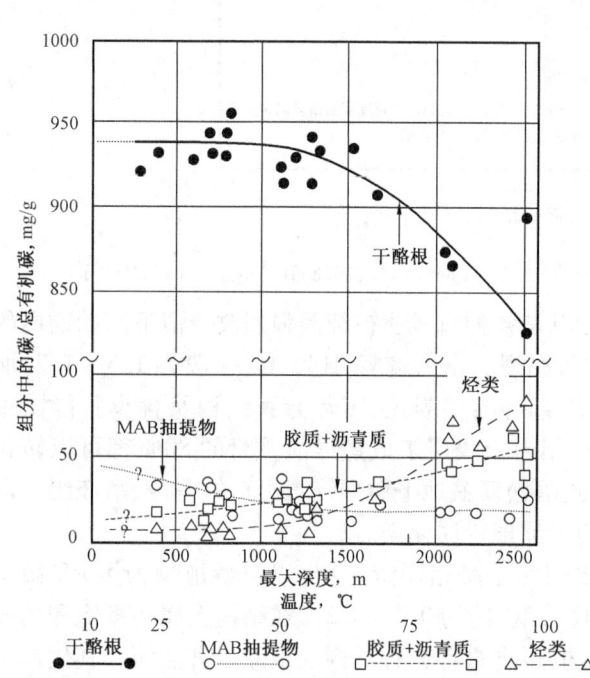

图2-3　巴黎盆地托尔页岩有机质各组分含量随深度的变化(据 B. P. Tissot,1971)
MAB 抽提物:甲醇—丙酮—苯混合剂抽提物

上述例子说明了生油门限和成熟点的概念。随着埋藏深度的增大,只有当温度升高到一定数值时,干酪根才开始大量生烃,这个温度界限称为干酪根的成熟温度或生油门限温度,这个成熟温度所在的深度称为成熟点或生油门限深度。

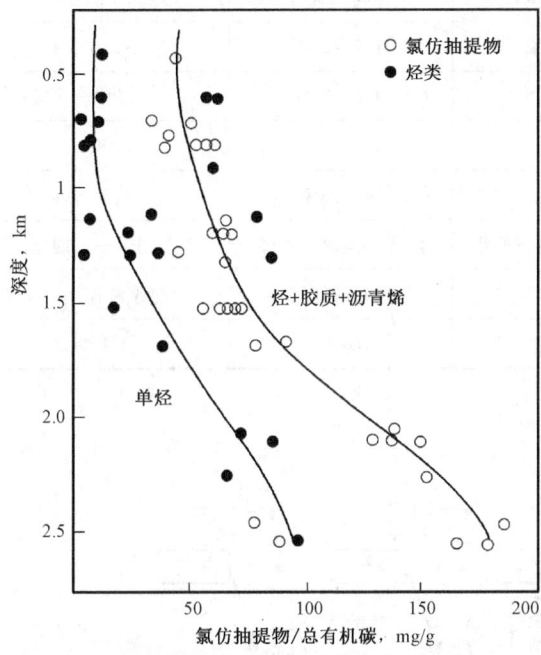

图 2-4 巴黎盆地托尔页岩的烃类及氯仿抽提物含量随深度的变化(据 Hunt,1979)

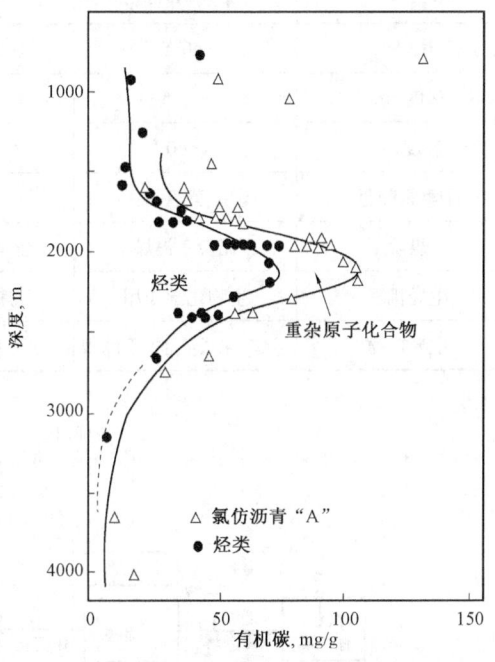

图 2-5 杜阿拉盆地洛克巴巴岩系可溶有机质随深度的变化(据 Albrecht,1976)

二、油气形成的阶段性及特征

沉积盆地中的有机质随着埋藏深度逐渐加大和地温的不断升高,逐渐发生一系列的变化。由于在不同深度范围内,有机质所处的环境和所受的动力因素不同,致使有机质所发生的反应性质及形成的主要产物都有明显的区别,从而使有机质的演化过程和烃类的生成过程具有明显的阶段性。关于有机质演化和油气生成阶段的划分,国内外学者提出了许多方案。其中有两种方案应用较为普遍:一种是根据有机质的成熟度对有机质演化阶段的划分;一种是根据油气生成机理和产物类型对有机质演化阶段的划分。

有机质的成熟度是指在温度的作用下有机质的热演化程度。有机质的成熟度可以通过一系列的指标来衡量,目前常用的指标是镜质组反射率。镜质组是有机质的一种显微组分,它主要是植物的茎、叶和木质纤维素经过凝胶化作用而形成的。随着镜质组演化程度的增加,其反射光的能力增强。镜质组反射光的能力用镜质组的油侵反射率表示,常用符号为 R_o。根据有机质镜质组反射率的大小,一般将有机质的演化过程划分为四个阶段:未成熟阶段、成熟阶段、高成熟阶段和过成熟阶段。各个阶段由于所处环境不同,促使有机质演化和油气生成的动力也不同,有机质演化的产物也有显著区别。根据有机质演化过程中油气生成机理和产物类型的变化,对应于四个阶段分别为生物化学生气阶段、热降解生油气阶段、热裂解生凝析气阶段和深部高温生气阶段。不同演化阶段的界线,不同学者的划分略有不同,这里采用表 2-3 和图 2-6 的方案,并把热裂解生凝析气阶段改称为热裂解生湿气阶段(柳广弟等,2009)。

表 2-3 有机质演化阶段和特征（据柳广弟等，2009）

演化阶段	生物化学生气阶段 （未成熟阶段）	热降解生油气阶段 （成熟阶段）	热裂解生湿气阶段 （高成熟阶段）	深部高温生气阶段 （过成熟阶段）
R_o，%	<0.5	0.5~1.2	1.2~2.0	>2.0
深度，km	<1.5	1.5~4.5	4.5~7.5	>7.5
温度，℃	<60	60~180	180~250	>250
干酪根颜色	黄色	暗褐色	深暗褐色	黑色
煤阶	泥炭—褐煤	长焰煤—气煤—肥煤	焦煤—瘦煤—贫煤	半无烟煤—无烟煤
生烃机理	生物化学作用	热催化作用	热裂解作用	热裂解作用
主要产物	甲烷、未成熟油、干酪根	液态石油	湿气	干气（甲烷）

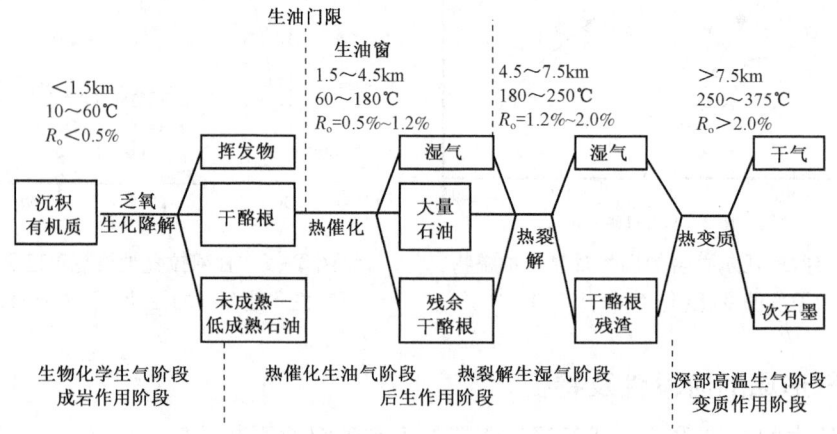

图 2-6 有机质演化阶段划分图（据柳广弟等，2009）

（一）生物化学生气阶段——未成熟阶段

此阶段从沉积有机质被埋藏开始至生油门限为止，以低温（10~60℃）、低压和微生物生物化学作用为主要特点，深度范围是从沉积界面到1500m或更深，有机质处于未成熟阶段，镜质组反射率小于0.5%。

有机质在缺乏游离氧的还原环境内，厌氧细菌非常活跃，细菌的生物化学作用使来源于生物体的沉积有机质被选择性分解，转化为相对分子质量更低的生物化学单体（如苯酚、氨基酸、单糖、脂肪酸等等），部分有机质被完全分解成 CO_2、CH_4、NH_3、H_2S 和 H_2O 等简单分子。这种生物化学作用形成的甲烷（CH_4）是这一阶段的主要烃类产物，称为生物成因气，简称生物气。本阶段后期，随着埋藏深度加大，温度升高，也可能会生成少量液态石油。特别是一些特殊组成的有机质（木栓质体、树脂体、经细菌改造的陆源有机质、藻类和高等植物生物类脂以及富硫大分子等）通过低温生物化学或低温化学反应可以生成未成熟石油（王铁冠等，1995）。有机质被细菌分解后的大部分产物会相互作用形成复杂结构的地质聚合物"腐泥质"或"腐殖质"，进一步的"缩合"和"聚合"形成干酪根。

在这个阶段所生成的少量未成熟液态石油一般具有如下特征：相对分子质量高的正烷烃在 C_{22}~C_{34} 范围内有明显的奇数碳优势；环烷烃中1~6环均有，但四环分子显畸峰，这是广泛存在甾醇衍生物所致;芳香烃也以相对分子质量高的化合物为主,显示萘和多核芳香烃双峰(图2-7)。在烃类化学结构上的这些特征都明显地反映了同原始有机质相近的性质。在这个阶段生成的生物化学气在组成上以甲烷为主,含量在95%以上,属干气;甲烷稳定碳同位素值呈低值,介于 -55‰ ~ -100‰。生物气是重要的天然气资源,可以富集成大型和特大型气田。

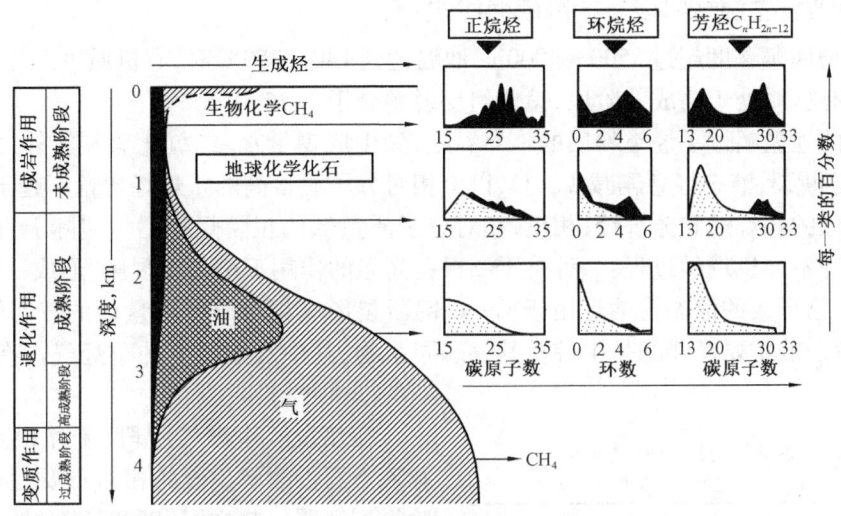

图2-7 沉积有机质演化和油气生成模式(据 Tissot et al.,1978;柳广弟等,2009)

(二)热催化生油气阶段——成熟阶段

随着沉积物埋藏深度逐渐增加和温度的升高,有机质从其成熟点(生油门限)开始,就进入了热催化生油气阶段。这个阶段的有机质埋藏深度超过 1500 ~ 2500m,直到 4000 ~ 4500m,有机质经受的地温升至 60 ~ 180℃,有机质处于成熟阶段,镜质组反射率介于 0.5% ~ 1.2%。

由于有机质(干酪根)经受的温度的增加和受热时间的加长,使干酪根中的化学键发生断裂,形成相对分子质量不等的烃类。由于烃类的生成,干酪根中脂肪族链状结构逐渐减少,而芳香结构的相对含量逐渐增加(图2-8)。液态石油是这个阶段有机质演化的主要产物。W. C. Pusery 总结了世界上一些油气田中石油产层的温度分布状态,指出液态烃在 65.6℃时开始大量形成,而在高于 148.9℃时则被破坏,因此,提出液体烃大量生成对应的这一阶段称为"生油窗"。

在本阶段早期,相当于镜质组反射率 R_o 为 0.5% ~ 0.7% 的成熟范围内,有机质生成的液态

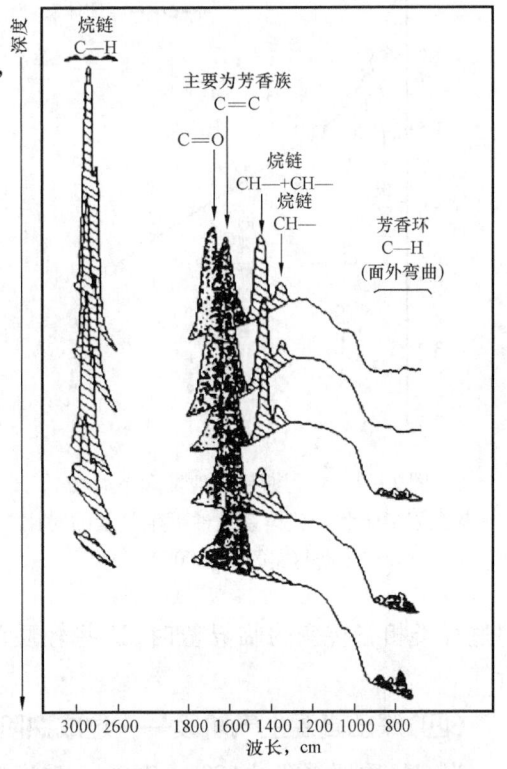

图2-8 巴黎盆地下托尔阶页岩Ⅱ型干酪根演化的红外光谱特征(据 Tissot et al.,1978)

石油在组成和性质上与上一阶段形成的未成熟石油具有一定的相似性,称为低成熟油,与未成熟油合称未成熟—低成熟油。当有机质镜质组反射率达到0.8%以上时,有机质生成的石油已经成熟,在化学结构上显示出同原始有机质及未成熟—低成熟油的明显区别:正烷烃碳原子数及相对分子质量递减,奇数碳优势消失;环烷烃及芳香烃碳原子数也递减,多环及多芳核化合物显著减少(图2-8)。

(三)热裂解生湿气阶段——高成熟阶段

当沉积物埋藏深度超过3500~4000m,地温达到180~250℃时,有机质进入热裂解生湿气阶段。此时有机质处于高成熟阶段,镜质组反射率介于1.2%~2.0%。

该阶段的地温超过了烃类物质的临界温度,除生成少量水、二氧化碳和氮外,主要反应是大量C—C链断裂,液态烃急剧减少。C_{25}以上相对分子质量高的正烷烃含量渐趋于零,只有少量低碳原子数的环烷烃和芳香烃;相反,相对分子质量低的正烷烃剧增。实际上,该阶段的反应包含了两种不同机理的过程:一种是干酪根在高温的作用下进一步裂解,形成一些短链的烃类;另一种是已形成的液态石油烃由于C—C键断裂形成相对分子质量低的气态烃。不论哪种机理,该阶段的主要产物都是甲烷及其气态同系物,其中乙烷以上的重烃气占有较大比例,为湿气。

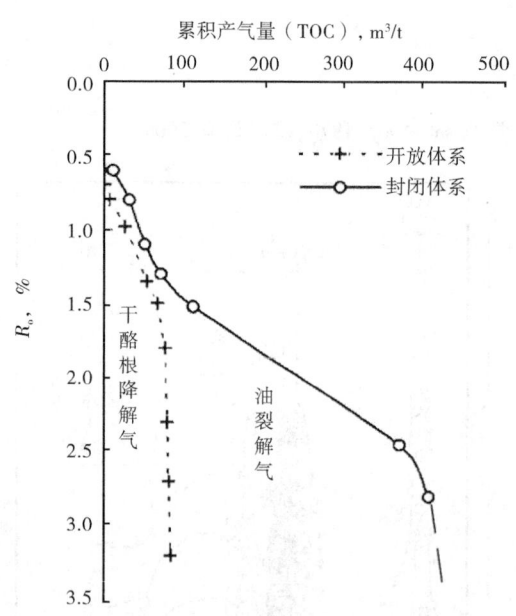

图2-9 威利斯顿盆地奥陶系海相
灰泥岩封闭和开放体系条件下生气量的对比
(据赵文智等,2005)

在热裂解生湿气阶段,干酪根热裂解生气和液态石油裂解生气的相对重要性可以通过实验得到证明。赵文智等(2005)对加拿大威利斯顿盆地奥陶系海相灰泥岩进行了封闭与开放条件下的生烃模拟实验。开放体系实验具有边生边排的特点,阶段产气量主要是干酪根热降解产物;封闭体系的阶段产气量则包含了干酪根热降解和原油热裂解产气量。二者的差值可认为是原油裂解的生气量。实验结果表明,干酪根热降解气大量生成的R_o值在1.0%~1.8%之间,主体在$R_o<1.6%$已经完成;而原油热裂解气大量生成在$R_o>1.6%$的阶段,原油裂解气的生成时间明显晚于干酪根降解气的生成时间,而生气量则远远大于干酪根降解气,前者大约是后者的4倍(图2-9)。这说明在热裂解生湿气阶段早期($R_o<1.6%$),干酪根生气占有重要地位;而在热裂解生湿气阶段的后期($R_o>1.6%$),原油裂解成气占主导地位。此阶段由于$C_1~C_8$的轻烃迅速增加,在地层温度和压力超过烃类相态转变的临界值时,这些轻质就会发生逆蒸发,反溶解于气态烃之中,形成凝析气。

(四)深部高温生气阶段——过成熟阶段

当有机质埋深超过6000~7000m,温度超过了250℃时进入深部高温生气阶段,此时有机质的演化进入过成熟阶段,镜质组反射率大于2%。

该阶段以高温高压为特征,已形成的液态烃和重质气态烃强烈裂解,变成热力学上最稳定的甲烷;干酪根残渣释出甲烷后进一步缩聚,H/C 原子比降至 0.45~0.3,接近甲烷生成的最低限(Hunt,1979)。所以,这个阶段出现了全部沉积有机质热演化的最终产物——干气甲烷和碳沥青或石墨(图 2-8)。这种现象在实验室、野外观察和深井钻探结果都得到了证实:中国科学院地球化学研究所对石油进行高温高压试验,发现若压力固定不变,石油随温度升高向两极明显分化,最后形成气体与固态沥青,演化过程是石油→油+气→油+气+固态沥青+液态沥青→气体+固态沥青。这种试验结果同野外观察现象吻合,如在四川盆地威远隆起震旦系白云岩中见到石油热演化的最终产物——甲烷和固态沥青,后者呈不规则浸染状或粒状分布于白云岩的裂缝或洞穴中,成熟度高,通常为碳沥青和焦沥青。国外现代大批超深井钻探结果多产天然气和凝析油,罕见液态石油,这种现象更是有力的证据(柳广弟等,2009)。

以上各阶段有机质成烃演化过程是连续过渡的,对于不同类型的有机质,每一个演化阶段的界限和产物特征可能会有所变化,其主要的差别是在热催化生油气阶段,Ⅰ型干酪根在这一阶段可以生成大量石油,在生油的同时也生成少量天然气;Ⅲ型干酪根由于其本身的生油潜力有限,即使在这一阶段也仅能生成少量液态石油,其产物仍以气为主。生油门限是有机质开始大量生油的起始点,也是有机质从不成熟到成熟的转折点。干酪根的类型不同,其生油门限和各阶段所对应的镜质组反射率值也有一定的区别。在综合考虑了上述因素以及在未成熟阶段有未熟石油生成,黄第藩(1996)提出了一个有机质生烃演化的综合模式(图 2-10)。

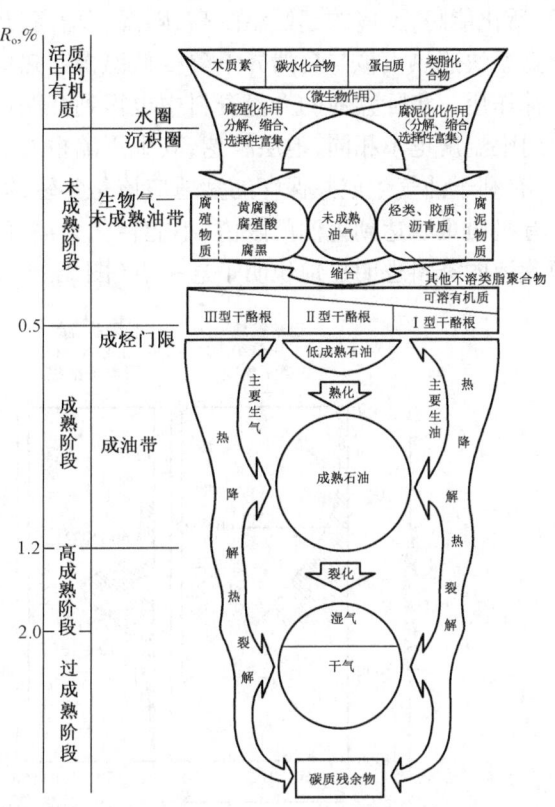

图 2-10 有机质演化生烃的综合模式
(据黄第藩,1996;柳广弟等,2009)

三、有机质转化成烃的影响因素

有机质演化和生烃主要是一个生物化学和化学作用的过程,影响因素包括细菌、温度、时间、催化剂、放射性物质等,而其中温度是主要的控制因素。

(一)温度和时间

地球不断由内部向地表散发热量,从而地壳形成一个温度向内递增的天然热场。深度每增加 100m 的温度增加值叫地温梯度。现在地壳平均地温梯度为 3℃/100m,含油气盆地常见的地温梯度为 2~5℃/100m。因此,沉积有机质随着埋深必然经历逐渐升高的温度。大量的研究表明,干酪根生烃过程是一种受化学动力学一级反应控制的化学反应,反应的速度和过程主要受温度和时间的控制。从干酪根生烃的化学动力学原理推导表明,当烃源岩达到门限温度时,有机质所具有的热量才达到断开 C—C 键所需的能量,干酪根才开始成熟,从而大量生烃。一般来讲,生油主要阶段的起始温度不低于50℃,终止温度不高于175℃,温度在干酪根成烃演化过程中起着决定性作用。与门限温度对应的门限深度则取决于地温梯度,相同的门限温度在地温梯度大的地区门限深度较浅。

根据化学动力学原理,干酪根的反应程度与温度呈指数关系,与时间呈线性关系。因此,温度的影响是主要的,时间的影响是次要的;温度和时间具有互补性,高温短时间和低温长时间可以达到相同的反应程度,但时间本身不能单独起作用。反应速率除与温度有关外,还与活化能有关。如果其他条件一样,活化能低,反应的起始温度低,但随温度增高,反应速率增长得慢;活化能高,反应的起始温度高,随温度增高,反应速率增长得快。Tissot 在实验室中对干酪根高温快速热模拟与自然界干酪根低温慢速热演化有着几乎相同的结果证明了温度和时间的互补作用。实际盆地的大量资料中也得到证明(图2-11),干酪根赋存地层时代的不同,其生油门限温度也不相同,地层越老,其中干酪根的生油门限温度越低。在时间和温度的综合作用下,有利于油气生成并保存的盆地应该是年轻的热盆地和古老的冷盆地。相反,年轻的冷盆地中有机质难以达到生油门限值,不能转化为油气,古老的热盆地则会使已形成的烃类破坏。我国盆地的资料也明显地说明了这一点(图2-12)。

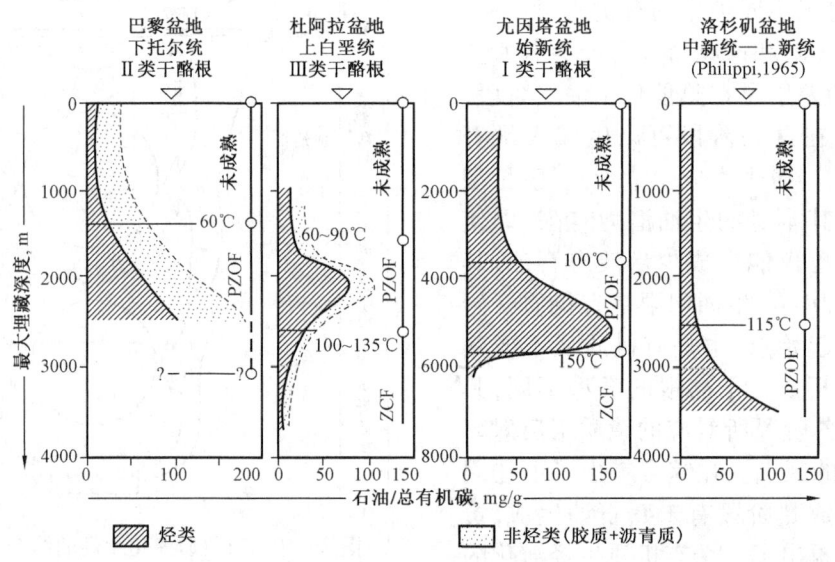

图 2-11　不同盆地不同时代烃源岩埋藏深度与油气生成的关系(据 Tissot,1984)

(二)细菌

细菌在自然界有很强的生存适应性和繁殖能力。它们遍布于大多数的天然水系和埋藏较浅(<1000m)的沉积物中。按生活习性细菌分为喜氧细菌、厌氧细菌和通性细菌三类。对油气生成最有意义的是厌氧细菌。在沉积物中,细菌活动的总趋势一般随埋深增加而减弱。在缺乏游离氧的还原条件下,细菌在油气生成过程中的作用实质是将有机质中的氧、硫、氮、磷等元素分离出来,使碳、氢,特别是氢富集起来,使之向更加有利于生油的方向转化;另一方面细菌的活动可以分解有机质而生成甲烷。由于生存条件的限制,细菌作用主要出现在有机质改造的早—中期。此外,细菌本身也是良好的生油原始材料,而且还能促进石油从沉积岩中析出发生运移。但在特定条件下细菌对石油氧化破坏,对油气保存不利。

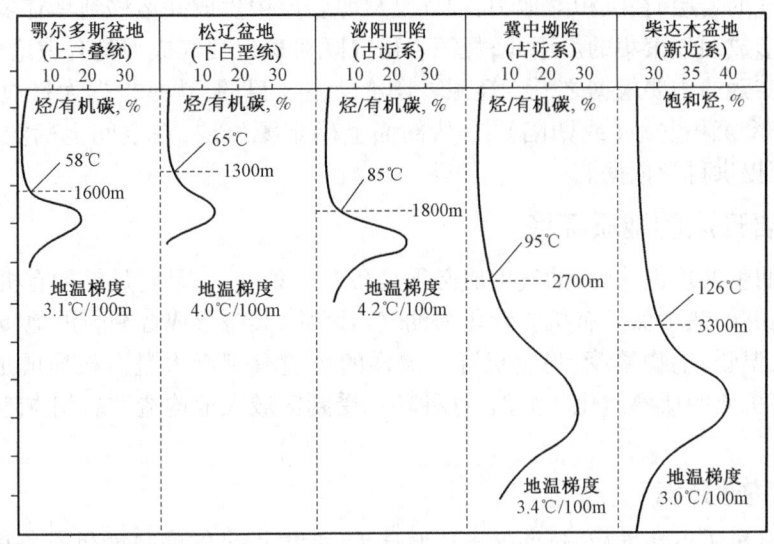

图 2-12 我国不同盆地不同时代烃源岩埋藏深度与油气生成的关系（据胡见义等，1991）

（三）催化剂和放射性物质

催化剂是一种加速某种化学反应速度而本身并不在反应中消耗的物质。油气生成过程中的催化作用在于，催化剂与分散有机质作用破坏了后者的原始结构，促使分子重新分布，形成内部结构更稳定的物质——烃类。

在油气生成的过程中，最普遍的催化剂是黏土矿物。黏土矿物具有很强的吸附能力，它可以使有机质组分在黏土矿物颗粒表面富集，并按不同组分的吸附性能不断进行重新分布，这一过程降低了有机质的成熟温度，有效地促进了石油的生成。由于不同类型黏土矿物的吸附性能不同，对油气生成的催化作用也不同，其中蒙皂石对干酪根热解烃组成的影响最大，伊利石、高岭石的影响较弱（张枝焕等，1994）。

在黏土岩中富集大量放射性物质，放射性物质可以导致水分解产生大量游离氢，衰变产生能量，游离氢和能量将增加油气形成的产率和速度，对油气的生成非常有利。

在有机质向油气转化过程中，细菌和催化剂是在特定阶段作用显著，加速有机质降解生油、生气；放射性作用则可不断提供游离氢的来源；只有温度与时间在油气生成全过程中都有着重要作用。所以，有机质向油气的转化是在适宜的地质环境里多种因素综合作用的结果，其中起决定作用的因素是温度。

第四节 烃源岩及评价

烃源岩是指富含有机质、在地质历史过程中生成并排出了或者正在生成和排出石油和天然气的岩石。只生成和排出油的岩石称为油源岩，只生成和排出气的岩石称为气源岩。烃源岩的概念中既强调已生成或正在生成油气，并且强调已排出或正在排出油气。

由烃源岩组成的地层则称为烃源层或源岩层。在一个沉积盆地的发展过程中，在一定地质时期内，源岩层和非源岩层往往间互沉积，在一套地层内形成源岩层与非源岩层的互层。具相同岩性—岩相特征的若干源岩层与其间非源岩层的组合称为源岩层系。源岩层是自然界生成石油和天然气的岩层,在沉积盆地中,油气是从源岩层中生成并运移到具有多孔介质的储集层中储集起来形成油气聚集的。因此,烃源岩研究既对探讨油气成因具有理论意义,同时也是指导油气勘探实践的主要根据之一。烃源岩评价的主要目的,就是根据大量地质和地球化学分析结果,在一个沉积盆地(或凹陷)中,从剖面上确定源岩层,在空间上确定出有利的烃源区,为油气勘探提供科学依据。

一、烃源岩形成的地质环境

干酪根晚期生油理论认为:油气生成必须具备两个条件,一是有足够的有机质并能保存下来;二是要有足够的热量保证有机质转化为油气。因此,具备形成烃源岩的地质环境一般应为水体安静、气候温暖、生物繁茂、稳定沉降。这样的环境有利于大量有机质的形成、堆积和保存,也有利于有机质的成熟演化。显然,这种环境受到区域大地构造和岩相古地理等条件的严格控制。

(一)大地构造环境

为了确保有机质不断堆积、长期处于还原环境,并提供足够的热能供有机质热解,必须有一个长期持续下沉,以及沉积物得到相应补偿的大地构造环境。因为只有在持续下沉的负向构造单元中,有机质才有可能大量堆积和保存。同时只有在得到相应补偿的构造环境中,才能始终保持有利于生物大量繁殖和有机质大量堆积的水体深度和还原环境,已堆积的沉积物才能不断被新的沉积物覆盖、保存,最后形成有机质含量高的厚层沉积。

根据板块构造的观点,板块的边缘活动带,板块内部的裂谷、坳陷,以及造山带的前陆盆地、山间盆地等大地构造单位,是在地质历史上曾经发生长期持续下沉的区域,是地壳上油气资源分布的主要沉积盆地类型。我国许多大型沉积盆地具备这种有利条件,成为油气资源蕴藏丰富的区域。渤海湾盆地古近纪深断陷内沉积厚度达 3000~5000m,沉积速度约 0.12~0.18mm/a,埋藏深度最大可达 4000~8000m,地温梯度平均 3.95~5℃/100m,十分有利于生成丰富的油气资源,其下伏中生界、古生界及中—新元古界的巨厚沉积也具备良好的生油条件。

此外,在一个大型沉积盆地内,由于断裂分割或沉降速度的差异造成盆底起伏不平,出现许多次级凸起与凹陷,使有机质不必经过长距离搬运便可就近沉积下来,避免途中氧化。所以这种沉积盆地的分割性对有机质的堆积与保存都有利。

(二)岩相古地理环境

丰富有机质的堆积和保存是油气生成的基本前提,这首先取决于生物的大量繁殖,其次取决于周围的氧化还原环境。如前所述,只有在还原条件下,有机质才得以保存并向油气转化。既有生物大量繁殖,又利于堆积和保存,无论海相、陆相还是海陆过渡相,都有具备此条件的岩相古地理环境。

在海相环境中,从海岸线到广海区,依次分为滨海、浅海大陆架、大陆坡及深海平原。滨海区和深海区不利于有机质的堆积和保存。而在浅海区,水深一般不超过 200m,水体较宁静,阳光、温度适宜,生物繁盛,尤其各种浮游生物异常发育,死亡后不需经过太厚的水体即可堆积下来。大陆架上的潟湖、海湾以及闭塞的深海盆地等静水区,由于海底堤坝、半岛、群岛或生物礁带的存在,与大洋隔绝,深入陆地呈半闭塞状态,无底流活动、缺氧,是良好的低能还原环境,既有利于有机质的堆积,又有利于有机质的保存,是良好的生油区。可见,在海相环境中唯浅海区,尤其是潟湖、海湾是最有利的生油环境。波斯湾盆地的中—新生界,西西伯利亚的侏罗系、白垩系,墨西哥湾的中—新生界,以及我国四川盆地的志留系、二叠系、三叠系都属于浅海环境的产物。

海陆过渡环境的三角洲地带,适于生物大量繁殖,并接受河流搬运来的大量陆源有机质,造成有机质异常丰富的聚集。而且,有机质的大量存在,可以消耗掉水体中的氧,使得氧得不到补充,从而出现还原环境,保证了剩余有机质和新补充的有机质免受分解破坏,是极为有利的生油区域。

内陆湖泊的情况与海盆极为相似。从边缘向中心也可划分为滨湖—沼泽区、浅湖区、半深湖区和深湖区几个地带。最有利的生油环境是半深湖—深湖区。一方面湖泊能够汇聚周围河流带来的大量陆源有机质,增加了湖泊营养和有机质数量;另一方面湖泊有一定深度的稳定水体,提供水生生物的繁殖发育条件。尤其在近海地带的深水湖盆更有利于有机质的堆积,因为近海区域地势低洼、沉降较快,是陆表水的汇集地带,容易长期积水而形成深水湖泊,保持安静的还原环境。我国许多陆相沉积盆地,如晚二叠世的准噶尔盆地、晚三叠世的鄂尔多斯盆地、早白垩世的松辽盆地、古近纪的渤海湾盆地,甚至古近纪的柴达木盆地都可能属于当时的近海湖盆,成为湖相生油的最有利区域。

在浅水湖泊和沼泽区,高等植物繁盛,是有利的成煤环境,有机质多属腐殖型。这种环境中的有机质生油潜能较差,更适合形成煤和天然气。但是在一些流水沼泽和分流间湾沼泽,形成的有机质中富含富氢显微组分,具有较强的生油潜力,也可以形成石油(吴涛等,1997),如澳大利亚的吉普斯兰盆地、加拿大的斯科舍盆地、我国的吐哈盆地都在煤系地层找到了石油。

此外,古气候条件也直接影响生物的发育,年平均温度高,日照时间长、空气湿度大,都能显著增强生物的繁殖能力。所以,温暖湿润的气候有利于生物的繁殖和发育,是油气生成的有利外界条件之一。

二、烃源岩的岩石类型

有机质的堆积、保存、演化和油气形成是在特定的环境下发生的。这个特定的环境就是浅海、深湖—半深湖、浅水湖泊和沼泽等水体安静乏氧、稳定下沉的区域。因此,烃源岩一般是粒细(<0.05mm)、色暗(黑、深灰、灰绿、灰褐色等)、富含有机质和微体生物化石的岩石,其中常含原生分散状黄铁矿和游离沥青质。

常见的烃源岩主要是黏土岩类的泥岩、页岩等;碳酸盐岩类的泥灰岩、生物灰岩以及富含有机质的灰岩等;煤系地层的煤层和含煤地层中富含有机质的泥岩。特别是泥岩和泥灰岩是石油原始物质大量赋存的场所。世界上所有大油气区大多都和泥岩、泥灰岩密切相关。

岩性特征是研究生油岩最简便、最直观的标志。人们研究生油岩总是首先从岩性特征入手,但它并不能本质地反映油气生成,因此,识别生油岩一般是根据岩性—岩相特征和地球化学特征来确定和评价。

三、烃源岩的地球化学特征

在一个沉积盆地中只有有效的烃源岩才能提供商业油气聚集。作为有效的烃源岩首先必须具备足够数量的有机质、良好的有机质类型,并具有机质向油气演化的过程。烃源岩的地球化学特征包括三个方面:有机质丰度、有机质类型和有机质演化程度。通过对烃源岩的地球化学研究,可以判断和评价岩石的生烃能力。

(一)有机质的丰度

岩石中有足够数量的有机质是形成油气的物质基础,是决定岩石生烃能力的主要因素。通常采用有机质丰度来代表岩石中有机质的相对含量,衡量和评价岩石的生烃潜力。国内外普遍采用的有机质丰度指标是总有机碳含量(TOC)、氯仿沥青"A"和总烃(HC)含量等。

1. 总有机碳含量(TOC)

总有机碳含量是国内外普遍采用的有机质丰度指标。有机碳是指岩石中除去碳酸盐、石墨等中的无机碳以外的碳。这部分碳包了岩石中不溶有机质——干酪根中的碳和岩石中可溶有机质中的碳,故称为总有机碳。因为在烃源岩有机质生成的油气中,有一部分已经排出烃源岩,实验室所测定的是岩石中残留下来的有机质中的碳的数量,故又称为剩余有机碳含量。总有机碳含量以单位质量岩石中有机碳的质量百分数表示。

岩石中剩余有机碳与剩余有机质含量之间存在着一定的比例关系,一般将剩余有机碳含量乘以 1.22~1.33 即为岩石中所含剩余有机质的质量百分数。蒂索等人认为不同类型干酪根在不同演化阶段该值是不同的。对于未成熟或低成熟的烃源岩,由于其中只有很少一部分有机质转化成油气离开烃源岩,大部分仍残留在烃源层中,所以剩余有机碳含量能够近似地表示烃源岩有机质的丰富程度。对于有机质类型好、演化程度较高的烃源岩,剩余有机碳含量已经不能反映烃源岩的原始有机质的丰富程度了。因此,对于高过成熟烃源岩有机质丰度的衡量仍是一个有待进一步解决的问题,有些学者提出了各种有机质丰度的恢复方法,但其可靠性仍有待进一步证实。

关于烃源岩有机碳含量的下限和评价标准,国内外学者做了大量的工作。不同岩类其有机碳含量的下限和评价标准不同(表2-4)。尚慧芸(1982)对我国中—新生代主要含油气盆地 1080 个样品数据编制了有机碳含量频率图(图2-13)看出,我国暗色泥质烃源岩的有机碳含量平均值为1%。据 Gehmen(1962)研究,世界60多个沉积盆地寒武系至新近系1066个页岩和346个碳酸盐岩样品的测定结果,平均值前者为1.14%,后者为0.24%(图2-14)。因此,许多地球化学家认为,烃源岩有机碳含量的下限值湖相泥页岩为0.4%,碳酸盐岩由于其对有机质的吸附能力弱,以及碳酸盐岩的晶析作用和各种成岩作用导致有机质大量丢失等原因,有机碳含量下限值低至0.1%~0.2%。近年来,我国学者的研究表明(赵喆等,2006),碳酸盐岩烃源岩的有机碳含量要达到0.4%~0.5%才能有效排烃,成为有效烃源岩。煤系地层中由于有机质的富集,煤系泥岩有机碳含量下限值和分级界线要高一个级别,尤其是碳质泥岩和煤则更高。

表2-4 根据有机碳含量划分泥质岩和碳酸盐岩烃源岩级别(据陈建平等,1996)

岩石类型 烃源岩级别	泥质岩,%	碳酸盐岩,%
差	<0.5	<0.12
中等	0.5~1.0	0.12~0.25
好	1.0~2.0	0.25~0.50
非常好	2.0~4.0	0.50~1.00
极好	4.0~>8.0	1.00~2.00

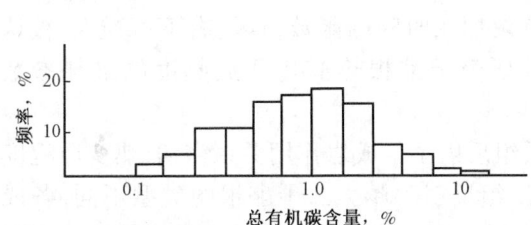
图2-13 我国中—新生代主要含油气盆地烃源岩有机碳含量频率图(据尚慧芸等,1982)

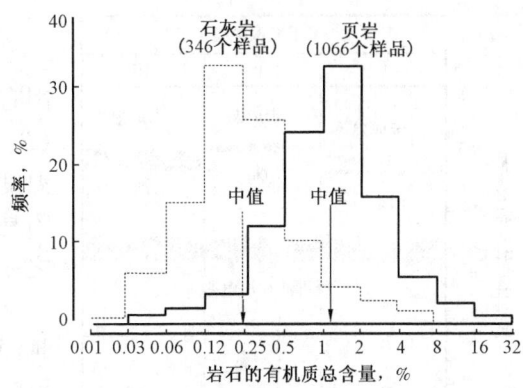
图2-14 古代页岩和碳酸盐岩的有机质总含量(据Gehmen,1962)

2. 氯仿沥青"A"和总烃(HC)含量

氯仿沥青"A"是用氯仿从岩石中抽提出来的有机质,也就是能够溶于氯仿的可溶有机质,用其占岩石质量的百分数表示。总烃是指氯仿沥青"A"中的饱和烃和芳香烃组分,含量用其占岩石质量的百万分数(10^{-6})表示。氯仿沥青"A"和总烃含量也是最常用的有机质丰度指标之一。

中国陆相淡水—半咸水湖相主力烃源岩的氯仿沥青"A"含量均在0.1%以上,平均值为0.1%~0.3%(胡见义等,1991),非烃源岩含量低于0.01%。我国中—新生代烃源岩总烃含量统计表明,好的烃源岩一般为0.1%,较好的不低于0.05%,低于0.01%的为非烃源岩。

(二)有机质的类型

有机质类型不同的岩石具有不同的生烃潜力。有机质类型可从可溶有机质(沥青)和不溶有机质(干酪根)的结构和组成来区分。石油地球化学家经常使用的方法是根据干酪根的元素分析将其分为Ⅰ、Ⅱ、Ⅲ、Ⅳ型,我国学者将其划分为四种类型或三类五型(前面已作介绍)。

实际上有机质可以分成两类,即腐泥型和腐殖型。所谓腐泥型有机质,通常是指在贫氧较闭塞的条件下,富含脂肪和脂类的有机物,孢子和浮游藻类沉积的分解和聚合产物,在成熟过程中,常形成藻煤和油页岩。所谓腐殖型有机质,相当于泥炭层产物,主要是在有氧存在的沼泽中由陆地植物变成的,它们的主要成分是木质素、纤维素等。和煤岩学分类组分相对应,壳质组为腐泥型有机质,镜煤组和惰性组为腐殖型有机质。

(三)有机质的成熟度

沉积岩中有机质的丰度和类型是生成油气的物质基础,但有机质只有达到一定的热演化程度才能开始大量生烃。勘探实践证明,只有在成熟烃源岩分布区才有较高的油气勘探成功率。所以,烃源岩的成熟度也是决定油气勘探成败攸关的问题。

成熟度是表示沉积有机质向油气转化的热演化程度。由于在烃源岩的演化过程中,烃源岩中的有机质的许多物理性质、化学性质都发生相应变化,并且这一过程是不可逆的,因而可以应用有机质的某些物理性质和化学组成的变化特点来判断有机质的热演化程度,划分有机质演化阶段。评价有机质成熟度的方法有多种,例如:镜质组反射率法、孢粉和干酪根颜色法、岩石热解法、可溶有机质的化学法、TTI等,下面仅介绍几种常见的成熟度指标。

1. 镜质组反射率

镜质组是有机质中富氧的显微组分,由同泥炭成因有关的腐殖质组成,具镜煤的特征。镜质组反射率(R_o)是镜质组反射光的能力,也称镜煤反射率,它是温度和有效加热时间的函数,且具有不可逆性,被认为是目前研究干酪根热演化和成熟度的最佳参数之一。

镜质组反射率与成岩作用关系密切,热变质程度越深,镜质组反射率越大。干酪根的类型不同,各成熟阶段 R_o 值也有一定差别(图 2-15)。镜质组反射率是用显微光度计测定的,它可以不必把干酪根从岩石中分离出来,比较简便,而且经济、快速,效果尚好。但应用镜质组反射率研究成熟度的主要局限在于,镜质组组分与类脂组组分相比对生油的贡献不大,而一些非常倾向于生油的源岩缺乏或含很少镜质组,而且大量的油型显微组分或沥青的存在常常会使镜质组反射率随成熟度的正常变化变得迟缓(Bertrand et al.,1986)。

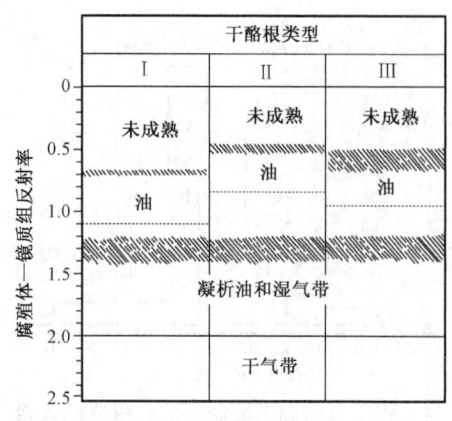

图 2-15 根据镜质组反射率确定的油气带近似界限(据 Tissot et al.,1978) 点线表示生油高峰

2. 孢粉和干酪根颜色

在显微镜透射光下,孢子、花粉和其他微体化石随成熟度的增加而显不同颜色。未成熟阶段为浅黄至黄色;成熟阶段为褐黄至棕色;过成熟阶段为深棕色至黑色。Staplin(1969)和 Correia(1971)提出了热变指数(TAI);Barnard(1977)提出了色变指数(CAI)。

3. 烃源岩抽提物中正烷烃分布特征和奇偶优势比

有机质成熟转化是一个加氢裂解的过程,随着热演化作用的加强,氧、硫、氮等杂元素含量显著减少,碳链断裂,正烷烃的低碳数组分含量增高。在未成熟烃源岩的抽提物中,正烷烃以相对分子质量高的为主,一般以具有奇数碳的分子的正烷烃占优势。因此,在不成熟的烃源岩抽提物的正烷烃分布曲线主峰碳靠近高碳数一端,分布曲线呈锯齿状,尖峰明显。随烃源岩成熟度的增加,正烷烃主峰碳逐渐向低碳数方向偏移,奇数碳优势逐渐消失,曲线变平滑(图 2-16)。

基于这一理论,正烷烃奇偶优势比是表征生油岩成熟度的重要指标。所谓奇偶优势比,是正烷烃中奇碳分子与偶碳分子的相对浓度,它有两种表示方法,即碳优势指数(CPI 值)和

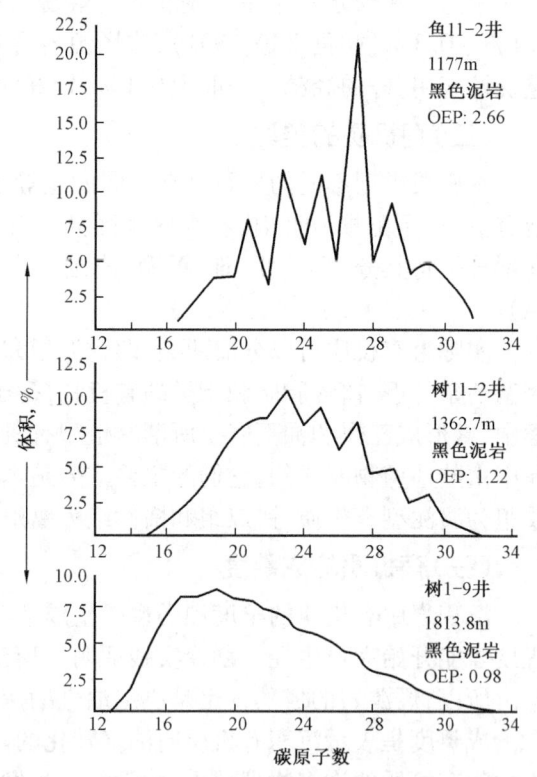

图 2-16 松辽盆地烃源岩抽提物正烷烃分布特征随深度的变化
(据大庆油田研究院,1995)

奇偶优势指数(OEP 值,计算时 i 取 $C_{24} \sim C_{34}$ 中的任 5 个峰)。计算式为:

$$CPI = \frac{1}{2}\left(\frac{C_{25} + C_{27} + \cdots\cdots + C_{33}}{C_{24} + C_{26} + \cdots\cdots + C_{32}} + \frac{C_{25} + \cdots\cdots + C_{33}}{C_{26} + \cdots\cdots + C_{34}}\right)$$

$$OEP = \left(\frac{C_i + 6C_{i+2} + C_{i+4}}{4C_{i+1} + 4C_{i+3}}\right)^{(-1)^{i+1}}$$

由于原油的 CPI 值或 OEP 值在 0.9~1.15 之间,因此认为只要沉积岩的 CPI 值或 OEP 值接近该范围就是成熟烃源岩。随着有机质成熟度的增加,CPI 值和 OEP 值越接近 1,并趋于稳定。这项指标在鉴定黏土岩类烃源岩时效果较好,对碳酸盐岩则效果较差。

此外,轻烃、环烷烃和生物标志物等成熟度参数在生油岩研究中的应用亦日趋完善。如 $C_2 \sim C_6$ 轻烃的数量与组成、庚烷值、异庚烷值等参数都能很好地判断和反映烃源岩中有机质的成熟度。

目前国内外有机质成熟度的衡量参数比较多,参数的标准以及各参数之间的对应关系还不统一,还需考虑有机质类型的影响,在实际应用时应该选择适合本地区的参数指标来综合评价。

思 考 题

1. 什么是干酪根?
2. 有机质演化的四个阶段如何划分?各阶段有何基本特征?
3. 在油气勘探中,有机质生烃模式有何应用?
4. 在有机质演化的不同阶段形成的天然气有什么特征?
5. 如何确定烃源岩?有哪些指标?
6. 简述油源对比和气源对比的基本原理和参数。

第三章　储集层和盖层

"石油",顾名思义,就是产于岩石中的油。岩石何以能够产出油气呢?哪些岩石能储集油气呢?它们为什么能够储集油气?哪些岩石能作为盖层?它们为什么能盖住油气而不让油气跑掉?这些问题就是本章要阐述的主要内容。

大量油气勘探及开发实践已证实,地下不存在什么"油湖""油河",油气是储存在那些具有互相连通的孔隙、裂隙的岩层内,就好像水在海绵里的状态一样。在地层条件下凡是能够储存流体,并能渗滤(或经人工改造后能渗滤)流体的岩层则称为储集层。

按储集层的定义,它只强调了具备储存油气和允许油气渗滤的能力,而不管其中是否真的储存了油气。如果储集层中储存了油气,则称其为含油气层,业已开采的含油气层称为产层。世界上绝大多数油气藏的含油气层是沉积岩(主要是各类砂岩、砾岩、石灰岩、白云岩、礁灰岩等),只有少数油气藏的含油气层是岩浆岩和变质岩。不过,近年来,随着石油地质理论的发展和完善、油气田勘探和工程技术水平的提高,人们在岩浆岩、变质岩及泥页岩中找到油气藏的数量越来越多。储集层的物理性质通常包括其孔隙性、渗透性、孔隙结构以及非均质性等。其中,孔隙性和渗透性是储集层的两大基本特性,也是衡量储集层储集性能好坏的基本参数。

盖层是位于储集层上方,能够阻止油气向上逸散的岩层,主要起封闭作用。它之所以能够封盖油气,是由于具备相对低的孔隙性和渗透性。最重要的盖层是蒸发岩类和泥页岩类。

储集层和盖层是油气聚集成藏所必需的两个基本要素。储集层的层位、类型、发育特征、内部结构、分布范围以及物性变化规律等,是控制地下油气分布状况、油层储量及产能的重要因素。同时,在油气田开发过程中,对储集层进行改造,变低产油气层为高产油气层时,也需要仔细研究和掌握油气储集层的变化。盖层的类型、分布范围对油气聚集和保存有重要控制作用。

第一节　岩石的孔隙性和渗透性

严格地说,地壳上各种不同类型的岩石均具有大小不等的孔隙和渗透性能。无论什么岩石,只要具备一定的孔隙性和渗透性就可以作为储集层。孔隙性的好坏直接决定岩层储存油气的数量,渗透性的好坏则控制了储集层内所含油气的产能。因此,岩石的孔隙性和渗透性是反映岩石储存流体和运输流体能力的重要参数,是石油地质学研究的重要内容,通常把它们称为储集物性。

一、孔隙性与孔隙度

(一)孔隙性

地壳上所有岩石,甚至像花岗岩、玄武岩那样致密的岩石,都具有孔隙,只不过不同类型的岩石孔隙的多少和大小不同而已。广义的孔隙是指岩石中未被固体物质充填的空间,也有人称之为空隙,包括狭义的孔隙、洞穴和裂缝。其中,狭义的孔隙是指岩石中颗粒(晶粒)间、颗粒(晶粒)内和充填物内的空隙。

岩石中的孔隙有的是相互连通的,有的是孤立的。根据孔隙的成因,可将其分为原生孔隙和次生孔隙。原生孔隙是指沉积作用过程中碎屑颗粒与颗粒之间的支撑作用形成的孔隙,如粒间孔隙;次生孔隙是指在成岩作用过程中或成岩以后形成的孔隙,如溶蚀孔隙;裂缝是岩石在成岩作用过程中,或在各种构造应力作用下使岩石破裂而形成的各种缝隙,如构造裂缝、收缩裂缝。

不同岩石的孔隙在大小、形状及发育程度方面都极不相同。岩石中不同大小的孔隙对流体的储存和流动所起的作用完全不同。根据岩石中的孔隙大小(孔径或裂缝的宽度)及其对流体作用的不同,可将孔隙划分为三种类型:超毛细管孔隙、毛细管孔隙和微毛细管孔隙。

① 超毛细管孔隙:管形孔隙直径大于 0.5mm,裂缝宽度大于 0.25mm。在自然条件下,流体在其中可以自由流动,服从静水力学的一般规律。岩石中一些大的裂缝、溶洞及未胶结或胶结疏松的砂层孔隙大部分属于此种类型。

② 毛细管孔隙:管形孔隙直径介于 0.5～0.0002mm 之间,裂缝宽度介于 0.25～0.0001mm 之间。流体在这种孔隙中,由于受毛细管阻力的作用,已不能自由流动,只有在外力大于毛细管阻力的情况下,流体才能在其中流动。微裂缝和一般砂岩中的孔隙多属于这种类型。

③ 微毛细管孔隙:管形孔隙直径小于 0.0002mm,裂缝宽度小于 0.0001mm。在这种孔隙中,由于流体与周围介质分子之间的巨大引力,要使流体移动需要非常高的压力梯度,这在油层条件下一般是达不到的。因此,实际上液体是不能沿微毛细管孔隙移动的。泥页岩中的孔隙一般属于此类型。

随着非常规油气储层研究的深入,页岩、致密砂岩中发现了小于 0.0001mm 的纳米级孔隙新类型,其中致密砂岩气储层存在 300～900nm 的纳米级孔隙,中国页岩一般主体存在 80～200nm 的纳米级孔隙(邹才能等,2011)。

(二)孔隙度

岩石中孔隙的发育程度用孔隙度来衡量。由于岩石中孔隙的连通情况不同,对孔隙度也有不同的表示。

1. 绝对孔隙度

为了衡量岩石中孔隙总体积的大小,以表示岩石孔隙的发育程度,提出了孔隙度的概念。岩样中所有孔隙空间体积之和与该岩样总体积的比值,称为该岩石的总孔隙度或绝对孔隙度(ϕ),以百分数表示:

$$\phi = \frac{\sum V_\phi}{V_r} \times 100\% \tag{3-1}$$

式中 ϕ——绝对孔隙度;

$\sum V_\phi$——岩样中所有孔隙体积之和;

V_r——岩样总体积。

储集岩的总孔隙度越大,说明岩石中孔隙空间越大。

2. 有效孔隙度

从实用出发,只有那些互相连通的孔隙才具有实际意义,因为它们不仅能储存油气,而且可以允许油气在其中渗滤。而那些孤立的互不连通的孔隙和微毛细管孔隙,即使其中储存有油和气,在现代工艺条件下,也不能开采出来,所以这些孔隙是没有实际意义的。因此,在生产实践中,又提出了有效孔隙度的概念。

有效孔隙度是指那些互相连通的,在一般压力条件下,可以允许流体在其中流动的孔隙体积之和与岩样总体积的比值,以百分数表示:

$$\phi_e = \frac{\sum V_e}{V_r} \times 100\% \qquad (3-2)$$

式中 ϕ_e——有效孔隙度;

$\sum V_e$——岩样中彼此连通、流体能够通过的孔隙体积之和;

V_r——岩样总体积。

显然,同一岩石的绝对孔隙度大于其有效孔隙度,即 $\phi > \phi_e$。对未胶结的砂层和胶结不太致密的砂岩,二者相差不大;而对于胶结致密的砂岩和碳酸盐岩,二者可有很大的差异。一般有效孔隙度占总孔隙度的40%~75%(诺斯,1994)。在含油气层工业评价时,只有有效孔隙度才有真正的意义,因此目前生产单位一般所用的都是有效孔隙度。习惯上把有效孔隙度简称为孔隙度。

不难理解,同一岩石的绝对孔隙度大于有效孔隙度。砂岩储集层的有效孔隙度变化在5%~30%之间,一般为10%~20%;碳酸盐岩储集层的孔隙度一般小于5%。中国石油天然气行业标准(SY/T 6285—2011)按孔隙度的大小将含油砂岩储集岩分为六级(表3-1)。

表3-1 按孔隙度对含油砂岩储集层分级的标准(据 SY/T 6285—2011)

孔隙度,%	≥30	30~25	25~15	15~10	10~5	<5
等级	特高孔	高孔	中孔	低孔	特低孔	超低孔

二、渗透性和渗透率

(一)渗透性

岩石的渗透性是指在一定压力差条件下,岩石本身允许流体通过的能力。换言之,渗透性是指岩石对流体的传导性能。严格地讲,自然界的一切岩石在足够大的压力差下都具有一定的渗透性。通常所称的渗透性岩石与非渗透性岩石是相对的。渗透性岩石是指在地层压力条件下,流体能较快地通过其连通孔隙的岩石,如砂岩、砾岩、孔隙性的石灰岩、裂缝灰岩、白云岩等。如果流体通过的速度很慢,通过的数量有限,那就称为非渗透性岩石,如泥页岩、石膏、盐岩、致密灰岩等等。储集层的渗透性决定了油气在其中渗滤的难易程度。它是评价储集层产能的主要参数之一。

岩石的渗透性只能说明流体在其中流动的能力,对于储集层来说,它仅仅反映了油气被采出的难易程度,并不反映岩石内流体的含量。对某些渗透性差的岩石,如油页岩等,虽然在其微毛细管孔隙中含有大量的呈分散状态的石油,但在地层压力条件下,流体通过它流动十分困难,甚至完全不能流动。因此,渗透性只表示岩石中流体流动的难易程度,而与其中流体的实际含量无关。

(二)渗透率

岩石渗透性的好坏用渗透率来表示。渗透率是一个具有方向的向量,也就是说,从不同方向测得的岩石渗透率是不同的。根据生产实践的需要,人们提出了绝对渗透率、有效渗透率和相对渗透率的概念。

1. 绝对渗透率

当岩石为某一单相流体饱和,岩石与流体之间不发生任何物理—化学反应时,在一定压差作用下,流体呈水平线性稳定流动状态时所测得的岩石对流体的渗透率,称为该岩石的绝对渗透率。

大量实验研究表明,当单相液体通过孔隙介质呈层状流动时,服从于达西直线渗滤定律,即单位时间内通过岩样截面积的液体流量与岩样两端的压力差和岩样的截面积成正比,而与液体通过岩石的长度以及液体的黏度成反比:

$$Q = K\frac{(p_1-p_2)F}{\mu L} \quad (3-3)$$

式中 Q——单位时间内液体通过岩石的流量,cm^3/s;
F——岩样的截面积,cm^2;
μ——液体的黏度,$10^{-3} Pa \cdot s$;
p_1-p_2——液体通过岩石前后的压差,$10^5 Pa$;
K——岩石的渗透率,μm^2。

因此,渗透率表示在一定压差下,液体通过岩石的能力,即

$$K = \frac{Q\mu L}{(p_1-p_2)F} \quad (3-4)$$

对于气体而言(图3-1),由于气体的体积流量随温度和压力的变化而变化。因此,用达西公式计算气测渗透率时要作适当的变换。若假定气体是在恒温情况下通过岩样的,则岩样的气体渗透率的表达式为

$$K = \frac{2Q_2 p_2 \mu_g L}{(p_1^2-p_2^2)F} \quad (3-5)$$

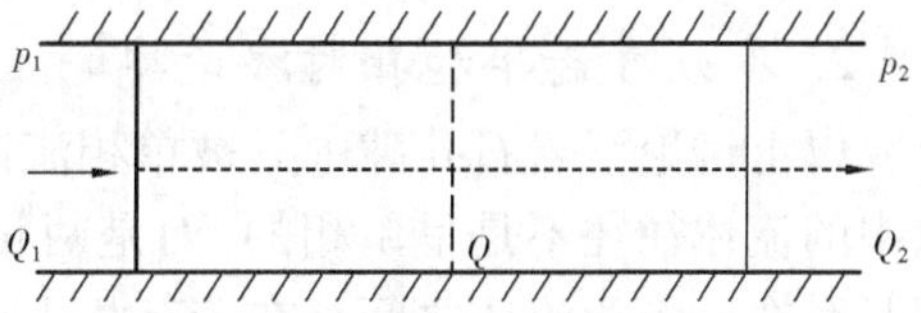

图3-1 气体通过孔隙介质时压力与体积的变化图

式中 Q_2——通过岩样后,在出口压力 p_2 下,气体的体积流量;
μ_g——气体的黏度。

从达西定律可知:当 p_1、p_2、F、L、μ 均为常数时,流量与渗透率 K 成正比,即气体通过的量取决于岩石本身使气体通过的能力。

在法定计量(SI)单位中,渗透率的单位为平方微米(μm^2)。在标准制(C·G·S)单位中,渗透率的单位是达西(D),并规定:黏度为 1cP(厘泊,$1cP = 1 \times 10^{-3} Pa \cdot s$)的均质液体,在压力差为 1atm(1atm = 101325Pa)下,通过横截面积为 $1cm^2$、长度为 1cm 的孔隙介质,如果液体流量为 $1cm^3/s$ 时,这种孔隙介质的渗透率就是 1D。由于用达西作为含油气层岩石渗透率的单位有时太大,故一般取其千分之一作单位,称为毫达西(mD)。

从理论上讲,岩石的绝对渗透率只反映岩石本身的特性,而与测定所用流体性质及测定条件无关。一般来说,孔隙直径小的岩石比孔隙直径大的岩石渗透率低,孔隙形状复杂的岩石比形状简单的岩石渗透率低。这是因为孔隙直径越小,形状越复杂,单位面积孔隙空间的表面积越大,则对流体的吸附力、毛细管阻力和流动摩擦阻力也越大。另外,孔隙孔道的复杂程度和

弯曲程度也影响着岩石的渗透性,因为它们可以使流体在流动过程中产生局部的方向变化和速度变异,使其消耗流体的动能。

但在实际测定工作中,人们发现同一岩样、同一种气体在不同的平均压力下,所测得的绝对渗透率是不同的。低平均压力下测得的渗透率较高,高平均压力下测得的渗透率较低。同一岩样在相同的平均压力下,用不同气体测得的绝对渗透率也是不同的。通常密度大的气体测得的渗透率值偏低;以液体为介质测得的渗透率总是低于用气体测得的渗透率(柳广弟,2009)。由于目前主要用空气或氢气测定岩石的绝对渗透率,故又称气体渗透率。

储集层的渗透率无论在垂向上或横向上都有很大的差别,一般变化在 $0.001 \sim 1 \mu m^2$ 之间,最高可达几个平方微米。陈荣书(1994)按渗透率大小将储集层分为7级(表3-2)。

表3-2 储集层按渗透率分级(据陈荣书,1994)

储集层级别	渗透率,$10^{-3} \mu m^2$	评价	
		油储集层	气储集层
1	>1000	极好	常规储集层
2	1000~500	好	
3	500~100	中等	
4	100~10	较差	
5	10~1	差	低渗透储集层
6	1~0.1	不渗透	
7	<0.1		致密储集层

2. 有效渗透率和相对渗透率

以上讨论了岩石孔隙中只被单相流体充满时岩石的渗透率的情况,但在自然界,储集层孔隙中的流体往往不是呈单相的,而是两相(油—气、油—水、气—水),甚至三相(油—气—水)同时存在。各相流体之间存在着互相干扰和影响,因而岩石对其中每一相流体的渗流作用与单相流体饱和时的渗流作用有很大区别。为了与岩石的绝对渗透率相区别,又提出了有效渗透率和相对渗透率的概念。

1) 有效渗透率

有效渗透率又称相渗透率,是指储集层中有多相流体共存时,岩石对其中每一单相流体的渗透率,分别用 K_o、K_g、K_w 表示油、气、水的有效渗透率。

2) 相对渗透率

相对渗透率是指岩石中多相流体共存时,岩石对某一相流体的有效渗透率与岩石绝对渗透率之比值,通常用 K_o/K、K_g/K、K_w/K 分别表示油、气、水相的相对渗透率。

由于岩石中有多相流体渗流时,必然会相互影响和干扰,因此,一般地,岩石对任何一种相的有效渗透率总是小于该岩石的绝对渗透率。故其相对渗透率总是介于 0~1 之间。

有效渗透率和相对渗透率不仅与岩石的结构有关,而且与流体的性质和饱和度有密切关系。一般地说,每一相流体发生渗流时都有一个临界饱和度值,当其饱和度低于其临界饱和度时不发生渗流,有效渗透率和相对渗透率为零;当其饱和度达到临界值时才开始渗流,而且随着饱和度的增加,其有效渗透率和相对渗透率也增加,直到全部被它饱和时,其有效渗透率等于绝对渗透率,相对渗透率等于1为止。

图3-2和图3-3分别表示在实验室内用疏松砂子求出的相对渗透率与油—气、油—水

饱和度之间的关系曲线。图中表明,某一单相流体的有效渗透率和相对渗透率与其饱和度(某一单相流体体积与岩石孔隙体积之比值)成正相关关系。随着该相流体饱和度的增加,其有效渗透率和相对渗透率均增加,直到全部被某一单相流体所饱和,其有效渗透率等于绝对渗透率,相对渗透率等于1为止。

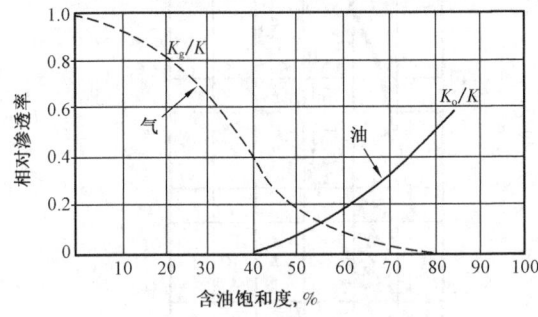

图3-2 油—气饱和度与相对渗透率
的关系曲线(据柳广弟,2009)

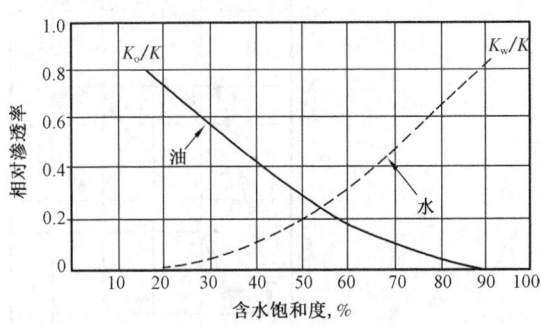

图3-3 油—水饱和度与相对渗透率
的关系曲线(据柳广弟,2009)

必须承认,自然界流体在岩石中的实际渗滤情况比我们目前所能掌握的要复杂得多,因为在渗滤过程中,往往还伴随有流体与岩石颗粒间以及流体与流体间的一系列复杂的物理化学变化,所以许多问题还有待今后研究和探索。

三、孔隙度与渗透率的关系

储集层的孔隙度与渗透率之间通常没有严格的函数关系,因为影响它们的因素很多。岩石的渗透率除受孔隙度的影响外,还受孔道截面大小、形状、连通性以及流体性能的影响。例如,黏土岩的绝对孔隙度可以很大(30%~40%),但其渗透率却可以很低;裂缝发育的致密灰岩虽然其绝对孔隙度较低,只有5%~6%,但它却可以有很高的渗透率,以致常成为高产油气层。

尽管岩石的孔隙度和渗透率之间没有严格的函数关系,但它们之间还是有一定的内在联系,因为岩石的孔隙度和渗透率一般皆取决于岩石本身的结构与组成。凡具有渗透性的岩石均具有一定的孔隙度。大量实际资料也表明:岩石的孔隙度与渗透率之间有一定的相关关系(图3-4),特别是有效孔隙度与渗透率的关系更为密切。

对于碎屑岩储集层,一般是有效孔隙度越大,其渗透率越高,渗透率随有效孔隙度的增加而有规律地增加,大多可以用指数形式表示;对于碳酸盐岩,特别是裂缝性灰岩,其孔隙度与渗透率之间的关系很不明显,因此,在使用碳酸盐岩的孔—渗关系时,必须十分慎重。

总之,孔隙性和渗透性是储集层的两大基本特性,也是决定储集层储集性能好坏的两个基本因素,它们都与岩石的孔隙结构有关。

四、孔隙结构

一般说来,根据有效孔隙度和绝对渗透率(常称为常规物性参数)可以对储集层的性能作出初步评价。但在实践中也发现,在相当多的情况下,特别是对于低渗透性储集层(渗透率小于$1 \times 10^{-3} \mu m^2$),仅利用孔隙度和渗透率无法正确评价储集层的性质,必须研究岩石的孔隙结构。大量研究表明,决定储集层性能的根本因素是储集层的孔隙结构。

储集层的孔隙结构是指岩石所具有的孔隙和喉道的几何形状、大小、分布及其相互连通关

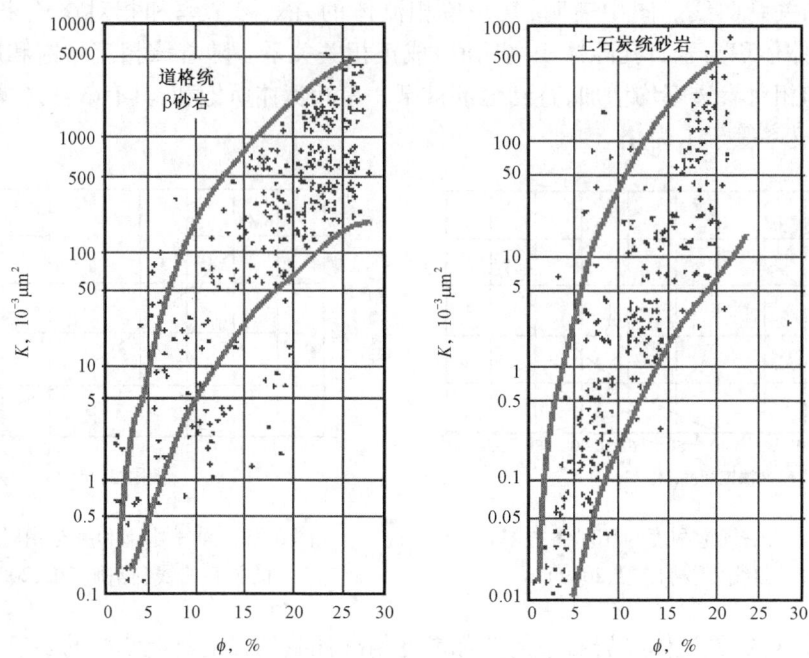

图3-4 油孔隙度与渗透率关系曲线(据柳广弟,2009)

系。岩石的孔隙系统由孔隙和喉道两部分组成。孔隙为系统中的膨大部分,连通孔隙的细小部分称为喉道(图3-5)。在各类化学著作中,化学家将孔隙称为膨体,而将喉道称为缩颈。Wardlaw(1990)提出,应将两连通孔隙之间最窄的部位称为喉道,而介于最狭窄部位两边的部分均称为孔隙。也就是说,喉道仅仅指某一点处的通道大小,它没有长度和体积概念,只有面积概念,即当对一个连通孔隙空间沿流动方向截面无数次时,所获得截面积最小的位置就称为喉道,因此这个定义下的喉道不存在体积大小,即喉道可用直径确定,孔隙可用直径和体积确定。实际上,流体在孔隙系统中流动的关键就在于必须克服这个喉道大小产生的毛细管阻力。

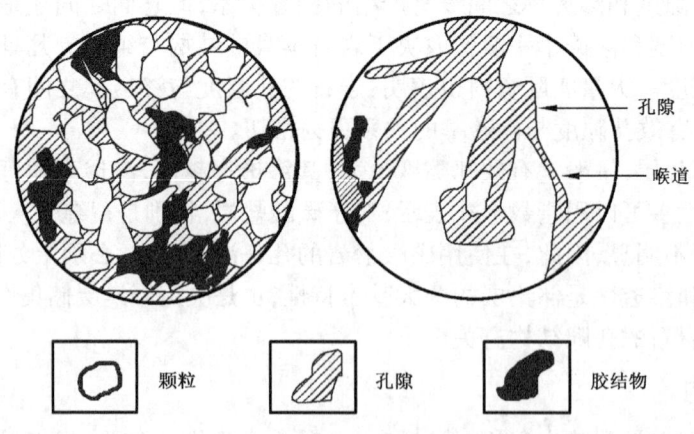

图3-5 储集层岩石中孔隙与喉道分布示意图(据柳广弟,2009)

毛细管压力的大小与毛细管(喉道)半径、界面张力和润湿角有关,简单的数学表达式如下:

$$p_c = \frac{2\sigma\cos\theta}{r_c} \tag{3-6}$$

式中 σ——两相流体的界面张力或表面张力,N/m;
θ——润湿接触角,(°);
r_c——毛细管(喉道)半径,m;
p_c——毛细管压力,Pa。

油、气、水在储集层复杂的孔隙系统中渗流时,要经过一系列交替着的孔隙和喉道。实际上,喉道的粗细特征严重地影响着岩石的渗透率,孔隙和喉道的特征及其配置关系严重影响着储集层的储集与渗滤性能。一般来说,孔隙的大小及其分布主要决定了岩石孔隙度的大小,喉道大小及其分布主要控制了岩石渗透率的大小。例如,以喉道较粗和孔隙直径较大为特征的储集层,一般表现为孔隙度大,渗透率高;以喉道较粗、孔隙直径偏小为特征的储集层,一般表现为孔隙度低到中等,渗透率偏低到中等;以喉道较上两类细小、孔隙直径大为特征的储集层,一般表现为孔隙度中等,渗透率低;以喉道细小、孔隙直径小为特征的储集层,一般孔隙度及渗透率均低。

流体在岩石中的渗流均受到流体通道中断面最小的部分(即喉道)的控制。显然,喉道的大小和分布以及它们的几何形态是影响储集岩的储集能力和渗透特征的主要因素。孔隙结构实质上是岩石的微观性质,它能较深入而细致地揭示岩石的储渗特征。确定喉道的大小和分布是研究岩石孔隙结构的核心问题。

测定岩石孔隙结构的方法很多,有压汞法、孔隙铸体法、图像分析法、半渗透隔板法、离心机法、蒸气压力法等等。本次主要介绍压汞法。

(一)压汞法原理

压汞法是目前定量研究岩石孔隙结构最经典的方法,它模拟了地下油气充注和开采的过程。其基本原理为:对于岩石而言,汞是非润湿相流体,若将汞注入被抽空的岩样孔隙系统内,则必须克服岩石孔隙喉道所产生的毛细管阻力。因此,当某一注汞压力与岩样孔隙喉道的毛细管阻力达到平衡时,便可测得该注汞压力及在该压力条件下进入岩样内的汞体积。在对同一岩样注汞过程中,可在一系列测点上测得注汞压力及其相应压力下的进汞体积,即可得到压力—汞注入量曲线,这条曲线称为进汞曲线(又称注入曲线)。当注汞压力达到仪器最大值后,依次记录退汞压力过程中各测点处残留在孔隙系统内的汞体积,即可得到退汞曲线(又称退出曲线)。

注汞压力在数值上和岩石孔隙喉道毛细管压力相等,故注汞压力也称为毛细管压力,见式(3-6)。若 p_c 单位为 kg/cm^2,r_c 以 μm 为单位,对于汞—空气两相流体介质,θ 为 146°,σ 为 480dyn/cm,则 $p_c = 7.5/r_c$。因此,根据注入汞的毛细管压力可计算出相应的孔隙喉道半径,进汞体积就是与具有该半径的喉道连通的孔隙容积,据此求得汞饱和度(S_{Hg})。由此可见,压汞法可测得岩样孔隙结构的两个基本参数:各种孔隙喉道的半径、与具有该半径的喉道相连通的孔隙容积。

(二)毛细管压力曲线

根据实测的注汞压力与相应的岩样进汞体积,经计算求得汞饱和度和孔隙喉道半径后,就可在半对数直角坐标系下绘制毛细管压力、孔隙喉道半径与汞饱和度的关系曲线,这种曲线称为毛细管压力曲线或压汞曲线(图3-6)。根据毛细管压力曲线可进一步得到孔喉半径频率分布图(图3-7)。确定孔喉大小分布是研究储集岩孔隙结构的核心问题。

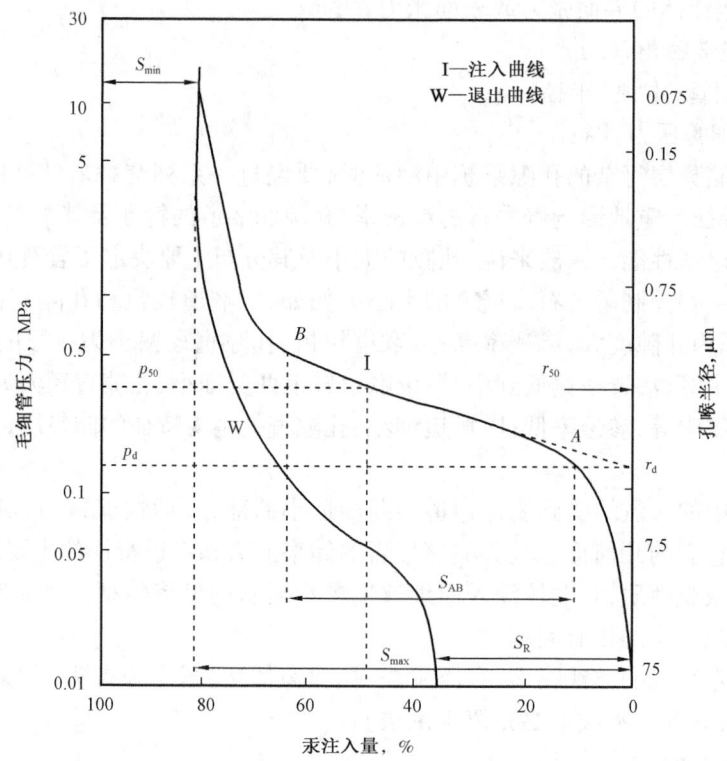

图 3-6 毛细管压力曲线图(据罗蛰潭等,1986)

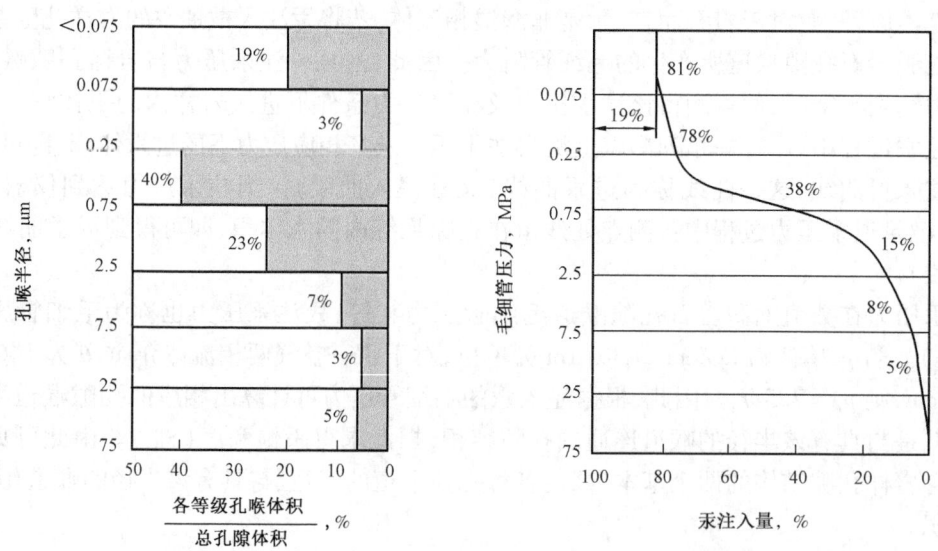

图 3-7 毛细管压力曲线与孔隙喉道分布直方图(据罗蛰潭等,1986)

(三)毛细管压力曲线定量分析

从毛细管压力曲线可以提取许多表征孔隙结构的定量参数,其中常用的有以下几个:

① 排驱(替)压力(p_d)。排驱压力是指压汞实验中汞开始大量注入岩样的压力,换言之,是非润湿相开始注入岩样中最大连通孔喉而形成连续流动相所需的启动压力,也称门槛压力。

在毛细管压力曲线上,初始拐点(图3-6中A)所对应的压力即为排驱压力。在排驱压力下,汞能进入的孔隙喉道半径即岩样中的最大连通喉道半径(r_d)。岩样排驱压力越小,说明大孔喉越多;反之,大孔喉越少。

② 孔喉半径集中范围与百分比。利用孔喉半径频率分布直方图,可确定孔喉半径集中范围,并可计算出它占总孔隙的百分比(图3-7)。在毛细管压力曲线上,曲线平坦段位置越低,说明孔隙越集中分布于粗孔喉部分;平坦段越长,说明集中分布的孔喉体积占总孔隙体积的百分比越大。孔喉半径的集中范围与百分比反映了孔喉半径的粗细程度和分选性。孔喉越粗,分选性越好。

③ 毛细管压力中值(p_{c50})。毛细管压力中值(p_{c50})是指非润湿相汞饱和度为50%时对应的毛细管压力值。与之相对应的喉道半径,称为饱和度中值喉道半径(r_{50}),简称中值半径。p_{c50}越低,r_{50}越大,则岩石孔隙结构越好;反之,则越差。当岩样喉道半径接近正态分布时,r_{50}可粗略地视为平均喉道半径。

④ 最小非饱和孔隙体积百分数(S_{min})。当注入汞的压力达到仪器的最高压力时,仍没有被汞侵入的孔隙体积百分数,称为最小非饱和孔隙体积百分数(S_{min})。S_{min}越大,表示岩样小孔喉所占体积越大。

在很大压力下,汞不能进入的岩石孔隙部分可视作束缚水所占据的孔隙,简称束缚孔隙(一般将小于0.04μm的孔隙都称为束缚孔隙),其相应的体积百分数可视为束缚孔隙饱和度。束缚孔隙一般为水所占据,岩样束缚孔隙含量越大,含油气饱和度就降低,油气的相对渗透率就越低。因此,束缚孔隙越多,孔隙结构越差。

由上述可知,岩石的排驱(替)压力越低,孔喉半径越大,分选性越好,束缚水孔隙度越低,则说明岩石的孔隙结构好,有利于油气的储存和渗滤;反之,孔隙结构则差,不利于油气渗滤。

上述压汞法又称常规压汞法。常规压汞法的模型基础是假设多孔介质由毛细管束组成,采用的是恒压法,即在恒定的进汞压力下,计算孔喉半径,并通过计量进汞量,计算对应于进汞压力的孔喉所控制的体积,从而得到岩样中孔喉大小分布。

第二节 碎屑岩储集层

碎屑岩储集层是目前世界上各主要含油气区的重要储集层之一。据世界546个大中型油气田[可采储量大于1×10^8bbl(桶,1bbl = 158.9873dm³)]的统计,碎屑岩中的储量占57.1%,碳酸盐岩中占42.7%。我国目前探明的油田中,绝大部分是以碎屑岩储油的。碎屑岩储集层是我国目前最重要的储集层类型。许多特大油气田,例如俄罗斯西西伯利亚盆地的各大油气田、科威特的布尔干油田、委内瑞拉的玻利瓦尔湖岸油田、美国的普鲁德霍湾油田、荷兰的格罗宁根气田等,它们的储集层都是碎屑岩储集层。我国的松辽、渤海湾、准噶尔、吐哈等盆地的油气田的主要储集层也都是碎屑岩储集层。因此,研究碎屑岩储集层的形成条件、储集性质及分布特征,具有重要的意义。

碎屑岩储集层在岩石类型上主要包括各种砂岩、砂砾岩、砾岩、粉砂岩等,其中以中、细砂岩和粉砂岩储集层最为常见。

一、碎屑岩储集层的储集空间类型

储集层的储集空间就是储集层中的各种孔隙空间。由于不同类型储集层的成因、演化历史的不同,其储集空间的类型也不同。

结合我国碎屑岩储集层的储集空间,应凤祥(1994)按形态将碎屑岩的储集空间分为孔、缝、洞三大类(裘怿楠等,1997)。为了更好地反映孔隙成因,本书在应凤祥分类的基础上,以储集空间成因为主,把碎屑岩储集层的孔隙空间类型划分为三大类:原生孔隙、次生孔洞和裂缝(表3-3)。原生孔隙的发育主要受沉积因素的控制,次生孔洞主要受成岩作用的控制,而裂缝主要受后期构造运动的控制。

表3-3 碎屑岩储集层储集空间分类(据应凤祥,1994,修改)

类	亚类		空间	特征
原生孔隙	粒间孔			为颗粒原生或其残留孔隙
	杂基孔			黏土杂基间孔隙
次生孔洞	粒间溶孔	颗粒及粒内溶孔	<2mm	如长石和岩屑等颗粒的大部、局部或粒内溶解
		胶结物及其晶内局部溶解		如方解石等胶结物或其晶体内的局部溶解
		杂基溶解		黏土杂基的局部溶解
		超大孔		由胶结物及颗粒一起被溶解所致
	铸模孔	粒模		颗粒溶解而保留外形
		晶模		晶体溶解而保留外形
		生物模		生物溶解而保留外形
	晶间孔			如在晚期形成的高岭石、白云石等晶体间的孔隙
	溶洞		>2mm	多与表生淋滤作用有关
裂缝	层间缝、收缩缝		>0.01mm	沉积作用形成
	成岩缝及其溶蚀			无方向性,缝细,延伸范围小,有的可见溶解现象
	构造缝			受应力控制,组系分明,平整延伸,切割力强,有的可见溶蚀现象

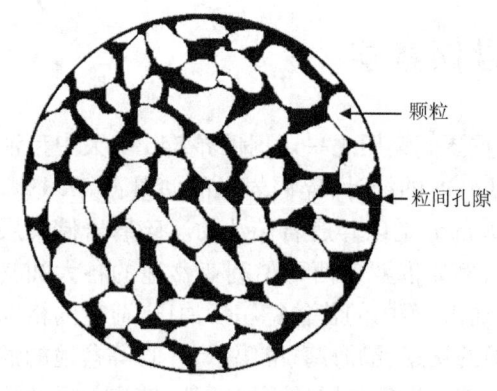

图3-8 粒间孔隙镜下示意图

(一)原生孔隙

原生孔隙是指在沉积时期形成的孔隙。原生孔隙主要包括粒间孔隙和基质内部由杂基支撑的孔隙,其次为沉积期已存在的岩屑粒内孔隙。所谓粒间孔隙,是指碎屑颗粒支撑的碎屑岩在碎屑颗粒之间未被杂基充填,胶结物含量少而留下的原始孔隙(图3-8)。碎屑岩储集层是由成分复杂的矿物碎屑、岩石碎屑和一定数量的胶结物所组成。粒间孔隙在砂岩储集层中最普遍,分布比较稳定,是许多碎屑岩储集层的主要储渗空间;杂基颗粒之间的孔隙通常个体很小,一般为束缚水所占据而不能储集油气;岩屑粒内孔隙一般数量很少,且往往是只有一端开口的"死孔隙",对油气储渗意义不大。

(二)次生孔洞

次生孔洞是指在成岩作用过程中形成的孔隙和溶洞。尽管早在1934年,Natting就已发现砂岩中的次生孔隙,但是在相当长时间内,大多数地质学家仍将原生粒间孔隙作为砂岩的主要储集空间类型。直到1977年Schmidt等对砂岩的成岩过程和次生孔隙作了较全面的讨论后,情况才发生了根本的变化。

20世纪80年代中期,我国对砂岩次生孔隙的研究也有较大发展。如吕正谋等(1985)对东营凹陷古近系砂岩次生孔隙作了较深入的研究,提出了12种识别次生孔隙的标志。类似的研究在我国其他油气区也已广泛开展。

砂岩的次生孔隙主要是其非硅酸盐组分(以碳酸盐矿物为主)溶解的产物。形成这种溶解孔隙的可溶物质可呈三种结构形式:沉积的物质、自生胶结物以及自生交代产物。岩石组分的破裂和收缩也可使砂岩产生重要的次生孔隙,不过通常在数量上都居于次要地位。

(三)裂缝

裂缝包括各种应力作用使岩石破裂而产生的裂隙,一些层理缝和矿物解理缝也属于此类。一般而言,碎屑岩储集层中的裂缝并不发育,仅在个别情况下,裂缝对储渗性能(尤其是渗透性)可起重要作用。

综上所述,原生粒间孔隙和次生溶蚀孔隙是碎屑岩储集层的主要储渗空间,裂缝在少数情况下可对渗透性的改善起重要作用,其他类型的孔隙对油气的储渗性能一般不具有重要意义。

二、影响碎屑岩储集层储集物性的主要因素

地下存在的碎屑岩储集层是在一定的沉积环境中堆积下来的碎屑沉积物经过漫长而复杂的成岩后生变化而最终形成的,因此,其储集物性必然受到物源、沉积环境以及成岩后生作用等方面因素的控制。

(一)物源和沉积环境对储集层孔隙发育和物性的影响

众所周知,物源区母岩风化的产物经过流水、风、冰川、海(湖)水等介质的搬运和沉积作用转变为碎屑沉积物,再经过成岩作用而形成碎屑岩。物源区母岩的岩性控制了碎屑成分和胶结物成分;搬运距离的远近控制了碎屑颗粒的分选程度、磨圆程度;水动力条件及压实程度控制了碎屑颗粒的排列方式。可以说,碎屑沉积物的物源和沉积环境是控制碎屑岩储集空间发育的基本因素。

1. 微观因素的控制

从微观角度讲,岩石的成分、结构和构造影响了储集物性的好坏。

1)碎屑岩的矿物成分

碎屑岩中碎屑颗粒的矿物成分最常见的是石英、长石、云母、岩屑和重矿物。其中,石英和长石对储集层物性的影响最显著。

一般说来,石英砂岩比长石砂岩储集物性好。这主要是因为,第一,长石的亲水性比石英强,当被水润湿时,长石表面所形成的液体薄膜比石英表面厚。在一般情况下,这些液体薄膜不能移动。这样,它在一定程度上减少了孔隙的流动截面积,导致渗透率变小。第二,长石和石英的抗风化能力不同。石英抗风化能力强,颗粒表面光滑,油气容易通过;长石不耐风化,颗粒表面常有次生高岭土和绢云母。它们一方面对油气有吸附作用,另一方面吸水膨胀堵塞原来的孔隙和喉道。因此,长石砂岩比石英砂岩储集物性差。

2)碎屑颗粒的粒度和分选程度

碎屑颗粒是组成碎屑岩的主要成分。从理论上计算,当岩石由均等小球体颗粒组成时,其

孔隙度与颗粒大小无关。但实际上组成岩石的颗粒往往大小不等,于是大颗粒之间构成的大孔隙就会被小颗粒所充填,使孔隙体积变小、孔隙直径变小,原来彼此连通的孔隙变得互不连通,从而降低了岩石的孔隙性和渗透性。

大量资料研究表明,碎屑岩储集层储集物性不仅与粒径有关,而且与岩石颗粒的分选程度也有很大的关系。一般来说,细粒碎屑磨圆度差,呈棱角状,颗粒支撑时比较松散,它比磨圆度好的较粗砂质沉积可能有更大的孔隙度。然而,细粒沉积物中孔喉小,毛细管压力大,流体渗滤的阻力大,因此细粒沉积物的渗透率比粗粒的小。图3-9(a)表示了分选系数一定时渗透率的对数值与粒度中值呈线性关系,粒度越大,渗透率越高。在粒度相近的情况下,分选差的碎屑岩因细小的碎屑充填了颗粒间孔隙和喉道,不仅降低了孔隙度,而且也降低了渗透率。图3-9(b)表示了粒度中值一定时,渗透率的对数和分选系数(S_0)呈近似的线性关系,从分选好至中等时,渗透率下降很快;分选差时,渗透率下降就缓慢了。

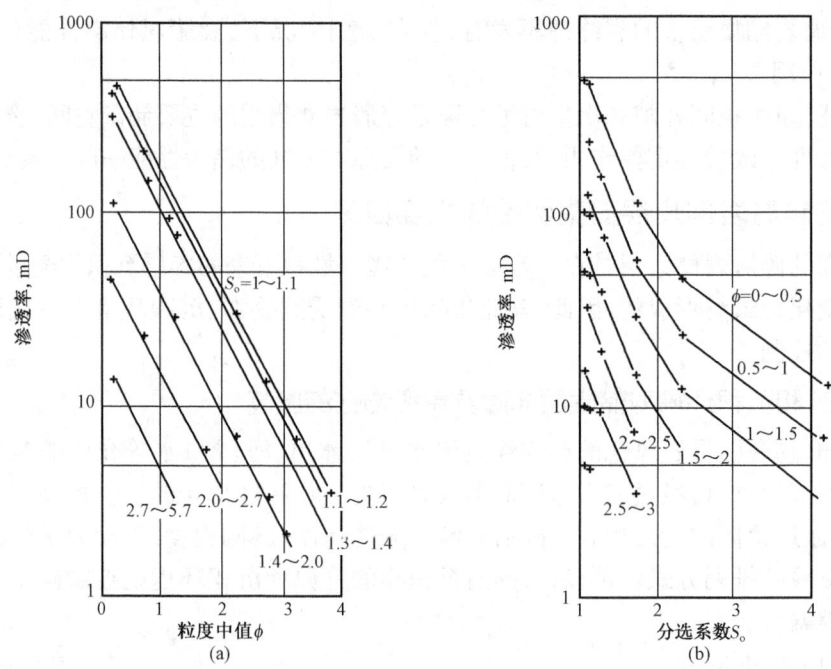

图3-9　砂岩分选系数和粒度中值与渗透率的关系(据Beard et al.,1973)
(a)分选一定时,渗透率和粒度中值关系图;(b)粒度中值一定时,分选系数和渗透率关系图

3)碎屑颗粒的排列方式和圆球度

碎屑颗粒的排列方式很复杂,假设颗粒为均等小球体,则可排列成三种理想的形式(图3-10)。立方体排列堆积最疏松,孔隙度最大,理论孔隙度为47.6%;孔隙半径大,连通性好,渗透率也大。图3-10(a)中的斜方体排列最紧密,孔隙度最小,理论孔隙度为25.9%。

岩石碎屑颗粒的排列方式主要决定于沉积条件。若沉积时的水介质较平静,颗粒多呈近立方体排列;若水介质活动性较大,如在河流、山麓滨湖区、近岸浅海区,颗粒多呈斜方体堆积。另外,岩石碎屑颗粒的排列方式也与沉积物在成岩作用结束前所承受的上覆地层压力的大小有关。

在实际的自然条件下,组成岩石的碎屑颗粒不可能是理想的球体,往往凹凸不平,形状极

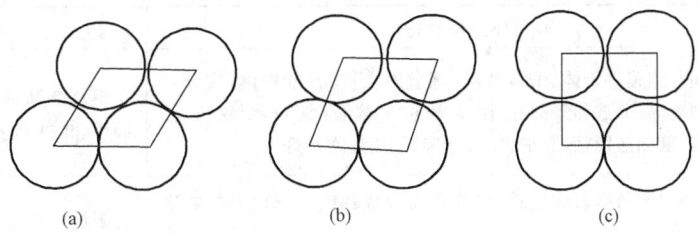

图 3-10 岩石球体颗粒排列的理想形式
(a)最密排列形式;(b)中等密度排列形式;(c)最不密排列形式

不规则,常发生镶嵌现象,相互填充孔隙空间,致使孔隙体积和孔隙直径减小,孔隙之间的连通性变差,结果使孔隙度、渗透率降低,一般颗粒圆球度越好,其孔隙度、渗透率越大。

4)基质的影响

所谓基质,是指随砂岩颗粒同时沉积的颗粒直径小于 0.0039mm(黏土级)的非化学沉淀颗粒。基质含量是沉积环境能量最重要的标志之一。水动力较强时,基质不易沉淀下来,岩石中基质含量就少;反之,则基质含量多。

基质在砂岩中起了孔隙充填物的作用,同时基质内的微粒间孔也很小,因而对储集物性十分不利。一般基质含量高的碎屑岩分选差,平均粒径较小,喉道也小,孔隙结构复杂,储集物性差。因此,基质含量是影响孔隙性、渗透性最重要的因素之一。

2. 碎屑岩的沉积环境对孔隙发育的控制

上述分析说明了碎屑岩的矿物成分、结构和构造等方面微观因素对储集层物性都有不同程度的影响和控制作用。由于沉积条件的差异,不同环境下形成的各类砂岩体在形态、规模、颗粒大小、矿物成分、分选和磨圆程度等方面都存在较大差异,因此,在储集物性方面区别也较大,从而表现出宏观上不同沉积相带对储集层物性的重要控制作用。

大量统计资料表明,沉积相是影响碎屑岩储集层物性的基本因素。从宏观来看,不同沉积砂岩体和不同相带储集层往往具有不同物性参数。一般形成于较强的水动力环境中的储集层粒级相对较粗,岩石中填隙物少,分选好,储集层物性常较好,即使经受长期成岩作用改造,仍有较好物性。表 3-4 概括了碎屑岩主要形成环境中的砂岩体特征。

表 3-4 砂岩储集体形成环境与基本特征(据张厚福等,1999)

沉积体系	砂岩体类型及特征	油田实例
冲积扇	砂砾岩体平面上呈扇形,纵剖面呈楔状,横剖面呈透镜状;颗粒粗杂;分选磨圆差;孔隙直径变化范围大;扇根和扇中储集性较好;主槽、侧缘槽、辫流线和辫流岛渗透率较高	克拉玛依—乌尔禾油田三叠系
河流	包括河床、心滩、边滩、决口扇等砂岩体,剖面呈透镜状;河床砂岩体呈狭长不规则状,可分叉,剖面上平下凹,近河心厚度大;结构、粒度变化大,分选差;非均质性严重;孔渗性变化大	长庆油田侏罗系延安组,阿拉斯加普鲁霍湾油田二叠系、三叠系
三角洲	包括河道砂、分支河道砂、河口沙坝砂、前缘席状砂;三角洲前缘相带砂岩体发育;在不同动力作用下可呈鸟足状、朵状和弧形席状;砂质纯净、分选好,储集物性好	大庆油田白垩系、西西伯利亚乌连戈伊气田白垩系

续表

沉积体系	砂岩体类型及特征	油田实例
滨海(湖)	包括超覆与退覆砂岩体、滨海沙堤、潮道砂、走向谷砂岩体；成分和结构成熟度高，分选和磨圆好，储集物性好；滨海(湖)沙堤狭长，平行海岸线，剖面透镜状，底平顶凸；分选好，储集物性好	东得克萨斯油田、圣胡安盆地 Bisti 油田、北海 Piper 油田
深水浊流	主水道、辫状水道砂岩体发育；成分和结构成熟度差；分选差；储集物性变化大	文图拉盆地和洛杉矶盆地
风成砂	砂质纯净、分选好、磨圆好；区域性渗透性稳定	格罗宁根气田赤底统砂岩

我国主要含油气盆地的碎屑岩储集层多为陆相，绝大部分属浅湖相、滨湖相及河流三角洲相沉积(表3-5)。近年来，在渤海湾盆地也不断发现半深湖—深湖相浊流沉积储集层。

表3-5 我国主要含油气盆地碎屑岩储集层的岩相特征(据张厚福等,1999)

盆地名称	主要碎屑岩储集层层位	岩相特征
松辽盆地	下白垩统	浅湖相、三角洲相
济阳坳陷	古近系沙河街组	浅湖相、三角洲相
黄骅坳陷	古近系沙河街组	沿岸沙堤、三角洲相
四川盆地	中侏罗统自流井群凉高山组	浅湖相
鄂尔多斯盆地	下侏罗统延安组	河流三角洲相、滨湖相
准噶尔盆地	上三叠统下克拉玛依组	冲积扇
	中侏罗统西山窑组、三间房组	河流三角洲
吐哈盆地	中侏罗统西山窑组、三间房组	辫状河三角洲相、冲积扇
酒泉盆地	古近系白杨河组间泉子段	滨浅湖相
柴达木盆地	中—新统至上新统	三角洲相、河流相
塔里木盆地	石炭系、三叠系	滨海相、潮滩、三角洲
	侏罗系	河流相、滨湖相

(二)造成储集层物性损失的成岩作用

大量研究表明，有利的沉积环境并不一定造成良好的储集层，成岩后生作用对碎屑岩储集层的储集物性有着深刻的、可以说更为重要的影响。但这并不否认沉积环境影响的重要意义，因为碎屑沉积物的原始特征是成岩后生作用发生的前提和物质基础。碎屑沉积物在漫长而复杂的成岩后生作用过程中，一方面其成分和结构都要受到不同程度的改造，其原生孔隙可以被缩小、减少，甚至完全消失；另一方面又可以形成新的次生孔隙。因此，研究成岩后生作用中孔隙保存、产生和演化的过程，对掌握储集物性的分布和变化规律是十分重要的。

目前对砂岩的成岩后生作用研究比较深入，这里仅对储集层物性产生损失的成岩后生作用简要阐述。对砂岩储集物性影响较大的成岩后生作用主要有以下几种。

1. 压实作用和压溶作用

压实作用和压溶作用是碎屑岩储集层的孔隙度和渗透率衰减的主要因素。

所谓压实作用，就是沉积物(岩)在上覆压力作用下被压缩，发生排水脱气，岩石孔隙度变小、变致密的一种作用。压实作用是通过沉积物(岩)的下沉，颗粒之间距离变小，沉积物体积收缩而进行的。

压实作用主要发生在成岩作用的早期,在埋深小于 3000m 时,压实作用的效果和特征明显。在沉积物埋藏较浅的成岩早期,主要发生机械压实作用。松散的沉积物在上覆沉积物压力不断增加的情况下,颗粒排列渐趋紧密,含水量逐渐减少,孔隙度相应降低。一般说来,沉积物埋藏越深,压实程度越高。

若将砂粒视为刚性的等径球体,则机械压实作用最多只能使其孔隙度降至 26%。Houseknecht(1987)的研究结果表明,对原始孔隙度为 40% 的分选好的砂来说,单纯的机械压实作用只能使孔隙度降至 30% 左右。由于实际砂岩含油气层的孔隙度一般为 10% ~ 20%,超过 25% 者已认为是极好的储集层,因此,从储集层的工业价值来看,单纯机械压实作用对砂岩储集物性的影响看来是有限的。当然,也不能一概而论,当原始沉积颗粒中有较多岩屑等软质成分时,机械压实将表现出强烈的破坏作用。压实作用使砂岩储集层的孔隙度迅速减小,但不同类型的砂岩孔隙度衰减的速率不同。如黏土杂基含量高的砂岩的孔隙度衰减速率大,而纯净砂岩的孔隙度衰减速率小。

当机械压实作用进行到碎屑颗粒形成最紧密堆积,或碎屑颗粒因胶结作用而固结成岩后,压溶作用(化学压实作用)将取而代之。压溶作用是指发生在颗粒接触点上,即压力传递点上有明显的溶解作用,造成颗粒间互相嵌入的凹凸接触和缝合线接触。由于碎屑颗粒在压力作用下溶解,使得 Si、Al、Na、K 等造岩元素转入溶液,引起物质再分配,造成在低压处石英和长石颗粒的次生加大和胶结。据费希特鲍尔对含油区砂岩的研究,石英在 500 ~ 1000m 埋深就开始次生加大,并随着埋深的增加,次生加大的石英颗粒增多。石英次生加大对岩石孔隙度有可观的影响,有时可以占满全部孔隙。一般随着埋深的增大,压溶作用渐趋强烈,甚至使砂岩的孔隙近于完全消失。

2. 胶结作用

胶结作用是砂岩中碎屑颗粒相互连接的过程。胶结作用是使储集层物性变差的重要因素。当碎屑沉积物的孔隙水中的溶解物质达到饱和时,就会以胶结物的形式在孔隙内沉淀下来。松散的沉积物通过胶结作用而变成固结的岩石。胶结作用对储集层储集物性的影响程度与胶结物的成分、胶结物的含量、胶结类型等因素有关。

碎屑岩胶结物的成分是多种多样的,有泥质、钙质、硅质、铁质、石膏质等。一般说来,泥质、钙—泥质胶结的岩石较疏松,储油物性较好;纯钙质、硅质、硅—铁质或铁质胶结的岩石致密,储油物性较差。据松辽盆地储集层钙质含量的统计资料,一般当钙质含量大于 5% 时,其储油物性明显下降。我国油田碎屑岩储集层的胶结物成分以泥质为主,而钙质较少,硅质、铁质、沸石、石膏等更少。

胶结物的多少对储集性质也有明显影响。胶结物含量高,粒间孔隙多被它们充填,孔隙体积和孔隙半径都会变小,孔隙之间的连通性变差,导致储集性质变坏。据胶结物含量多少及其在颗粒之间分布的状况,并结合颗粒的接触形式,可将碎屑岩胶结类型区分为四种:基底式胶结、孔隙式胶结、接触式胶结、杂乱式胶结,如图 3-11 所示。我国渤海湾盆地古近系碎屑岩储集层孔隙度与胶结类型之间的关系见表 3-6。

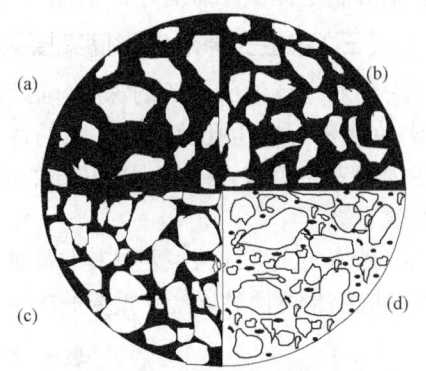

图 3-11　胶结类型示意图
(据张厚福等,1999)
(a)基底式胶结;(b)孔隙式胶结;
(c)接触式胶结;(d)杂乱式胶结

表3-6　渤海湾盆地古近系砂岩胶结类型与孔隙度的关系(据张厚福等,1999)

胶结类型	接触式	孔隙—接触式	孔隙式	基底—孔隙式	基底式
孔隙度	29%～34%	25%～30%	24%～28%	19%	<5%

不同的黏土矿物对岩石孔隙度和渗透率的影响也是不同的。砂岩中的自生黏土胶结物主要由四种黏土矿物构成,即蒙皂石、高岭石、绿泥石和伊利石,它们主要以三种形式存在,即分散状颗粒、孔隙衬垫、孔隙桥接(图3-12)。

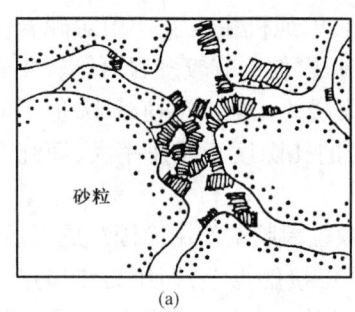 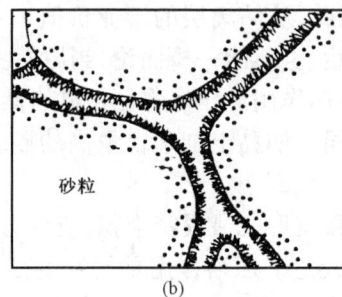 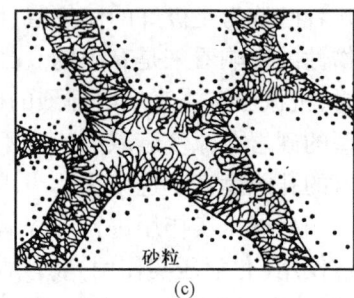

图3-12　砂岩中自生黏土矿物的存在形式(据柳广弟,2009)
(a)分散状高岭石;(b)孔隙衬垫的绿泥石或伊利石;(c)孔隙桥接的纤维状伊利石

在埋藏初期,从富含黏土质的孔隙水中可以沉淀出高岭石、绿泥石或伊利石,形成碎屑颗粒周围的黏土膜,或充填孔隙。高岭石除了直接从孔隙水中沉淀外,还可以通过长石和云母的风化形成自生高岭石,这种作用在颗粒边缘或顺着解理缝首先发生。在酸性孔隙水中,长石更易高岭石化。高岭石通常呈分散状颗粒存在于孔隙中,填塞孔隙,降低了岩石的孔隙度,同时在油气层开发时,成为迁移微粒堵塞喉道,使渗透率严重降低。

其他三种黏土矿物既可呈孔隙衬垫,也可呈孔隙桥接存在。它们均附着在孔隙表壁上生长。具孔隙衬垫式黏土胶结物的砂岩仍可具有较高的孔隙度和中至低的渗透率,而具孔隙桥接式黏土胶结物的砂岩虽然可具有较高的孔隙度,但其渗透率一般很低。

对砂岩储集层中黏土矿物的研究,可以为含油气层的测井解释和油气藏开发中油层保护措施的制定提供十分有用的信息。

(三)次生孔隙形成对储集层物性的影响

随着世界油气勘探的深入,陆续发现一些较大的砂岩油田储集空间以次生孔隙为主要类型,许多油田次生孔隙占总孔隙的百分比高达30%～50%以上(Shanmugam,1985),从而引起各国学者注意探索砂岩次生孔隙的成因、识别标志及其发育带的预测方法,以便提高油气勘探的效率。

砂岩的次生孔隙主要是其非硅酸盐组分(以碳酸盐矿物为主)溶解的产物。岩石组分的破裂和收缩也可使砂岩产生重要的次生孔隙,不过,通常在数量上都是居于次要地位的(表3-7)。

表3-7　砂岩产生次生孔隙的成岩作用

成岩作用	岩石破裂作用	颗粒破裂作用	收缩作用	溶解作用						
				方解石	白云石	菱铁矿	硫酸盐	其他蒸发岩	硅酸盐	其他非硅酸盐
形成的次生孔隙	较少	较少	较少	较多	较多	较多	较少	较少	很少	很少

砂岩的次生孔隙绝大部分是由溶蚀作用造成的。在地下深处，由于孔隙水成分的改变，导致长石、火山岩屑、碳酸盐岩屑和方解石、硫酸盐等胶结物的大量溶解，形成次生溶蚀孔隙，使储集层孔隙度增大。这种次生溶蚀孔隙对改善储集层物性的重要性近来受到越来越多的重视。

影响溶解作用的因素很多，如碎屑岩沉积时具有较粗的粒度，孔隙—渗透性好；砂岩中含可溶性物质较多；地下水呈酸性，而且具有一定流动速度等都有利于次生孔隙形成。其中尤以酸性水的形成最为重要。

在深部发生溶蚀作用所需的大量酸性水介质的形成与油气的生成过程和黏土矿物的转化有密切的关系。有机质经热演化达到成熟后，生成大量油气、二氧化碳和水，同时形成大量的有机酸。对我国主要含油气盆地有机酸分布的研究表明，在温度 80～120℃ 时，油田水中有机酸的浓度最大，这与蒙脱石经无序混层向部分有序混层转化的时间和温度相吻合，并处于有机质的低成熟阶段（裘怿楠等，1997）。这些有机酸溶解于地层水中，CO_2 在水中也可以形成碳酸，从而使地层水具有酸性。这种酸性水介质对次生孔隙的形成具有重要意义。除此之外，黏土矿物的转化、黏土与碳酸盐的反应、长石的风化等对次生孔隙的形成也有一定影响（张厚福等，1999）。除溶蚀作用外，方解石交代难溶硅酸盐、胶结物和基质中的重结晶作用也可以形成次生孔隙。但是必须指出，酸性水溶解的物质只有在不断被带走的条件下，才能使溶蚀作用朝有利于形成次生孔隙方向发展。否则，随着溶质增加，溶蚀作用就会减弱，在达到过饱和时还可以再沉淀，堵塞孔隙。

几乎在所有成岩后生环境中，都可以发生砂岩次生孔隙的形成、保存、变化和破坏。不同成岩后生阶段所形成的次生孔隙在数量上差异很大：一般后生阶段中期可以形成大量次生孔隙，后生阶段早期和晚期则形成较少；晚期主要为裂缝，中期主要是溶蚀孔隙（表 3-8）；表生作用阶段也是次生孔隙形成的重要阶段，风化剥蚀和大气渗水的淋滤可形成区域性分布的风化壳次生孔隙发育带。

表 3-8　次生孔隙发育与有机质成熟度、泥岩压实、混层转化的关系（据张厚福等，1999）

成岩阶段	有机质成熟度	混层黏土矿物		砂岩孔隙类型	泥岩脱水	泥岩压实阶段
		转化带	蒙脱石			
成岩期	未成熟	蒙脱石带	>70%	原生孔隙	孔隙水	初期压实
后生期 早期	半成熟	渐变带	70%～50%	混合孔隙	层间水稳定带	稳定压实
后生期 中期	低成熟	第一迅速转化带	50%～35%	次生孔隙	层间水快速脱出带	突变压实
	成熟	第二迅速转化带	20%左右			
	高成熟	第三迅速转化带	<15%	少量次生孔和裂缝	深埋缓慢脱水带	紧密压实
后生期 晚期	过成熟	混层消失		裂缝为主		

砂岩次生孔隙的纵向分布与有机质的演化阶段、混层黏土矿物转化时期具有密切关系，表 3-8 显示成岩后生作用阶段（Catagenesis）中期，恰与生油窗、压实突变、泥岩脱水排烃时期相对应，是次生孔隙总量占优势的发育演化阶段，对油气运移、聚集十分有利。所以，综合成岩作用阶段、有机质成熟度、混层黏土矿物转化、泥岩压实作用、泥岩脱水等资料，可帮助预测砂岩次生孔隙发育带的纵向分布。它们在声波测井和地震传播速度上均会显示低速异常，这两种方法已成为油气勘探中常用的预测砂岩次生孔隙发育带的有效方法。

(四)其他因素对储集层物性的影响

影响碎屑岩储集层物性的因素除以上所述外,尚有岩层层面、层理面的发育程度等,但其重要性一般远比上述因素差。层理明显的砂岩往往是砂、泥交互成层的薄层,泥质含量较高,颗粒也较细。常见的具薄水平层理、波状层理的细砂岩和粉砂岩储集性质不好,而且渗透性具明显的方向性,平行于层面的水平渗透率较大,垂直于层面的垂直渗透率较小(一般采用的渗透率是指水平渗透率)。具斜层理的砂岩平行于斜层面方向的渗透率最大,垂直方向的渗透率最小。砂岩中若含有泥质条带也会影响储集性质,尤其使垂直渗透率变小,其所起作用与泥质夹层相似。尽管岩层层面及层理构造对储集性质难以提供具体的数据,但是,它却提供了对层宏观的、较全面的感性认识;而且层理构造是沉积环境的良好标志,因此从层理构造类型还可推断油层在垂向上和平面上的分布及其储集性质的变化趋势。

此外,在钻探开发砂岩油气层时,一些人为因素也会对砂岩储集层的物性产生一定的影响。这些影响主要是在钻井、完井、开采、修井、注水过程中,改变了原来油藏的物化性质及热力学、动力学平衡及物质成分,从而改变了储集层物性,造成储集层物性变差,称为储集层损害。储集层损害的主要原因如下:

① 在注水或酸性液时,含水敏或酸敏性黏土矿物储集层的黏土填隙物发生膨胀,堵塞孔隙或喉道,造成物性变差。

② 外来颗粒(如钻井液中的水泥或其他颗粒或储集层本身较疏松的颗粒)在高压下侵入储集层,堵塞孔隙喉道。

③ 工作液在储集层发生化学沉淀、结垢及产生油水乳化物,也可造成储集层损害。

第三节 碳酸盐岩储集层

碳酸盐岩储集层是另一类重要的油气储集层。碳酸盐岩储集层中的油气储量占世界油气总储量的一半左右,产量已达到总产量的60%以上。碳酸盐岩油气田一般比砂岩油气田储量大,单井产量高,容易形成大型油气田。据世界上198个大油田统计表明,碳酸盐岩大油田平均可采储量为5.6×10^8t,砂岩大油田的平均可采储量为2.9×10^8t。另外,世界上共有9口日产量曾达万吨以上的高产井,其中有8口属碳酸盐岩储集层。如墨西哥黄金巷油区的赛罗·阿泽尔4井,它的储集层为白垩统的礁灰岩,最高日产量曾达37140t。波斯湾盆地是世界碳酸盐岩油气田分布最集中的地区,其中沙特阿拉伯的加瓦尔油田是世界特大型的碳酸盐岩油田,其原始可采储量高达114.8×10^8t,也是目前世界上可采储量最大的油田。利比亚的锡尔特盆地,墨西哥环礁带,俄罗斯地台上的伏尔加—乌拉尔含油气区,北美地台区的密歇根盆地、伊利诺伊盆地、二叠盆地、西内部盆地和辛辛那提隆起以及艾伯塔地区等世界重要产油气区的储集层都是以碳酸盐岩为主的。

我国碳酸盐岩地层分布极为广泛,层位多,厚度大,油气显示丰富,并已找到了工业性的油气藏。川南在碳酸盐岩地层中采气已有2000多年的历史。20世纪70年代中期华北任丘碳酸盐岩古潜山油田的发现,为在我国寻找碳酸盐岩油气田打开了新局面。在四川盆地、鄂尔多斯盆地、塔里木盆地的碳酸盐岩层系中也发现了大中型油气田。为了加快我国油气勘探的步伐,不断增加后备储量,加强海相碳酸盐岩油气储集层的研究,具有十分重要的意义。

一、碳酸盐岩储集层的储集空间类型

碳酸盐岩储集层的岩石类型多样,主要包括石灰岩、白云岩、粒屑灰岩、礁灰岩等。碳酸盐岩的储集空间,通常分为孔隙、溶洞和裂缝三类。孔隙是指岩石结构组分粒内或粒间的空隙,形状近于等轴状,与碎屑岩中的孔隙相似。溶洞是由溶解作用扩大了的孔隙,直径一般大于 2mm,有人将溶洞和孔隙合称为孔洞。裂缝是伸长状的储集空隙,长宽比一般大于 10:1。一般说来,孔隙和溶洞是主要的储集空间,在一定程度上也起通道作用;裂缝是主要的渗滤通道,也具有一定的储集能力。

碳酸盐岩储集空间的形成过程是一个复杂而长期的过程,它贯穿在整个沉积过程及其以后的各个地质历史时期。除了受沉积环境的控制外,地下热动力场、地下或地表水化学场、构造应力场等因素均对碳酸盐岩储集空间的形成和发展有巨大的影响。由于碳酸盐岩的特殊性(易溶性和不稳定性),使碳酸盐岩储集空间的演化相当复杂,孔隙类型多、变化快,往往在同一储集层内存在着多种类型的孔隙,各种孔隙又往往经受几种因素的作用和改造。因此,对碳酸盐岩储集空间分类时,既要考虑它的原始成因,又要考虑它在整个地质历史过程中的改造和变化。关于碳酸盐岩孔隙类型的划分方案较多。Choquette 和 Pray(1970)根据受组构控制与不受组构控制两项关系,将碳酸盐岩孔隙划分为 3 大类型 16 种孔隙。为了与碎屑岩储集空间类型划分相对应,这里根据碳酸盐岩孔隙的形成时间及成因,将其分为原生孔隙、次生孔洞和裂缝三类来进行论述(图 3 – 13)。

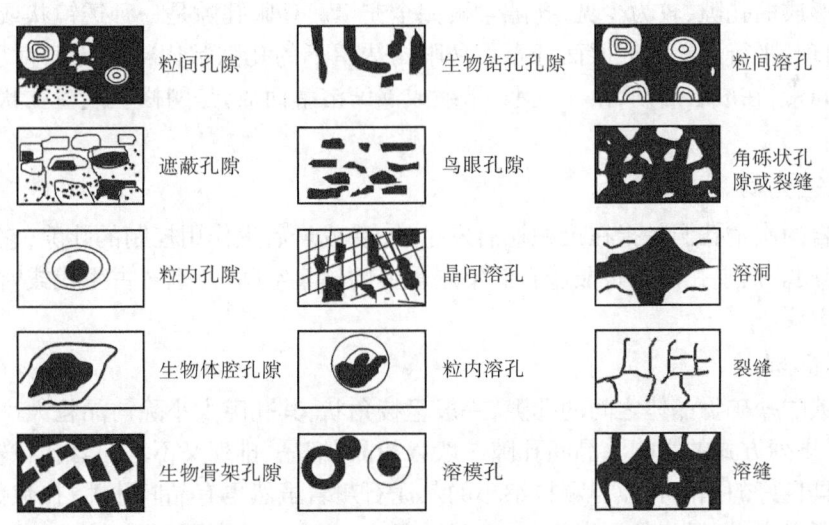

图 3 – 13　碳酸盐岩孔隙类型示意图(黑色部分代表孔隙)(据张厚福等,1999)

(一)原生孔隙

碳酸盐岩的原生孔隙主要是指在沉积时期形成的与岩石组构有关的孔隙。它们在成岩期可以发生一些变化。原生孔隙包括粒间孔隙、粒内孔隙、生物骨架孔隙、生物体腔孔隙、遮蔽孔隙、鸟眼孔隙和生物潜穴等。中—新生代碳酸盐岩储集层中的原生孔隙是重要的储集空间类型。

1. 粒间孔隙

粒间孔隙是指粒屑碳酸盐岩粒屑之间未被基质填积和胶结物充填的原始孔隙空间。粒间孔隙只有在粒屑含量很高(一般大于 50%)形成颗粒支撑格架时才能出现。粒间孔隙的发育程度与粒屑的含量、大小、形状、分选程度以及粒屑的堆积方式、胶结物含量等因素密切相关,而它能否得以保存还取决于沉积后的地质历史时期亮晶方解石或其他可溶矿物的充填程度。粒间孔隙是鲕粒灰岩、生物碎屑灰岩和内碎屑灰岩等颗粒灰岩常具有的孔隙,是碳酸盐岩储集层的主要孔隙类型之一。世界上相当多的碳酸盐岩储集层发育此类孔隙。

2. 粒内孔隙

粒内孔隙是指组成碳酸盐岩的各种颗粒内部的孔隙,如骨屑、团块、内碎屑、鲕粒等颗粒内部的孔隙,生物灰岩常具有这种孔隙。这种孔隙的绝对孔隙度可以很高,但有效孔隙度不一定大,必须有粒间或其他孔隙与它连通,使得体内孔隙彼此相通才有效。

3. 生物骨架孔隙

它是由原地固着向上生长的造礁生物(珊瑚、海绵、层孔虫、苔藓虫和藻类)群体骨架间的孔隙。孔隙形状随生物生长方式而异,在骨架之间构成疏松多孔的结构,如各种生物礁灰岩,这类岩石具有很高的孔隙度和渗透率,碳酸盐岩的主要孔隙类型之一。具生物骨架孔隙的生物礁储集层往往和具粒间孔隙的生物碎屑灰岩储集层相伴生。

4. 生物体腔孔隙

它是指生物死亡后生物壳体内的软体腐烂分解,体腔内未被灰泥等充填或部分充填而保留下来的空间。具此类孔隙的岩石绝对孔隙度大,有效孔隙度不大,因此,由它单独构成储集层的储集空间少见,多半和粒间孔隙相伴生。

此外,遮蔽孔隙、鸟眼孔隙和生物潜穴一般作为储集空间意义不大。生物潜穴是由某些生物的钻孔所形成的孔隙,较为少见,孔隙常被完全充填。鸟眼孔隙是一种透镜状或不规则状孔隙,常成群出现,平行于纹层或层面分布。鸟眼构造留下的孔隙常比粒间孔隙直径大,多发育在潮上或潮间带,在成岩后期,由于气泡、干缩或藻席溶解而成,是网格状或窗孔状孔隙的一种类型。

(二)次生孔洞

碳酸盐岩的次生孔洞是指在沉积期后发生的,受成岩后生作用控制的孔隙,它包括晶间孔隙、溶孔和溶洞。次生孔洞是碳酸盐岩储集层重要的储集空间,特别对古生代或时代更老的碳酸盐岩尤为重要。

1. 晶间孔隙

它是指碳酸盐矿物晶体之间的孔隙,一般呈棱角状,其孔隙大小除与晶粒大小及其均匀性有关外,还受排列方式的影响。晶间孔隙一般以粉晶、细晶、排列又不均匀者孔隙较发育,如砂糖状白云岩具良好的晶间孔隙。颗粒细小的灰泥石灰岩虽然也有晶间孔隙,孔隙数量很多,绝对孔隙度也可以很大,但与黏土岩相似,由于孔径太小,所以有效孔隙度很低。晶间孔隙主要是白云化作用、重结晶作用等成岩作用形成的,尤以白云化作用形成的晶间孔隙最为重要,它是碳酸盐岩储集层的重要孔隙类型之一。

2. 溶蚀孔隙

溶蚀孔隙简称溶孔,是指碳酸盐矿物或伴生的其他易溶矿物被地下水、地表水溶解后形成的孔隙。溶解作用在沉积过程中就开始了,它可以一直延续到成岩以后,直到表生作用阶段。一般说来,在近岸浅水地带沉积物暴露在水面以上时或在不整合面下的岩溶带溶蚀作用最为活跃,溶蚀孔隙发育。

溶蚀孔隙是碳酸盐岩储集层的主要孔隙类型之一,它包括下面4种主要类型:

① 粒内溶孔和溶模孔。粒内溶孔是指由于选择性溶解作用,各种颗粒内部部分被溶解所

形成的孔隙,如鲕内溶孔、介内溶孔等。若溶解作用继续进行,把颗粒全部溶蚀,并形成与颗粒形态、大小完全相似的孔隙,则称溶模孔,如鲕模孔(又称负鲕)、介模孔、晶体溶模孔等。

② 粒间溶孔。粒间溶孔是指溶蚀颗粒之间的灰泥基质或胶结物而形成的孔隙,其溶蚀范围可以部分涉及周围的颗粒。淋滤粒间灰泥是粒间溶孔常见的一种类型。它往往有较好的孔隙度和渗透率,构成良好的油气储集空间。

③ 晶间溶孔。晶间溶孔是指选择性溶蚀矿物晶体之间的物质所形成的孔隙。它主要发育在白云岩中,选白云石晶体间的方解石进行溶蚀。晶间溶孔呈港湾状,大小较均匀,常称"针孔"。

④ 其他溶孔和溶洞。上述三类溶蚀孔隙和岩石的组构有关,是选择性溶解作用形成的溶孔。此外,还有和岩石组构无关的溶孔,这类溶孔呈不规则的等轴状。溶洞和溶孔之间没有严格的区别,一般孔径大于2mm者称溶洞,小于此者称溶孔。溶洞多半发育在厚层质纯的石灰岩和白云岩中。古岩溶分布的地区和层段可作为良好的储集层。川东南的高产井约80%与古岩溶有关。

(三)裂缝

碳酸盐岩性脆,易破裂,裂缝发育是一种常见的地质现象。碳酸盐岩储集层中的裂缝既是储集空间,又是重要的渗滤通道。世界上主要的碳酸盐岩产油气层均与裂缝的发育有着密切的关系。如我国西南地区一些碳酸盐岩油气田的形成往往与裂缝有关。伊朗著名的阿斯马利石灰岩油气储集层也是裂缝型的,从中钻成了3口万吨井。碳酸盐岩中裂缝的类型很多,按成因可分为构造裂缝和非构造裂缝两大类。非构造裂缝又可分为成岩裂缝、风化裂缝和压溶裂缝三类。

1. 构造裂缝

构造裂缝是指在构造应力作用下,构造应力超过岩石的弹性限度,岩石发生破裂而形成的裂缝,是裂缝中最重要的类型。它的特点是边缘平直,延伸远,成组出现,具有明显的方向性。在漫长的地质历史中,岩层往往经受多次构造运动的影响,形成了复杂的裂隙系统,构成了碳酸盐岩裂缝性储集层的主要储集空间和油气运移的主要通道。构造裂缝往往发育在一定的岩层中,它的发育程度与岩性密切相关,岩性越脆,越易产生裂缝。因此,一般说来,构造裂缝在白云岩中最发育,石灰岩中次之,泥灰岩中最差。构造裂缝又往往发育在一定的构造部位上,它和岩石所承受的构造应力的强度和自身的形变有关。背斜构造的顶部、轴部及箱状背斜的肩部裂缝最发育,背斜倾没端次之。此外,断层附近及其消失部位也是构造裂缝发育的有利部位。

2. 成岩裂缝

成岩裂缝是指沉积物在石化过程中被压实、失水收缩或重结晶等情况下形成的一些裂缝。成岩裂缝一般受层理限制,不穿层,多数平行于层面,裂缝面弯曲,形状不规则,有时有分叉现象。

3. 风化裂缝

风化裂缝又称溶蚀裂缝,它是指古风化壳由于地表水淋滤和地下水渗滤溶蚀所形成或所改造的裂缝,此类裂缝大小不均、形态奇特,缝隙边缘具有明显的氧化晕圈。这类裂缝发育深度视潜水面的深度而异。由于淋滤和溶蚀作用形成的裂缝网对液体流动不会产生什么阻力,因此,具风化裂缝的岩层渗透率比周围致密岩层要高得多。

4. 压溶裂缝

压溶裂缝是成分不太均匀的碳酸盐岩,在上覆地层静压力作用下,富含二氧化碳的地下水沿裂缝或层理流动,发生选择性溶解而形成的裂缝,常见的是缝合线。缝合线中常残留有许多泥质和沥青,其作为油气储集空间意义不大,但对油气的渗滤有一定的作用。

二、影响碳酸盐岩储集层储集物性的主要因素

(一)沉积环境和岩石类型

影响碳酸盐岩原生孔隙发育的主要因素是沉积环境,即介质的水动力条件。碳酸盐岩原生孔隙的类型虽然多种多样,但主要的是粒间孔隙和生物骨架孔隙,其发育程度主要取决于粒屑的大小、分选程度、胶结物含量以及造礁生物的繁殖情况。因此,水动力能量较强的或有利于造礁生物繁殖的浅水、高能的沉积环境常常是原生孔隙型碳酸盐岩储集层的分布地带。一般包括台地前缘斜坡相、生物礁相、浅滩相和潮坪等(图3-14)。孔隙发育的岩石多是一些粗结构的石灰岩,如粗粒屑石灰岩、粗晶石灰岩、生物灰岩。在水动力能量低的环境里形成的微晶或隐晶石灰岩由于晶间孔隙微小,加上生物体少,不能产生较多的有机酸和CO_2,因此不仅在沉积时期,就是在成岩阶段要形成较多的次生溶孔也是比较困难的。

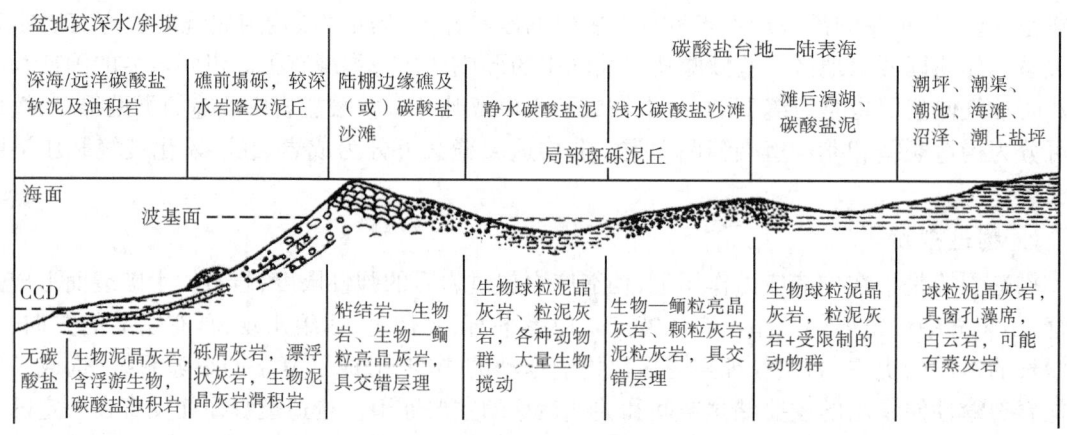

图3-14 主要的碳酸盐沉积环境及相特征(据方少仙,1998)

(二)成岩后生作用

碳酸盐岩的孔隙在它形成后的地质历史过程中是不断变化的。在沉积时期所形成的原生孔隙会因其后发生的各种成岩后生作用而改变。碳酸盐岩的成岩后生作用有些有利于储集层物性的改善,而有些则使储集层物性变差。特别是在一些时代较老的碳酸盐岩中,原生孔隙几乎损失殆尽。因此,研究成岩后生作用对孔隙的影响是很重要的。碳酸盐岩的成岩后生作用主要有压实及压溶作用、胶结作用、重结晶作用、白云化作用、溶解作用、方解石化作用、硅化作用、硫酸盐化作用等。能产生或有助于产生次生孔隙的主要作用有溶蚀作用、重结晶作用和白云化作用。现择其中对储集层储集物性有重要影响的作用简述如下。

1. 溶蚀作用

溶蚀作用包括溶解作用、淋滤作用和岩溶作用。这三种作用既有联系,又有区别。

溶解作用主要指酸性水对碳酸盐岩的化学溶解。它是一种化学过程,即固态物质本身转变为液态,并与液态相结合或化合,没有被溶物质带出的作用,溶液很快饱和。因此,单独的溶

解作用影响能力是极为有限的。溶解作用在沉积期后的任何时间、任何环境都可存在,早成期、晚成期以致在中成期的深部都有存在的证据。

淋滤作用包括溶解作用,但不限于溶解作用。它是可溶物质被溶解并伴有被溶物质因渗流而被带出的一种作用。在淋滤过程中,孔隙水必须是流动的,它能把被溶物质带走。这种排水过程是淋滤作用得以发生的关键。

岩溶作用包括溶解作用和淋滤作用,但不限于此两种作用。岩溶作用是一系列地质作用的综合,如淋滤、侵蚀、崩塌、搬运等,即洞穴化作用。

溶解作用既可以发生在地下深处,也可以发生在地表环境中。在地下深处,伴随地下油气生成过程形成的酸性地下水溶液是造成岩石溶解的主要因素,这一点与砂岩次生孔隙的形成机理相似。在表生环境中,大气淡水对碳酸盐岩的溶解是主要的机理。淋滤作用和岩溶作用主要发生在表生环境中,因为在地下一般缺少溶解物质被带出的条件,不能形成广泛的淋滤作用和岩溶作用。因此对碳酸盐岩次生孔洞的形成,表生环境的溶蚀作用具有更重要的意义。

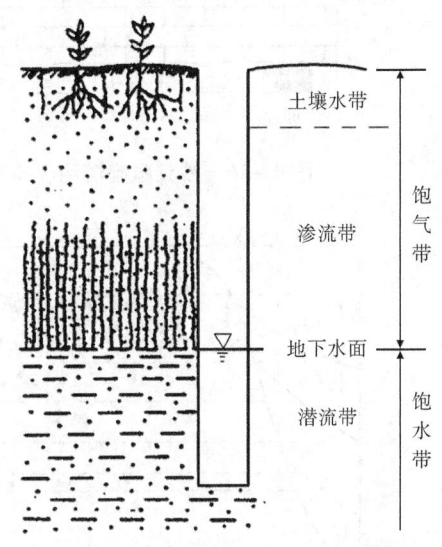

图3-15 地下水面分布示意图

表生环境下,碳酸盐岩溶蚀作用的发生主要与大气淡水的渗流和大气淡水的潜流有关。我们知道,在地下一定的深度存在地下水面(图3-15)。地下水面以上为地下水渗流带,其水流的特点是水流方向近垂直,流速快,作用时间短,溶解作用差。在这一带仅发育垂直溶孔和溶洞,并且主要在地壳上升时发育。地下水面以下为地下水潜流带,其水流特点是地下水以水平潜流为主,流速慢,作用时间长。这一带以形成水平管线状孔洞为主,在地壳稳时期发育。

地层剖面中的不整合面就是地质时期的古地表,不整合面以下一定深度范围内就是当时表生环境中的溶蚀作用发育带。当时,岩石出露地表遭受风化剥蚀,地表水沿断层、裂缝渗入地下,产生大量溶孔、溶洞、溶缝、溶道,形成规模巨大、错综复杂的溶蚀空间,称为岩溶带。由于地壳抬升的周期性,如果地壳上升—停顿—再上升交替进行的话,在一个不整合面以下可以发育多期(多层)岩溶。如果该区经历了多次沉积间断,有若干个不整合面,则相应可形成数个岩溶发育带。当然,在张性断层经过的地区,张性裂缝多,岩体破碎,有利于地下水进出。从现代岩溶调查来看,岩溶带紧随断层分布,岩溶与断层的关系比河流与断层的关系更为密切。对于褶皱而言,在背斜、向斜的不同部位,岩溶发育程度也是不同的。一般情况下,向斜轴部岩溶最发育,但是在背斜倾没端和向斜翘起端,尤其是各类褶皱构造的交汇部位,岩溶最发育。

另外,地层产状、岩层的组合方式(如透水层与不透水层的组合形式)等均对溶洞的延伸方向、排列和规模有一定影响。如有多层透水层与非透水层间互组合时,可形成多层岩溶带,各岩溶带厚度受上、下不透水层限制。我国塔里木盆地沙雅隆起塔河3、4号奥陶系油气藏的储集层分布有多期岩溶(图3-16),华北地区的奥陶系沉积以后,整体上升,经过长期沉积间断,古岩溶发育良好,涉及的层位较多,厚度可能很大,任丘油田雾迷山组储集层形成了三期岩溶(图3-17)。

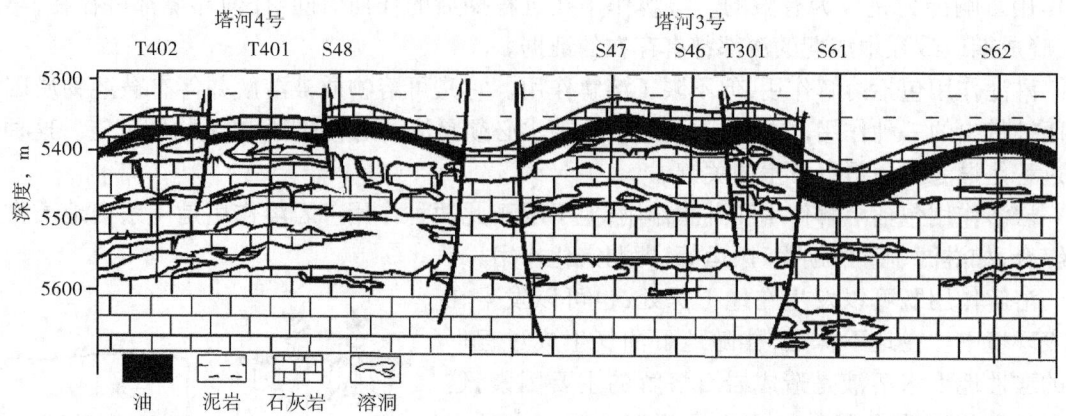

图3-16 沙雅隆起塔河3、4号奥陶系油气藏古岩溶带的分布(据柳广弟,2009)

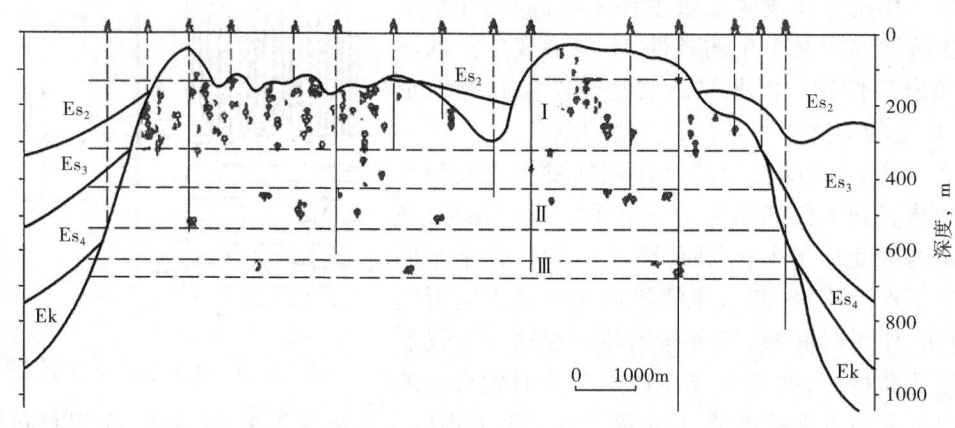

图3-17 华北地区任丘油田古潜山岩溶垂向分带图(据柳广弟,2009)

在古剥蚀面以下,古岩溶带发育的深度视不同地区和不同地质时代而异。从我国东部岩溶分布来看,现代岩溶带所及深度一般在100~200m,甚至更浅些;被古近系、新近系和第四系埋藏的洞穴可达到千米左右的深度;地质时代更老的岩溶带可达两三千米之深。岩溶带的厚度变化也很大,要视区域构造运动发育情况、古地貌、古水文地质情况以及岩层性质和组合情况而定,少者几米至几十米,多者数百米甚至上千米不等。

溶蚀作用造成的碳酸盐岩储集层溶蚀孔洞的发育程度主要取决于岩石本身的性质和地下水(大气水)的溶解能力,还与一些环境因素有关。

1) 碳酸盐岩的溶解度

碳酸盐岩溶解度与其成分的 Ca^{2+}/Mg^{2+} 值、黏土含量、组构及构造等因素有关。在地下水富含 CO_2 的一般情况下,溶解度与 Ca^{2+}/Mg^{2+} 值成正比关系,即石灰岩比白云岩易溶。因此,在通常情况下,石灰岩比白云岩更容易产生溶蚀孔洞。碳酸盐岩中不溶残余物(主要是黏土)的含量与溶解度成反比关系,即碳酸盐岩的溶解度随黏土含量的增加而减小。根据上述岩石成分的两方面影响,碳酸盐岩的溶解度按下列顺序递减:石灰岩→白云质灰岩→灰质白云岩→白云岩→含泥石灰岩→泥灰岩。

岩石的组构和构造对碳酸盐岩的溶解度也有影响。一般来说,随着颗粒变小,溶解度降低。粗粒结构的碳酸盐岩中黏土含量较少,粒间孔隙或晶间孔隙较大,地下水比较容易通过,易于产生溶蚀孔洞。

一般在厚层至中层状碳酸盐岩中孔洞发育好,薄层与非碳酸盐岩相组合的地层孔洞发育差。这是因为厚层碳酸盐岩一般是在相对稳定的环境下沉积的,不溶残余物含量较少,质纯,易产生孔洞。

2)地下水(地表水)

地下水(地表水)的溶解能力是由地下水的性质和运动状态决定的。

地表水或大气淡水中含有 CO_2,水溶液呈酸性;随着 CO_2 溶解量的增加,溶液的 pH 值降低,当其降至 3.2 时,便成为较强的酸性水,对碳酸盐岩的溶解能力大大增强。当这种水在碳酸盐岩地层中流动时,便逐渐将岩石溶解,并形成重碳酸盐被水带走。反之,当水中缺乏 CO_2 时,则发生碳酸盐沉淀作用,堵塞孔隙,胶结岩石。地下水的酸性主要来源于地下油气生成过程中形成的有机酸和 CO_2。

另外,岩石的溶蚀程度还与地下水的温度和压力有密切关系。有人曾经对碳酸盐岩样品进行淋溶试验,结果表明:温度升高,淋溶物质数量增大。因此,地下水对碳酸盐岩的溶蚀能力同地温条件也有密切关系,一般认为,地温每增加 10℃,溶蚀程度可能增加 2 倍。

3)地貌、气候和构造的影响

地下水运动是造成溶蚀作用发育的重要原因,而地下水的运动却又与地貌、气候和构造等因素有关。在地貌上,溶蚀带多在河谷和海、湖岸附近地区较为发育。因为这些地区是泄水区和汇水区,地下水浸泡溶蚀时间长,在这些地区的碳酸盐岩层内部往往发育有很大的暗河。在气候上,温暖潮湿地区的溶蚀作用最为活跃。

2. 重结晶作用

重结晶作用是指碳酸盐岩被埋藏之后,随着温度、压力的升高,岩石矿物成分不变,而矿物晶体大小、形状和方位发生了变化的作用。这种作用使致密、细粒结构的岩石变为粗粒结构的、疏松、多晶间孔隙的岩石。粗粒结构的岩石强度降低,易产生裂缝。这样,有利于地下水渗滤,为溶蚀孔隙的发育创造条件。我国四川盆地侏罗系大安寨介壳灰岩产油气层的孔隙发育程度随重结晶作用的增强而变好。当碳酸盐岩中存在泥质、有机质、硅质、硫酸盐等杂质时,它们会降低碳酸盐岩重结晶的速度,又往往填塞在各种孔隙空间,对碳酸盐岩的储油物性产生不利的影响。

3. 白云化作用

白云化作用是指白云石取代方解石、硬石膏和其他矿物的作用。白云化作用一般可分为两类,一类发生在沉积物中的准同生期的白云化作用,另一类发生在岩石的成岩后生期的白云化作用。白云化作用对碳酸盐岩孔隙度的影响至今仍是一个未解决的争论问题。以前一种比较流行的看法是白云化作用总是引起孔隙度的增加,这是根据 1837 年包蒙提出的白云石分子交代石灰岩中方解石分子的分子对等假说,其反应式是:

$$2CaCO_3 + Mg^{2+} \Longrightarrow CaMg(CO_3)_2 + Ca^{2+}$$

此时分子体积缩小 12.5%,这样就形成孔隙极为发育的白云岩。这种观点一直到现在还有人运用。但是,也有许多学者反对这种观点。1915 年伦德斯在研究岩石白云化作用对孔隙的形成问题时指出:① 白云化带并不总是孔隙发育带;② 所观察到的白云岩孔隙与计算所得结果不一致;③ 白云岩中的孔隙本身带有溶蚀的痕迹,而不是依靠体积缩小的方式形成孔隙。

1953 年,柯尔任斯基在详细研究了各种交代作用以后指出,交代作用并不伴随体积的变化,其发育程度与孔隙溶液溶解固相物质的作用密切有关。存在于孔隙中的溶液含有可转变为固相的物质,但其浓度是不同的,不同的浓度就是造成致密的或多孔的交代岩石的主要原因。溶液过饱和时,往往形成致密坚硬的岩石;相反,在溶液矿化度低的情况下,岩石的孔隙就发育。通常在表生交代作用条件下,溶解作用大于沉淀作用,因而常形成多孔的白云岩。

尽管意见不同,但一般说来,在白云石交代方解石过程中,溶解作用大于沉淀作用,产生溶蚀孔隙,并且由于晶粒增大,晶间孔径变大,都会使白云化石灰岩的孔隙度和渗透率增加,对岩石孔隙度和渗透率还是起改善作用的。

此外,还有压实及压溶作用和胶结作用等,它们对储集层物性主要起破坏作用,不少研究者都曾作过研究和总结,这里不再赘述。

(三)裂缝发育程度

裂缝既是碳酸盐岩储集层的储集空间,更重要的是油气渗滤的重要通道。不同类型的裂缝成因不同,根据成因可将裂缝划分为构造裂缝和非构造裂缝两大类。对储集层物性有重要影响的主要是构造裂缝。构造裂缝的发育程度和分布规律受岩性和构造两方面因素的控制。在剖面上,裂缝往往发育在一定层位,主要受岩性控制;在平面上,裂缝往往发育在一定的构造部位,主要受构造因素控制。

1. 裂缝发育的岩性因素

裂缝发育的内因主要决定于岩石的脆性。岩性不同,脆性不一样,裂缝发育程度也不一样,脆性大的岩层裂缝发育。岩石脆性是受岩石的成分、结构、层厚及其组合、成岩后生变化等因素的影响。

各类碳酸盐岩和化学岩的脆性由大到小有这样的顺序:白云岩或泥质白云岩→石灰岩、白云质灰岩→泥灰岩→盐岩→石膏。

碳酸盐岩中泥质含量增加时,会降低岩石的脆性,减弱裂缝的发育。相反,硅质含量增加时,会增加岩石的脆性,有利于裂缝的发育。质纯粒粗的碳酸盐岩脆性大,易产生裂缝,并且开缝较多。如生物灰岩中,介壳含量较高、排列又整齐者,裂缝密度较大;结晶灰岩中,结晶粗的脆性比结晶细的大。薄层状的碳酸盐岩中裂缝的密度较大,但裂缝的规模较小,容易产生层间缝和层间脱空,特别是夹于厚层中的薄层更易如此;厚层状碳酸盐岩中裂缝的密度较小,但裂缝的规模较大,且以立缝和高角度斜裂缝为主。白云化作用使石灰岩变为白云岩,晶粒由细变粗,会增加岩石的脆性,使裂缝易于发生。

2. 裂缝发育的构造因素

控制裂缝的构造因素主要是作用力的强弱、性质、受力次数、变形环境和变形阶段等。一般情况是受力强、张力大、受力次数多的构造部位裂缝发育,相反则差;同一碳酸盐岩中,在常温常压的应力环境下裂缝发育,在高温高压环境下则发育较差;在一次受力变形的后期阶段,裂缝的密度大、组系多,前期阶段则相应的较小或少。这些条件的时空配合控制着裂缝的分布规律。

1) 背斜构造上裂缝的分布

背斜构造上裂缝的分布视褶皱的类型而异(图3-18、图3-19)。

在狭长形长轴背斜构造上,裂缝沿长轴成带分布,在高点最发育,裂缝以张性纵缝(裂缝走向平行于褶皱轴线)为主,高点部位尚有张性横缝(裂缝走向垂直褶皱轴线)和层间脱空;两翼不对称者,张性横缝偏于缓翼,轴线扭曲处的外侧,张性横缝发育。

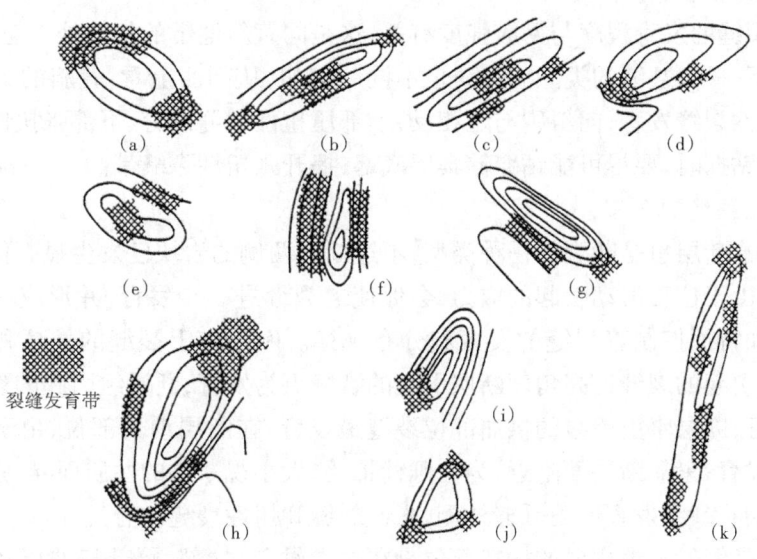

图 3-18 不同形态局部构造上裂缝发育带的分布(据包茨,1988)
(a)～(g)位于西伯利亚地台南部;(h)位于俄罗斯地台上;(i)、(j)南米努辛盆地内;(k)西阿努克塔乌背斜

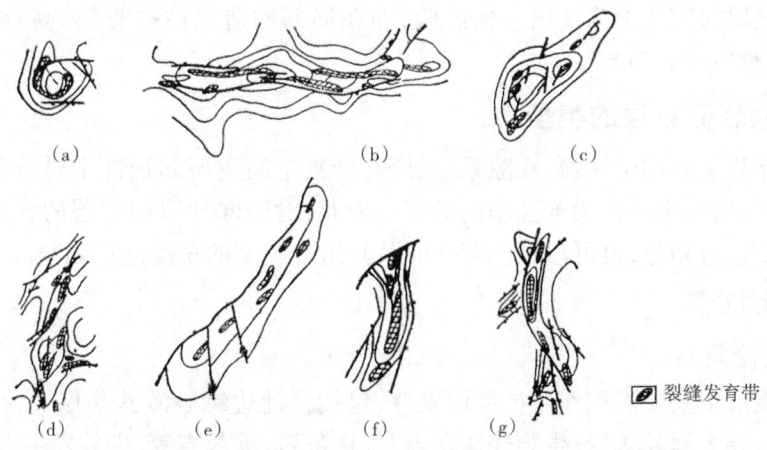

图 3-19 四川盆地不同类型局部构造上裂缝发育带的分布(据包茨,1988)
(a)白节滩构造;(b)纳溪构造;(c)朱家场构造;(d)阳高寺构造;(e)熊坡构造;(f)中坝构造;(g)临峰场构造

在短轴背斜上,裂缝沿轴部分布,在高点最发育。裂缝的组系和发育程度与褶皱强度有关:平缓的低丘状背斜以一对共轭的斜裂缝为主,裂缝发育程度相对较差;高丘状背斜既有斜裂缝,又有张性纵缝和横缝,发育程度也较高。这类背斜在被断层复杂化时,裂缝的分布也随之而变化。

在箱状背斜上,裂缝在肩部最发育,其次在顶部。在肩部既有张性纵缝,又有扭性缝,还有层间脱空;在平缓的顶部,以两组斜裂缝为主,如弯曲增大时,则发育纵缝和横缝。

在穹窿状背斜上,裂缝发育区集中在顶部。裂缝组系以一对斜交缝为主,并有纵缝和横缝发育,组成放射状,向顶部集中。

2) 向斜地带裂缝的分布

向斜地带裂缝的发育程度与褶皱强度有关,这是同背斜地带的相似处。但是,背斜与向斜中应力的分布不一样,裂缝的类型和性质也不同。例如,从剖面上看,背斜的上部张扭性裂缝发育,下部压扭性裂缝发育;向斜则与之相反,上部压扭性裂缝发育,下部张扭性裂缝发育。所以,在向斜部位钻探时,要尽可能钻穿储集层底部,揭开张扭性裂缝带。

3) 断层带上裂缝的分布

从广义上说,断层也是断裂的一种类型,不过断层两侧的岩块已发生显著位移而已。在断层发育过程中,由于位移滑动引起的应力,会促使老裂缝进一步发育,并形成一些新裂缝。断层的展布方位和特征控制着裂缝的发育和分布规律。断层带上裂缝的发育和分布有如下规律:低角度断层引起的裂缝比高角度断层引起的裂缝更为发育;断层组引起的裂缝比单一断层引起的裂缝发育;断层牵引褶皱的拱曲部位裂缝最发育;在断层消失部位,由于应力释放而引起的裂缝也很发育;紧靠断层面附近,为角砾缝带,缝大小视断层的性质而异,张性断层比压扭性断层的大。羽状裂缝发育于角砾缝外侧,张性裂缝和扭性裂缝均有。

总的来说,裂缝发育最主要的构造部位是在构造轴部、端部、翼部挠曲以及与断层有关的牵引褶曲处。与背斜一样,向斜(或鞍部)中岩石产状要素陡变的地方也应视为裂缝发育的有利地带。

因此,搞清地下构造形态是提高钻探成功率的关键。四川的石油地质工作者从长期寻找裂缝型高产油气田的实践中总结出一条经验,即在局部构造上钻井要"占高点,沿长轴,沿扭曲,沿断层",简称"一占三沿"。

三、碳酸盐岩储集层的类型

碳酸盐岩储集层非均质性强,孔隙系统复杂,储集空间类型和物性主要受沉积作用、溶蚀作用、白云石化作用和构造作用等控制而形成。因此,对碳酸盐岩储集层的分类,既可以从储集层成因的角度进行划分,也可以从储集空间及其组合类型的角度进行划分。

(一)按成因分类

1. 礁滩型储集层

礁滩型储集层主要受沉积作用控制而发育,包括台地边缘礁滩储集层及台地内部颗粒滩储集层。岩性主要为鲕粒灰岩、生物碎屑灰岩、生物灰岩、礁灰岩等,少数发生白云石化甚至转变为白云岩。台地边缘礁滩储集层主要有两类,一类是面积小的孤立状的塔礁,另一类是连片分布似层状的台地边缘礁滩复合体;孔隙类型主要有生长骨架孔隙、受溶解作用增大的孔隙,特别是礁体出露水面受淡水淋滤而成的孔隙。台地内部颗粒滩储集层主要有两类,即白云石化颗粒储集层和裂缝性颗粒储集层,孔隙类型为粒间孔隙、铸模孔隙、孔洞以及晶间孔隙。世界上有许多特大油田的储集层都是这种类型,如沙特阿拉伯的加瓦尔油田,储集层为侏罗系碳酸盐台内颗粒滩相,上侏罗统阿拉伯组 D 段砂屑灰岩(主要由钙藻、有孔虫、层孔虫等骨屑组成)产油,孔隙度为 21%,渗透率为 $4000 \times 10^{-3} \mu m^2$,横向分布稳定,可采储量约 $133 \times 10^8 t$;伊拉克的基尔库克是古近—新近系生物礁块储油,以生物骨架孔隙为主,伴有溶洞、裂缝。中国碳酸盐台内颗粒滩的分布广泛,其勘探程度低,揭示较少,如塔里木盆地奥陶系鹰山组、四川盆地二叠系茅口组和长兴组、四川盆地三叠系飞仙关组、嘉陵江组和雷口坡组都发育开阔浅海碳酸盐台地和局限海台地的颗粒滩。碳酸盐台内滩灰岩一般致密,经过适当的岩溶作用、白云石化作用和构造断裂作用的改造,可以成为良好的储集层。目前在川中长兴组和飞仙关组台内滩灰岩中的勘探取得了重要进展(图3-20)。

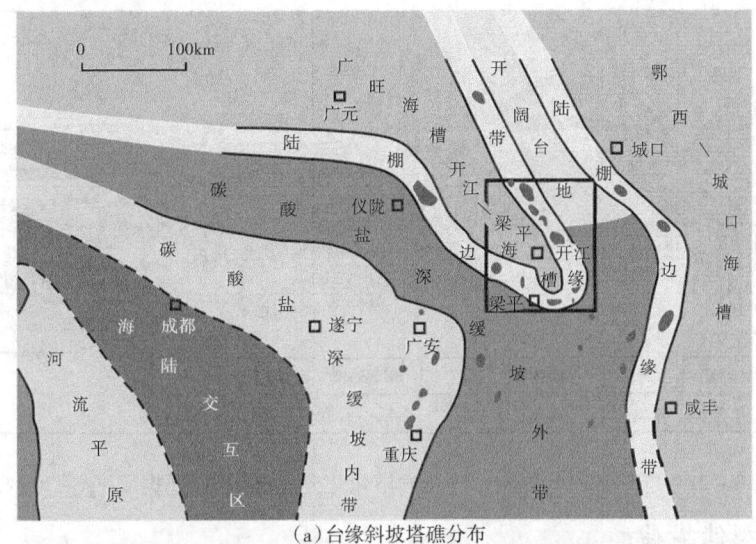

(a) 台缘斜坡塔礁分布

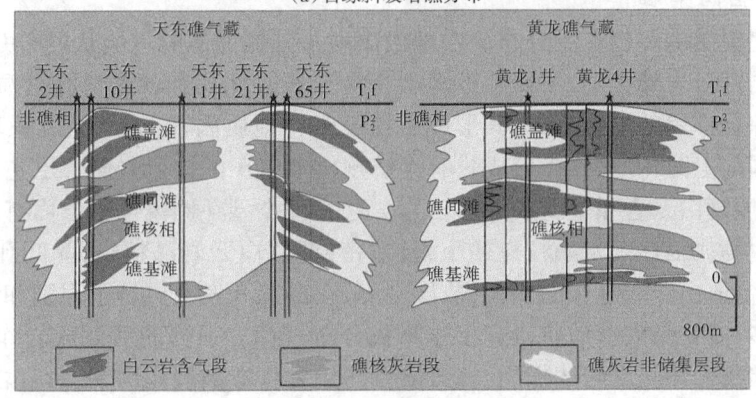

(b) 川东北塔礁储集层结构

图3-20 川东地区长兴组塔礁气藏分布与储集层结构(据罗平等,2008)

2. 岩溶型储集层

岩溶作用定义为水对可溶性岩石(碳酸盐岩、硫酸盐岩等)的化学溶蚀、机械侵蚀、物质迁移和再沉积的综合地质作用及由此所产生现象的统称。岩溶型储集层是指与岩溶作用有关的储集层。岩溶作用往往形成规模不等的溶孔、溶洞及溶缝,所以岩溶储集层的储集空间以溶孔、溶洞和溶缝为特征,具有极强的非均质性。勘探实践表明,碳酸盐岩岩溶缝洞的分布不仅限于潜山区,内幕区同样发育有岩溶缝洞,而且是重要的油气储集空间。事实上,不整合面类型、斜坡背景和断裂均控制岩溶作用类型(层间岩溶作用、顺层岩溶作用、潜山岩溶作用等)和岩溶缝洞的发育。根据主控因素的不同可以将岩溶型储集层分为3种类型:① 风化壳岩溶储集层;② 层间岩溶储集层;③ 顺层岩溶储集层(赵文智等,2013)。国外目前发现的岩溶型储集层的代表性实例有美国阿纳达科(Anadarko)盆地、威利斯顿(Williston)盆地、二叠(Permian)盆地,阿曼的纳提赫(Natih)油田、费胡德(Fahud)油田,阿拉伯联合酋长国布哈萨(Bu Hasa)油田。层间岩溶和顺层岩溶形成的油气田规模小,在中国发现实例不多。以构造抬升暴露形成的大规模古风化壳岩溶储集层在中国陆上已获得重大发现,是目前最主要的岩溶储集层类型(图3-21)。

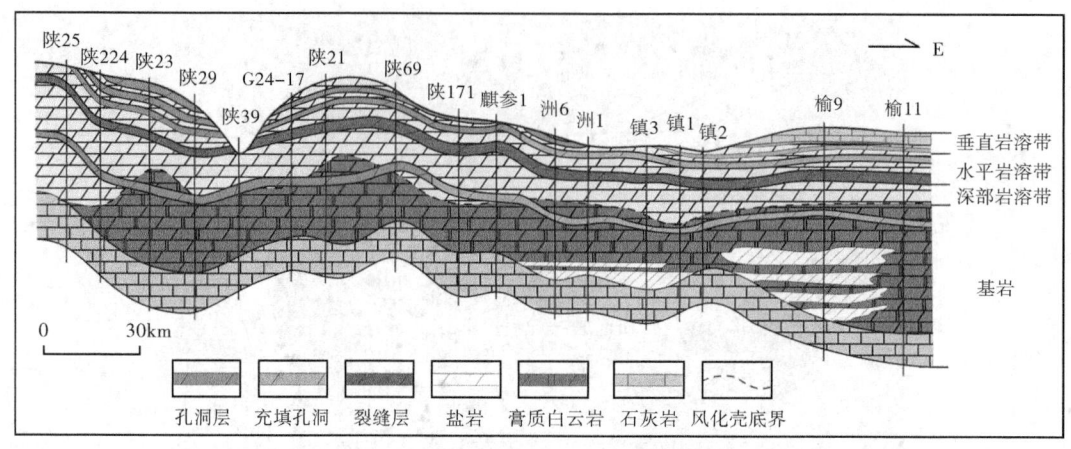

图3-21 鄂尔多斯盆地陕中气田岩溶风化壳储集层结构(据罗平等,2008)

3. 白云岩型储集层

白云岩型储集层主要指广泛分布于台地或碳酸盐陆棚内部的近层状展布并未经长期古风化壳岩溶改造的白云岩储集层,主要孔隙类型为白云石晶间孔和各类溶孔溶洞。白云岩是一种沉积和成岩综合作用的碳酸盐岩,其形成受控于多种地质因素,如原始沉积环境、埋藏后成岩环境。在中国陆上海相地层中,形成具有经济规模油气田的白云岩储集层主要有三种,即蒸发台地白云岩、埋藏白云岩和生物成因白云岩。这三种类型在储集性质方面有明显差异,蒸发台地白云岩和生物成因白云岩晶粒往往小,较致密;埋藏白云岩晶粒粗,晶间孔更为发育。但在规模上,蒸发台地白云岩分布面积大,成层性好,在勘探开发上更易于识别和预测;埋藏白云岩不确定因素多,需要做大量地质研究工作寻找分布规律。强烈的后期成岩作用可明显改造各类白云岩的储集性能。在岩溶作用、埋藏溶蚀作用和构造破裂作用下,白云岩比石灰岩更敏感,更易于发育成优质储集层。中国含油气白云岩主要分布在三大盆地:① 四川盆地震旦系灯影组(威远气田),石炭系黄龙组(川东卧龙河气田),三叠系飞仙关组(川东北开江—梁平铁山坡)、嘉陵江组和雷口坡组;② 塔里木盆地寒武系和下奥陶统蓬莱坝组;③ 鄂尔多斯盆地奥陶系马家沟组。这些白云岩储集层均属半局限—局限台地内沉积的准同生白云岩或石灰岩经准同生—成岩期白云石化改造而来,因此其展布多呈层状或似层状(图3-22)。

4. 裂缝型储集层

这类储集层主要在致密、性脆、质纯的碳酸盐岩中受构造运动而发育各种构造裂缝、微裂缝,以及部分溶蚀缝、成岩缝。受构造挤压产生的裂缝、微裂缝规模往往较大,延伸范围较宽,成组交错出现,易构成纵横交错的裂缝网络系统,且沿裂缝进一步溶蚀可产生溶蚀缝,使储集层具有良好的储渗能力。伊朗许多著名的世界性特大油田都是由古近—新近系阿斯马利灰岩裂缝型储集层产油,其突出特点是单井日产量高。例如加奇沙兰油田,储集层为古近—新近系裂缝型阿斯马利灰岩,这些裂缝性储集层约占扎格罗斯带90%的储集层,单井日产量最高可达1.3×10^4t,年平均单井日产为4200t;现产量居伊朗第一的马龙油田,年平均单井日产为4800t。我国川南纳溪气田二叠系、三叠系的石灰岩储集层,其基质岩块低孔低渗,不具储集条件,只是由于具发育的构造裂缝以及沿构造裂缝形成的溶蚀孔洞,才成为良好的天然气储集层(图3-23)。

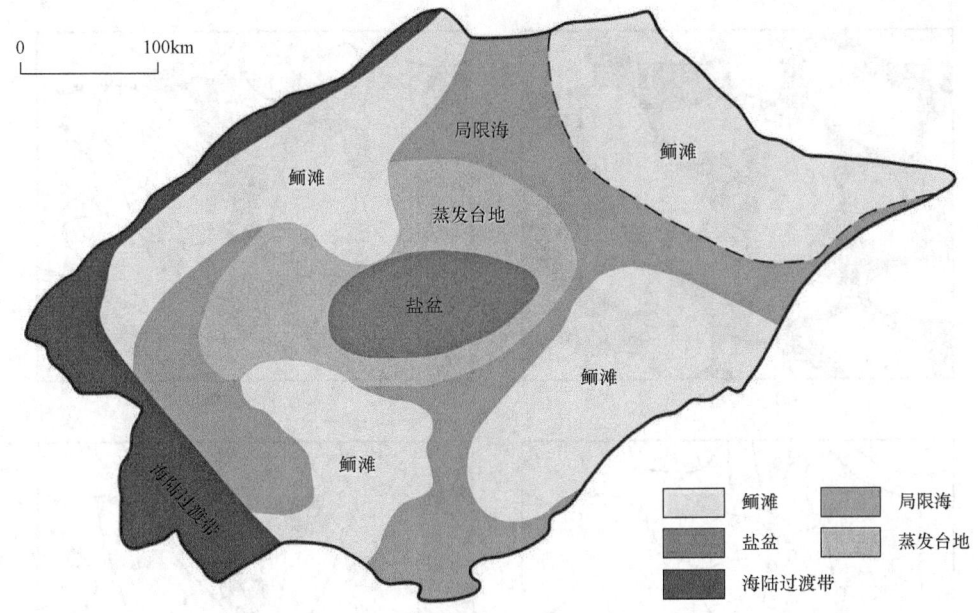

图3-22 四川盆地嘉陵江组与蒸发台地相关的白云岩储层(据罗平等,2008)

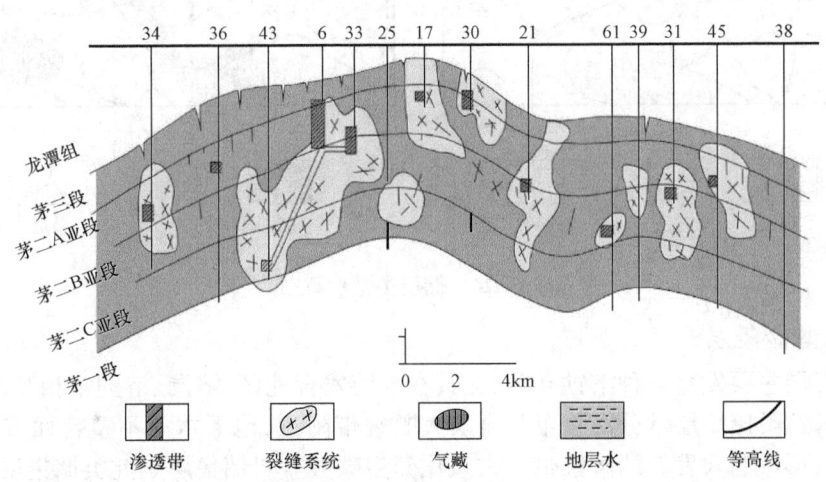

图3-23 川南二叠系茅口组裂缝型储层模式图(据罗平等,2008)

(二)按储集空间分类

1. 孔隙型储集层

主要发育粒间孔隙、晶间孔隙、生物骨架孔隙、白云化孔隙等颗粒之间的孔隙的碳酸盐岩均属此类。岩性主要为鲕粒灰岩、生物碎屑灰岩、生物灰岩、礁灰岩等。世界上有许多特大油田的储集层都是这种类型,如沙特阿拉伯的加瓦尔油田是上侏罗统阿拉伯组 D 段砂屑灰岩(主要由钙藻、有孔虫、层孔虫等骨屑组成)产油,孔隙度为 21%,渗透率为 $4000\times10^{-3}\mu m^2$,横向分布稳定,产量高,探井成功率高;伊拉克的基尔库克是古近—新近系生物礁块储油,以生物骨架孔隙为主,伴有溶洞、裂缝;我国四川盆地川中矿区的主力油层——侏罗系大安寨层的主要岩性为湖相介壳灰岩,就是一种孔隙型碳酸盐岩储集层,在嘉二层中也较常见这类储集层。此类储集层多分布在潮下带—开阔海的生物礁带及鲕粒滩[图3-24(a)]。

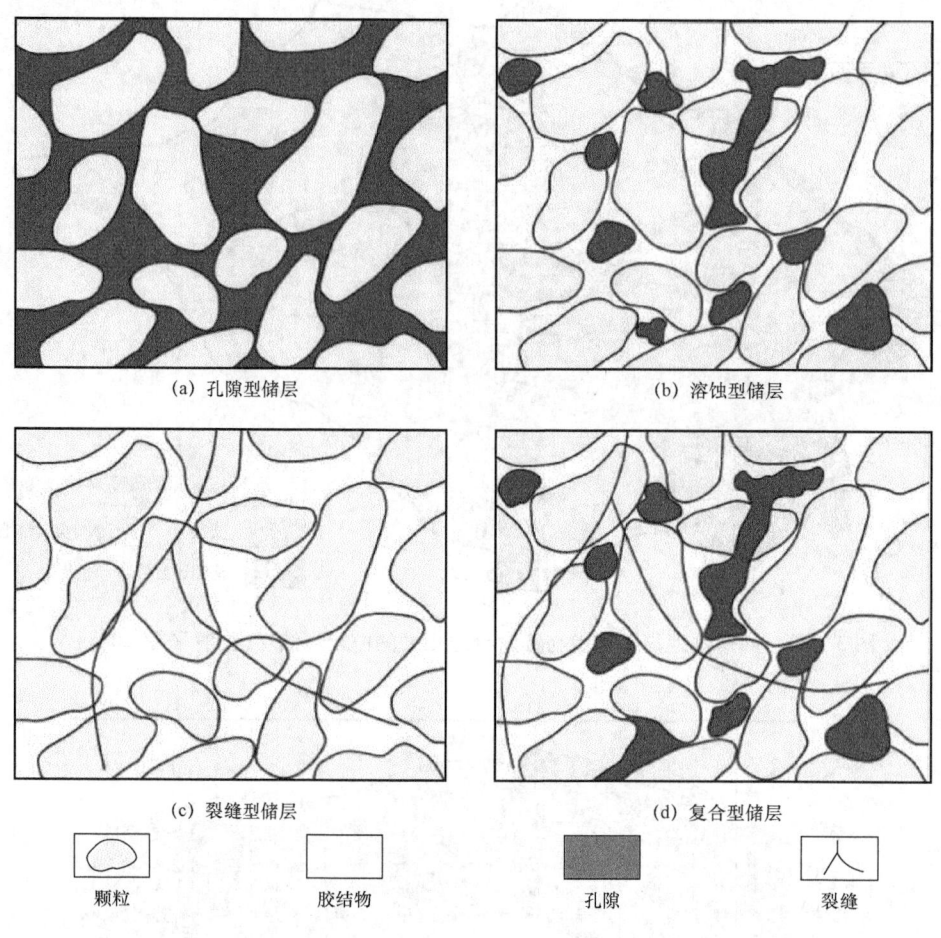

图 3-24 储层类型示意图

2. 溶蚀型储集层

这类储集层主要发育各种溶蚀孔隙,尤其在岩溶发育地区,溶洞、溶沟常相互连通,成为一个洞穴系统。这类储集层常分布在不整合及大断裂带附近,地下水沿不整合面或大断裂带向下渗透、淋溶,形成洞穴发育的溶蚀带。古风化壳型碳酸盐岩储集层是此类储集层的一种重要类型,我国著名的任丘油田雾迷山组储集层和鄂尔多斯盆地靖边气田奥陶系马家沟组储集层即属此种类型[图3-24(b)]。

3. 裂缝型储集层

储集空间以裂缝为主,孔隙和溶洞较少。裂缝既作为主要的油气储集空间,又是油气渗滤通道。当裂缝构成纵横交错的裂缝网络时,可成为良好的储集层[图3-24(c)]。

4. 复合型储集层

实际上,多数碳酸盐岩储集层是属于复合型的,原生孔隙、溶蚀洞穴、构造裂缝三者常同时出现,或同时发育其中的两种,如裂缝孔隙型、裂缝洞穴型。这样,原生孔隙、溶蚀洞穴都可成为油气储集空间,裂缝主要发挥渗滤通道作用,构成统一的孔隙—洞穴—裂缝系统,更有利于形成储量大、产量高的大型油气田。裂缝孔隙型储集层是四川盆地震旦系、石炭系和三叠系的主要储集层类型;裂缝洞穴型储集层是四川盆地二叠系的主要储集层类型,也见于嘉陵江组储集层中[图3-24(d)]。

第四节 非常规储集层

非常规储集层是指除碎屑岩和碳酸盐岩外的其他岩类储集层,如岩浆岩、变质岩、黏土岩等岩类的储集层。这类储集层的岩石类型尽管很多,但在世界油气总储量中只占很小的比例,故其意义远不如碎屑岩和碳酸盐岩储集层。但随着油气勘探的深入及常规储集层的不断开发,为了寻找石油和天然气的后备储量,这类储集层的研究将会变得越来越重要。到目前为止,国内外已在这类储集层中获得了一定产量的油气,我国也已在火山岩、结晶基岩和黏土岩中获得了商业性油流,并具有一定的生产能力。

一、火山岩储集层

火山岩储集层是除碎屑岩与碳酸盐岩以外最重要的一类储集层,主要是指由火山喷发岩及火山碎屑岩形成的储集层,常见的有玄武岩、安山岩、粗面岩、流纹岩、集块岩、火山角砾岩、凝灰岩等。由于火山碎屑岩的成因及分布均与火山喷发密切相关,故从油气勘探的角度往往把火山喷发岩和火山碎屑岩形成的储集层统称为火山岩储集层。

以火山碎屑岩为储集层的油气田比较常见,而以火山喷发岩为储集层的油气田为数不多。火山碎屑岩储集层的储集空间与碎屑岩有相似之处,孔隙类型也比较多,既有粒间孔、粒内孔、晶间孔、气孔、溶蚀孔等,又有构造裂缝、节理和成岩裂缝等。2017 年中国石油西南油气田分公司在四川盆地西部龙泉山构造带部署永探 1 井,在二叠系火山岩段钻遇火山碎屑熔岩孔隙型储层且气显示好,测试获得日产量为 $22.5 \times 10^4 m^3$ 的工业气流。与永探 1 井相距 21km 的中石化永胜 1 井也钻遇了同样高孔渗的火山碎屑熔岩储层,展现出四川盆地火山岩储集层具有良好的勘探前景(文龙等,2019)。其中,永探 1 井火山岩取心段 23 个柱塞样氦气法测试孔隙度介于 8.66% ~ 16.85%,平均值为 13.71%,主要介于 14% ~ 16%;渗透率介于 $(0.003 \sim 0.180) \times 10^{-3} \mu m^2$,平均值为 $0.085 \times 10^{-3} \mu m^2$,主要介于 $(0.10 \sim 0.20) \times 10^{-3} \mu m^2$,为中孔、低渗储层。整体上,永探 1 井火山岩储层孔隙度与渗透率具有较好的正相关性,表明火山岩既具有储集能力,又具有良好的渗流能力。永探 1 井基质孔隙发育、裂缝欠发育,为孔隙型储层,储集空间主要以残余气孔、脱玻化微孔、粒内溶孔、粒间溶孔及构造溶蚀缝等类型为主(图 3-25)。

我国渤海湾盆地辽河坳陷某油田在古近系沙河街组三段下部的火山岩中也获得了商业价值的油流,产层岩性为凝灰岩、粗面岩,初产量可达 14t/d(6mm 油嘴),酸化后可增至每日数十吨;还在玄武岩、安山岩、流纹岩、辉绿岩、火山角砾岩的岩心裂缝、孔隙中见到油气显示。根据岩心测定,此处的火山岩裂隙率达 2% ~ 3%,孔隙度为 17% ~ 25%,渗透率为 $(1 \sim 90) \times 10^{-3} \mu m^2$。

此外,在辽河坳陷兴隆台地区,在太古界花岗岩、中生界花岗角砾岩和火山喷发岩组成的风化壳中也获得了商业性油流。自 20 世纪 70 年代以来,已发现多个较大的火山岩油田,如准噶尔盆地克拉玛依油田一区石炭系玄武岩油藏(1983 年发现,地质储量 $3370 \times 10^4 t$)、克拉玛依油田七中区佳木河组火山岩油藏(1981 年发现,地质储量 $1049 \times 10^4 t$)、准噶尔盆地石西油田石炭系安山岩油藏(1992 年发现,地质储量可能超过 $5000 \times 10^4 t$)、内蒙古的哈南凝灰岩油藏与阿北安山岩油藏。

火山喷发岩、火山碎屑岩储集层储集物性的好坏是决定其含油气程度的基本条件。火山

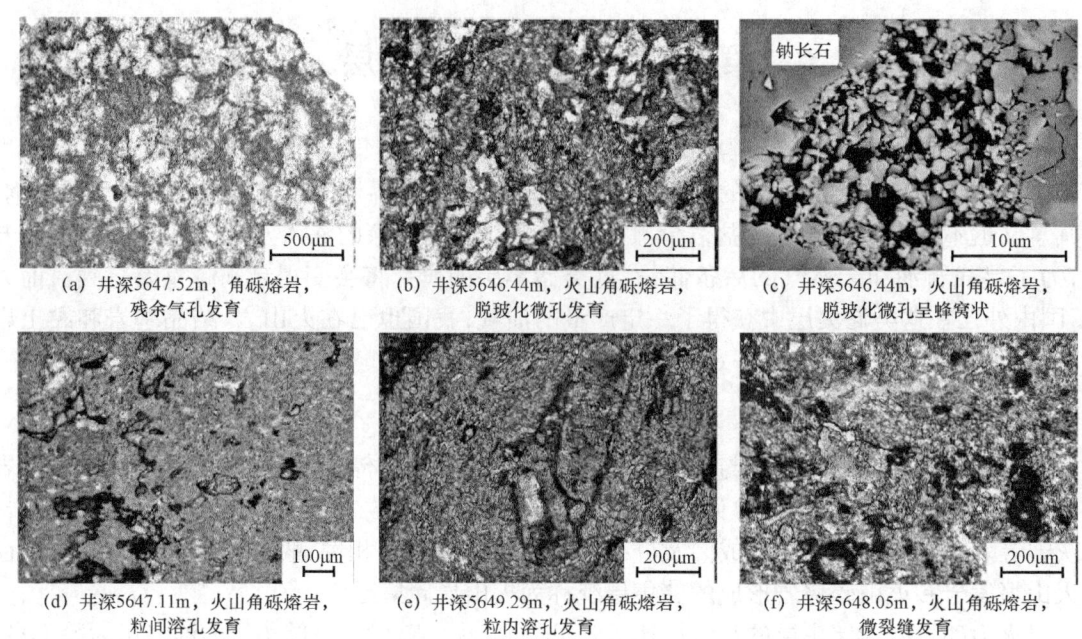

图3-25 四川盆地永探1井二叠系火山岩储层储集空间(据文龙等,2019)

岩在冷凝过程中所含的气体逸出产生气孔,同时由于体积收缩形成一些微裂缝。这些气孔、微裂缝被地下水中溶解的碳酸钙和后期的热液产物沸石充填较多,连通性差。目前已经发现的含油气火山岩储集层都是经过溶蚀或裂缝比较发育的储集层。溶蚀孔隙的形成或裂缝的发育沟通了原来并不连通的孔隙,使其具有了储集性能。火山碎屑岩的储集空间为粒间孔隙,胶结物为火山灰或熔岩,其含量差别很大,物性变化大,因而形成的构造裂缝同样是影响储油物性的重要因素。

从我国新疆、辽河、胜利及内蒙古已发现的火山岩油藏的生产情况看,大多数油藏具有部分油井单井产量高,产量下降快,油井产能平面差异大,见水及水淹快的特点,显示出裂缝渗流的明显特征。这说明,在火山岩储集层中,各种孔隙和裂缝共同作为储油空间,但承担主要渗流通道的则是各种裂缝。

二、结晶岩储集层

结晶岩储集层是指各种岩浆岩和变质岩类储集层,它们都有不同程度的结晶,故也称结晶岩系。在含油气盆地中,这种结晶岩系往往构成了沉积盖层的基底。这些岩石致密坚硬,不具对油气储集有意义的孔隙空间。如果这些结晶岩由于受到长期而强烈的风化或构造破裂作用,在其表层常出现一个风化孔隙带,使岩石的孔隙性和渗透性大大增加,就可成为油气储集的良好场所,因而这类储集层多分布在基岩侵蚀面上。

在这类储集岩中,岩浆岩以各种浅层侵入岩为主,如花岗岩、闪长岩、辉长岩等;变质岩类可以是混合岩、片麻岩、片岩、千枚岩、板岩、石英岩、浅粒岩等。由于岩浆侵入常可引起围岩一定程度的变质作用,因此,一些浅层侵入岩常与各种变质岩共生。

世界上已发现不少的结晶基岩油藏,如利比亚的奥吉拉油田(储集层为花岗岩、花岗玢岩)、美国堪萨斯州的 Bloomer 油田(石英岩)、委内瑞拉的拉帕斯油田(基底杂岩)与马拉油田(变质岩)等。

我国的结晶岩油藏在辽河坳陷大民屯凹陷的东胜堡油田（浅粒岩）、酒泉盆地的鸭儿峡油田（千枚岩）、济阳坳陷的王庄油田（片麻岩）等都有分布。酒泉盆地鸭儿峡油田基岩油藏产油层为志留系变质岩基底，由板岩、千枚岩及变质砂岩组成，其上为下白垩统泥砾岩与砂质泥岩不整合覆盖，下白垩统为盆地主要烃源层系。根据岩心测定，基岩孔隙度在2.5%以下，渗透率接近于零，但裂隙发育，平均裂缝密度大于40条/m。这些裂隙提供了油气储集空间，高产井主要沿断裂分布，井间有干扰现象，断层附近裂隙率高，连通性好。

在美国得克萨斯州里顿泉油田，基性岩浆岩（蛇纹岩）沿基底断裂带溢出，在下白垩统上部石灰岩表面形成低角度的火山锥，经风化蚀变促使孔隙和裂隙发育，其上为上白垩统页岩和泥灰岩所覆盖，石油聚集于岩浆岩顶部的裂隙性储集层中（图3-26），原油是从上白垩统页岩和泥灰岩中运移进去的。

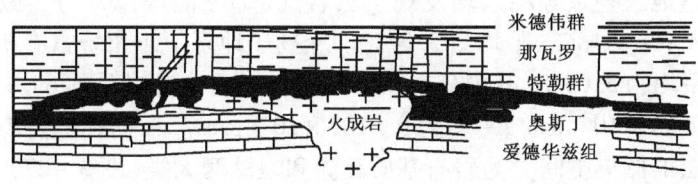

图3-26 美国里顿泉油田剖面图

结晶岩储集层的储集空间主要是风化孔隙、裂隙以及构造裂缝，故这类储集层多发育在不整合带。在盆地边缘斜坡以及盆地内古地形突起上，位置较高，风化孔隙更为发育。同时构造条件使裂隙在区域性发育的基础上重复加强，形成有一定方向性和连通性的裂隙密集带，提供了油气储集的良好场所。

三、泥质岩储集层

泥质岩储集层指泥岩、页岩、钙质泥岩以及砂质泥岩等因欠压实或构造裂隙发育而形成的储集层。过去认为，这类岩石因孔隙很小，排驱压力高，而只能作为"致密"的盖层。但近年来，国内外的油气勘探实践表明：在沉积盆地的泥质类岩石中确实存在油气藏，而泥质岩本身构成了这类油气藏的储集层。泥质类岩石在沉积剖面中往往与碎屑岩互层，分布极为广泛，泥质岩类储集层的油气勘探具有较大的潜力，是今后油气勘探（特别是天然气勘探）的新领域。

泥质岩类最著名的储集层是俄罗斯西西伯利亚盆地上侏罗统的巴任诺夫层。该层为海相黑色泥岩（页岩），上下地层也都是泥岩层，有机质含量很高。该层裂缝十分发育，可自生自储，压力与温度都有高异常。在西西伯利亚盆地内，一共在31个构造上发现巴任诺夫层有油。在大萨雷姆构造上有152口井对巴任诺夫层进行过试油，其中61口井自喷或外溢；非工业油井15口，占10%；干井34口，占22%。有研究认为，巴任诺夫层可能是异常高压形成压裂产生大量裂缝而成为储集层的。该层非均质性强，产量差别大（高产井初产200t左右），相邻井高、低产突出，产量递减大的特点，都说明该层为裂缝性储集层（李国玉，1997）。

我国许多油田也开展了泥质岩油气藏的勘探，并取得了较大的进展。如我国青海省柴达木盆地油泉子油田在新近系钙质泥岩中找到了商业性油流。此外，在我国江汉盆地潜江组的钙芒硝岩、泥质钙芒硝岩、泥晶白云岩等混合膏盐岩系中，也有良好的油气发现。例如王场油田就有14口井在潜江组2、3段的芒硝岩等混合岩的晶间孔、晶隙缝中获得工业油流，产量高的井初产达49.3~87.9t/d（戴世昭，1997）。

近年来,胜利油田在济阳坳陷泥质岩储集层的勘探研究方面取得了较大的进展,发现了大量的泥质岩储集层。研究人员将泥质岩储集层的储集空间划分为裂缝型、孔隙型和孔—缝复合型三种,总结了泥质岩储集层的形成条件:① 特定的岩相条件;② 压实或欠压实的成岩条件;③ 断裂或其他的动力造缝条件。

页岩气是储集在富含有机质的页岩(泥岩)中的天然气,已成为重要的非常规天然气资源,美国在20世纪70年代就对页岩气进行规模化开采。据估计,页岩气的资源量约是煤层气和致密砂岩气的两倍,但目前尚未得到广泛的勘探和开发。已经投入开发的页岩气储集层往往裂缝比较发育,裂缝改善了泥页岩的渗流能力。裂缝既是储集空间,也是渗滤通道。自2010年中国第一口页岩气勘探评价井(威201井)在四川盆地上奥陶统五峰组—下志留统龙马溪组海相页岩中获得工业气流开始,中国在南方古生界寒武系—志留系、四川盆地三叠系—侏罗系、鄂尔多斯盆地三叠系等层系均发现了页岩气(邹才能等,2015)。威远地区筇竹寺组页岩孔隙度为0.34%~8.10%,平均为3.02%。上扬子地区下志留统富有机质页岩孔隙度在0.77%~19.5%,平均为5.05%,其中分布在2%~7%的占全部样品的69.4%;渗透率主要分布在$(0.0013~0.058)×10^{-3} \mu m^2$,平均为$0.0102×10^{-3} \mu m^2$。根据孔隙发育与岩石颗粒之间的关系,页岩储集层的储集空间分为岩石基质孔隙和裂缝两大类(图3-27)。其中,岩石基质孔隙类型可分为粒间孔隙、粒内孔隙和有机质孔隙三类,裂缝按其成因可分为构造缝和成岩缝。

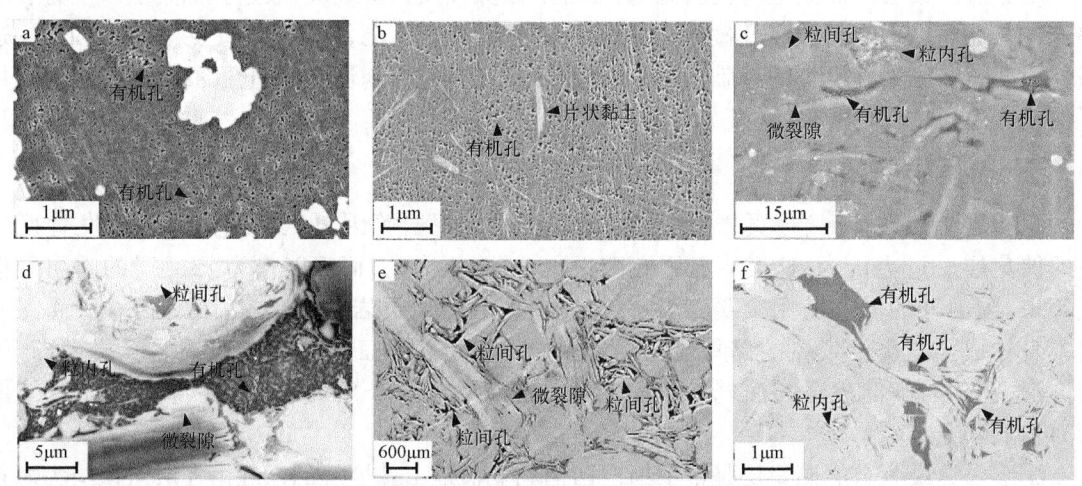

图3-27 四川盆地涪陵地区龙马溪组页岩储层储集空间(据王超等,2018)

以上简要介绍了不同类型的非常规储集层,但应指出的是:在自然界对形成油气储集层来说,岩石类型并不是主要的,关键在于是否具有孔隙性和渗透性。任何岩类的岩石只要具有一定的孔隙性和渗透性,都可能成为油气储集层。因此,在油气勘探中,固然应该注意一些常见的已知储集层岩类,但也不能忽视一些具有孔渗性的其他岩类储集层,否则将会漏掉或推迟油气田的发现。

总之,储集层是石油和天然气储存、聚集的场所,储集层的有无和发育程度往往影响一个地区油气的有无及好坏,是评价一个地区、一个构造含油气性的重要条件,是油气勘探工作中的核心问题之一,所以在油气勘探的各个阶段,对储集层的研究历来就是石油地质学家的一项十分重要的任务。

第五节　盖层及其封闭性

油气都是流体,其密度比水小。在浮力的作用下,地下储集层中的油气具有向上运动的趋势,如果在储集层之上没有不渗透的地层盖住,则油气会一直向上运动以至于最后散失掉。因此,在任何一个盆地,要想把油气封闭在储集层中而不致逸散,就必须具备不渗透的地层将储集层盖住,这样的不渗透地层就是盖层。因此,盖层就是位于储集层之上能够封盖储集层使其中的油气免于向上逸散的保护层。盖层的好坏直接影响着油气在储集层中的聚集效率和保存时间。盖层发育层位和分布范围直接影响盆地油气分布的层位和区域。盖层是油气藏形成的重要地质要素,是石油地质学研究的重要内容。

一、盖层类型

不同的研究者由于研究问题的角度和出发点不同,对盖层的分类也就不同。

(一)按盖层岩性分类

1. 膏盐类盖层

膏盐类盖层主要包括石膏、硬石膏和盐岩三种。其中,石膏埋藏较浅,一般在1000m以内;硬石膏埋藏较深,一般在1000m以下,是由石膏在成岩作用下转化而成。世界上天然气储量约有35%与膏盐类盖层有关,它们是质量最好的盖层岩类。

2. 泥质岩类盖层

泥质岩类盖层主要包括泥岩、页岩、含粉砂泥岩和粉砂质泥岩,是油气田中最常见的一类盖层,分布最广,数量最多,几乎产于各种沉积环境。世界上大多数油气田的盖层均属此类。

3. 碳酸盐岩类盖层

碳酸盐岩类盖层主要包括含泥灰岩、泥质灰岩和石灰岩等。碳酸盐岩能否形成为盖层不取决于其形成条件,而取决于其后期改造条件。如果裂缝不发育,便可作为盖层;否则便是储集层。

(二)按盖层分布范围分类

1. 区域性盖层

区域性盖层指遍布在含油气盆地或坳陷的大部分地区、厚度大、面积广且分布较稳定的盖层。区域性盖层对盆地或坳陷内的油气聚集和保存起重要作用。

2. 局部盖层

局部盖层指分布在某些局部构造或局部构造某些部位上的盖层,只对一个地区油气的局部聚集和保存起控制作用。

(三)按盖层纵向分布位置分类

1. 直接盖层

直接盖层指紧邻储集层之上的盖层。直接盖层可以是局部盖层,也可以是区域性盖层。

2. 上覆盖层

上覆盖层指储集层的直接盖层之上的所有非渗透性岩层。上覆盖层一般是区域性盖层,对区域性的油气聚集和保存起重要作用。

二、盖层的微观封闭机理

前面已经提到,盖层是位于储集层之上的不渗透地层,但实际上真正不渗透的地层是不存在的。盖层尽管非常致密,但也是具有孔隙的岩层,在一定的条件下也具有渗透性。那么盖层为什么能够封盖住油气呢?这要从盖层封闭油气的机理谈起。近年来,石油地质学家对于盖层的封闭机理进行了较多的研究,就目前的认识,可以总结为物性封闭、超压封闭和烃浓度封闭三种主要机理,其中物性封闭是最基本和最重要的封闭机理。

(一)物性封闭机理

尽管盖层也具有一定的孔隙,但与储集层的孔隙相比,其孔隙极其细小。据方帆等(2007)的研究,济阳坳陷八面河油田沙三段砂岩储层孔隙半径为 $10\sim100\mu m$,喉道宽度为 $0.1\sim50\mu m$;承秋泉等(2006)的测试结果表明,泌阳凹陷含粉砂泥岩盖层的孔隙中值半径为 $3.63\sim6.59nm$,可见砂岩和泥岩的孔隙直径相差 3~4 个数量级之多。

在地下,盖层和储集层的孔隙中是充满水的,油气质点(油珠或气泡)在储集层和盖层孔隙中运动必须克服由于油水(或气水)界面张力引起的毛细管力[式(3-6)]。

界面张力与烃类性质和介质温度压力条件有关,不同烃类具有不同的表面张力,气态烃类较液态烃类有更大的表面张力,并且不同温度压力条件下气水及油水界面张力也有变化(表3-9)。

表3-9 不同温压条件下气水及油水界面张力(据包茨,1988)

条件			界面张力,N/m			气水界面张力与油水界面张力的比值
埋深,m	压力,10^5Pa	温度,℃	气水	油水	差值	
0	1	21	0.07	0.025	0.045	2.8
500	50	35	0.063	0.022	0.041	2.8
1000	100	50	0.055	0.0195	0.0355	2.8
1500	150	65	0.0475	0.017	0.0355	2.8
2000	200	80	0.038	0.0145	0.0235	2.6
2500	250	95	0.033	0.012	0.021	2.75
3000	300	110	0.03	0.009	0.021	3.3
4000	400	140	0.025	0.0035	0.0215	7.1

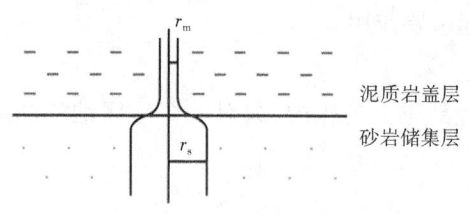

图 3-28 盖层毛细管封闭机理示意图
r_m—泥质岩盖层孔隙喉道半径;
r_s—砂岩储集层孔隙喉道半径

由于一般的地层都是亲水的,因此地层中毛细管力的方向总指向油气质点(油珠或气泡)。由于储集层和盖层孔隙的半径不同,在其他条件相同的情况下,其毛细管力的大小也不同。由于盖层具有比储集层更小的孔隙喉道半径,其孔隙产生的毛细管力要比储集层孔隙产生的毛细管力大得多(图3-28)。对于一个想要从储集层的大孔隙进入盖层的小孔隙的油气质点来说,它同时受到这两个毛细管力的作用,储集层大孔隙产生的毛细管力指向盖层方向,试图将油气质点推入盖层的小孔隙,而盖层的小孔隙产生的毛细管力指向储集层方向,试图阻止油气质点进入盖层孔隙。这两个力的合力就是储集层、盖层之间的毛细管力差:

$$\Delta p_c = 2\sigma \left(\frac{1}{r_m} - \frac{1}{r_s} \right) \cos\theta \tag{3-7}$$

由于盖层孔隙半径小于储集层孔隙半径,这一毛细管力差的方向是指向储集层方向的,正是这一毛细管力差阻止了油气质点进入盖层的孔隙空间,使油气被封在盖层之下而不能向上运动。因此,盖层之所以能够封住储集层中的油气,其本质在于盖层具有比储集层更小的孔隙,形成了指向储集层的毛细管力差,阻止了油气进入盖层的孔隙空间。这种主要由储集层和盖层物性差异造成的盖层封闭作用称为盖层的物性封闭,也称为毛细管封闭。

为了方便起见,在研究盖层时,一般只考虑盖层孔隙产生的毛细管力的大小,而不考虑储集层的情况。这是因为盖层的孔隙半径与储集层的孔隙半径比较起来,通常要小几个数量级,因此在式(3-7)中,储集层毛细管力一项可以忽略不计。同样一个盖层,其孔隙也具有非均质性,其孔隙也有大有小,只要油气质点突破了盖层的最大孔隙,这时的盖层也就失去了封盖能力。因此,在评价盖层时,一般只考虑盖层最大连通孔隙具有的毛细管力的大小。把盖层最大连通孔隙所具有的毛细管力称为盖层的排替压力。排替压力越大,盖层的封闭能力越强;反之,排替压力越小,盖层的封闭能力越差。根据排替压力的大小可以对盖层进行分级评价(表3-10)。

表3-10 盖层物性封闭能力划分标准(据吕延防,2012)

盖层物性封闭能力	好	较好	中等	差
盖层排替压力,MPa	>5.0	5.0~3.0	3.0~1.0	<1.0

(二)超压封闭机理

在沉积盆地的压实过程中,在快速沉积的条件下,厚层的泥岩盖层在上覆沉积载荷的作用下,其靠近上下界面与渗透性储集层相邻的泥岩部分首先被迅速压实排出孔隙水,孔隙度和渗透率降低,形成致密层,如图3-29所示。由于四周致密层的形成,阻滞了厚层泥质岩内部大量孔隙流体(水、油、气)的及时排出。因此使泥岩内部保持了与埋深不相适应的高孔隙度和过多的孔隙流体,这种现象就是欠压实现象。由于欠压实泥岩具有异常高的孔隙度,其颗粒之间未达到紧密的接触,因此其中的孔隙流体承担了在正常压实情况下本应由骨架颗粒承担的上覆地层的一部分载荷,造成欠压实泥岩比相同深度的正常压实泥岩具有更高的孔隙压力,形成异常高压。在这里,把欠压实泥岩的孔隙压力与相同深度静水压力的差值称为欠压实泥岩的超压(图3-30)。

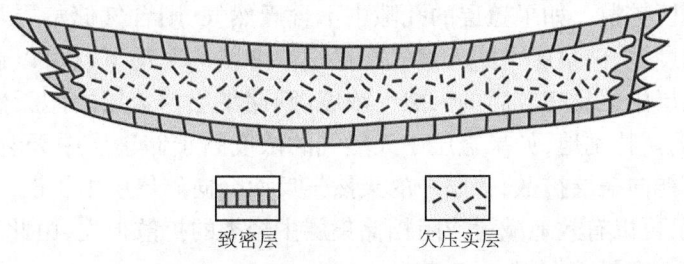

图3-29 欠压实泥质岩盖层内部结构示意图

由图3-30可以看出,欠压实泥质岩盖层可分为上、下致密层段和中间欠压实层段三个部分,上、下致密层段属于正常压实,其孔隙度和渗透率明显低于中间欠压实层段的孔隙度和渗透率,即上、下致密层段的孔隙喉道半径明显小于中间欠压实层段的孔喉半径,故上、下致密层段的毛细管阻力应大于中间欠压实层段的毛细管阻力。但由于上、下致密层段为正常压实,其内孔隙流体压力应为静水压力;而中间欠压实层段中大量孔隙流体因上、下致密层段存在而滞留在其中,并承受上覆地层的一部分沉积负荷,从而产生了超压。

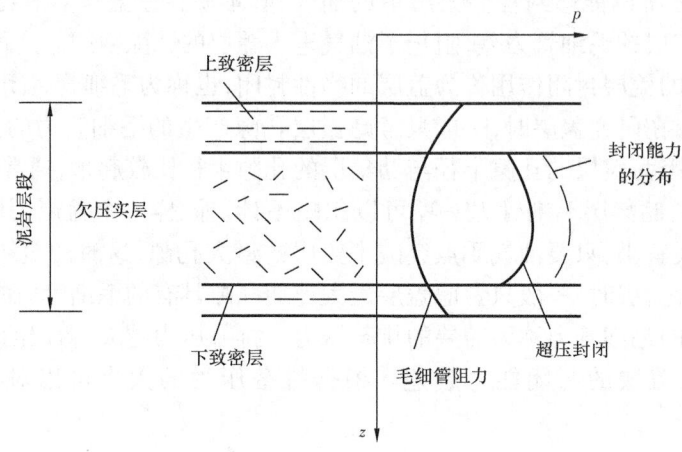

图 3-30　欠压实泥质岩盖层封闭机理模式示意图(据柳广弟,2009)

游离相油气欲穿过欠压实泥质岩盖层向上运移散失时,首先必须克服下致密层段的毛细管阻力。当下伏储集层中油气的能量小于或等于下致密层段的毛细管阻力时,油气不能穿过下致密层段向中间欠压实层段中运移,欠压实泥质岩盖层仍然依靠其下致密层段的毛细管阻力封闭油气。但是,当下伏储集层中的油气能量大于下致密层段的毛细管阻力时,依靠其毛细管阻力则不能封闭油气,油气将穿过下致密层段向中间欠压实层段中渗滤运移。虽然中间欠压实层段的毛细管阻力较下致密层段的毛细管阻力小,但其内存在超压,当二者的综合阻力作用大于下致密层段的毛细管阻力时,可以阻止油气通过欠压实层段的渗滤运移,因此,欠压实泥岩中部的超压直接参与了欠压实泥质岩盖层阻止油气的作用。这种由于超压的存在形成的对油气的封闭作用称为超压封闭(图3-30)。欠压实泥岩的超压值越高,其封闭能力越强。

(三)烃浓度封闭机理

在第一章介绍天然气性质时曾经指出,天然气在地下具有较强的扩散性。储集层中天然气通过盖层向上扩散的动力是储集层与盖层中天然气的浓度差,在浓度差的驱动下,天然气从高浓度区向低浓度区扩散。如果盖层的孔隙中不含天然气,则含气储集层与盖层之间就具有比较大的天然气浓度差,储集层中的天然气在这一浓度差的驱动下就可以通过盖层发生扩散而散失掉。如果盖层中也具有较高的天然气浓度,则储集层与盖层之间天然气的浓度差就会减小,扩散作用减弱。特别地,如果盖层中天然气的浓度高于储集层中天然气的浓度,储集层中的天然气不仅不能向盖层扩散,盖层中的天然气反而会向储集层中扩散。因此,如果盖层具有比较高的烃浓度,可以有效地减缓或阻挡储集层中烃类的扩散损失,由此造成的盖层的封闭作用称为盖层的烃浓度封闭作用。

并非所有盖层都具有烃浓度封闭作用,只有那些同时具生烃能力的盖层才能具有烃浓度封闭作用。盖层的烃浓度越高,其封闭性越强。能起烃浓度封闭的盖层实际上就是烃源岩,它同样具有毛细管压力的封闭作用。随生烃量增加,一般也会产生异常高压,这样也会表现出超压封闭作用。所以烃源岩作为盖层时,会有更好的封闭效果。

李明诚(2004)认为,烃浓度封闭是一种暂时的封闭作用。经过一段时间的扩散之后,储集层和盖层之间的烃浓度将达到平衡,然后在以整体的平衡浓度向上或向下扩散。因此,他认为烃浓度封闭只能延缓储集层中天然气散失的时间,而不能最终阻止天然气的散失。

三、盖层宏观封闭性

盖层的物性封闭只反映了盖层岩石的封闭性能,尽管超压封闭和烃浓度封闭也具有一定的宏观性质,但都不能全面反映盖层作为一套封闭性地层的封闭特征。从石油地质学的观点来讲,盖层是具有一定厚度和一定展布范围的地质体,只有这样它才能对下伏储集层中的油气起封闭作用。因此,盖层的宏观特征对于盖层的封闭性更加重要,也是石油地质学关注的重点。盖层的宏观封闭性主要与盖层的岩性、厚度、分布范围和连续性、韧性等主要因素有关。

(一)盖层的岩性

理论上讲,任何一种岩性的岩层均可作为盖层,只要其排替压力大于下伏储集层中油气向上运动的动力。但是大量油气田勘探结果表明,最常见的盖层的岩性主要为两大类岩石:一类是泥质岩类,包括页岩、泥岩等;一类是膏盐类,包括盐岩、石膏和无水石膏等类型。泥质岩类盖层常与碎屑岩储集层并存;膏盐类盖层则多发育在碳酸盐岩剖面中。在特殊的情况下,如在构造变动微弱的地区,裂缝不发育,致密的泥灰岩及石灰岩也可充当盖层。

Klemme(1977)统计了世界上334个大油气田的盖层,泥质岩类盖层的大油气田占总数的65%,膏盐类盖层的大油气田总数的占33%,致密灰岩充当盖层的占2%。Grunau(1987)汇编了世界上25个最大油田和25个最大气田的盖层,其岩性都是泥页岩和蒸发岩。我国松辽、渤海湾等盆地多以黏土岩为盖层;四川、江汉等盆地的油气田则多以蒸发岩为盖层。

泥质岩盖层由于孔隙细小,其排替压力往往很高,具有较强的物性封闭能力;同时,厚层的泥岩易于发育超压,很多泥质岩又是烃源岩,因此其超压封闭条件和烃浓度封闭条件也往往较好,是比较理想的盖层岩性。但很多泥岩盖层也往往不是纯泥岩,这时盖层的泥质含量对盖层的封闭性有很大影响。泥质含量的影响主要表现在对盖层渗透率和孔隙结构的影响。泥质含量的增加会降低岩层的渗透率,降低岩层的优势孔隙半径大小分布,从而增加岩石的排替压力。

膏盐类盖层基本不具有孔隙,其物性封闭能力比泥岩更强。尽管膏盐类盖层不是烃源岩,其中不含烃类,但由于其基本不具有孔隙,其阻挡天然气扩散的能力要比一般的泥岩强近100倍(郝石生,1994),可以有效地阻挡烃类的扩散损失。膏盐盖层的另一个特点是它具有较强的韧性,在构造变形过程中不易发生断裂,能够使盖层保持其完整性。

(二)盖层厚度

从盖层的物性封闭机理来讲,盖层的厚度似乎对盖层的封闭性没有直接影响。Hubbert(1983)计算过,几英寸厚的黏土岩估计具有大约4.14MPa的排替压力,就足以封住915m的油柱。但实际上,盖层的厚度对盖层的封闭性影响巨大。这也说明,单从微观封闭性能评价盖层是不全面的。

苏联学者依诺泽姆采夫研究古比雪夫地区油气性质与盖层厚度时发现,石油密度和石油中的溶解气含量在盖层厚度小于25m时随盖层厚度增加而呈线性变化(图3-31);盖层厚度超过25m以后,石油性质基本保持不变。据此,他提出了盖层的有效厚度下限标准为25m。

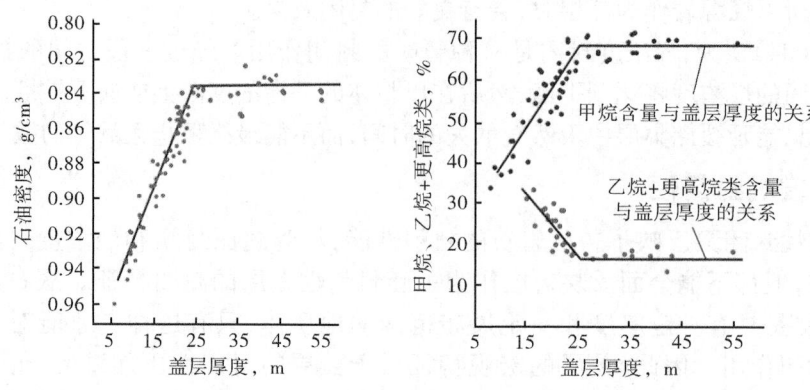

图 3-31　盖层厚度与油气性质和组成的关系

实际盖层的厚度一般可从几米到几百米。例如科威特布尔干油田,厚 30m 的阿赫马迪页岩封闭了 $740×10^8$ bbl 油。我国南海崖 13-1 气田顶部直接盖层——梅二段在崖 13-1-1 井的单层厚度仅 4m。当然,因地质条件的差异,不同地区、不同岩性对盖层厚度的要求也不同。据松辽盆地的经验,泥岩厚度小于 20m 者,一般不能作为盖层;川南三叠系气藏的石膏盖层厚度一般仅 20m 左右,但在长垣坝和高木顶两气田,6~10m 厚的石膏盖层就能封隔独立的商业气藏。

从保存油气的角度来看,盖层厚度越大对油气的保存越有利。这主要是因为厚度大的盖层一般在分布上比较稳定,易形成大面积分布的盖层;厚度大的盖层不易被小断层错断或断穿,不易形成连通的微裂缝;厚度大的盖层减小了盖层孔隙连通的机会,使油气不易穿透盖层;厚度大的泥岩盖层易于形成超压,使封闭能力增强。

有效盖层对厚度的要求还与盖层的类型有关。若直接作为油气藏盖层的局部盖层和直接盖层,其厚度有几十米甚至几米就可以了;但要作为对盆地或盆地内的大部分地区的油气起保护作用的区域性盖层,仅有几米甚至几十米就不行了。区域盖层的厚度往往需要百余米甚至数百米,只有这样才能保证其在区域上的稳定分布,在构造运动频繁的盆地中,大量的油气才不至于散失掉。

(三)盖层的分布范围和连续性

盖层的大范围连续稳定分布对于油气聚集有十分重要的意义。最有利的含油气区至少要有一个分布范围大、连续性好的区域性盖层。盖层面积只有大于油气藏分布范围,才能形成有效封闭。盖层面积越大,越有利于形成大油气田。

盖层的连续性是指盖层被剥蚀和被断裂错断的情况。在一个盆地中,其区域性盖层都或多或少地被断裂错断,完全不被断裂错断的盖层十分少见。有断裂并不可怕,关键是要看断裂的密度、断裂的封闭性和断裂的错动与活动时间。显然,断裂的密度越小越好。同时还要看断裂分布位置。如果断裂是封闭的,则对盖层的有效性影响不大;如果断层形成于油气成藏之前,并且在油气成藏以后基本不活动,对盖层的有效性的影响也不会很大。关于断裂的封闭性的判断以及断裂在油气成藏中的作用是一个十分复杂的问题,在以后的章节中会详细阐述。

(四)韧性

韧性岩石构成的盖层与脆性岩石相比,不易产生断裂和裂缝。在构造变形过程中,脆性盖层易出现裂缝,特别是在褶皱带和推覆带中,盖层的韧性对油气封存尤其重要。

不同的岩石具有不同的韧性,在通常的地质条件下,韧性的顺序是:盐岩 > 硬石膏 > 富含有机质页岩 > 页岩 > 粉砂质页岩 > 钙质页岩 > 燧石岩。盐岩和硬石膏等蒸发岩的韧性最大,因此,蒸发岩发育的含油气盆地多形成大型油气田。

影响泥岩韧性的主要因素是黏土矿物种类和含量。常见黏土矿物的韧性顺序是:蒙脱石 > 高岭石 > 伊利石 > 绿泥石。黏土矿物含量越高,韧性越好。

韧性也是温度和压力的函数。蒸发岩在浅层部位可以是塑性的,但深度大于 1km 时韧性很大。泥岩在一定深度范围内(一般在 3000m 左右)随深度增加韧性变好,超过该深度范围,随深度再增加,泥岩韧性又逐渐变差。这主要与黏土矿物的转化脱水有关。泥岩韧性减小容易产生微裂缝,微裂缝形成会使渗透率增加,从而降低封闭性。从这个角度看,泥岩盖层应该存在一个有利封闭深度区间。当然,不同盆地的有利封闭区间有差异。

总之,由于油气是无孔不入的流体,因此盖层对油气聚集以及油气藏的保存有重要作用,但很多因素都会影响盖层封盖的有效性。盖层的岩性及组构特点是控制盖层封闭能力的基础,它们都是由沉积环境和沉积条件决定的;另外,成岩后生作用及构造变动强度也是影响盖层封闭有效性的重要原因。

思 考 题

1. 什么是储集层?储集层具备哪些基本特性?
2. 储集层孔隙分类依据是什么?划分为哪些类型?
3. 什么是总孔隙度、有效孔隙度、绝对渗透率、有效渗透率、相对渗透率?孔隙度与渗透率的表示单位、相互关系是什么?如何应用孔隙度和渗透率对储集层进行评价?
4. 什么是储集层的孔隙结构?储集层孔隙结构的主要研究方法有哪些?
5. 碎屑岩储集层的储集空间类型有哪些?
6. 影响碎屑岩储集物性的主要因素有哪些?
7. 碳酸盐岩储集层的储集空间类型有哪些?
8. 影响碳酸盐岩储集空间发育的主要因素有哪些?
9. 何为盖层?盖层都有哪些类型?
10. 盖层封闭油气的机理是什么?

第四章 油气运移

　　油气是在富含有机质的细粒烃源岩中生成的,而主要储集在多孔的渗透性储集层中,油气是如何从烃源层"跑"到储集层并在圈闭中聚集起来的呢?这就是本章要阐述的内容。

　　实际上,油气从烃源岩到储集层是一个漫长的地质过程,并不是像在输水管道中那样畅通无阻地流,由于地层岩石的孔隙十分狭小,油气在其中的移动受到多种因素的限制,是一个十分复杂的过程。我们把油气在地层条件下的移动称为油气的运移。烃源岩生成的油气,经初次运移和二次运移,从分散的状态逐渐在圈闭中集中的过程称为油气的聚集,分散的油气在圈闭中聚集起来就形成了油气藏。

　　石油和天然气都是流体,它们具有流动的趋势,受某些地层因素的约束被迫停止运移的状态是相对的。油气的运移是从其生成那一时刻就开始了,油气可以从烃源岩运移到储集层(输导层),从储集层运移到圈闭中形成油气藏,油气也可以由于地质条件的改变从圈闭沿输导层运移到别的储集层中,或者通过断层或封闭性差的盖层向上运移到达地表。因此,油气运移贯穿于油气藏的形成、保存、调整和破坏的整个过程。搞清油气运移的特点,特别是其运移的通道、方向和时期对油气勘探有重要的指导意义。所以,研究油气运移不仅具有理论意义,而且具有重要的实际意义。

第一节 基 本 概 念

一、初次运移、二次运移

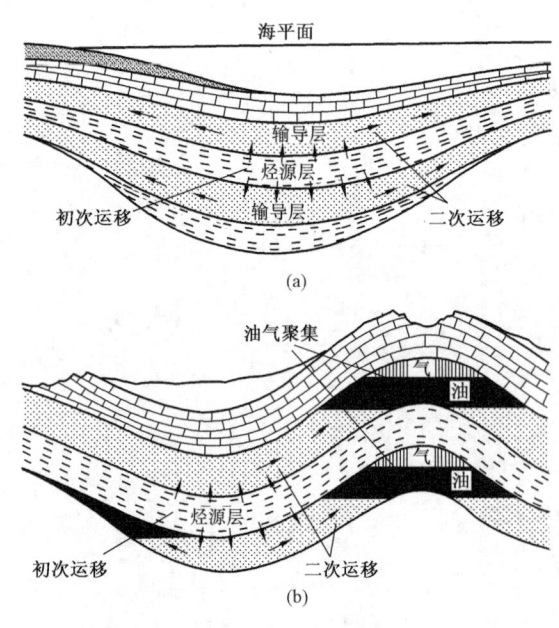

图 4-1 油气初次运移、二次运移示意图
(据 Tissot et al.,1978)

　　作为地下流体,石油和天然气的基本性质是可流动性。地壳中的石油、天然气在各种自然因素作用下所发生的位置移动,称为油气运移。为了便于描述油气自生成以后在不同环境、不同阶段的运移特点,我们把油气从烃源岩层向储集层的运移,称为初次运移,而把油气进入储集层以后的一切运移称为二次运移(图4-1)。油气初次运移是指油气自生成后从烃源岩中向外排出的过程,是烃源岩内的运移。换言之,初次运移是油气脱离烃源岩的过程,故又称为排烃。油气二次运移是指油气脱离烃源岩后在储集层或其他渗透性介质中的运移,包括烃源岩外的所有运动过程。

　　过去,有人曾把油气藏被破坏后的油气运移称为三次运移或再次运移,后来人们发现,油气藏被破坏后的运移与成藏前在输导层或断层中的运移没有本质区别,所以,现在把这一阶段的运移也归于二次运移范畴,即油气二次运移包括油气在输导层及储集层的运移,也包括油气聚集成藏后由于地质条件的改变所导致的油气再次运移。

二、地层压力及其相关概念

这里所称的地层压力实际上就是物理学中的压强,在石油地质学中一般称为压力。我们把地下地层岩石孔隙中流体的压力称为地层压力,也可称为地层流体压力或孔隙流体压力。压力的单位为帕斯卡(Pa),实用单位为兆帕(MPa)。孔隙性地层的地层压力可以在井孔中通过各种压力测试仪器直接测量。

我们知道,水柱的重量可以产生压力,静止水柱的重量产生的压力称为静水压力,可以用下式表示:

$$p = \rho_w g h \quad (4-1)$$

式中 p——压力,Pa;
  ρ_w——水的密度,kg/m³;
  g——重力加速度,9.81m/s²;
  h——水柱高度,m。

同样,地下岩石的重量也可以产生压力,这个压力称为静岩压力,又称为地静压力。在式(4-1)中把水的密度换成岩石的密度就可以计算静岩压力。

地层压力的成因十分复杂,既受上覆静水柱的影响,也可能受上覆地层重量和其他因素的影响,因此地层压力随深度的变化规律也是复杂的。

根据地层压力与静水压力之间的关系,将地层压力划分为正常压力和异常压力。如果地下某一深度地层的地层压力等于或接近于静水压力,则称该地层具有正常地层压力;如果某一深度地层的地层压力明显高于或低于静水压力,则称该地层具有异常地层压力。高于静水压力的地层压力称为异常高压,低于静水压力的地层压力称为异常低压(图4-2)。在异常高压的情况下,将地层压力与同深度静水压力的差值称为剩余压力或超压。

与地层压力相关的概念还有压力系数和压力梯度。压力系数是某一深度地层压力与相同深度静水压力的比值,没有单位。正常压力地层的压力系数等于1,异常高压地层的压力系数大于1,异常低压

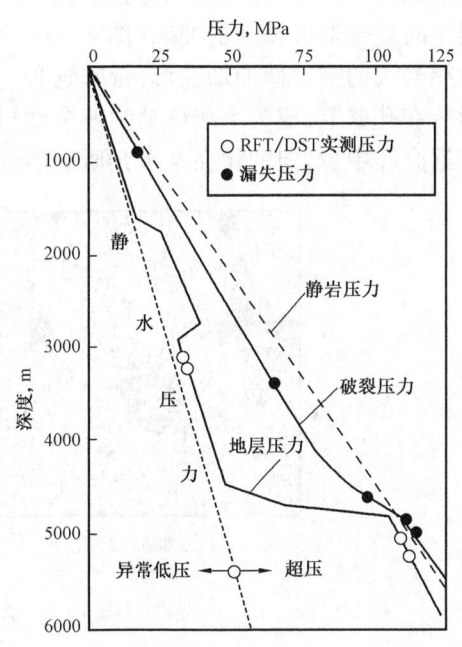

图4-2 与地层压力有关的一些概念示意图
(据郝芳等,2005)

地层的压力系数小于1。压力梯度是地层压力随深度的变化率,即每增加一定的深度地层压力增加的量,单位是Pa/m。

三、岩石的润湿性

润湿性是指流体附着固体的性质,是一种吸附作用。不同流体对于不同岩石会表现出不

同的润湿性。易附着在岩石上的流体称润湿流体,不易附着在岩石上的流体称非润湿流体。当多种互不混溶的流体共存于岩石孔隙中时,润湿流体又称润湿相,非润湿流体又称非润湿相。例如,在油、水两相共存的孔隙空间中,如果水易附着在岩石上,称水为润湿相,油为非润湿相,岩石具有亲水性;反之,如果油易附着在岩石上,则油为润湿相,水为非润湿相,岩石具有亲油性;当岩石表面油、水相互替代变化不大时,称为中性。

岩石的润湿性与岩石的矿物成分和流体性质(分子极性)有关。石英、长石、云母、硅酸盐、玻璃等,具有较强的亲水性,滑石、石墨和有机物质等具有较强的亲油性。岩石成分十分复杂,常常由许多不同类型的矿物组成。每种矿物的润湿性各有不同;表面活性物质可以改变岩石的润湿性,使原来亲水变为亲油,或原来亲油变为亲水,这种现象称为润湿性反转。因此,岩石和流体的非均质性必然导致润湿性的非均质性。一般认为,由于沉积岩大多在水体中形成,水是极性分子,因此在原油运移之前,储层岩石的主要组分(石英、碳酸盐和白云岩)为亲水性,并在颗粒表面形成吸附水。后来岩石饱和油的过程会影响表面润湿性,以前接触油的孔隙表面可能亲油,但那些从未接触过油的孔隙表面则可能亲水。烃源岩本身具有许多亲油的有机颗粒,又能在一定条件下生成烃类,因此,可以认为是部分亲水、部分亲油。

岩石的湿润性影响着油气在其中的运移难易程度,不同的润湿性造成油、水两相在孔隙中的流动方式、残留形式和数量不同。在亲水岩石中,孔壁及颗粒表面为水所润湿,水会在颗粒间形成液环,而油相不能以薄膜形式残留在孔壁上,而是被挤到孔隙中心部位。当油相饱和度很小时就会形成孤立的油珠[图4-3(a)]。这种油珠可以堵塞孔隙喉道阻碍流体运移,除非有相当大的推力使油珠变形,否则这种"贾敏效应"很难克服。在亲油岩石中,油以薄膜形式附着在孔壁上,成为不能移动的残余油[图4-3(b)]。可见,亲水介质中残留油的数量要比亲油介质中少,但油相在亲水介质中的流动却比在亲油介质中难。

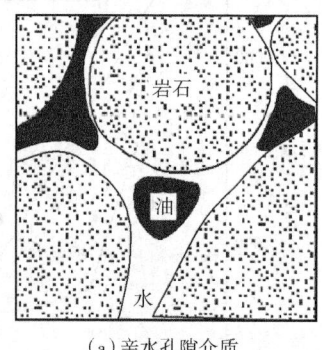 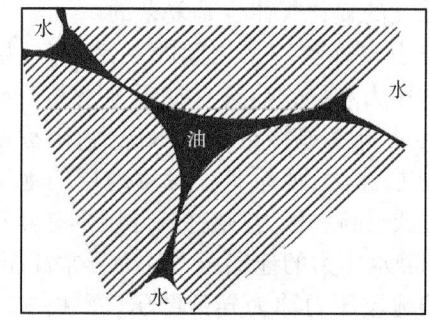

(a)亲水孔隙介质　　　　　　　　(b)亲油孔隙介质

图4-3　孔隙介质中油水的分布形式

第二节　初　次　运　移

烃源岩生成的油气,最初是呈分散状态存在于烃源岩中的。要形成有商业价值的油气藏,就必须经过运移和聚集的过程,而初次运移是这一运移过程的第一步。油气初次运移的环境就是烃源岩环境,其最重要的特点就是一种低孔低渗的非常致密的岩石,其孔隙十分细小和狭窄,在油气大量生成的深度,泥岩的孔隙直径只相当几个烃分子大小(图4-4),油气在其中不能自由移动。在这种环境中,石油是如何从这么致密岩石中运移出来的呢?油气初次运移的相态、动力和通道是什么？为了解决这些问题，科学家开展了大量相关的研究，目前对于油气初次运移的这些问题已经有了比较一致的认识。

一、初次运移的相态

初次运移的相态指的是油气在地层中发生运移时的物理相态。由于石油与天然气性质的差异，在初次运移时的相态也有区别。

(一)石油初次运移的相态

对于石油的初次运移，曾经存在水溶相运移与游离相运移之争，但现在越来越多的人已经承认游离相运移占主导地位。

1. 游离油相

石油以游离相运移的直接证据主要有：① 对烃源岩进行显微观察时，发现有游离相石油存在于烃源岩孔隙或裂隙中，这种现象是石油以游离相运移的最直接证据(图4-5)；② 在较厚的烃源岩剖面中，还可测定出烃源

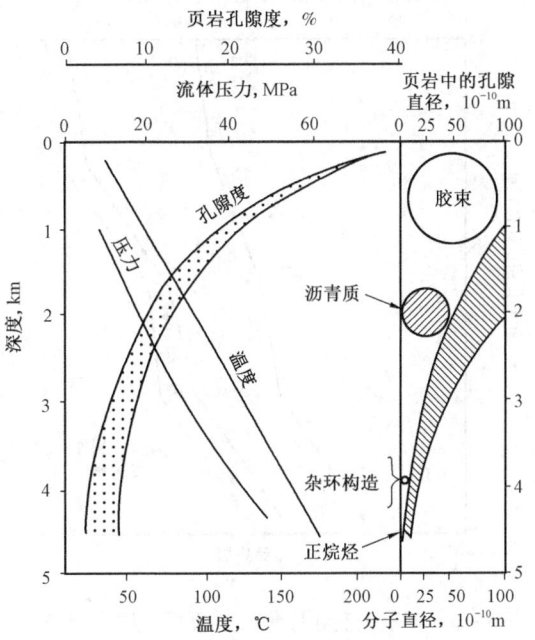

图4-4 页岩类沉积物随深度增加各种物理参数的变化(据 Tissot et al.,1978)

岩对初次运移的色层效应，即随离烃源层—储集层接触界面距离的减少，烃源岩中氯仿抽提物含量有减少的趋势(图4-6)，这种现象也支持游离相运移观点，因为只有游离相运移才能出现色层效应。另外，只有这种运移相态才能解释烃源岩生成大量油气的排出，克服了水溶相运移假说所存在的种种难以解释的现象。

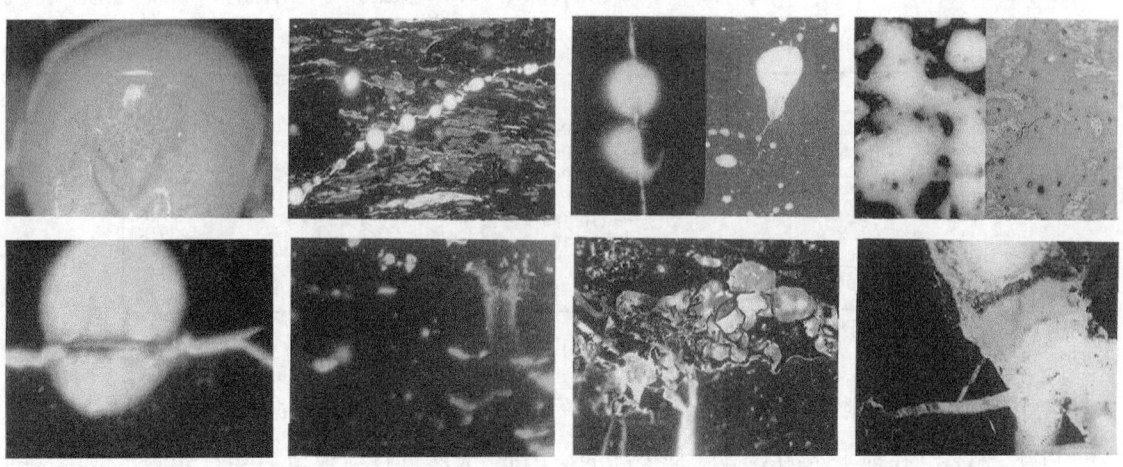

图4-5 煤的孔隙和裂缝中的油滴

2. 气溶油相

石油与烃类气体有互溶性，在一定的压力下天然气可以溶解于石油中是人所共知的。如果天然气的量远远大于石油的量，则在一定的温度压力条件下，石油也可以溶解于天然气中，

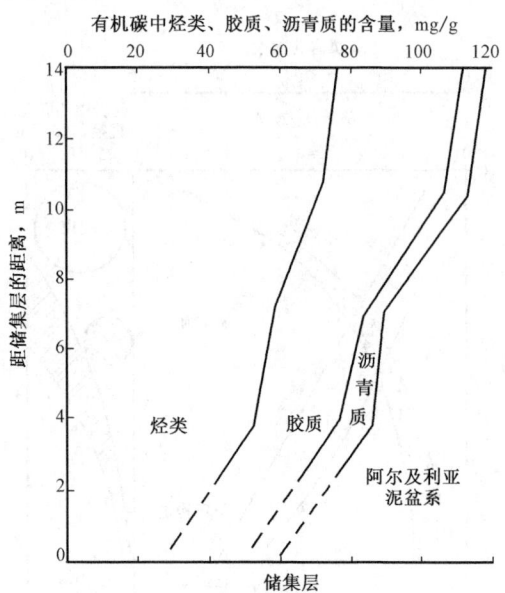

图 4-6 阿尔及利亚储集层上覆页岩层中烃类、胶质、沥青质含量分布(据 Tissot et al.,1978)

与天然气一起呈气相运移。这也是一种游离相运移方式。凝析气田就是油溶于气中的很好例证。

3. 水溶相

实际上石油在水中的溶解是十分困难的,在目前公认的生油温度 60~150℃ 区间内,石油在水中的溶解度不过只有百万分之几到百万分之几十。很多学者根据物质平衡原理计算过,石油若以水溶相发生初次运移,要形成目前的许多盆地的石油聚集,则石油在水中的溶解度至少是在 $(8000 \sim 15000) \times 10^{-6}$ 左右(Dow,1972;Tissot et al.,1978),显然,在生油有效温度范围内,如此大量石油溶解在水中是不可能的。

尽管石油大量溶解于水中是十分困难的,水溶相态运移的观点遭到了普遍的反对,但谁也不否认水对石油有一定的溶解作用,溶解于水中的少量石油可以随水运移。

(二)天然气初次运移的相态

1. 水溶气相

与石油不同,天然气在水中具有较高的溶解度。在常温常压下烃类气体在水中的溶解度一般比石油在水中的溶解度大 100 倍(Bonham,1978),在高温高压条件下还要更大。超高压流体相态分析系统实验结果表明,甲烷在地层水中的溶解度随温度和压力的增大而增大,在较高地层温度和压力(80~150℃,50~130MPa)条件下,$1m^3$ 地层水可以溶解 $4 \sim 7m^3$ 甲烷气(气为标准状态下的体积),如图 4-7 所示。

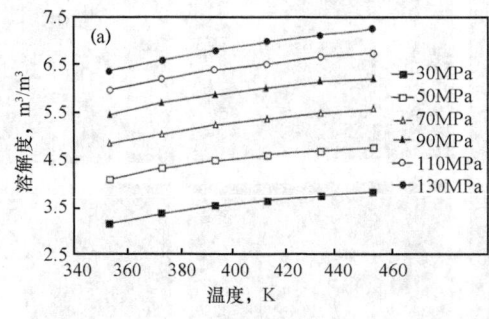
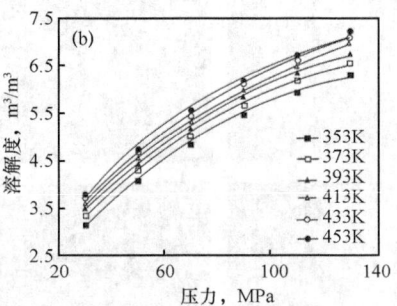

图 4-7 CH_4 在地层水中溶解度与温度压力的关系(标准状态下体积)(据黄志龙等,2014)

可见,天然气在地下水的溶解度是很高的。因此,天然气在生成以后会首先满足地层水的溶解,多余的天然气才可能呈游离相存在。当然是否以水溶相运移,还要看有无相应的水量。在烃源岩的未成熟和成熟阶段早期,烃源岩中还存在大量的孔隙水,此时生成的生物气和低熟气都可以呈水溶相发生初次运移。

2. 游离气相

与石油一样,天然气也可呈游离相运移,特别是当烃源岩大量生气而地层水很少的情况下,烃源岩中有限的地层水已经不能溶解大量生成的天然气,天然气主要呈游离气相形式进行初次运移则是必然的。

3. 油溶气相

天然气溶解于石油比溶解于水中更加容易。在生油窗内的烃源岩以生油为主,与石油同时生成的天然气会优先溶解于石油中,以油溶气的形式发生初次运移,这也是天然气初次运移的一种重要相态。

4. 分子状态运移

分子状态运移是指由于天然气的扩散作用导致的一种天然气运移相态。扩散作用是分子热运动的结果。在地下的不同位置只要存在天然气的浓度差就可以发生扩散作用。天然气的扩散作用是以单个分子的形式进行的,由于处于生气高峰阶段的烃源岩中天然气的浓度高于烃源岩外的天然气浓度,天然气以单个分子的形式发生初次运移是一种必然的过程。

二、初次运移的主要动力

目前一般认为,烃类其烃源岩层中排出的原因是烃源岩内部存在剩余压力。剩余压力是指岩层的实际压力超过对应的静水压力的部分;由于不同点的剩余压力不同,在烃源岩内外形成剩余压力差,从而驱动孔隙流体(包括油、气、水)沿剩余压力变小的方向运移。除剩余压力差外,烃源岩内外的烃浓度差也是天然气初次运移的一种动力。在烃源岩演化的不同阶段,油气初次运移的动力不同。

(一)压实作用形成的瞬时剩余压力

压实作用是沉积物最重要的成岩作用之一。压实导致孔隙度减少,孔隙流体排出,岩石体密度增加,如果此时岩石孔隙中有油气存在,油气也将从孔隙中排出烃源岩。

在沉积盆地中,特定深度上覆岩层的重量称为上覆沉积物负荷应力(S),它由岩石骨架承受的有效应力(σ)和孔隙流体承受流体压力(p)两部分构成:

$$S = \sigma + p \tag{4-2}$$

对于一套沉积物,如果其中的孔隙流体压力为静水压力,称此时的沉积物处于压实平衡状态或正常压实状态。在压实平衡状态下,上覆地层的岩石骨架重量产生的有效应力完全由岩石骨架承担,孔隙流体只承担上覆孔隙水静水柱产生的压力,就像我们住在楼房里只承受大气压力一样。在这种状态下,烃源岩不存在剩余压力,没有流体排出。

如果在一个处于压实平衡状态的地层上又沉积了一个新的沉积层的话,下伏地层就要受到压缩,其颗粒就要发生重排,孔隙体积就要缩小。在这一变化的瞬间,即在达到新的压实平衡之前,孔隙流体就要承受一部分上覆岩石颗粒的重量,从而使孔隙流体产生了超过静水压力的瞬时剩余压力。在这一瞬时剩余压力作用下,孔隙流体得以排出,孔隙度减小,达到颗粒之间相互紧密支撑,流体又恢复静水压力状态。随着上覆地层的不断沉积,沉积物的压实平衡与欠平衡状态交替出现,孔隙体积不断减小,流体不断从孔隙中排出,这就是在正常压实状态下,孔隙流体排出的机理。如果此时烃源岩孔隙空间中有烃类存在,烃类也将被排出烃源岩。

(二)泥质烃源岩的欠压实作用

压实过程是通过孔隙流体排出达到平衡的。如果在沉积过程中压实与排水作用不平衡,就会出现欠压实现象。

在泥质沉积物的压实过程中,在达到一定埋藏深度后,由于泥岩中的流体排出受阻或来不及排出，岩石骨架颗粒之间没有达到完全的紧密接触，孔隙体积不能随上覆负荷的增加而有效地减小（孔隙度比正常压实情况下要大），从而使泥岩层中的孔隙流体不仅要承担上覆流体产生的压力，而且还要承担上覆岩石骨架产生的一部分压力，从而产生泥岩孔隙度高于相应深度正常压实孔隙度、孔隙流体压力高于静水压力的现象，这种现象称为欠压实（图4-8）。

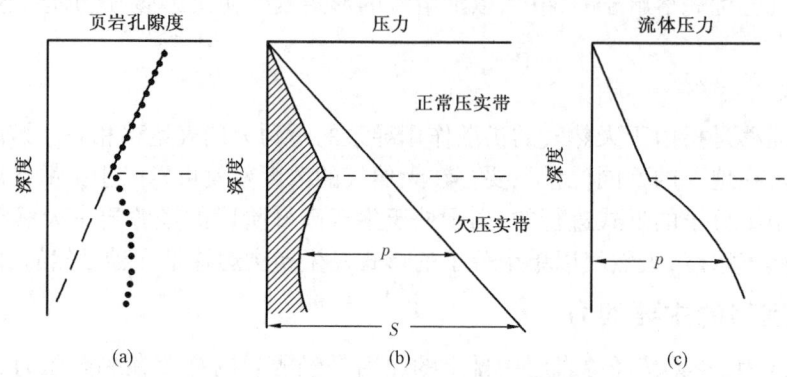

图4-8　正常压实带—欠压实带和上覆沉积物负荷压力、流体压力和颗粒支撑的有效用力关系图（据 Magara，1978）

欠压实现象在快速沉积的盆地和厚层泥岩中十分普遍。在沉积盆地中，浅层泥岩一般处于正常压实状态，泥岩的孔隙度随深度的增加有规律地降低，地层压力为静水压力；当埋深达到一定深度后，泥岩开始处于欠压实状态，泥岩的孔隙度开始偏离正常压实趋势，形成异常高孔隙度和异常高压，这是欠压实泥岩的主要特征。欠压实现象的出现说明泥岩内部已经成为一个封闭或半封闭的系统。

（三）流体热增压作用

泥岩中的流体受热膨胀，体积增大，而矿物颗粒受热膨胀，则产生更大的孔隙空间。由于水、油、气的膨胀系数比颗粒的膨胀系数大得多（分别为颗粒的40倍、200倍和800倍），所以在热力作用下泥岩孔隙流体体积趋于增大。这部分由热膨胀而增加的孔隙流体在渗透性好的条件下可及时地排出，否则就推迟排出，而产生异常高压。当地温升高时，烃源岩孔隙中的油、气、水都要发生膨胀。在开放的体系内，膨胀增加的体积将排出烃源岩，流体压力仍保持静水压力。在封闭和半封闭的体系内，体积的膨胀必然导致压力的增大，促进异常高压的形成，成为排烃动力。

（四）有机质生烃增压作用

干酪根成熟后将生成大量油气。这些油气的体积大大地超过原来干酪根本身的体积，这些不断生成的新生流体进入烃源岩的孔隙空间，将使孔隙流体体积增大，在正常压实的情况下，多余的流体体积将被排出烃源岩，而在欠压实阶段，由于排液受阻，油气的生成必然造成孔隙压力的增大，促进异常高压的形成，引起烃类的排出。

有机碳含量为1%的烃源岩，所生成烃类和水净增的体积相当于孔隙度为10%的页岩总孔隙体积的4.5%~5%（李明诚，2004），可见，由此将引起孔隙流体压力大幅度增加，是烃源岩异常高压形成的重要因素。

（五）黏土矿物脱水作用

Powers（1959，1967），Burst（1969）等提出，黏土矿物成岩作用过程中，在热力作用下蒙脱石转变为伊利石时，可释放出黏土矿物的结晶格架水，作为油气运移的载体。据 Burst 计算，由于黏土矿物的成岩转化,将有占被压实沉积物体积10%～15%的水从层间释放到孔隙空间成为自由水。黏土晚期脱水的临界温度各地有所差异。Hunt认为80～120℃可适合大多数地区,Burst概括为90～110℃。由此看来,脱水与成烃高峰时期是能匹配的。黏土矿物脱水对初次运移的重要性也正在于此。

但是,许多地质学家认为这个变化是存在的,但并不普遍。地跨美国、加拿大两国的威利斯顿含油气盆地几乎不含蒙脱石(Dow,1974),日本新近系生油岩也没有足以形成补充水源的蒙脱石—伊利石转化。对于黏土矿物很少的碳酸盐岩生油岩也遇到类似情况。这就说明黏土矿物脱水的意义也是局限的。

(六)烃类的浓度梯度扩散作用

烃源岩中烃类浓度要比周围岩石高,因此在烃源岩与周围岩石之间就形成了烃类的浓度梯度。在这一浓度梯度的作用下,烃类可以自发地发生从烃源岩向储集层的运移,这就是烃类的扩散作用。

扩散作用是烃类以分子状态进行了运移,必须通过烃源岩狭窄的孔隙进行。由于液态烃的分子较大,因此液态烃在泥岩中的扩散系数很小,以致不能发生具有实际意义的扩散作用。扩散作用只对相对分子质量相对较小的天然气的初次运移具有实际的意义。

三、初次运移的通道

油气从烃源岩层向储集层中运移的通道主要有孔隙和微裂缝。

(一)孔隙

在烃源岩的未成熟—低成熟阶段,一般埋藏较浅,成岩作用不强,烃源岩仍保留有较大的孔隙,这些孔隙一般大于100nm(李明诚,2004)。此时烃源岩仍处于正常压实阶段,这些较大的孔隙是此时烃源岩孔隙流体排出的主要通道。

(二)微裂缝

当烃源岩演化到成熟—过成熟阶段,由于烃源岩埋藏深度已经很大,孔隙度和渗透率极低,基本不存在较大的孔隙,孔隙空间中流体已经基本不能通过狭小的孔隙发生初次运移,烃源岩内部已成为封闭或半封闭的体系。此时,烃源岩内部孕育的异常高压成为油气初次运移的主要动力,同时促使一种新的运移通道——微裂缝的形成。

异常高流体压力能导致烃源岩形成微裂缝的观点已被人们所普遍接受。有人认为当流体压力超过静水压力的1.42～2.4倍时,岩石就会产生裂隙。Momper(1978)认为在松软地层中流体压力只要达到上覆静岩压力的80%时,就能打开原有近水平的脆弱面(例如层理、裂隙),并形成新的垂直微裂缝。这种微裂缝具有周期性开启与闭合的特点。Ungerer等(1983)的研究结果表明,在微裂缝张开之后,原先封闭的流体就沿裂缝排出,随后在上覆地层负荷作用下裂缝闭合。此后又可建立新的高压,又开始上述过程。Tissot等(1971)曾对含有固定有机组分的黏土岩进行加热、加压模拟微裂缝形成实验(图4-9)。实线表示压力变化,虚线表示排气量。开始的机械压力为44MPa,加热时可驱出的N_2量甚微,直到压力增加到54MPa时,黏土岩开始破裂,产生微裂缝,驱出的N_2量相应地急剧增加,同时,压力开始释放,此时驱出的N_2的量增加速度降低,表明微裂缝逐渐闭合。

(三)缝合线

缝合线主要分布在碳酸盐烃源岩中,泥质烃源岩当中不发育。缝合线是成岩后生阶段的

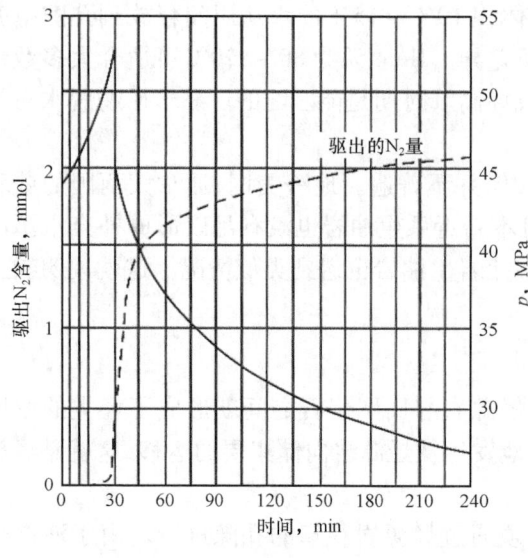

图 4-9 含有有机质黏土加压实验
（据 Tissot et al.，1971）

压溶作用形成的，往往顺层分布，但与层面斜交也不少见。缝合线与微裂隙、构造产生的裂缝往往交织在一起组成统一的通道体系。因此，缝合线也可以作为油气初次运移的通道(Leythaeuser,1995)。

（四）层理面和干酪根网络

烃源岩当中有机质主要沿层微理面呈层状分布(Momper,1978)，还存在三维的干酪根网络(McAuliffe,1979)。烃源岩的层理面和微层理面本身具有相对好的渗透性，如果这些层理面富集有机质，则层理面可变成亲油界面，容易形成不受毛细管阻力的油气运移通道。若微层理面之间再有干酪根相连，那么在大量生油阶段，在三维空间上就形成亲油网络，从而形成初次运移的良好通道(图4-10)。

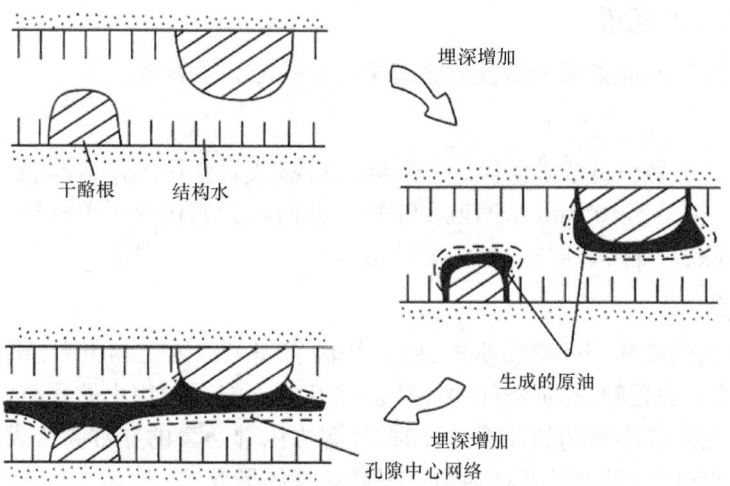

图 4-10 随埋深增加石油和干酪根形成网络通道（据 Baker,1978）

四、初次运移的主要时期和烃源岩有效排烃厚度

（一）初次运移的主要时期

初次运移的时期是指烃源岩从开始排烃到终止排烃的整个时期。受烃源岩成岩作用、有机质演化、油气运移相态及排烃等条件的制约，油气初次运移必定存在一个主要时期，即主运移期。

对于石油来说，只有适合发生油相运移条件的时期才是石油初次运移的主运移期。在有机质成熟阶段石油大量生成，含油饱和度高，油相是油最主要的运移相态；同时此阶段压实作用、黏土矿物脱水、流体热增压作用、烃类生成作用等初次运移动力活跃，具备排烃的良好动力条件。

对于天然气来说，它可以多种相态运移，主运移期的问题不如石油突出，也可以说天然气的初次运移可以发生在天然气生成之后的任何一个时期。

从烃源岩提供的动力条件看,在有机质成熟阶段,压实作用、欠压实作用、黏土矿物脱水作用、有机质生烃作用、水热增压作用等成为重要运移动力,是幕式压裂和幕式排烃的主要时期。因此,油气初次运移的主要时期就是有机质热演化成熟阶段。

(二)烃源岩有效排烃厚度

由于受到渗透率、排烃动力、烃源岩均一性及厚度等因素的影响,烃源岩中排烃是不均匀的,只有在一定厚度范围内才能有效地排烃。在烃源岩与储集层(或输导层)相邻的部位排烃效率高,而越向烃源岩中心部位排烃效率越低,有的甚至根本不能排出而成为死烃。我们把在烃源岩中能够有效排出烃类的厚度称为有效排烃厚度。

图4-6表示阿尔及利亚地区的储集层上覆泥盆系页岩生油岩中,烃类、胶质、沥青质的含量随远离储集层而逐渐增加,越靠近储集层,含量越少,说明与储集层相接触的一定距离内生油层中的烃类有效地排出了,而远离储集层的生油层中的烃不能有效排出。这段厚度距离就是烃源岩排烃的有效厚度,在该实例中生油层有效排烃厚度约为28m(上、下距储集层各14m)。一般认为烃源岩有效排烃厚度为10~30m(Tissot,1978;Magara,1978)。

不同地区烃源岩有效排烃厚度有所不同,往往与烃源岩类型、成熟度、烃源岩与相邻输导层的组合方式以及输导层的孔渗性有关。烃源岩与相邻输导层的接触面积大、输导层孔渗性越好,则有效排烃厚度越大。东营凹陷古近系梁28井显示厚层泥岩的上部排烃厚度为6.6m,井深2845 m这个深度向上,越靠近储集层,排出的烃类越多(图4-11)。

因此,烃源岩并不是越厚越好,只有那些烃源岩单层厚度小、与储集层(或输导层)呈频繁互层的生油岩系,才具有高的排烃效率;那些过厚的块状泥质烃源岩并不是最有利的,其中会有相当一部分厚度不能有效排烃。当然厚层烃源岩内部的烃类可以在一定条件下通过异常高压引起的幕式压裂而排出。建立烃源岩有效排烃厚度的概念,可以使我们能更切合实际地进行油气资源的评价,把对排烃无效的厚度去掉。

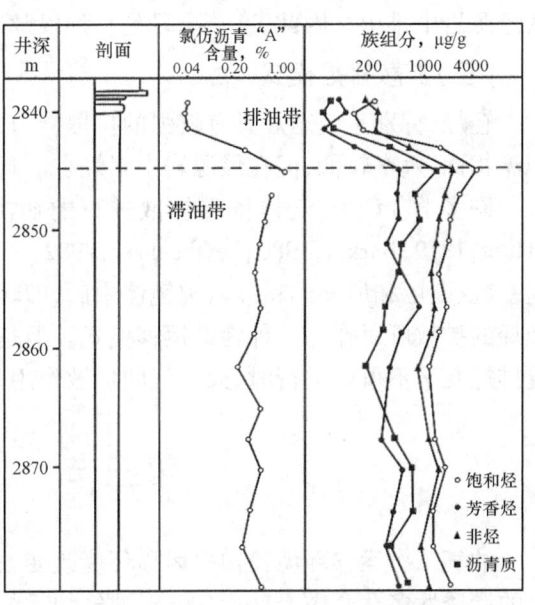

图4-11 梁28井排油带和滞油带特征图
(据张敦祥,1990)

五、初次运移模式

油气初次运移过程可概括为三个基本的模式:压实排烃模式、异常高压微裂缝排烃模式和扩散排烃模式。三者在运移相态、运移动力、运移路径(通道)等方面均有差异,可分别用来描述烃源岩在不同演化阶段的排烃特点。

(一)压实排烃模式

压实排烃模式主要用于描述烃源岩在未成熟—低成熟阶段处于正常压实状态下的排烃作用。在这一阶段,烃源岩具有埋深不大、孔隙度和渗透率相对较高、烃源岩含孔隙水较多和生成油气数量少等特点。此时,烃源岩的排烃动力是压实作用产生的瞬时剩余压力,部分油气可以溶解在水中呈水溶相运移,也可呈分散的游离油相或气相运移,烃源岩的孔隙是油气初次运移的主要通道。这一模式是基于压实作用对烃源岩排烃的影响而提出的。

(二)异常高压微裂缝排烃模式

异常高压微裂缝排烃模式主要用于描述烃源岩在成熟—过成熟阶段处于异常高压状态下的排烃作用。在这一阶段烃源岩层已被压实,孔隙度和渗透率很低,孔隙水很少,烃源岩通过孔隙的排液受阻,由于欠压实作用、黏土矿物的脱水作用、有机质生烃作用、热增压作用等而形成广泛的异常高压。此时的异常高压就成为油气初次运移的主要动力,异常高压作用下形成的微裂缝成为油气初次运移的主要通道,由于生成油气的量很大,油气运移的相态主要以游离的油相或游离的气相为主,也可以呈油气互溶的相态和油气水混相运移。

异常高压作用下的排烃过程具有周期性,当烃源岩的异常高压超过岩石的破裂极限后,即在烃源岩中形成微裂缝,高压的孔隙流体通过微裂缝从烃源岩排出;流体排出后,烃源岩内部的压力降低,微裂缝闭合,排烃过程暂停;烃源岩内部压力再次积聚,当又一次达到烃源岩的破裂极限后,微裂缝重新开启,又发生一次新的排烃过程。这种过程可以重复进行,大量烃类即从烃源岩中排出。因此,这一阶段是一种以脉冲式进行的周期性排烃过程。

(三)扩散排烃模式

轻烃,特别是气态烃具有较强的扩散能力,由于扩散作用是一种分子运移行为,因此与体积流相比,效率较低,但在烃源岩中轻烃扩散具有普遍性。

许多学者认为,气体依靠扩散进行的初次运移,只发生在烃源岩层内比较短的距离中(Hunt,1979;Barker,1980;Leythaeuser,1982)。气体通过短距离的扩散进入最近的输导层、裂缝系统、断层和所夹的粉砂岩透镜体中后,即转变为其他方式进一步运移到储集层中。因此,轻烃的扩散可以作为一种辅助运移模式。但是,对于深层非常致密的岩层,流体的渗流和微裂缝排烃几乎不可能进行时,天然气的扩散作用则显得更为重要。

第三节 二次运移

油气二次运移环境较初次运移环境改变较大。二次运移的环境是孔隙空间、渗透率都较大的渗透性多孔介质,自由水多,对油气的毛细管压力较小,便于孔隙流体(包括水、油、气)的活动。这些条件的改变,必然改变油气在其中的运移特点。

一、二次运移的相态

储集层作为二次运移的主要载体,其空间比初次运移的空间大得多,而在储集层中一般是充满水的,由于石油在水中的溶解度极低,很难溶解于水中,因此,一般认为石油在二次运移过程中主要呈游离相态。在二次运移的初期,油粒较小,显微的和亚显微的油粒比较多。随着运移过程发展,这些分散的小油粒逐渐相连,最终形成连续的油珠或油条进行运移(图4-12)。

与石油相比,天然气具有水溶性和扩散性两个独特的物理性质。因此,一般认为天然气既可以呈游离相态运移,也可以呈水溶相态运移,还可以呈分子扩散状态运移。在运移过程中,由于温压条件的改变,天然气的相态也会发生变化,例如呈水溶相态运移的天然气,从深层运

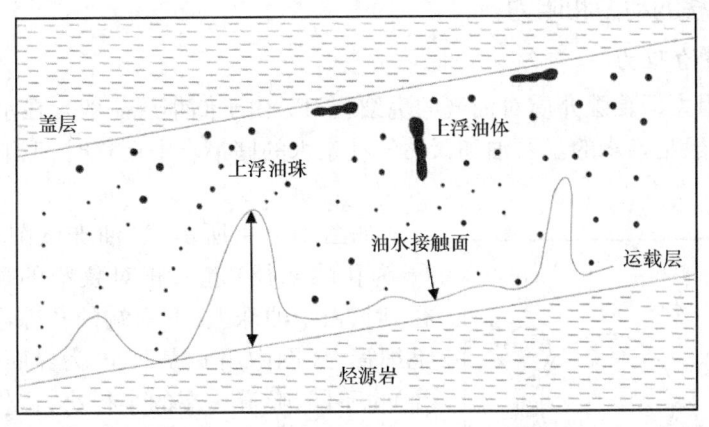

图4-12 石油排入运载层底部后可能的分布与相态(据李明诚,2013)

移至浅层或地层抬升后,由于温压的降低会从水中析出,成为游离的气相,而游离的天然气由于地层埋藏深度的增加,压力的增大,也会溶解于水中。在二次运移过程中,天然气也可以溶解于油中,呈油溶相运移。

二、二次运移的作用力

(一)受力分析

从物理角度讲,油气二次运移实际上是油气在含水介质中的机械渗流过程。以下分析单位质量的石油质点在渗流过程中的受力情况。这种分析同样适用于天然气,只是天然气与石油的密度不同而已。

单位质量的石油质点受到以下4种力的作用(图4-13)。

1. 重力

设石油密度为ρ_o,体积为V,g为重力加速度,则重力大小为$\rho_o g V$,方向向下。

2. 浮力

浮力大小为石油质点排开水体的重力。设水密度为ρ_w,质点的体积为V,则浮力为$\rho_w g V$,方向向上。

3. 水动力

在静水状态下,不存在水动力;当孔隙水运动时,石油质点受水动力的作用,该力的大小相当于同体积水受到的力。设单位质量的水受到的力为E_w(称为水的力场强度),那么作用在石油质点上的水动力大小为$\rho_w E_w V$,方向为E_w方向。水动力可简单理解为水流对油气的"推力"。

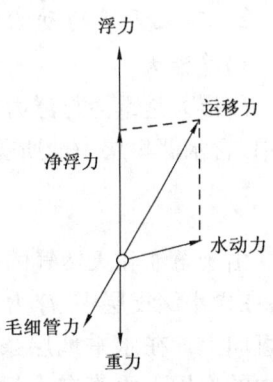

图4-13 二次运移油气质点受力分析示意图(据陈荣书,1994)

4. 毛细管力

油气在孔隙介质中运移,必然受到毛细管力的阻碍。单根毛细管力的大小为$2\sigma/R_c$,σ为界面张力,R_c为介质的孔喉半径。它实质上是一种压强,而不是压力,方向与运移方向相反。

(二)二次运移的动力和阻力

1. 二次运移的阻力

二次运移的阻力即孔隙介质对油气的毛细管力。由于储集层一般是在水中沉积并且被水所充满,储集岩一般是亲水的。石油和天然气在亲水的储集岩中运移时,毛细管力一般起阻力作用。

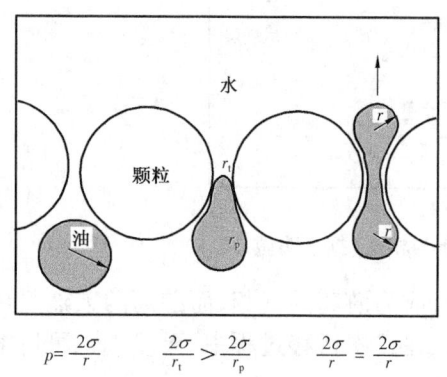

图 4-14 一滴油珠在水湿润的地下环境中通过孔隙喉道运移,毛细管力与浮力相对抗,直到变形的油珠内部曲率半径上下端相等(据 Berg,1975)

如图 4-14 所示,当油珠试图从较宽敞的孔隙(r_p 为孔隙半径)进入相对狭窄的喉道(r_t 为喉道半径)时,由于油珠上、下两端的孔隙半径不同,产生的毛细管力(图中用 p 表示,σ 为界面张力,r 为孔隙半径)也不同,喉道一端的半径小,产生的毛细管力大,孔隙一端的半径大,产生的毛细管力小,并且两个毛细管力方向相反,都指向油珠,两者的毛细管力差指向孔隙一端。因此,油珠要通过喉道必然需要对它施加额外的动力以克服这一毛细管力差。当一半的油珠通过喉道,上下两端界面曲率半径相等,两端毛细管力也相等,毛细管力差为零,此时无毛细管阻力;当油珠大部分通过孔隙喉道后,上端的毛细管力小于下端的毛细管阻力,毛细管力差方向向上,此时毛细管力成为促使油珠上浮的动力。在整个储集层中,孔隙与喉道的分布是十分复杂的,油珠在运移过程中,往往是通过了一个喉道又进入另一个喉道,因此,毛细管力作为油气运移的阻力是时刻存在的。

2. 二次运移的动力

1) 净浮力

净浮力是重力与浮力的合力。其中重力的方向与浮力相反,为铅直向下。因此,在静水环境中,含水储集层中油所受到的浮力 F_b 和重力 F_g 的合力即为油的上浮力 F(图 4-15):

$$F = V(\rho_w - \rho_o)g \tag{4-3}$$

由于石油和天然气的密度都比水的密度小,在含水储集层中,浮力和重力的合力仍然铅直向上。在水平地层条件下,油气在这一合力的作用下垂直向上运移至储盖层界面;在倾斜地层(如地层倾角为 α)的条件下,油气在这一合力作用下首先运移至储集层顶面,然后在合力沿地层顶面方向分力的作用下沿地层顶面向上倾方向运移(图 4-15)。由于盆地中地层的倾角一般较小,在这种情况下,浮力在促使油气沿储集层上倾方向运移的作用将大大降低。

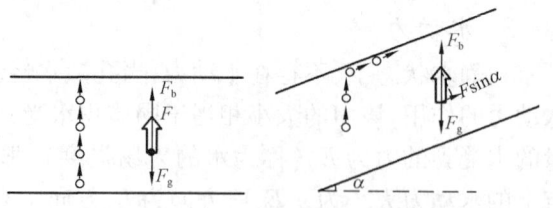

图 4-15 油气质点在浮力作用下的运移方向
(据柳广弟等,2009)

油气在孔隙性地层中运移时,由于地层孔隙空间中比较狭窄的喉道的存在,必须首先克服

毛细管阻力。在这一过程中,油的上浮力必须大于毛细管阻力油气才能移动。例如,油在浮力的作用下开始运移的条件可用下式表示:

$$V(\rho_w - \rho_o)g > 2\sigma\left(\frac{1}{r_t} - \frac{1}{r_p}\right) \tag{4-4}$$

如果把石油体积 V 变换成单位面积的高度,这样可得到石油运移的临界高度(Z_0):

$$Z_0 = [2\sigma(1/r_t - 1/r_p)]/[(\rho_w - \rho_o)g] \tag{4-5}$$

也就是说,石油在储集层中的聚集高度必须大于上述高度之后,才能开始运移。

2) 水动力

储集层内充满着水,充满水的地层孔隙空间中的流体将受到地层压力的作用,所谓地层的剩余压力,是指某一深度的地层压力与该深度静水压力的差值。如果在连通的地层中的两个点之间存在地层剩余压力差,则在这一压差的作用下,地层水将发生流动,因此,将促使地层水流动的这一剩余压力差称为水动力。

在静水压力条件下,地层的剩余压力为 0,并且处处相等,各点的剩余压力差为 0,水是不流动的。油气在处于静水压力环境的地层水中主要受浮力和毛细管力的作用,地层压力对油气的运移不起作用。

如果连通地层各点的剩余压力不相等,则在剩余压力差的作用下,地层水将发生流动,此时的地层水动力状态称为动水压力状态。地层的剩余压力差是动水压力条件下地层水流动的动力,地层水的流动方向是从剩余压力高的点流向剩余压力低的点。

如果在地层中除了地层水之外还有油气,则水的流动必然对油气运移产生影响。在流动的地层水推动下,油气的运移方向除与地层水的流动方向有关外,还与地层剩余压力差大小、油气所受浮力的大小以及毛细管力有关。

三、二次运移的通道和输导体系

(一) 运移通道的类型

从微观角度讲,油气是通过地下岩石中的空隙空间发生运移的,这些空隙空间包括孔隙、裂缝和孔洞。从宏观角度讲,在沉积盆地中具有比较发育的空隙空间,并且作为油气二次运移的宏观通道的地质体主要有渗透性地层(输导层)、断层和不整合面。

1. 输导层

输导层是指具有发育的孔隙、裂缝或孔洞等运移基本空间的渗透性地层。沉积盆地中常见的输导层主要包括渗透性的碎屑岩岩层以及孔隙型、裂缝型和溶蚀型的碳酸盐岩等。输导岩的输导能力主要与其孔隙度和渗透率有关,其中渗透率对输导性能的好坏起主导作用,而碎屑岩输导层渗透性的高低又取决于其沉积环境和经受的成岩后生变化。因此,沉积盆地中各种砂岩体的分布决定了输导层的分布,油气往往沿着这些砂岩体向着物源方向运移,并在适合的地方聚集起来。图 4-16 是焉耆盆地侏罗系三工河组砂岩体的分布与油气分布的关系图,在该盆地北部发育两个主要的砂岩体,这两个砂岩体控制了该盆地两个主要油气田的分布,说明这两个砂岩体是油气运移的重要通道。

碳酸盐岩输导层的分布受其孔缝发育情况的控制,碳酸盐岩的高孔渗相带、裂缝发育带和溶蚀孔缝发育带都可以成为油气运移的重要通道。

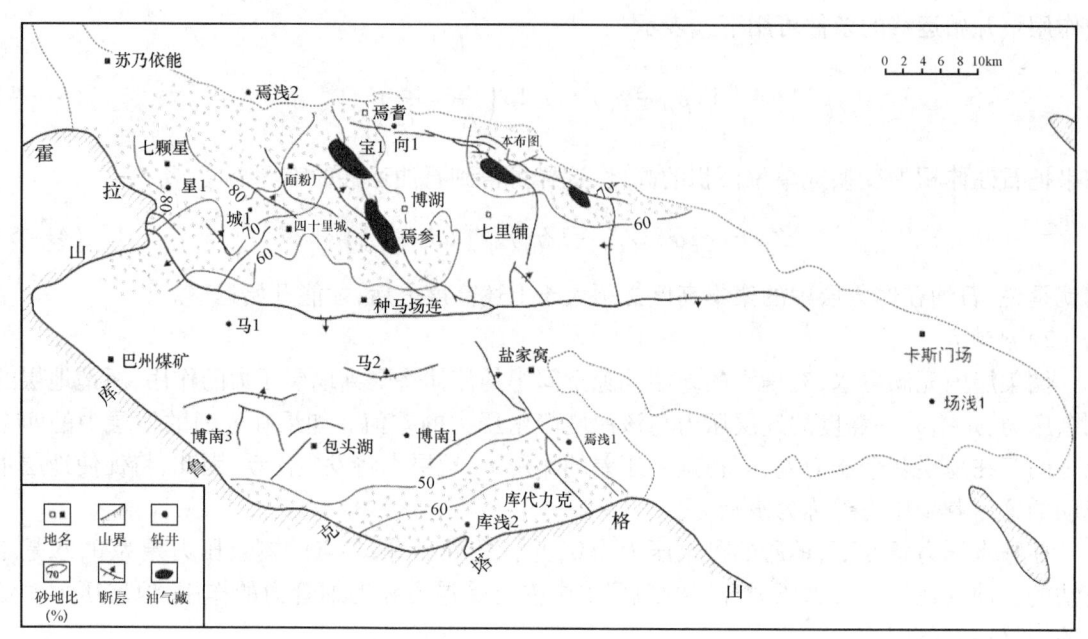

图 4-16 焉耆盆地侏罗系三工河组砂岩体分布与油气的关系

2. 断层

在许多盆地中可以发现沿断层分布的油气苗,这是断层作为油气运移通道的直接证据;同时,断层又可以作用油气的封闭条件,盆地中许多断层油气藏的存在也是断层具有封闭性的直接证据,因此,断层在油气藏形成中的作用具有两重性。

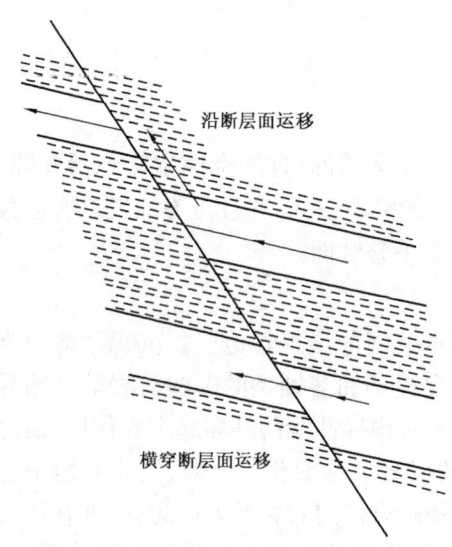

图 4-17 横穿断层面运移和沿断层面运移示意图(据 Chapman,1983;转引自李明诚,2004)

断层面实际上不是一个几何面,而是一个具有一定宽度的破碎带。断层之所以可以作为油气运移的通道,就是因为在断层形成过程中形成了沿断层面分布的这样一个破碎带,这一破碎带是一个裂缝发育带,其宽度也称为断裂带的宽度。断裂带的宽度与断层断距的大小有关,断距越大,断裂带越宽,根据准噶尔盆地的资料统计,断裂带断距为 200m、400m、800m、1200m 和 1600m 时,断裂带宽度分别为 19m、38m、75m 和 114m。根据四川盆地断层的统计,由断层错断形成的裂缝带的宽度可以达到断距的一半。

实际上,与断层有关的油气运移有两种方式,一种是横穿断层面的运移,另一种是沿着断层面的运移(图 4-17)。横穿断层面的运移主要取决于断层两盘岩性对接情况,如果是砂岩与砂岩对接,就可以发生横穿断层面的油气运移。油气沿断层面的运移是断层作为油气运移通道的主要方式。一条断层在油气运移过程中到底是起通道作用还是起封闭作用,要视具体的地质条件具体分析。大型的断裂和处于活动期的断裂一般封闭性较差,往往起通道作用。同一条断层在地质历史上可能出现多次活动期和静止期,在活动期往往起通道作用,在静止期可能又起封闭作用。

由于断裂不像输导层那样孔隙大小不一,迂回曲折,因此,可以认为油气沿断裂通道运移比在岩石孔隙中运移更容易。许多垂向上远离深部烃源岩层的浅层油气藏的形成,断层起到重要的通道作用,例如柴达木盆地北缘古近—新近系油气藏,其油气主要是通过断层从侏罗系烃源岩运移上来并聚集的。周期性活动的断层,会导致油气多次运移,改变油气分布格局。

断层输导与封闭是相对的。断层活动往往是不平衡应力和异常压力的释放过程,断层本身就成为流体运移的通道。断层活动静止时断裂破碎带的胶结作用可以把断裂带封闭起来,当断层再次活动时原先形成的封闭性遭到破坏,断层又成为流体运移的通道。因此,断层的输导性和封闭性在很大程度上取决于断层的活动性,一般认为断层活动期是断层的输导期。在地壳和断层不断活动中,断层随时间就可以呈现输导—封闭—再输导—再封闭的循环变化规律,同时也说明断层不可能一直保持输导性或封闭性。另外,由于断层两盘岩性对接的变化,即使同一断层在不同时间、不同部位,其输导性和封闭性都可能是不同的。断层的封闭性还与油气通过断层面运移的动力的大小有关,当油气运移的动力小于断层的封闭能力时,断层就表现为具有封闭性;当油气运移的动力大于断层的封闭能力时,断层就表现为具有输导性,成为油气运移的通道。

3. 不整合面

不整合面是沉积盆地中由于纵向沉积连续性的中断而形成的地层接触界面。由于不整合面代表了地层的沉积间断和剥蚀作用,在不整合面的上下往往形成高渗透性的岩层,这些高渗透性的岩层所具有的孔隙空间就成为油气运移的通道。如图 4 - 18 所示,一个不整合面一般具有三层结构,不整合面以下地层由于长期的风化淋滤作用形成孔隙裂缝都十分发育的风化淋滤带,风化淋滤带之上是风化产物原地沉积形成的孔渗性很差的风化泥岩段,风化泥岩段之上是上覆地层粗碎屑沉积形成的底砾岩。风化淋滤带和底砾岩段都具有发育的孔隙空间,成为油气运移的重要通道。

沉积盆地中的不整合面一般分布广泛,可以沟通不同时代的烃源岩和储集层,扩大了油气运移的空间范围和层系范围,在油气运移中起着重要的作用。不整合面对油气长距离运移或形成大油气田非常有利。世界上不少大的潜山类型的油气田,常常都是油气通过不整合面运移聚集而形成的,例如我国渤海湾盆地冀中坳陷任丘油田的形成与不整合面有重要关系。

(二)输导体系与运移方式

在盆地中不同类型的油气运移通道不是孤立存在的,往往形成多种组合形式。将从烃源岩到圈闭的油气运移通道的空间组合称为油气运移的输导体系。输导层、断层和不整合面三种运移通道既可以单独构成单一型的输导体系,如输导层输导体系、断层输导体系、不整合输导体系等;不同类型的运移通道也可以相互组合形成复合型的输导体系,如输导层—断层输导体系、断层—不整合输导体系、输导层—不整合输导体系和断层—输导层—不整合输导体系(表 4 - 1)。根据输导体系的输导功能和与油气运移方式的关系,可以把油气输导体系划分为三种主要的类型,它们分别控制着三种油气运移方式,即侧向输导体系和侧向运移、垂向输导体系和垂向运移、阶梯状输导体系和阶梯状运移。

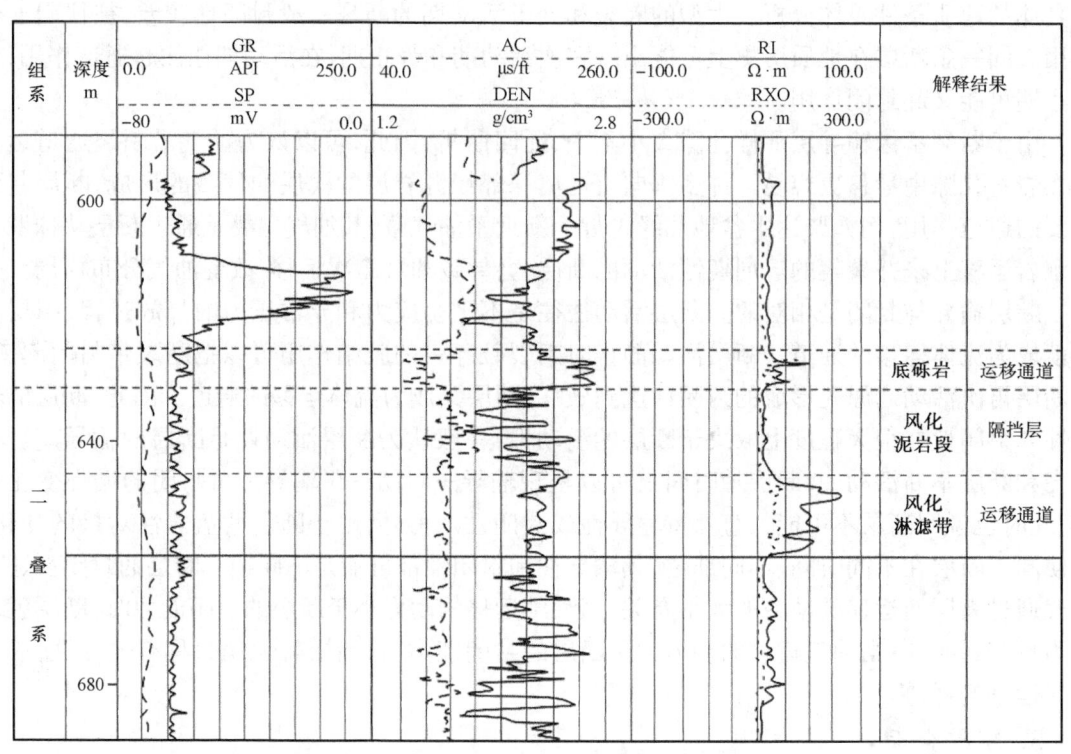

图 4-18 准噶尔盆地风 5 井二叠系顶部不整合面结构

表 4-1 油气输导体系的类型(据蒋有录等,2006)

输导体系类型		宏观运移通道类型	微观运移空间	输导功能
单一型输导体系	输导层输导体系	输导层(砂层或其他输导层)	输导层的连通孔隙、微裂缝、层理面	侧向输导
	断层输导体系	断裂带	断裂带的构造裂缝为主	垂向输导
	不整合输导体系	不整合面以下的风化带,不整合面以上的渗透层	风化带溶蚀孔隙、裂缝;连通孔隙	侧向输导
复合型输导体系	输导层—断层输导体系	断裂带、输导层	断裂带的构造裂缝;输导层的连通孔隙、微裂缝、层理面	阶梯状输导
	断层—不整合输导体系	断裂带、不整合面以下的风化带,不整合面以上的渗透层	断裂带的构造裂缝;风化带溶蚀孔隙、裂缝,连通孔隙	阶梯状输导
	输导层—不整合输导体系	输导层、不整合面以下的风化带,不整合面以上的渗透层	输导层的连通孔隙、层理面;风化带溶蚀孔隙、裂缝	侧向输导
	断层—输导层—不整合输导体系	断裂带、输导层、不整合面以下的风化带,不整合面以上的渗透层	断裂带的裂缝、输导层的连通孔隙、层理面;风化带的溶蚀孔隙、裂缝	阶梯状输导

1. 侧向输导体系与侧向运移

在盆地中输导层和不整合面分布范围较广,侧向连续性较好,可以将盆地生烃凹陷生成的油气输导到侧向上距离相对较远的圈闭中去,使油气发生距离较远的侧向运移。实际上,盆地中心生成的油气要运移到盆地边缘的圈闭,主要靠由输导层和不整合面等具有侧向输导功能的输导体系的输导来完成。侧向输导体系既可以由输导层或不整合单独构成,也可以由输导层和不整合共同构成。美国威利斯顿盆地烃源岩垂向运移进入上覆孔隙性碳酸盐岩地层后,主要沿孔隙性碳酸盐岩输导层和不整合面向上倾方向侧向运移,在构造高部位形成大型油气田,侧向运移距离超过100km(图4-19)。

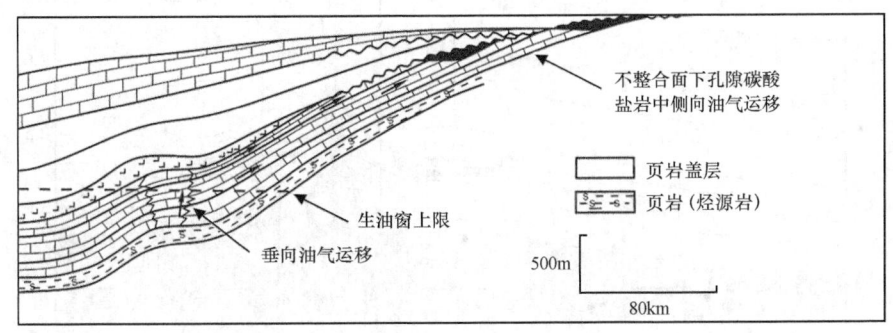

图4-19 美国威利斯顿盆地油气侧向输导体系(据 Demaison et al.,1994)

油气的侧向运移沟通范围较广,使较大范围内生成的油气汇聚成藏,有利于形成大型油气藏。当然,侧向运移也有不利的一面,如果侧向运移不是使油气汇聚,而是使油气分散,则造成的油气损失量则比其他运移方式要大;同时侧向运移的动力一般较小,运移的速率一般较慢,效率较低。

2. 垂向输导体系与垂向运移

沉积盆地中的垂向输导体系主要由断层构成,断层可以沟通不同时代的烃源岩和储集层,使深部烃源岩生成的油气经垂向运移进入浅部层系中的储集层聚集起来形成油气藏。

与砂岩体形成的侧向输导体系相比,断层的垂向输导将使油气发生穿越不同时代地层的垂向运移。一般地,垂向运移具有不同于侧向运移的特点:首先,由于断层是一个裂缝发育带,其渗透性往往好于一般的砂岩体输导层,同时,垂向运移的流体势差往往大于侧向运移的流体势差,运移动力较强,导致断层输导的效率一般较高,因此,油气垂向运移的速率一般较大,有利于在较短的时间内快速成藏;其次,由于断层活动的周期性,油气沿断层的垂向运移一般也具有周期性,形成所谓的"幕式运移"或"幕式成藏"。例如莺歌海盆地底辟翼部和底辟带浅部之所以能够形成优质高效气藏,是因为底辟翼部具备充足的气源、优质砂体组成的岩性圈闭、源储剩余压力差驱动的断裂—裂缝高效垂向输导体系以及良好封盖条件与相对较弱晚期改造等几个动静态要素的优势配置,烃源岩位于深部并发育异常高压,底辟活动伴生的大量断裂—裂缝沟通源岩与储集砂体,烃源岩生成的大量天然气通过断裂进入岩性圈闭聚集成藏(图4-20)。

3. 阶梯状输导体系与阶梯式运移

阶梯状输导体系由断层与输导层或不整合面构成,包括断层—输导层输导体系、断层—不整合输导体系和断层—输导层—不整合输导体系。输导层和不整合是油气侧向运移的通道,断层是油气垂向运移的通道,三者构成阶梯状输导体系,油气在阶梯状输导体系的输导下,发生沿断层的垂向运移和沿输导层或不整合面的侧向运移,两种运移方式交替发生,形成阶梯式运移。我国陆相盆地断裂发育,油气很难进行长距离的侧向运移,也不是沿着断层一直向上运移,阶梯状运移一般是较为普遍的一种运移方式。例如珠江口盆地新近系流花11-1生物礁油田的原油来自凹陷的古近系烃源岩,油气通过由砂岩输导层和断层组成的阶梯状输导体系运移,最终在新近系生物礁储层中聚集成藏(图4-21)。

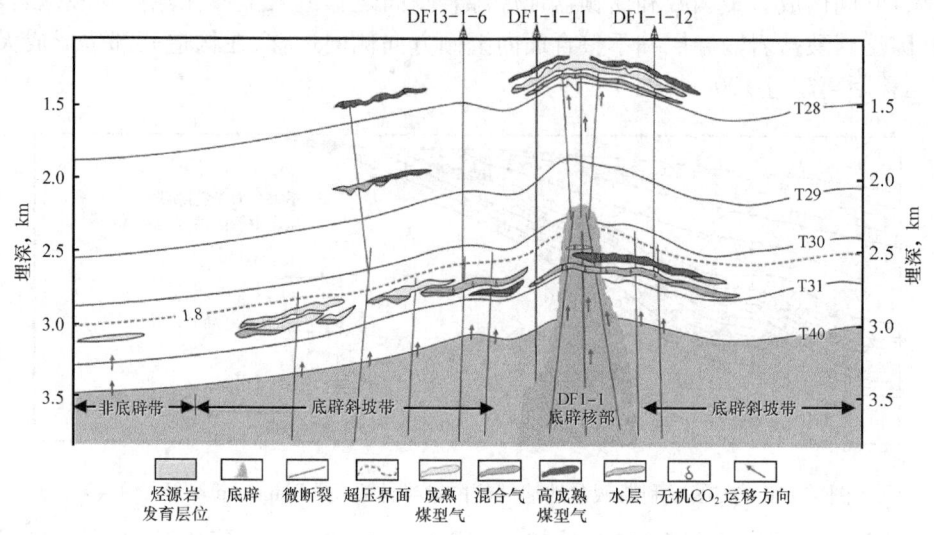

图4-20 莺歌海盆地东方区底辟带天然气藏的垂向输导体系(据赵宝峰,2014)

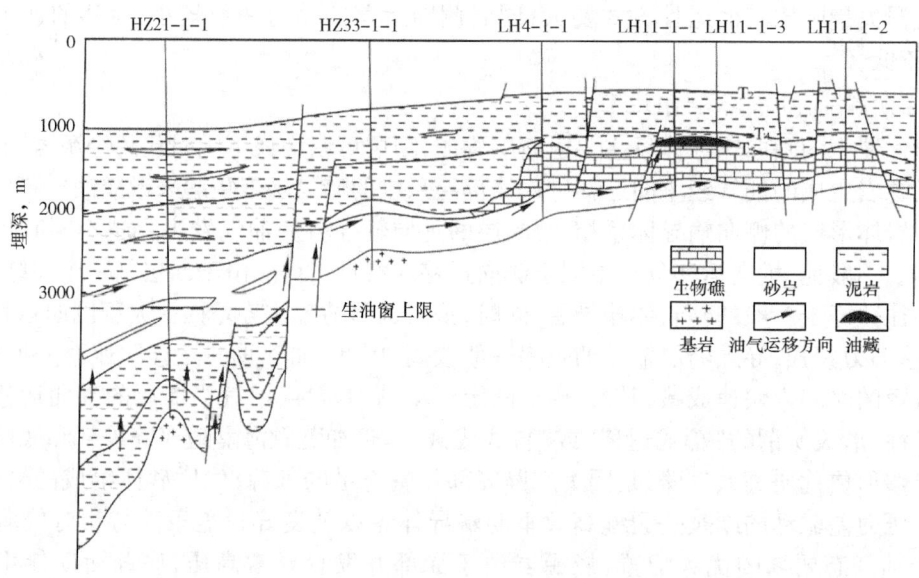

图4-21 珠江口盆地新近系流花11-1生物礁油田形成时的阶梯状输导体系
(据中海油研究总院,1995,修改)

四、二次运移的方向和距离

油气二次运移的方向和距离,一方面受油气运移的力的控制,另一方面受盆地地质条件,特别是油气运移通道类型、特征和分布的控制。

(一)控制二次运移方向的地质因素

从本质上讲,油气运移的方向受油气在运移过程中所受到的力的作用控制。前面讲过,油气在运移过程中主要受到浮力、重力、剩余压力差和毛细管力的作用。不同的作用力与不同地质因素相配合,共同影响着油气运移的方向。总的来说,地层产状和构造格局、优势运移通道的分布及水动力条件控制着油气二次运移的方向。

1. **地层的产状与区域构造格局**

浮力和重力是一对方向相反的作用力,其合力即油气的上浮力。在水平地层条件下,油气在上浮力的作用下,铅直向上运移直到地层的顶面为止;在倾斜地层条件下,油气在上浮力沿地层上倾方向分力的作用下,向地层的上倾方向运移。因此,在浮力的作用下,油气的运移方向主要受地层的产状和区域构造格局的控制。

对于处于沉降状态下的沉积盆地,相同层位的地层一般在盆地中心埋藏较深,盆地边缘埋藏较浅,地层的上倾方向一般向着盆地边缘。从盆地整体上看,油气运移的方向,总是由盆地中心向盆地边缘运移,Pratsch(1983)根据盆地结构和形状,总结出不同形状的盆地油气二次运移的优势方向,如图4-22所示。

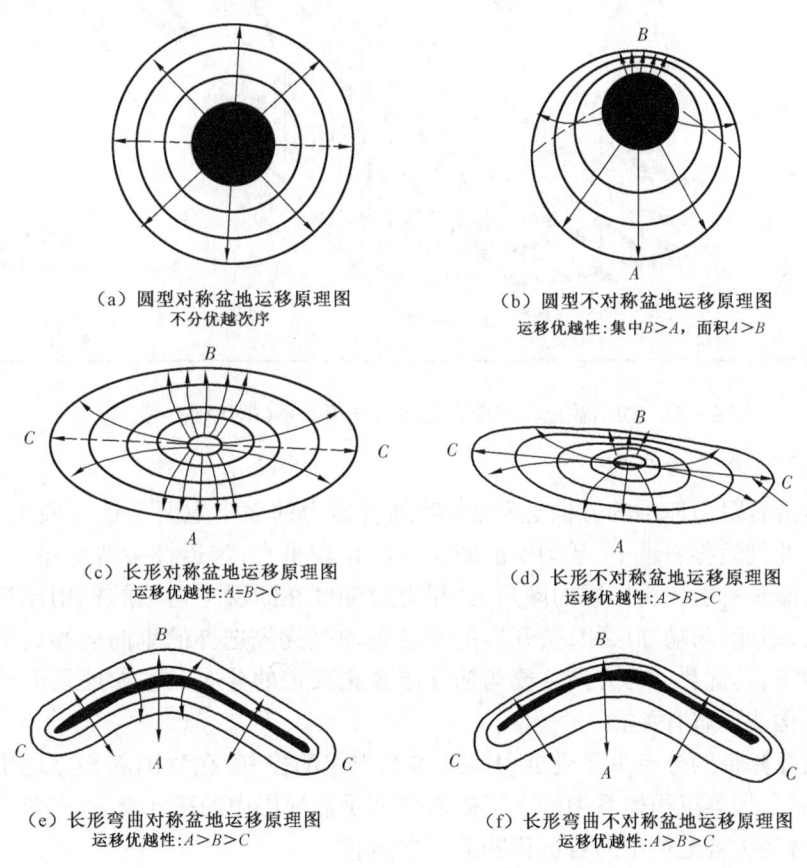

图4-22 不同形状的盆地的油气二次运移方向模式(据Pratsch,1983)

实际沉积盆地的构造格局往往复杂得多,一个盆地内部一般可以划分多个隆起和坳陷。坳陷是盆地中地层发育较完整、较厚较大、埋藏较深的区域,而隆起是盆地中地层发育不完整、厚度较小、埋藏较浅的区域,在坳陷中地层的上倾方向一般向着隆起区。因此,在盆地内部,油气在浮力作用下的运移的方向一般是从坳陷区向隆起区运移,特别是位于坳陷附近的隆起带及斜坡带,常成为油气运移的主要指向,其中长期继承性的古隆起带及其边缘在长期的地质历史中都是油气运移的主要指向,对油气的聚集最为有利。四川盆地川东北地区的罗家寨、渡口河、铁山坡等众多气藏均位于印支期形成的开江古隆起上,其圈闭由早期岩性圈闭转变为晚期(喜马拉雅期)的岩性—构造圈闭(图4-23)。

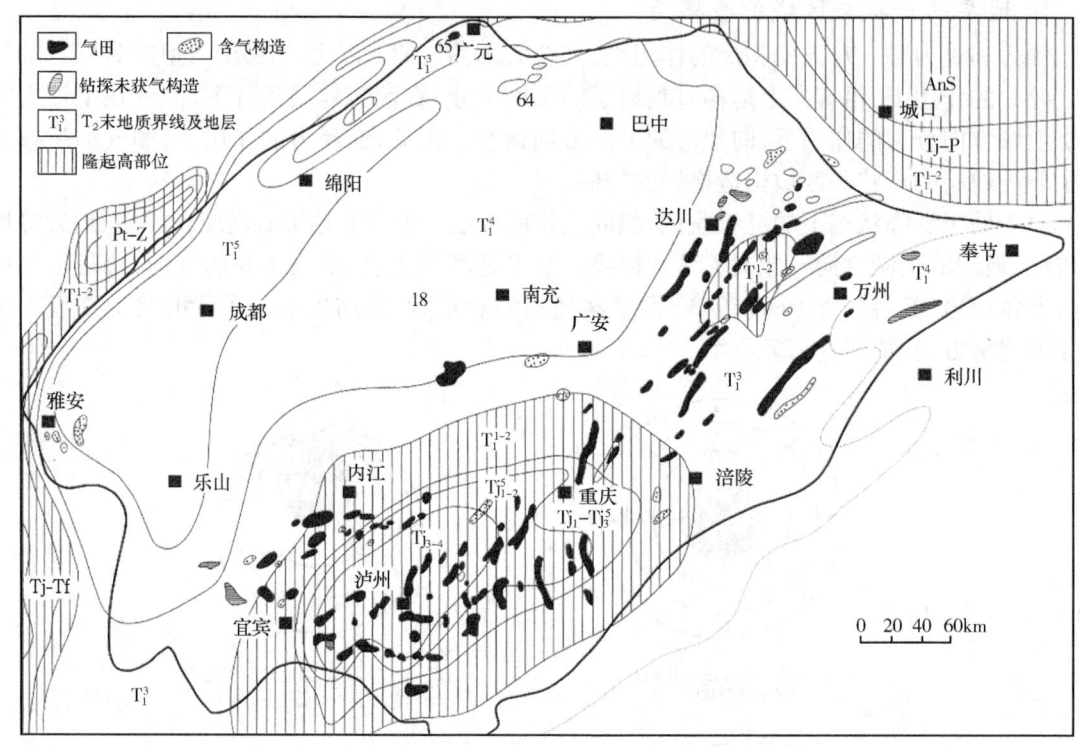

图4-23　四川盆地印支期古隆起与气田关系(据魏国齐等,2010)

2. 优势运移通道的分布

油气总是沿着阻力最小的方向运移,而毛细管阻力的大小主要与运移通道的性质有关。在三种主要的油气运移通道中,活动期的断层一般比较平直,渗透性一般比输导层大许多倍,同时断层面的倾角一般比输导层的倾角大,浮力对油气在断层中运移的作用比在输导层中运移的作用要大,因此,与输导层相比,开启的断层是油气优先选择的垂向运移通道。输导层作为油气运移通道,其优势运移方向主要与输导层高孔渗带的分布和输导层顶面或紧邻输导层的盖层底面的构造形态有关。

输导层高孔渗带的分布主要受沉积体系和沉积相的控制,在我国陆相盆地中,三角洲、近岸水下扇、扇三角洲等沉积体系中的骨架砂岩体都是输导层中的高孔渗带,是油气运移的优势通道,油气在这些优势通道中向着沉积物源方向运移。

在输导层的孔渗性相对均一的情况下,如在有大面积砂岩体发育区的滨岸相等海相地层发育区,输导层顶面或紧邻输导层的盖层底面的构造形态控制着油气运移优势方向的分布。由于盖层的底面是起伏不平的,油气在浮力的作用下首先向构造脊汇集,然后沿构造脊向上倾方向运移,盖层底面构造图反映的构造脊就是油气运移的优势通道(图4-24)。我国南海惠—陆凹陷的油气田主要沿两个构造脊分布(图4-25),说明了构造脊控制着油气侧向运移的优势方向。

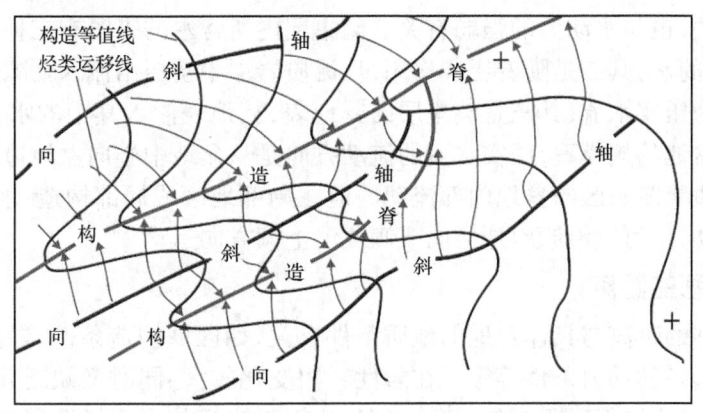

图 4-24 构造脊与油气运移优势方向

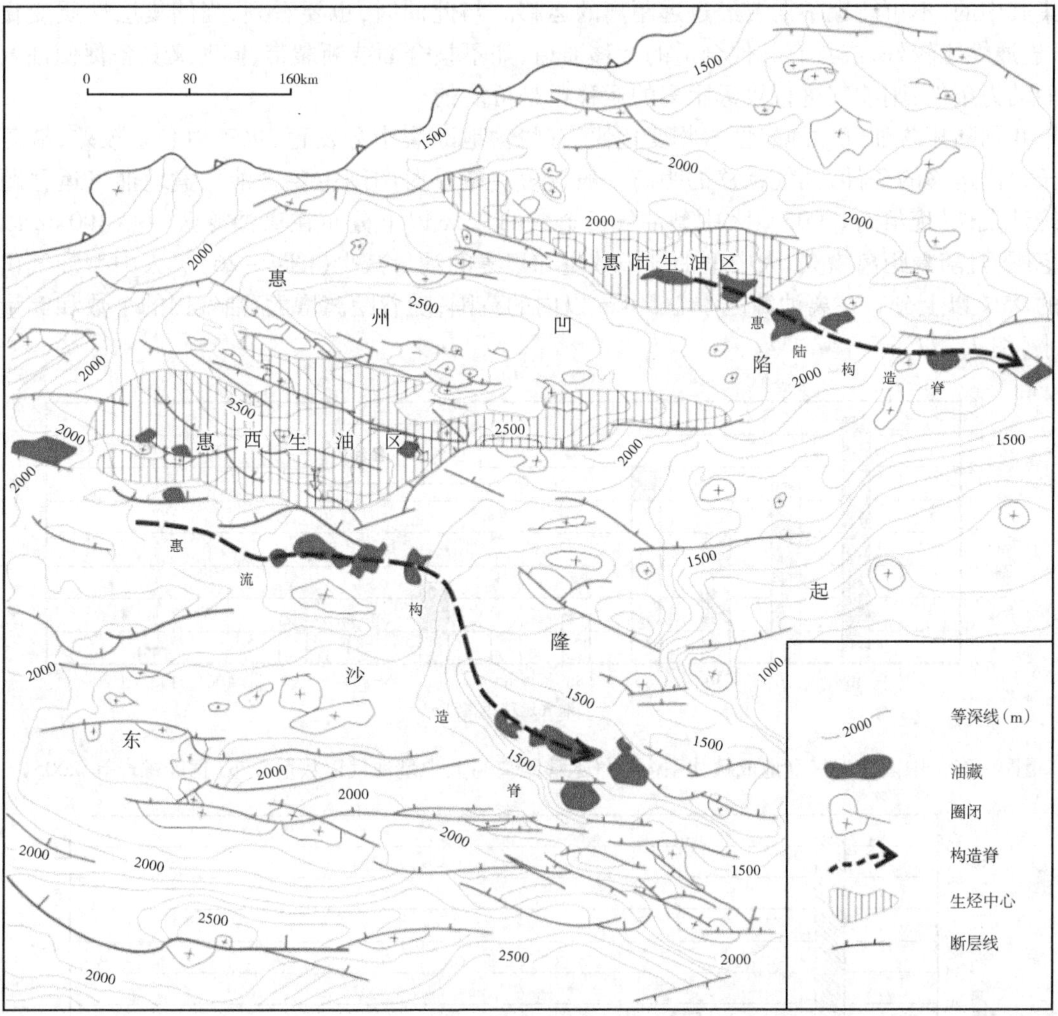

图 4-25 南海惠—陆凹陷构造脊与油气分布的关系(据龚再升等,2015,修改)

3. 水动力条件

水动力对油气运移方向的影响主要表现在重力流盆地中。其对油气运移方向的影响既与水动力的方向有关,也与水动力的强弱有关。储集层内所含水的来源有三种:其一是沉积物沉积时,存留于其中的水;其二是随着压实作用,从泥质岩层中挤压出流入孔隙性储集层中的水,这种水的流动称为压实水流;其三是储集层出露地表,从地表渗入其中的水,这种水的流动称为重力水流。从盆地的规模看,压实水流的流动方向是从盆地中心向盆地边缘,重力水流的流动方向是从盆地边缘露头区向盆地内部流动。但在局部地区或局部构造,水的流动可以沿水平地层作水平运动,也可以沿倾斜地层向下倾或沿上倾方向运动。

(二)二次运移的距离

油气二次运移的距离与具体盆地的地质条件有关,如区域构造条件、岩性岩相变化条件,以及促使油气运移各种动力条件等等。在岩性岩相变化较大,同时又缺乏其他合适的运移通道的地区,油气不可能进行远距离的运移。例如位于不渗透的泥岩烃源层中的砂岩透镜体油气藏,以及周围被不渗透性地层所包围的生物礁块油气藏等,石油是由附近相邻烃源岩中运移聚集其中的,不可能也不需要经过远距离的运移。与此同时,也要看到,当储集层性质变化较小,连通性比较好,或具有其他合适的运移通道,如不整合面或断裂带,同时又具备促使油气运移的动力条件,则油气进行较远距离的运移也是可能的。

我国陆相含油气盆地岩性岩相变化快,有些盆地断裂十分发育,水动力联系较差,缺乏油气长距离运移的条件,油气运移的距离一般较短。通过对中国主要含油气盆地油气运移距离的统计发现(庞雄奇,2005):大中型油气田个数的95%以上分布在离油源区中心100km以内的范围,且随着距离增大,大中型油气田数量和聚集的油量减少(图4-26)。大中型油气田储量的95%以上分布在离油源区中心50km以内的范围,随着距离增大,油气田的个数和储量均变小(图4-27)。

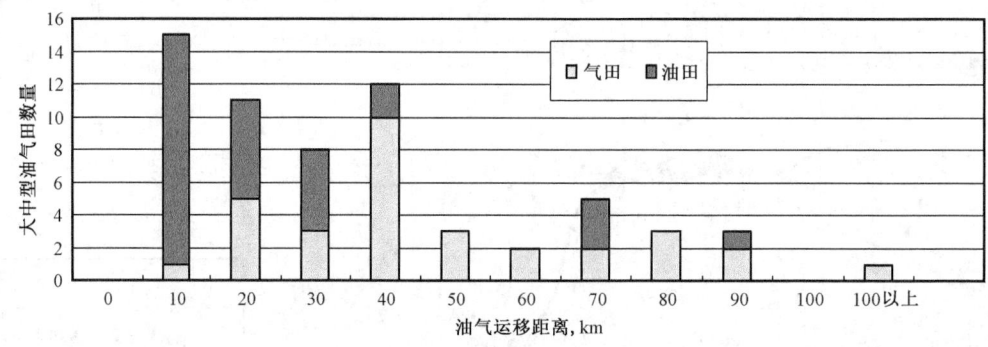

图4-26 中国含油气盆地成藏体系内油气运移距离与大中型油气田数量分布(据庞雄奇等,2005)

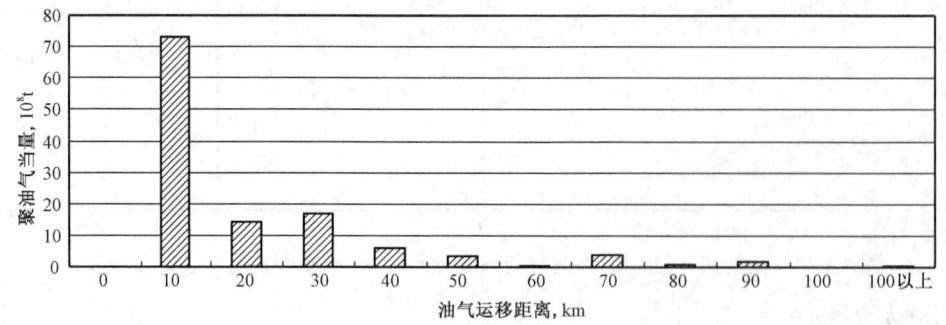

图4-27 中国含油气盆地成藏体系油气运移距离与大中型油气田的聚油气当量分布(据庞雄奇等,2005)

五、二次运移的时期

二次运移是初次运移的继续,初次运移和二次运移常常是连续的过程,也就是说,油气生排烃时期与二次运移时期几乎是同时发生的,但是在一般情况下,大规模的二次运移时期,应该是在主要生油期之后或同时所发生的第一次构造运动时期。因为这次构造运动使原始地层发生倾斜,甚至褶皱和断裂,破坏了油气的平衡。在这种情况下,进入储集层中的油气,在浮力、水动力及构造运动力作用下,向流体势梯度变小的方向发生较大规模的运移,并在局部圈闭中聚集起来。假如在油气聚集以后,该地区又发生第二次、第三次,甚至更多次的构造运动,则每一次运动对油气运移和聚集都会产生一定的作用。其作用的大小,决定于构造运动对原有圈闭的改造程度。若对原有圈闭影响不大,或只是促使其继承性发展,则在一般情况下,不会引起油气大规模的区域性运移。只有在构造运动对原有圈闭条件产生重大改造或全部破坏时,油气会再次发生新的区域性运移。因此,在研究油气运移的主要时期时,必须首先研究生油的主要时期及该区的主要构造运动的历史。

六、二次运移的结果

油气二次运移的最终结果,便是停止运移,在圈闭中聚集成藏。此外,运移过程中的油气也要发生一些性质和数量上的变化。二次运移中石油的高相对分子质量成分以及极性成分易被矿物表面吸附,轻烃和无极性成分可自由通过,即产生天然的色层效应。色层效应的结果往往是使石油的胶质、沥青质、卟啉及钒镍等重金属减少,轻组分相对增多,在烃类中烷烃增多,芳香烃相对减少,烷烃中低分子烃相对增多,高分子烃相对减少。反映到物理性质上,表现为密度变小、颜色变淡、黏度变稀。以酒西盆地为例:自青西凹陷向鸭儿峡—老君庙—石油沟方向,可见原油正烷烃主峰值和镍卟啉逐渐降低,C_{22-} 和 C_{23+} 正构烷烃比值逐渐增加,以及密度、黏度、含蜡量和凝点逐渐减小(图 4 – 28)。

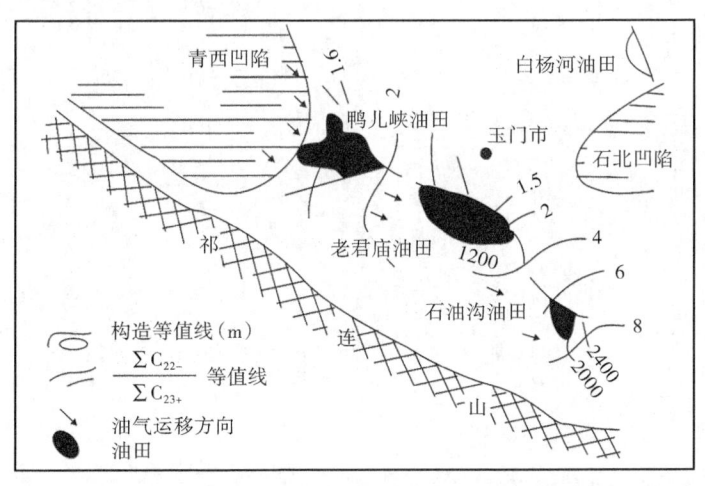

图 4 – 28　酒泉盆地老君庙背斜带油气运移的方向

二次运移中依具体介质环境的变化,还可发生脱气、晶出等其他效应。特别值得注意的是氧化作用,它可使石油的胶状物质增加,轻组分相对减少,环烷烃增加,烷烃和芳香烃相对减少,密度、黏度也随之加大,其效果大致与色层效应相反。不过二次运移中的氧化通常要被色层效应所抵消,只有当石油接近地表或当大气借助于断层或地层水而与石油沟通时,氧化作用可占优势。最后,石油在二次运移的过程中,还会留下原始的微样品——有机包裹体。研究有机包裹体的成分、盐度、均一化温度,以及相态都能够提炼出许多有关追踪油气运移方向和时期的有用信息。

思 考 题

1. 试比较初次运移与二次运移地质环境和条件的差异。
2. 对比讨论油气初次运移和二次运移的相态、动力、通道和距离等问题。
3. 讨论烃源岩中异常压力的形成及其在初次运移中的作用。
4. 油气二次运移输导体系有哪些类型?其输导性受哪些因素影响?
5. 如何综合分析油气二次运移方向?

第五章 油气聚集与油气藏的形成

第一节 圈闭和油气藏的概念及度量

一、圈闭的概念及度量

(一)圈闭的概念

圈闭是指地下适合油气聚集、能够形成油气藏的场所。圈闭由三部分构成:储集层;盖层;阻止油气继续运移、造成油气聚集的遮挡物。

储集层为圈闭提供了储存油气的空间;盖层位于储集层之上,对油气的向上运移起阻挡作用;遮挡物位于储集层侧面,对油气的侧向运移起阻挡作用。遮挡物可以是盖层本身的弯曲变形,如背斜;也可以是封闭性断层或非渗透性岩层,如断层、岩性变化、地层不整合等(图5-1)。

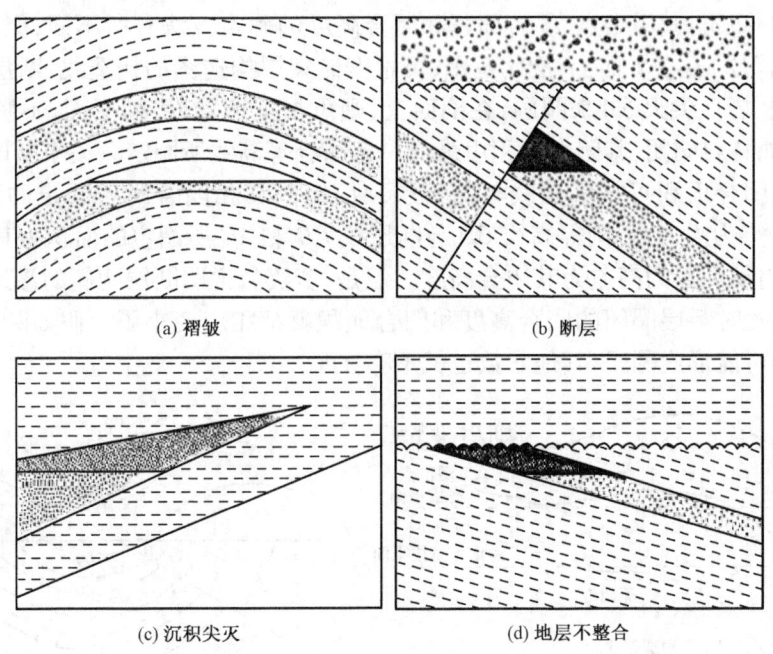

图5-1 形成圈闭的几种侧向遮挡条件(据柳广弟等,2009)

由于油气都是流体,在地下具有运动的趋势,圈闭的实质就是盖层和遮挡物有较强的阻挡作用,使得油气运移被迫停止而聚集起来的有效空间。

圈闭具备储藏油气的能力,但圈闭中不一定都有油气。一旦有足够数量的油气进入圈闭,充满圈闭或占据圈闭的一部分,便可形成油气藏。

(二)圈闭的度量

圈闭的大小和规模往往决定着圈闭储集油气数量的多少。圈闭的大小取决于圈闭的溢出点、闭合面积和闭合高度。

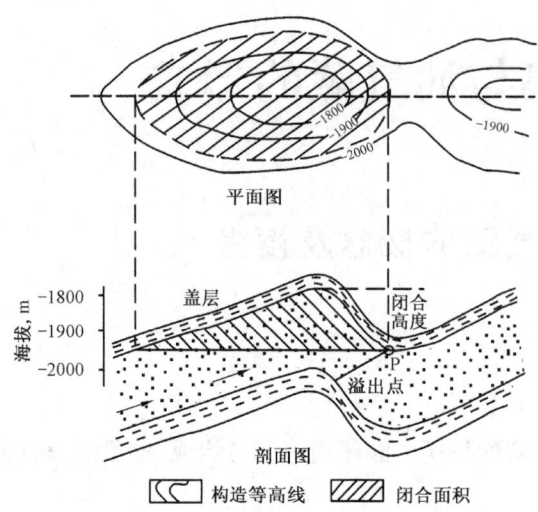

1. 溢出点

溢出点是指油气充满圈闭后,开始溢出的点,如图5-2所示。

2. 闭合面积

闭合面积是指由通过溢出点的构造等高线所围成的面积。圈闭面积一般由目的层顶面构造图量取。

3. 闭合高度

闭合高度是指从圈闭的最高点到溢出点之间的海拔高差。需要注意的是,不能把闭合高度等同于构造起伏幅度,两者是完全不同的概念。闭合高度的测量,是以通过溢出点的水平面为基准,而构造幅度的测量,则是以区域倾斜面为基准。同样大小构造起伏幅

图5-2 背斜圈闭的溢出点、闭合面积和闭合高度示意图(据蒋有录等,2006)

度的背斜,当区域倾斜不同时,可以具有完全不同的闭合高度,如图5-3所示。

不同类型的圈闭,其溢出点、闭合面积和闭合高度的确定方法有所不同,但原则上可以概括为"三线四面"原则:在平面上,圈闭范围,可根据储集层构造图的构造线、断层线、地层尖灭线(包括剥蚀线、岩性尖灭线)来圈画;在剖面上,则可根据构造面、断层面、不整合面、岩性变换面来确定。如背斜圈闭,其闭合面积由最低一条闭合等高线所圈定。关于断层圈闭,如果断层是封闭的,其闭合面积可按断层线与储集层顶面等高线相闭合时所圈定的面积计算。如图5-4所示,C 点为溢出点,则等高线 CD 与断层线 BD 和 AC 所圈定的面积为其闭合面积。C 点与闭合面积内最高点的高差为其闭合高度。但是,若资料说明断层两侧的渗透性岩层相遇,A 点为溢出点,此时断层圈闭的闭合高度和闭合面积就都相应变小了。假如断层面本身是不封闭的,则就不可能形成圈闭,其他参数也就不存在了。

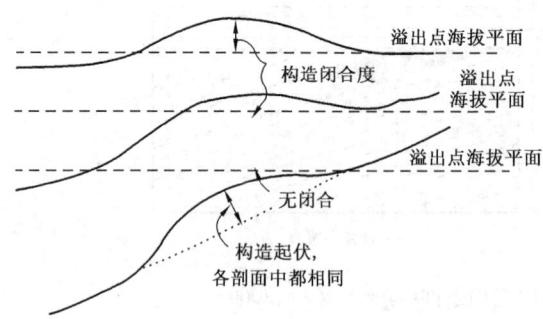

图5-3 构造闭合度与构造起伏幅度
(据张厚福等,1999)

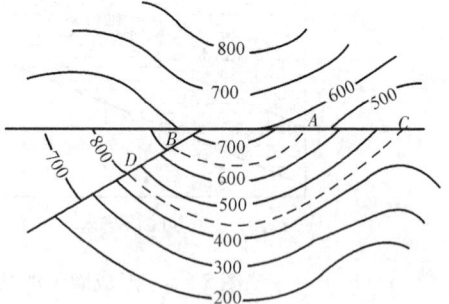

图5-4 断层圈闭的溢出点、闭合面积和闭合高度示意图(据张厚福等,1999)

二、油气藏的概念及度量

(一)油气藏的概念

油气藏是油气在单一圈闭中的聚集,是地壳上油气聚集的基本单元。一个油气藏具有统一的压力系统和统一的油、气、水边界。如果圈闭中只聚集了石油,则称油藏;只聚集了天然

气,则称气藏;二者同时聚集,则称为油气藏。

油气藏的重要特点是在"单一圈闭中"的油气聚集。所谓"单一",主要是指受单一要素所控制,在单一的储集层中,具有统一的压力系统,统一的油气水边界。如图5-5所示,同一背斜中有三个储集层,分别组成三个圈闭,具有三个不同的压力系统、不同的油气水边界,就应该认为是三个油气藏。

若油气聚集的数量足够大,具有开采价值,则称为商业油气藏。究竟聚集多少数量的油气才有开采价值,这取决于政治、技术、经济等各方面的条件。过去认为没有开采价值的非商业性油气藏,现在由于开采技术及工业条件的发展,或者由于对石油的特别需要,可以成为有开采价值的商业性油气藏。所以,商业性油气藏的概念,可以认为是随时间、条件的改变而变化的。

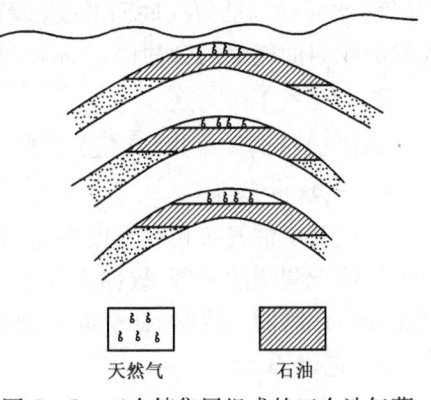

图5-5 三个储集层组成的三个油气藏

(二)油气藏的度量

1. 油(气)水界面

在油气藏中,由于重力分异的结果,油、气、水的分布有一定的规律:气在上,油居中,水在下。因此在油气藏中存在油气界面和油水界面,在油藏中只有油水界面,气藏中只有气水界面。在一般情况下,这些分界面是近于水平的。在未被破坏的背斜油气藏中,油、气、水分界线的水平投影线,往往与构造等高线大致平行(图5-6)。

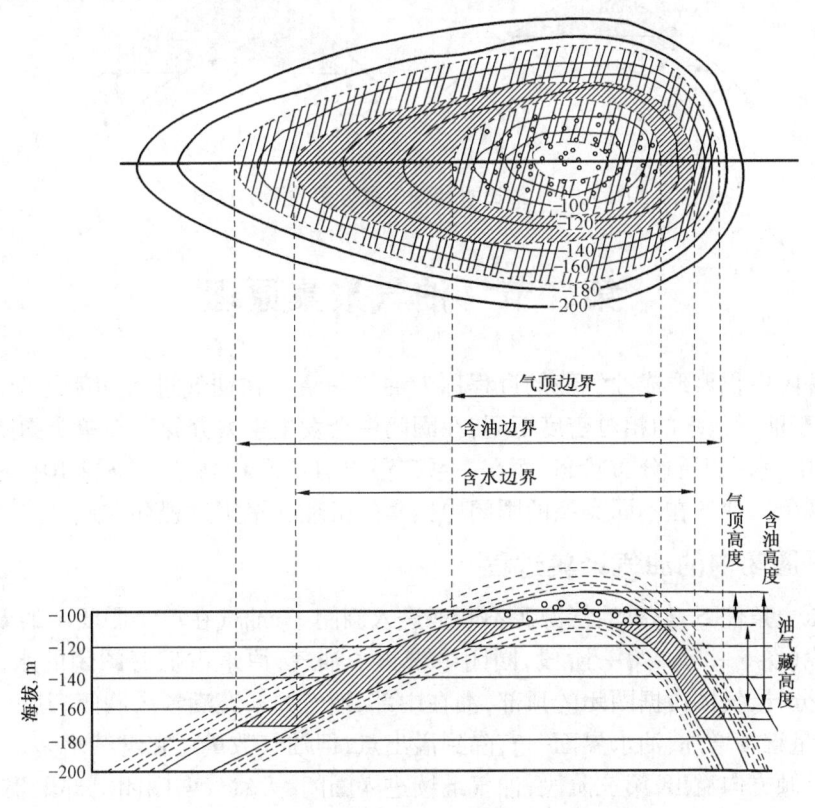

图5-6 背斜油气藏中油、气、水分布示意图

2. 含油(气)边界和含油(气)面积

含油(气)边界通常是指油(气)水界面与油(气)储集层顶、底面的交线,其中油(气)水界面与储集层顶面的交线称为外含油(气)边界,又叫含油(气)边界,有时叫含油(气)外边界。油(气)水界面与储集层底面的交线称内含油(气)边界,又叫含水边界。含油(气)外边界围成的面积叫油气藏的含油(气)面积(图5-6)。

3. 油(气)柱高度

油(气)柱高度是指油(气)藏油(气)水界面至油(气)藏最高点的垂直距离(图5-6)。

4. 气顶和油环

油气藏中油气按相对密度发生分异,气位于圈闭的最高部位,油位居中部,水在最下面。由于气位于圈闭的顶部,故称为气顶;如果储集层较薄,气顶的含气高度大于储集层的厚度,油只能分布在圈闭的周缘,在平面上油呈环带状分布,称为油环。

5. 充满系数

油气藏的含油(气)高度与圈闭的闭合高度的比值定义为充满系数。一般情况下在富含油气区,充满系数高,在贫含油气区,充满系数低。

6. 底水和边水

如果油气藏储集层厚度不大,或储集层倾角较大,油气柱的高度大于储集层的厚度,这时油气充满圈闭的高部位,水围绕在油气藏的四周,这时水分布在内含油气边界以外,这种水称为边水。如果油气柱高度小于储集层的厚度,内含油(气)边界就不存在了,这时油气藏的下部全为水,这种水称为底水,如图5-7所示。

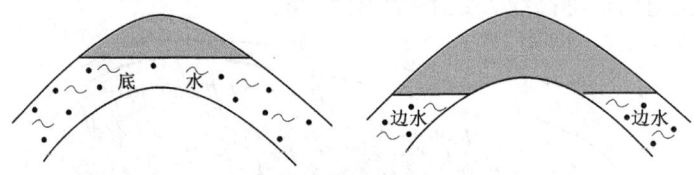

图5-7 油田水与油气藏分布关系示意图

第二节 油气聚集原理

油气在圈闭中积聚形成油气藏的过程称为油气聚集。在油气进入圈闭之前,圈闭中是充满了水的,由于油、气、水的相对密度不同,在圈闭中会发生重力分异。在单个圈闭中则会形成气在上,油居中,水在下的分布状态;而在一系列溢出点依次抬高的连通圈闭中则会形成油气的差异聚集现象。油气在不同类型的圈闭中聚集的机理和聚集过程存在差异。

一、单一圈闭内的油气聚集过程

在静水压力条件下,如果油气源源不断地进入圈闭中,油气在单个圈闭中的聚集过程可以分成三个阶段(图5-8)。第一阶段,圈闭中聚集了油气,原来占据着圈闭的水,被排出一部分,由于重力分异,气体占据圈闭的顶部,油在中部,油气并未充满整个圈闭,其下部为水;第二阶段,油气数量继续增加,油水界面一直降到溢出点,但油气数量还在继续增多,一部分石油便从溢出点沿上倾方向溢出;第三阶段,油气继续进入圈闭,天然气向圈闭上部聚集,把石油推向溢出点,石油不断地被排出,当天然气的数量显然足够占据整个圈闭时,石油便不可能再进入圈闭,而是沿溢出点向上倾方向溢去。在这种情况下,这个圈闭就完全被天然气所充满了。

二、油气在系列圈闭中的差异聚集

(一)溢出型油气差异聚集(Gussow 的差异聚集原理)

在世界上的很多盆地中,发现这样一种现象,在一系列连通的圈闭中,低处的构造圈闭中充满着天然气,而在高处的构造圈闭中却充满着石油,而构造位置更高的圈闭中可能只有水而没有油气。1953 年加拿大石油地质学家 W. C. Gussow 系统研究了这种现象,提出了油气差异聚集原理(Levorson,1967)。

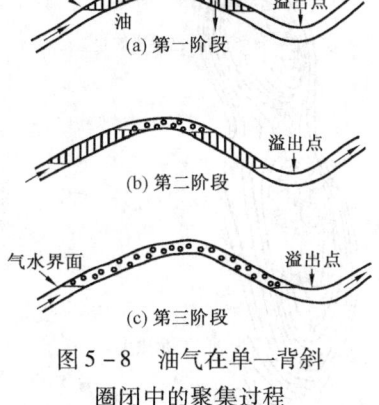

图 5-8 油气在单一背斜圈闭中的聚集过程

假如在静水压力条件下,同一渗透层相连通圈闭的溢出点海拔依次递增,而且没有局部支流运移和溶解气体的影响,就会出现如图 5-9 所表示的油气差异聚集情况。

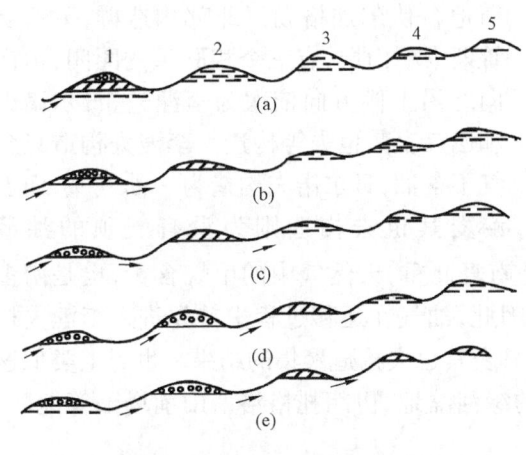

图 5-9 在相连通的一系列圈闭中油气差异聚集的情况示意图

图 5-9(a)表示第一阶段,油气从盆地中油源区沿区域性上倾方向运移,首先进入圈闭 1,这时圈闭 1 尚未装满;图 5-9(b)代表第二阶段,油气继续供应,圈闭 1 中之油水界面下降至溢出点,石油开始从圈闭 1 中溢出而进入圈闭 2,但天然气仍在圈闭 1 中形成气顶;图 5-9(c)代表第三阶段,油气仍在继续供给,使圈闭 1 完全充满天然气,油气则通过溢出点向圈闭 2 运移,此时在圈闭 1 中已形成纯气藏,圈闭 2 则形成有气顶的油藏;如此继续聚集,如果油气供给比较充足,则通过图 5-9(d)、(e)阶段,最终的结果可能是圈闭 1 为纯气藏,圈闭 2 为带气顶的油气藏,圈闭 3、4、5 可能为纯油藏。当油气供应来源特别充足或者不充足的时候,则油气在五个圈闭中的聚集情况会有所变化,但所遵循的原理是不变的。

要特别注意的是溢出点的高度,它是控制油气是否继续向上倾方向运移的控制点,而构造圈闭的顶点并不起控制作用(图 5-10)。溢出点最低的圈闭 1 中将充满天然气,而溢出点稍高的圈闭 2 中则油气并存(虽然圈闭 1 的构造顶点高于圈闭 2 的构造顶点);溢出点更高的圈闭 3 中则为没有气顶的油藏。

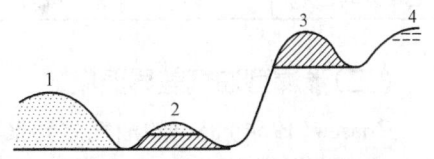

图 5-10 溢出点控制示意图

因此,油气差异聚集的结果如下:

① 在离供油气区最近,溢出点最低的圈闭中,在气源充足的前提下,形成纯气藏;相离稍远的,溢出点较高的圈闭中,可能形成油气藏或纯油藏;在溢出点更高,距油源区更远的圈闭

中,可能只含水。

②一个充满了石油的圈闭,仍然可以作为有效聚集天然气的圈闭。但是,一个充满了天然气的圈闭,则不再是一个聚集石油的有效圈闭了。

③若油气按相对密度分异比较完善,则离供油区较近,溢出点较低的圈闭中,聚集的石油或天然气的密度应小于距油源区较远、溢出点较高的圈闭中的油或气的密度。

④所形成的纯气藏、油气藏、纯油藏的数目,取决于油气来源供应的充分程度,及圈闭的大小和数目。

在世界上,目前已发现很多符合油气差异聚集原理的油气田实例。例如,俄罗斯地台伏尔加格勒区北部构造群,下石炭统斯大林山层,有三个相联系的圈闭,由南向北沿上倾方向依次为李涅夫、日尔诺夫和巴赫麦其也夫等构造。李涅夫构造只含气不含油,日尔诺夫构造为一油气藏,而巴赫麦其也夫构造则为没有气顶的油藏

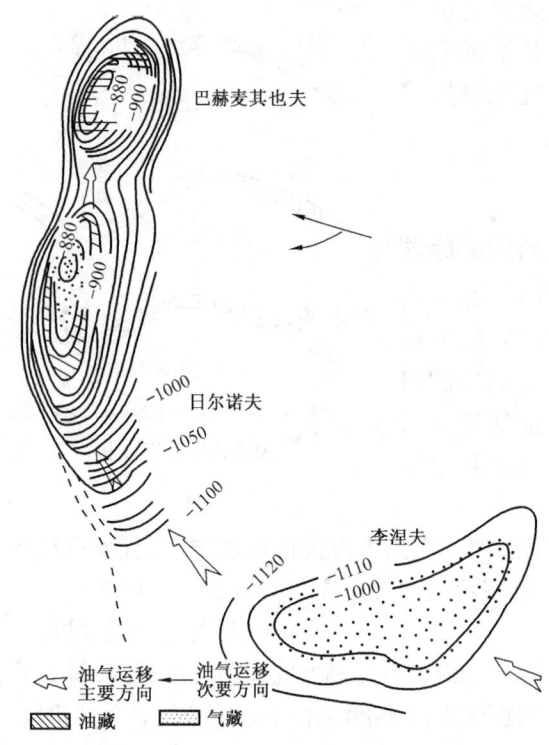

图 5-11 俄罗斯地台伏尔加格勒区下石炭统斯大林山层三个相联系的构造圈闭中油气差异聚集的情况

(图 5-11 和表 5-1)。其中所含石油的密度也是南轻北重,天然气中的甲烷含量,也是南多北少。这是由于油气源在李涅夫构造东南方向,因此,油气在运移过程中首先进入李涅夫构造,然后按差异聚集原理依次在日尔诺夫构造、巴赫麦其也夫构造聚集的结果。世界上类似这样油气差异聚集实例很多,例如美国落基山地区的绿河盆地、伊朗扎格洛斯山前坳陷等地区,都发现有这种实例。

表 5-1 三个构造的油气差异聚集特征

构造名称	顶部标高,m	含油气情况	油气柱高度,m	石油相对密度	天然气含 CH_4 量,%
李涅夫	-1091	只含气	气柱 14		91.5
日尔诺夫	-1882	油藏有气顶	气柱 20;油柱 20	0.840~0.850	86
巴赫麦其也夫	-857	油藏无气顶	油柱 49	0.859~0.874	0

(二)渗漏型油气差异聚集

Gussow(1954)提出的油气差异聚集原理是假设圈闭的盖层质量足够好、足以封盖住达到溢出点时油气柱高度,并且一系列溢出点依次抬高的圈闭为同一储层的情况。实际地质情况下,只有一些大型沉积盆地才有可能满足这些条件。更普遍的情况下,油气并不一定是充满圈闭后从圈闭的最低部位溢出,而是多样的。如图 5-12 所示,位于盆地下倾部位(低台阶)的断层油气藏可能随断层的活动而从圈闭的高部位漏失部分油气,多次活动可能只聚集石油;这些漏失的油气继续向上部浅层或上倾方向运移,在中台阶形成油气藏;中台阶的断层油气藏随

断层活动主要漏失天然气,在高台阶形成气藏。从而造成从盆地中心到盆地边缘,随埋深变浅,依次出现油藏、油气藏、气藏的演化系列。东营凹陷永安镇地区的油气藏相态分布就是这一种模式。

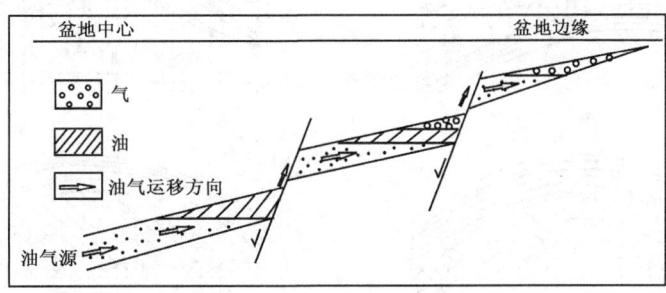

图 5-12　断层渗漏型油气差异聚集示意图(据蒋有录等,2006)

如果盖层质量不高,当圈闭中聚集的油气达到盖层能够封堵的最大油气柱时,部分油气可突破盖层发生渗漏并向上运移,油气的聚集分布出现多样性,可造成最轻的烃类占据高的层位,最重的烃类在最底的层位,如图 5-13 所示。因此,我们可把这类油气运移聚集模式称为渗漏型油气差异聚集(图 5-12 和图 5-13)。

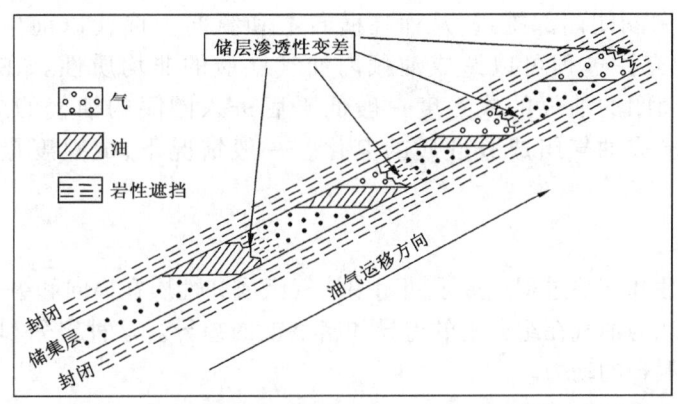

图 5-13　盖层渗漏型油气差异聚集示意图(据蒋有录等,2006)

三、圈闭中油气的充注与混合过程

上述油气在单一圈闭和系列圈闭中的聚集过程表示了油气在圈闭中聚集的宏观特征。实际上,由于储集层孔隙结构的非均质性和油气流体的非均质性,油气在圈闭中的微观聚集过程是十分复杂的,它包括了油气进入圈闭时由于储集层不同部分孔隙性和渗透性的差异造成的充注过程的微观差异,也包括在油气充满圈闭后,由于流体的非均质性所发生的混合作用和分异作用。

(一)充注过程

充注过程是油气不断进入圈闭储集层储集空间的过程。由于储集层的非均质性,储集层的孔隙大小不一,造成油气在进入不同孔径的孔隙时所受的毛细管力有大有小,因此,油气则最初优先选择毛细管阻力较小的大孔隙呈树枝状进入储集层;随着油气不断向圈闭中充注,烃柱随之增高,浮力增大,油气在增大的浮力的作用下逐渐进入较小的孔隙并将储集层中的地层水排出;如果充注的油气充足,最后将充满整个储集层的孔隙空间(图 5-14)。

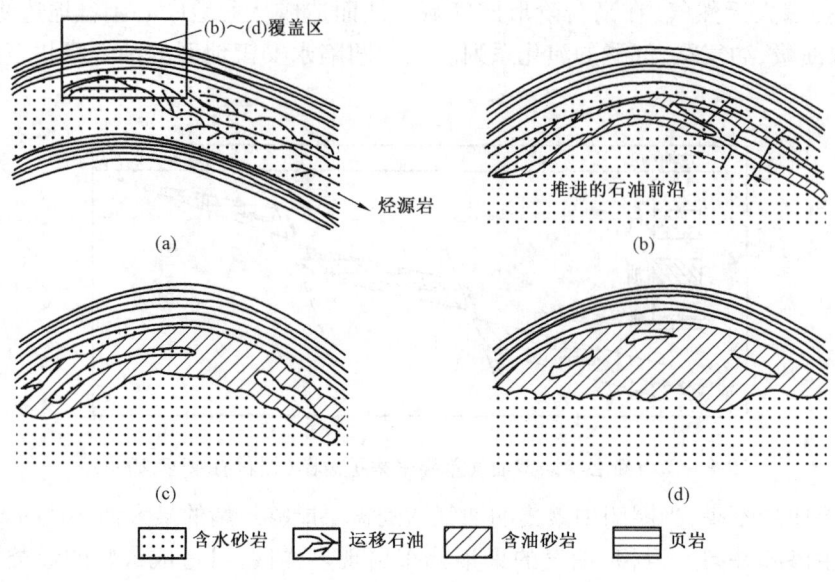

图 5-14　油气向圈闭充注过程示意图（据 England,1987）

如果新生成的石油源源不断地从烃源岩中排出并从圈闭的一侧注入，则它就像一系列"波阵面"那样，向圈闭内部推进，从而在横向上和纵向上取代以前生成和注入圈闭的石油。油气的这种充注过程可以造成油藏内油气性质的非均质性。在油气向圈闭充注的过程中，先进入圈闭的油气的成熟度一般低于后进入圈闭的油气的成熟度，因此沿油气的充注方向，会造成油气组成或性质的变化。一般情况下，成熟度最高的石油最靠近圈闭的充注点。

（二）混合过程

储层的非均质性和充注过程造成了圈闭中油气组成和性质在横向和纵向的非均质性。这种非均质性主要表现为油气在组分上的差异和密度上的差异。这种组分和密度上的差异，构成了油气在圈闭中混合的动力。

1. 密度差驱动的混合作用

油气在进入圈闭时，往往是早期注入的成熟度较低、密度较大的石油聚集在储集层的顶部，晚期注入成熟度较高、密度较低的石油聚集在储集层的下部。这种石油密度上高下低的分布状态是不稳定的，在密度差的驱动下，高密度的石油将下沉，低密度的石油将上浮，从而使圈闭中的石油发生纵向上的混合，直到石油按密度分异完全为止。England(1987)通过模拟实验证实，如果储层的渗透率为 $100 \times 10^{-3} \mu m^2$，石油的黏度适中，2km 范围内的密度差异可以在 1Ma 内消失。如果在目前油层的纵向上存在着流体密度上高下低的情况，则说明储集层在纵向上存在妨碍流体混合的屏障。

2. 浓度差驱动的混合作用

油气充注的过程也可以导致石油组分在横向和纵向上存在非均质性，造成同一烃类组分在圈闭不同部位的浓度的不同。由于浓度差的存在，烃类组分将发生扩散作用，使组分的浓度趋于平衡，因而发生混合作用。England(1987)研究表明，垂向上的扩散作用可以在 1Ma 的时间内消除组分上的浓度差，但横向几千米规模（油田规模）上的非均质性的混合则需要几十百万年甚至更长时间，也就是说，在整个油田范围内由于油气充注造成的流体组成和性质的非均质性一般不会由于扩散作用而达到均质化。这也正是可以根据油田范围内油气组成和性质的变化研究油气充注方向的理论依据。

第三节 油气藏形成的基本条件

油气藏的形成是烃源岩、储集层、盖层、圈闭、运移和保存条件等多种地质要素综合作用的结果。烃源岩是形成油气藏的物质基础,储集层为油气的储集提供了空间,盖层是避免储集层中的油气向上散失的屏障,圈闭是油气得以聚集的场所,运移过程是油气从分散状态向圈闭集中形成油气藏的必备过程,地质历史中形成的油气藏只有一定的条件下才能保存下来形成油气资源。这六个方面的地质要素概括为"生、储、盖、圈、运、保"六个字。但是,一个盆地要形成丰富的油气资源仅仅具备上述成藏要素还是不够的,上述成藏要素的优劣、各成藏要素在时间及空间上能否有效匹配对油气藏形成和油气富集起重要的控制作用,因此可以更进一步地概括为"充足的油气来源、有利的生储盖组合配置关系、有效的圈闭、良好的保存条件"四项油气藏形成的基本条件。

一、充足的油气来源

在一个沉积盆地中,要形成储量丰富的大型油气藏,充足的油气来源是基本条件,也是首要条件。盆地中油气源的丰富程度主要取决于烃源岩的规模和质量。

大规模的烃源岩是保证充足油气来源的基础。烃源岩规模是指烃源岩体积的大小。若烃源岩的面积大、烃源层系多、烃源岩累积厚度大,则烃源岩规模大。大规模的烃源岩多发育在大型的沉积盆地中。世界油气勘探的经验表明,油气资源丰富、拥有大型油气田的盆地基本上都是大型盆地。世界上61个特大油气田分布在10个大型含油气盆地中,拥有世界石油及天然气储量的一半以上。这些盆地都具有盆地面积大,沉积岩厚度大,生油凹陷面积大,烃源层系多、烃源岩厚度大等基本特征,因此油气来源十分充足(表5-2)。我国主要含油气盆地的实际情况也说明了同样的问题。我国目前已发现的石油储量的95%分布在12个主要含油气盆地中,几乎所有的大油气田也分布在这12个盆地中(表5-3)。

也应该注意到,某些盆地尽管面积较小,但烃源岩总厚度大,使得烃源岩规模大,油气源也很充足,也可形成丰富的油气聚集。例如美国西部的洛杉矶盆地,是一个面积仅3900km^2的小型沉积盆地。在中新世晚期到更新世短短的时间内,就沉积了厚度达6000m以上的沉积岩,在沉积凹陷的中心部位,泥质烃源岩系厚达2000~3000m,油源极为丰富。在油源区及其附近,砂岩储集层发育,储集层与烃源层互层或指状交错,还有断层连通,十分有利于油气运移,且发育有一系列背斜构造,圈闭条件好,圈闭面积及高度也较大。因此,形成数目众多的油气田,且含油厚度特别大,一般可达1000m以上,长滩油田油层厚度最厚可达1585m。该盆地每平方公里发现的石油可采储量近$20 \times 10^4 m^3$,居世界各含油气盆地之首。此外,如罗马尼亚的普洛耶什蒂盆地、美国加利福尼亚的文图拉盆地、我国东部的渤海湾盆地,都是丰度极高的小型含油气盆地。

烃源岩质量的高低对一个盆地油气来源的丰富程度也有重要影响。烃源岩质量的高低主要取决于烃源岩的有机质丰度、有机质类型和有机质的成熟度。丰度高、类型好和成熟度适当的烃源岩有利于大量烃类的生成,是充足油气来源的必要保障。

表 5-2 国外 10 个大型含油气盆地简况表（据柳广弟，2009）

盆地名称	盆地面积 $10^4 km^2$	沉积岩系发育概况			烃源岩发育概况		油气可采储量及特大油气田数
		时代	厚度，m	体积 $10^4 km^3$	时代	岩性及厚度	
波斯湾	328	古生代、中—新生代，以 J、K、E、N 为主	5000~12000，平均 3000	1000	J_3、K_2、E 为主	碳酸盐岩为主，最厚 4000m，主要烃源层厚 1000~1500m	油 $541×10^8$ t 28 个
西西伯利亚	350	中—新生代，以 J、K 为主	最厚 4000~8000，平均 2600	900	J_2—K，以 J_3、K_1 为主	泥岩（前三角洲），500~1000m	油 $60×10^8$ t 8 个
墨西哥湾	130	中—新生代	最厚 12000，平均 4000	545	J_3—N_1，以 K_3、N_1 为主	泥岩为主，部分为碳酸盐岩，1000~2000m	油 $53.4×10^8$ t 1 个
马拉开波	8.5	中—新生代（K—N）	最厚 10000，平均 4600	40	K—N，以始新世为主	K 为石灰岩、黏土岩，厚 150~200m；E 为泥岩，2000m	油 $73×10^8$ t 2 个
伏尔加—乌拉尔	70	以早古生代为主	一般小于 2000，在乌拉尔山前可达 8000，平均 3100	220	中泥盆世—早二叠世	以泥岩为主，总厚 200~500m	油 $42.7×10^8$ t 2 个
利比亚锡尔特	51.9	古生代—新生代，以 K、E、N 为主	古生界 1500，K 上最厚 5000，平均 2500	120	K—E，以 K_2、E 为主	以石灰岩、泥灰岩为主，部分为泥岩，1000~2000m	油 $40×10^8$ t 气 $7790×10^8 m^3$ 4 个
三叠	44	古生代—中生代	4000~5000	160	志留纪	页岩 200m	油 $9.9×10^8$ t 气 $29940×10^8 m^3$ 3 个
北海	62	二叠系—新近系	总厚 8000，古近系、新近系 3000	300	侏罗纪，古近纪、新近纪，部分晚石炭世	泥岩	油 $34×10^8$ t 气 $184080×10^8 m^3$ 4 个
尼日尔河三角洲	50	新生代	一般 4000~6000，最大 12000	300	古近纪	泥岩 1000~2000m	油 $27×10^8$ t 气 $11200×10^8 m^3$ 6 个
美国西部	60.2	古生代、中生代	9000	300	$\in$、C、P	泥岩为主，200~400m	1 个（气）

表 5-3 我国主要含油气盆地烃源岩面积与厚度(据柳广弟,2009)

盆地名称	面积 km²	沉积岩厚度 m	生烃凹陷面积 km²	烃源岩层系	烃源岩厚度 m
松辽	261000	6800	55000	K	300~600
渤海湾	213000	10000	100400	E/N	500~1500
鄂尔多斯	320000	5500	175000	O/C—P/T	300~700
四川	230000	8000	138000	$\text{€}_1/S_1$、$P/T_3/J_1$	350~3350
准噶尔	131000	10000	60000	P/J	300~1000
塔里木	563000	11000	150000	€/O/C—P/T—J	500~2000
吐哈	55000	8000	20000	P/T/J	400~700
柴达木	121000	7500	34600	J/E/N/Q	400~2000
东海	241300	12000	180000	E	500~1000
珠江口	201000	8900	64300	E	300~1000
莺歌海	98700	10000	29000	E	400~1000
琼东南	50116	6000	24200	E	300~1500

目前常用生烃强度来评价盆地的含油气丰富程度。生烃强度是单位盆地面积内某一层系内的烃源岩的生烃量。根据中国陆相含油气盆地统计,能够形成商业油气聚集的生烃强度下限值有两个衡量指标,一是最大生烃强度大于 $1\times10^6 t/km^2$;另一是平均生烃强度大于 $0.5\times10^6 t/km^2$。

二、有利的生储盖组合

生储盖组合是地层剖面中紧密相邻的包括烃源层、储集层和盖层的一个有规律的组合。油气田的勘探实践证明,烃源层、储集层、盖层的有效匹配,是形成丰富的油气聚集,特别是形成大型油气藏必不可少的条件之一。有利的生储盖组合的含义是指烃源层中生成的丰富油气能及时地运移到良好储集层中,同时盖层的质量和厚度又能保证运移至储集层中的油气不会逸散。这是形成大油气藏的必备条件。

(一)生储盖组合类型

根据烃源层、储集层、盖层三者在空间上的相互配置关系,可将生储盖组合划分为图 5-15 所示的四种类型(张厚福等,1999)。

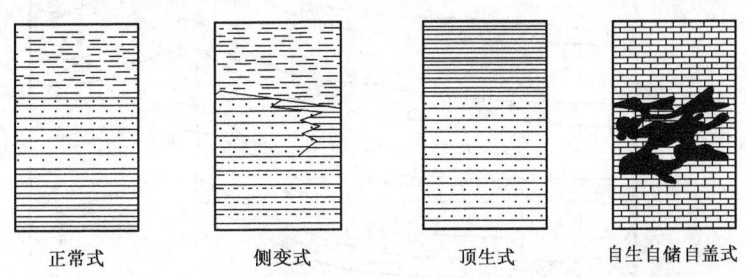

图 5-15 生储盖组合类型示意图(据张厚福等,1999)

正常式生储盖组合:指在地层剖面中烃源层位于组合下部、储集层位于中部、盖层位于上部的生储盖组合。在这种组合中,油气从烃源层向上排出的油气可以直接进入储集层并被上覆的盖层所封盖。正常式生储盖组合是我国许多油田最主要的组合方式。

侧变式生储盖组合：由于岩性、岩相在横向上发生变化导致烃源层与储集层在侧向上接触，形成了侧变式的生储盖组合。这种组合多发育在生油凹陷斜坡带或古隆起斜坡上，由于岩性、岩相横向发生变化，使烃源层和储集层同属一层，二者以岩性的横向变化方式相接触，油气以侧向同层运移为主。例如在三角洲相往往会出现这种组合。

顶生式生储盖组合：烃源层与盖层同属一层，而储集层位于其下的组合类型。例如华北任丘油田，古近系沙河街组泥岩既是烃源层又做盖层，直接覆盖在具有孔隙、溶洞、裂缝的中—新元古界白云岩储集层之上。

自生自储自盖式生储盖组合：石灰岩中局部裂缝发育段储油、泥岩中的砂岩透镜体储油和一些泥岩中的裂缝发育段储油都属于这种组合类型，最大特点是烃源层、储集层和盖层都属同一层。四川盆地川南二叠系石灰岩某些气藏、柴达木盆地油泉子油田泥岩裂隙油藏等，均属此种组合方式。

由于沉积的旋回性，在沉积盆地中往往会出现砂岩和泥岩的频繁互层，如果此时的泥岩为烃源岩，则会形成一种互层式的生储盖组合，此时的泥岩既是烃源层又是盖层。实际上互层式的生储盖组合可以看成是正常式生储盖组合和顶生式生储盖组合的有机结合。

根据烃源层与储集层的时代关系，还可将生储盖组合划分为新生古储、古生新储和自生自储三种形式。新生古储式的组合是指较新时代地层中生成的油气储集在相对较老的地层的一种组合；古生新储是指较老时代地层中生成的油气储集在较新时代地层中；而自生自储是指烃源层与储集层都属于同一时代的地层。

（二）不同类型生储盖组合的评价

不同类型的生储盖组合中，烃源层和储集层的接触关系和接触面积不同，使得油气输导能力和富集条件不同，从而造成不同类型生储盖组合有效性的差异。

互层式的生储盖组合有效性最高。在这种组合中，烃源层和储集层频繁互层，二者接触面积大，烃源岩的排烃条件好，储集层上、下烃源层中生成的油气，可以及时地向储集层中输送，对油气运移和富集都最为有利。当储集层中有背斜存在时，则油气可从四周向背斜中聚集，形成油气藏（图5-16）。因此，互层式的生储盖组合油气聚集效率最高。

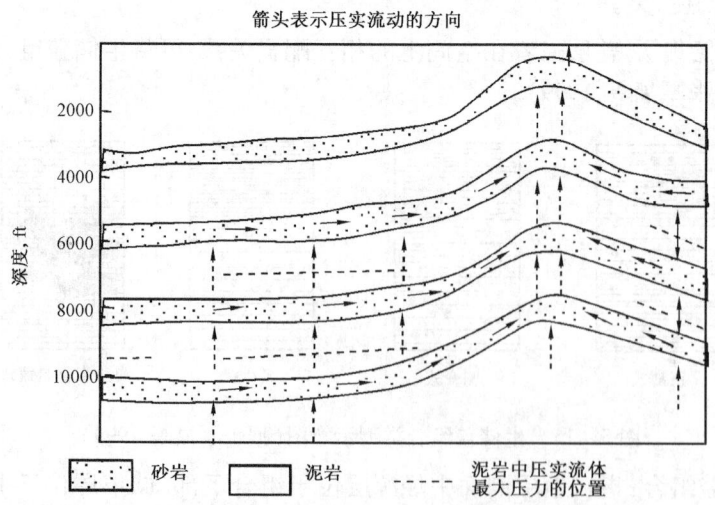

图5-16 源岩层与储集层为互层组合时，油气初次运移和聚集示意图（据Cordell,1976）

由砂泥岩互层组成的烃源岩层系,由于单层烃源岩的厚度一般不大,而与储集层的接触面积大,一般排烃条件较好。因此,可以利用砂—泥比率图来寻找油气田并获得较好效果。Dickey 等(1958)研究了美国怀俄明州盐溪区白垩系弗朗提尔组砂—泥比率与油气聚集的关系(图 5-17),发现石油多产自砂岩与页岩之比例为四分之一的地区,即油田多分布在砂泥比值在 0.25~0.5 等比率线的范围内,气田则主要分布在砂泥比值在 0.5~1.0 的范围内。与此相似,在俄克拉何马州东南部宾夕法尼亚亚系阿托卡组石油多聚集在砂泥比率 0.5~2.0 的地区(图 5-18)。

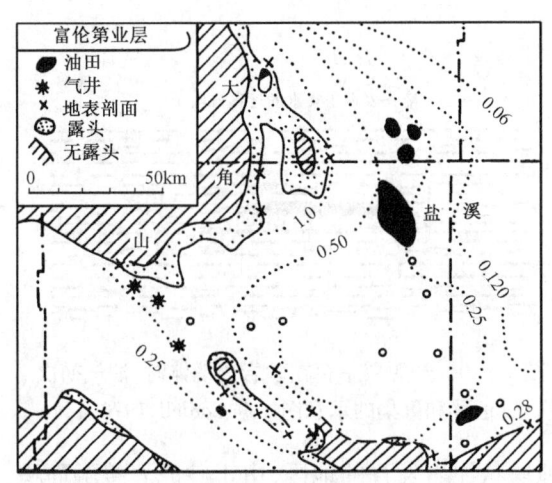 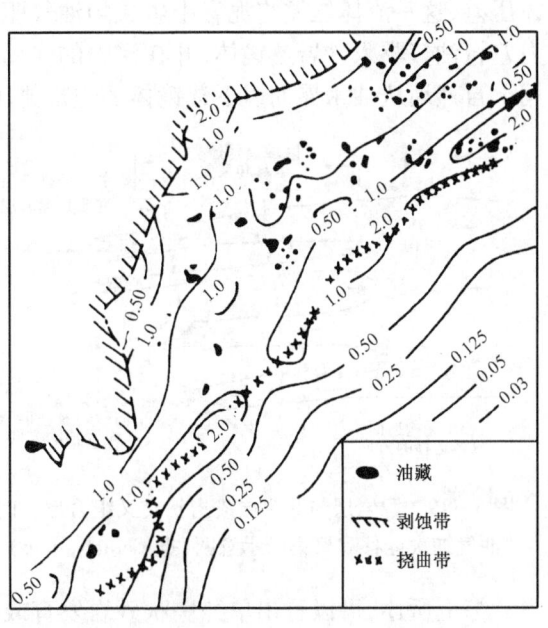

图 5-17 美国怀俄明州盐溪区白垩系弗朗提尔组砂—泥比率图(据 Dickey et al.,1958)

图 5-18 美国俄克拉何马州东南部宾夕法尼亚亚系阿托卡组砂—泥比率图(据 Busch,1950)

从不同学者对世界若干产油地区砂、泥岩厚度比率和剖面中的砂岩厚度百分率的统计结果(表 5-4)可以看出:对石油聚集最有利的砂岩占地层厚度的百分比大致介于 20%~60% 之间。

表 5-4 若干地区石油聚集的最佳砂岩百分比

产油地区及层系	砂岩—泥岩厚度比率	砂岩厚度百分比,%	研究者
美国落基山区上白垩统	0.25~1	20~50	Krumbein 等(1953)
秘鲁帕里纳斯砂岩油藏	0.60	37	Youngquist(1958)
美国怀俄明州盐溪区白垩系费朗提尔组	0.25~1	20~50	Dickey 等(1958)
美国俄克拉何马州宾夕法尼亚亚系阿托卡组	0.50~2.0	33~67	Busch(1950)

在侧变式的生储盖组合中,在烃源层和储集层指状交叉的部位与互层相似,也具有良好的输导条件。在面向盆地远离交叉带的一侧,由于附近缺乏储集层,输导能力受到一定限制;而在另一侧,则只有储集层,缺乏烃源层,油气源供应也受到一定限制。因此,侧变式生储盖组合的输导条件和油气富集条件都较互层式差(图 5-19)。

烃源岩中的砂岩透镜体储油属于自生自储自盖式生储盖组合的一种。当烃源层中存在砂岩透镜体时,从接触关系来看,应该是油气的输导条件最为有利。但是,在这种情况下,油气输导的机理,至今还没有被充分地理解。因为,在油气生成之前,砂岩透镜体早已被水所充满,要使油气进入透镜体,必须同时有等量的水被排出。油气进入透镜体的机理比较容易理解,但对透镜体中的水是如何排出的则有不同的看法。Cordell(1976)认为,烃源层中的油气是从砂岩透镜体的底下进入透镜体的,而透镜体内原有的水从上部排出(图5-20)。最近的研究表明,油气的进入和透镜体中水的排出主要与毛细管力的作用和流体压力作用有关。赵文智等(2007)认为,泥岩的生烃作用、砂泥岩的差异压实作用可以在泥岩与砂岩透镜体之间产生流体压差,这一流体压差将泥岩中生成的油气驱向砂岩透镜体,泥岩与透镜体接触带的毛细管压力差将油气驱入砂岩透镜体,并在浮力的作用下向透镜体顶部聚集;水可以在毛细管力差的作用下自然地从油水界面以下透镜体的边部排出泥岩。

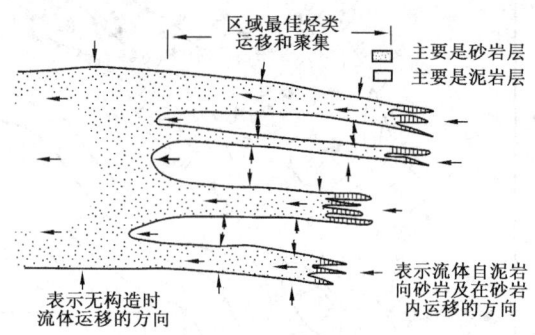
图5-19 源岩层与储集层成指状交叉组合形式时油气初次运移和聚集的示意图(据Cordell,1976)

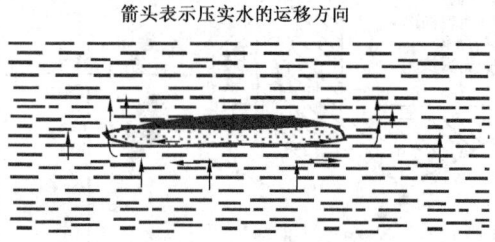
图5-20 烃源层中存在砂岩透镜体时,油气初次运移和聚集的示意图(据Cordell,1976)

综上所述,可以看出单纯块状砂岩发育或单纯块状泥岩发育的地区,由于砂泥岩接触面积小,排烃效率不高,对石油聚集不利。只有在砂岩厚度百分比介于20%~60%,即砂岩储集层单层厚约10~15m、泥岩烃源岩单层厚约30~40m,二者呈略等厚互层的地区,砂泥岩接触面积最大,烃源岩排烃条件好,最有利于石油聚集。

三、有效的圈闭

大量油气勘探实践证明,在具有油气来源的前提下,并非所有圈闭都聚集了油气。而是有的圈闭聚集了油气形成油气藏,从而成为有效圈闭;有的圈闭只含水,属于所谓"空"圈闭,这表明它实际上对油气聚集而言是无效的。因此,圈闭的有效性就是指在具有油气来源的前提下圈闭聚集油气的实际能力。影响圈闭有效性的主要因素有如下4个方面。

(一)圈闭形成时间与油气区域性运移时间的关系

石油和天然气只有在圈闭形成以后才能在其中聚集起来。如果在一个沉积盆地内,有的圈闭是在最后一次区域性油气运移以后形成的,它形成时,油气早已运移过去了,这种圈闭对油气的聚集显然无效。只有那些在油气区域性运移以前或同时形成的圈闭,对油气的聚集才是有效的。

酒泉西部盆地老君庙和青草湾两背斜都位于南部前山背斜构造带,其古近系地层中具有相似的背斜圈闭。钻探结果表明,老君庙背斜含有丰富油气,是有效的圈闭,而青草湾背斜则未发现油气聚集。在对比了两个背斜构造的地质发展历史后,发现除与岩性变化有关外,背斜圈闭形成时间与区域性油气运移时间的对应关系,是一个极重要的原因。酒泉盆地最后一次区域性油气运移时间是上新世,此时老君庙背斜已经形成,油气聚集其中,形成了油气藏。而青草湾背斜圈闭,是在上新世末期才形成,这时区域性的油气运移已经结束,缺乏油气来源,而且其海拔高度又低于老君庙背斜,也不能使油气重新运移至该圈闭中;因此,青草湾背斜圈闭对油气聚集是无效的,没有形成油气藏(图5-21)。

不同类型的圈闭形成时间是不同的。岩性圈闭是在其所赋存的地层具有封闭条件的时候就开始形成了,对于同一套地层中的圈闭而言,岩性圈闭形成的时间是最早的;地层不整合圈闭是在不整合面以上的地层具有封闭性的时候形成的;大量的构造圈闭(挤压背斜圈闭、断层圈闭等)则是在后期构造运动的过程中形成的。而盆地内大规模的油气运移往往与盆地的区域性构造运动同时发生。每一次大规模的构造运动都可以造成盆地内油气的大规模运移和重新分配,因此决定盆地内地质构造现状的最后一次构造运动,就控制了最后一次区域性油气运移的时间。

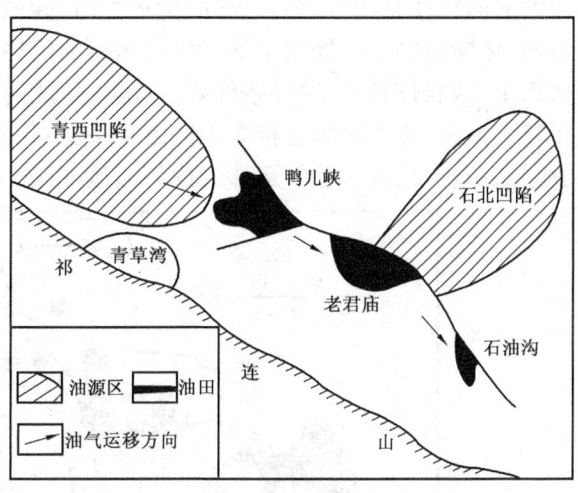

图5-21 酒泉盆地青草湾—老君庙油气聚集区域示意图(据蒋有录等,2006)

(二)圈闭与油源区的距离

国内外油气勘探实践已经证明,沉积盆地中的生油坳陷控制着油气的分布。一般长期继承性发育的深坳陷是盆地内最有利的生油区。油气生成后,首先运移至油源区内及其附近的圈闭中聚集起来形成油气藏。多余的油气则依次向较远的圈闭运移聚集。如果油源有限,不能满足盆地内所有圈闭的总有效容积时,则距油源区远的圈闭通常成为无效的圈闭。所以,一般情况下,圈闭所在位置距油源区越近,越有利于油气聚集,圈闭的有效性越高。

尤其是陆相沉积盆地中,储集层的岩性岩相在纵向、横向上变化大,油气运移距离短。因此,在生油区内及其附近的圈闭是最有利的,油气富集程度高,而远离生油区的圈闭富集程度低或往往是无效的。在海相地层发育的沉积盆地中,储集层岩性一般较稳定,连通性也较好,油气能较长距离地运移。因此,圈闭所在位置与油源区的相应关系,就不像在陆相盆地那么重要了。

松辽盆地的中央深坳陷油源丰富,大庆长垣位于深坳陷内,油气生成后就近聚集其中,形成特大油田;而在盆地北部存在许多背斜构造,但因远离中央坳陷,其含油气情况明显变差。渤海湾盆地东营凹陷生油中心的生烃强度高值区($>3.61 \times 10^6 t/km^2$)分布于垦利—滨州—博兴之间。油气藏也主要分布于该生油中心周缘的有利构造圈闭及有利储集相带,明显表现出生油中心控制着油气分布的特点(图5-22)。这表明在陆相沉积盆地内,有利的生油区控制了油气的分布范围,查明圈闭所在位置与油源区的相应关系,这已经成为陆相油气形成分布的一条基本规律。因此,"源控论"成为指导陆相盆地油气勘探的重要理论。

(三)圈闭位置与油气运移优势方向的关系

由于盆地构造格局、沉积体系的分布、断裂的分布、盖层底面构造形态以及水动力条件等因素的影响,油气在盆地内的运移是不均衡的,致使在有些方向上的流量要大于其他方向的流量,从而形成盆地内的优势运移方向。显然,位于这些油气运移优势方向上的圈闭对于油气的聚集比非优势方向上的圈闭更加有利,圈闭的有效性就更高。

盆地内油气总的运移方向是从坳陷向隆起运移、从盆地中心向盆地边缘运移、从深层向浅层运移,大型的隆起区和盆地边缘的斜坡区是油气运移的主要指向。在油气运移这一大的背景下,优势输导体系的分布控制着油气的优势运移方向。盆地中砂岩体发育的各种沉积体系分布的方向往往是油气侧向运移的优势方向,区域盖层底面的构造脊也控制着油气运移的优势方向,而断裂的分布控制了油气垂向运移的优势方向。如:大庆长垣位于松辽盆地北部三角洲体系上,砂岩体发育,输导条件好,坳陷中生成的油气沿三角洲砂岩体运移进入大庆长垣形成了特大油田;库车坳陷克拉2构造由4条逆断层相互叠置而成,每条断层都断入了侏罗系—三叠系烃源岩,构成了油气运移的优势通道,形成了克拉2大气田(图5-23)。

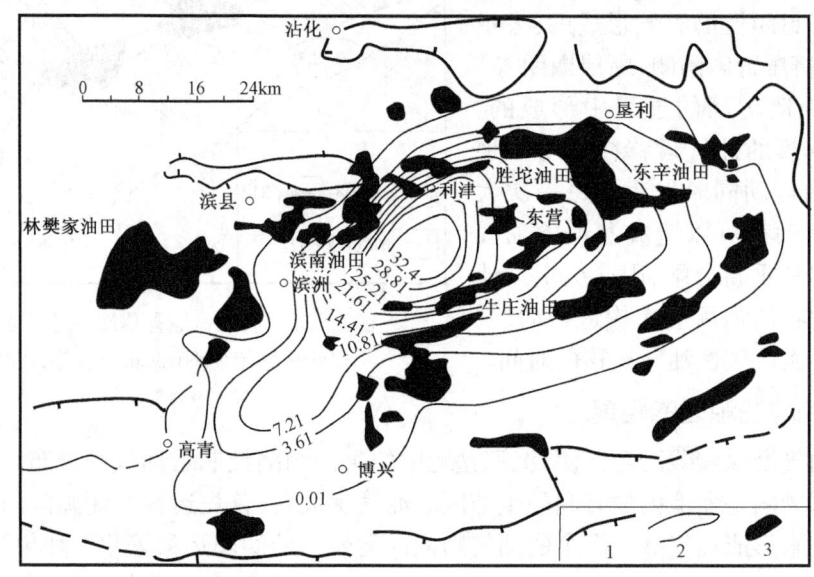

图5-22 东营凹陷古近系生油中心与油气富集关系(据张厚福等,1999)
1—地层剥失线;2—生烃强度等值线(10^6t/km^2);3—油田

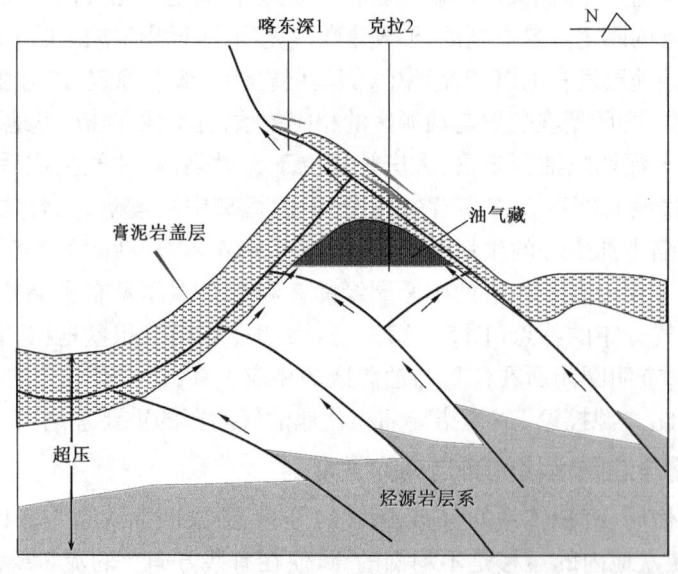

图5-23 塔里木盆地库车坳陷克拉2气田的断裂垂向输导体系(据柳广弟,2009)

(四)水动力强度和流体性质对圈闭有效性的影响

在静水压力条件下,测压面是水平的,圈闭内的油水(或气水)界面呈水平状态。在动水压力条件下,测压面是倾斜的,储集层中的地层水沿测压面倾斜方向流动,圈闭内的油水(或气水)界面也顺水流方向倾斜,其倾角的大小取决于水动力强度和流体的密度。当倾斜角度超过顺水流方向下倾一翼的岩层倾角时,原来聚集了油或气的圈闭即成为无效圈闭(图5-24)。

可以看出,在水动力和流体密度差的作用下,圈闭对油聚集的有效性与对气聚集的有效性是不同的(图5-24)。在相同的水动力条件下,对同一圈闭而言,气水界面倾角可能小于圈闭顺水流方向一翼的岩层倾角,天然气能聚集成藏,该圈闭对气体的聚集就是有效的。而油水界面的倾角则可能等于或大于圈闭顺水流方向一翼的岩层倾角,石油就会被水冲走而难以聚集,该圈闭对石油聚集无效。所以,从水动力学观点来看,在一定的水动力条件下,同一圈闭往往对天然气聚集有效,而对石油聚集就不一定有效。

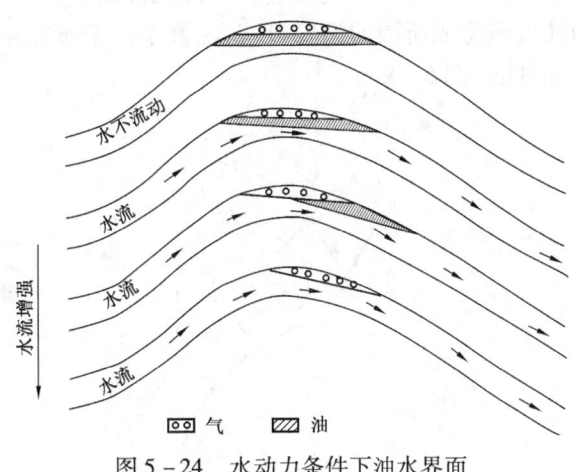

图5-24 水动力条件下油水界面倾斜情况示意图(据李明诚,2004)

四、良好的保存条件

盆地中烃源岩生成的油气能否形成油气藏,与油气的保存条件有重要关系。如果油气的保存条件不好,油气在运移过程中就有散失的可能,不利于形成大型油气藏和丰富的油气资源;另一方面,在地质历史中已经形成的油气藏能否保留到现在,取决于在油气藏形成以后是否遭受破坏和改造。原有油气藏遭到破坏后,油气就又一次进入运移状态,运移中的油气遇到新的圈闭条件又会重新聚集起来,形成新的油气藏。这种由于原来油气藏的破坏油气发生再运移和再聚集形成的油气藏称为次生油气藏,与此相对应,原来的油气藏则称为原生油气藏。

油气藏在形成过程中与形成以后的保存条件主要与盆地区域性盖层的条件、构造运动的强度以及水动力条件有关。

(一)良好的区域性盖层

区域性盖层是保护盆地中的油气免遭散失的重要屏障。区域性盖层的优劣主要与盖层的岩性、厚度和在区域上的稳定性有关。

作为盆地的区域性盖层一般都必须是由泥岩类或膏盐类岩石组成的地层。膏盐具有很好的可塑性,在构造运动中不易发生断裂,并且孔隙性、渗透性极差,是最适合作为区域性盖层的岩石类型。区域性盖层必须具有足够的厚度并在盆地内具有横向上的稳定性和连续性。盆地区域性盖层的厚度一般应在数百米以上,只有这样才能保证一套盖层在盆地内具有分布上的稳定性,使其在盆地的绝大部分地区都有分布,对盆地的油气起到纵向上和横向上的保护。

(二)相对稳定的大地构造环境

盆地的大地构造条件对油气藏的形成与保存具有重要影响。在油气藏的形成与保存过程中,盆地的构造运动具有二重性,适度的构造运动有利于油气聚集,而强烈的构造运动则会造成油气藏的破坏。比较而言,相对稳定的构造环境对油气藏的形成与保存都是有利的。

强烈地壳运动是油气藏破坏以及形成次生油气藏的主要原因。

其一,地壳运动可以造成大规模的抬升,储集层遭到剥蚀风化,原有的油气藏遭到破坏,油气大量散失,形成油气苗或固体沥青,常在地表露头中成为找油的直接油气显示。我国柴达木盆地的深褐色地蜡、老君庙油田的黑色地沥青、克拉玛依油田的黑色石沥青都与地下的油藏有直接的关系。有时油气藏遭受剥蚀或被断裂破坏,石油流至地表形成沥青后,会对被部分破坏的油气藏形成所谓的沥青封堵,油藏中尚未被完全破坏的原油会被重新封闭起来,形成沥青封堵油气藏(图 5-25)。

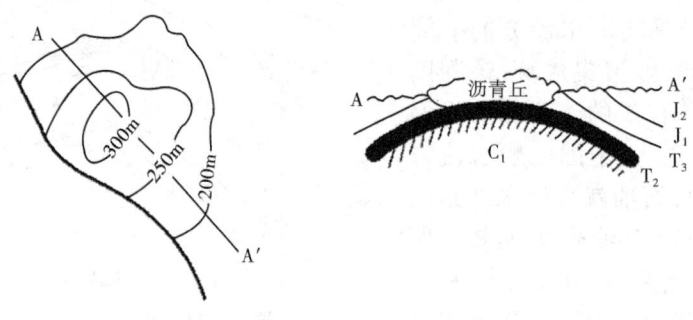

图 5-25　克拉玛依油田黑油山的沥青封堵

其二,地壳运动可以产生一系列的断层,会破坏圈闭的完整性,油气沿断层发生再运移,油气藏被破坏。如图 5-26 所示,原来一个完整的背斜油气藏 A,由于后期地壳运动产生的断层 B,破坏了油气藏 A 圈闭的完整性,油气沿断层向上运移,遇到合适的圈闭 C 又重新聚集起来,形成了新的油气藏 C。渤海湾盆地东营凹陷中就有很多通过此种方式形成的次生油气藏。长期多次的断裂活动,造成了油气的多次散失和多次聚集,即原有油气藏多次遭破坏,新油气藏多次再形成。其结果是纵向上含油气层组多、含油气井段长、油水层间互、稠油稀油层重叠。以其中的东辛油田为例,新近系明化镇组、馆陶组,古近系东营组、沙一段、沙二段、沙三段等六个层组都含油气,含油气井段长达 2000m 以上。由于油气藏多次遭断层破坏,多次再形成,致使油水关系十分复杂;原油性质急剧变化,轻油的相对密度为 0.87,黏度 23×10^{-3} Pa·s;稠油的相对密度为 0.95,黏度达 2500×10^{-3} Pa·s。

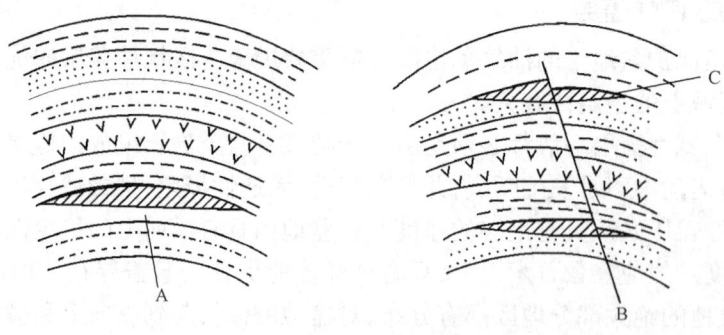

图 5-26　断层破坏了原有的油气藏,同时又重新形成了新的油气藏(据张厚福,1999)

其三,地壳运动未破坏圈闭的完整性,但破坏了油气在原有圈闭内的平衡,使原来的圈闭对油气聚集来说,已不像原来那样有效了;油气的一部分或全部从这个圈闭中运移出来,到新的圈闭中聚集,形成新的油气藏,如图 5-27 所示。后期的地壳运动,产生了新的圈闭,同时也使原来圈闭的溢出点抬高,而新产生的圈闭的幅度又比较大,则在水动力的作用下,原有油气藏中的油气将从溢出点逸出,并在新圈闭中重新聚集,形成新的油气藏。原有油气藏中的油气可能一部分逸出,也可能全部逸出,这决定于原有圈闭溢出点抬高的程度以及水动力作用的强弱。

又如后期地壳运动可以使大单斜地层的倾斜方向发生变化,这时油气在圈闭内部发生重新分布,重新聚集,也是油气藏的再形成,如图 5-28 所示。

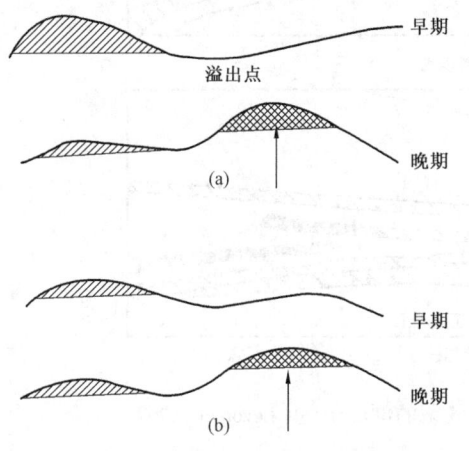

图 5-27　原圈闭溢出点抬高,油气向新形成的圈闭中聚集示意图(据张厚福,1999)

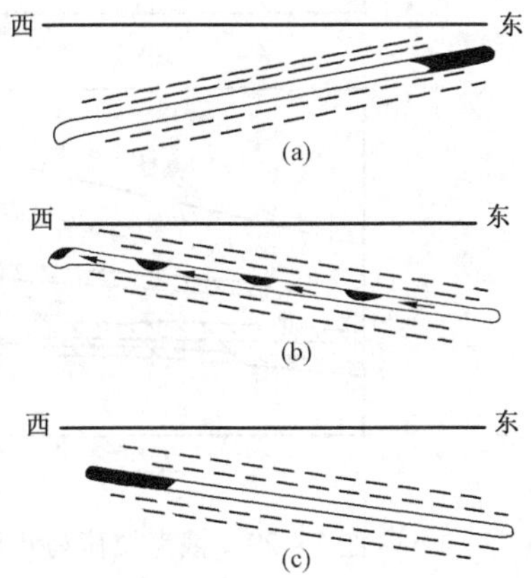

图 5-28　单斜层倾斜方向改变,引起油气藏的再形成示意图(据张厚福,1999)

美国横贯得克萨斯、俄克拉荷马及堪萨斯三个州向西倾斜的古生代地层中的油气藏就有这样的再形成过程,如图 5-29 所示。图 5-29(a)表示区域倾斜方向改变以前的地层倾斜情况和油气藏的位置,(b)表示区域倾斜方向改变以后地层倾斜情况和油气藏的位置。在二叠系沉积时,密西西比亚系石灰岩向东南方向倾斜,宾夕法尼亚亚系的砂岩体也向东南倾斜,这些砂岩体中的油气藏聚集在其上倾方向。在二叠系沉积以后的某一个时期,由于地壳运动的结果,该地区地层区域倾斜方向变为西北,则宾夕法尼亚亚系砂岩体的倾斜方向也就随着改变。其中一个砂岩体的方向变化较大,其中的油气藏也随着重新聚集在新的上倾方向;而另一个砂岩体倾斜方向改变不大,基本上还是保持原来向东南的倾斜方向,则其中的油气也就仍保留在原来的位置,而未发生油气的重新聚集过程。

其四,地壳运动会伴随岩浆活动,高温岩浆侵入油气藏,会把油气烧掉,把圈闭破坏。在这种情况下,大规模岩浆岩的活动对油气藏的保存是不利的,最终导致油气藏的破坏。

(三)相对稳定的水动力环境

水动力环境对油气藏的保存有重要影响。活跃的水动力环境可以把聚集在圈闭中的油气部分或全部冲出圈闭,造成油气藏部分或全部破坏。因此,一个相对稳定的水动力环境,是油气藏保存的重要条件之一。

综上所述,油气藏形成的基本条件是充足的油气来源,有利的生、储、盖组合,有效的圈闭以及良好的保存条件等四个方面,只有具备了这四个条件,油气藏才能够形成与保存。在地壳运动比较频繁的含油气盆地中,油气藏形成过程常常是很复杂的,它们可能经过数次的形成—破坏—再形成的过程,才保持了今天油气藏状况。我国渤海湾盆地及国内外其他含油气盆地中都有不少这样的实例。

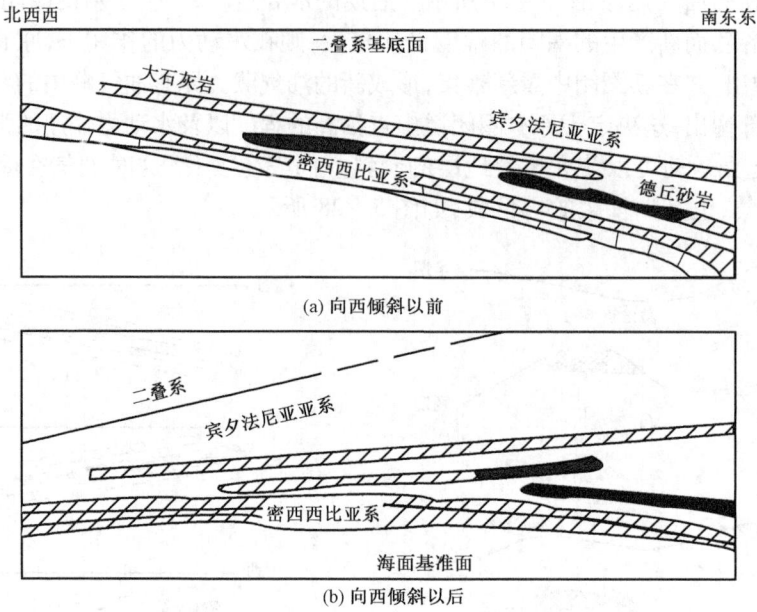

图 5-29 俄克拉荷马北部古生代油气藏的剖面图(据 Levorsen,1967)

第四节 油气藏的寿命和形成时间

油气藏破坏的因素是多方面的,即使没有其他的破坏作用,仅渗漏和扩散作用也足以造成一个油气藏在漫长的地质历史过程中消失掉。那么,一个油气藏在它形成以后到底能够保存多久?目前发现的油气藏是什么时候形成的?这就是油气藏的寿命和年龄问题。这既是一个重要的理论问题,又对油气勘探具有重要的实际意义。

油气藏的年龄和寿命是两个不同的概念。年龄是现在的油气藏从它形成至今的时间;而寿命是一个油气藏从它形成到消亡的时间,即在地球上存在的时间。油气藏寿命问题主要是一个理论问题,以往研究较少,近年来随着对油气成藏机理的认识,这一问题已经引起地质学家的重视;而年龄问题既是一个理论问题,也是一个重要的实际问题,研究的相对较多,实际上年龄问题就是确定油气藏形成时间的问题。当然,这两个问题有一定联系,研究油气藏的年龄,有助于了解油气藏的寿命。

一、油气藏的寿命

油气藏的寿命,即一个油气藏自其形成以后能够存在多久,与其经历的地质历史和地质作用有直接关系。一个油气藏自其形成以后,可以遭受一系列的破坏作用,这些破坏作用都可能使一个油气藏夭折。Miller(1996)对全球储量的时代分布和中值年龄进行了研究,他认为石油在不断生成,同时也在不断遭受破坏。他的研究结果表明,全球石油储量的最小破坏速率为 $11.4 \times 10^4 t/a$,若以全球地下石油地质储量为 $47000 \times 10^8 t$ 计算,它们将在 41Ma 内散失殆尽,则 41Ma 可以理解为油藏的平均寿命。Macgregor(1996)根据对全球 350 个大油田的地质储量时代分布的研究认为,占世界 80% 以上的石油地质储量在距今 75Ma 时就已成藏,其中值年龄为 35Ma,也就是说,世界现有大油田的一半是在距今 35Ma(渐新世)以后形成的。Macgregor

(1996)还以$(1.4\sim5.7)\times10^4$t/a 的垂向渗漏速度计算了全球 350 个大油田的寿命,若 350 个大油田的地质储量为 10000×10^8t,则其寿命为 18~72Ma,平均寿命为 55Ma。考虑到含油气盆地和圈闭类型的不同,石油聚集和破坏速率也有很大不同,因此它们的寿命也差别很大。

由于油气藏形成以后都经历了各种地质作用的破坏,李明诚(2006)认为这样计算的油气藏的寿命都是其夭折寿命,而不是其自然寿命。他把单纯由微渗漏和分子扩散造成的油气藏的消亡时间称为油气藏的自然寿命或理论寿命。李明诚(2006)研究结果表明,一个大中型油藏的平均自然寿命为 120Ma,而一个大中型气藏的平均自然寿命为 70Ma。

我国许多学者对我国主要天然气藏的形成时间进行了研究,提出了天然气"晚期成藏"观点。周兴熙等在"八五"期间最早研究了塔里木盆地天然气晚期成藏的特征,他们通过对当时主要气藏构造演化史、流体相态、储层成岩作用,指出塔里木盆地的天然气藏主要是在新近纪以来地质时期形成的,最早提出了晚期成藏的观点(周兴熙等,1998)。"九五"期间,"中国大中型气田分布规律研究"更进一步完善了中国天然气多期成藏、晚期为主的认识。戴金星(2003)认为除鄂尔多斯盆地的气田形成于白垩纪外,我国的主要气田都形成于古近纪、新近纪和第四纪。也就是说中生代以前形成的气田都已经被破坏掉了,这与李明诚计算了大气田的平均寿命为 70Ma 是吻合的,进一步说明天然气藏一般是短命的。

天然气的晚期成藏由三方面主要因素决定,一是新生代以来普遍经历烃源岩演化的生气高峰期,如新生代的裂谷盆地、前陆盆地中的煤系烃源岩和克拉通盆地中的海相烃源岩;二是新构造运动为天然气成藏提供了大型的圈闭、运移通道,有利于天然气晚期成藏;三是天然气聚集越晚,散失量越少,越有利于形成大气田。这三点就决定了中国大中型天然气藏普遍为晚期—超晚期聚集成藏(戴金星等,2003;龚再升等,2004)。

上述研究结果为我们提供了这样一种概念,即一般情况下油气藏的寿命实际上比我们想象的要短得多,如果一个盆地没有新的油气源的供给,其油气资源特别是天然气资源将大致在一亿年内散失殆尽。可以认为,古生代形成的油气藏大都已经被破坏掉了,只有极少数油气藏在一定条件下可以保存至今,现今发现的油气藏大多数都是中—新生代形成的。

同时也应该指出,如果早期(如古生代)形成的油气藏在后来的地质历史过程中有进一步的油气源补给,则也可能保存下来;同时,油气藏寿命的长短还与其保存条件,特别是盖层质量有重要关系。如在塔里木盆地的某些油藏就是海西期形成的(戴金星,2003),北海盆地的格罗宁根气田、伏尔加—乌拉尔盆地的罗马什金油田等的形成时间可能都超过一亿年。关于油气藏寿命的研究还很不深入,上述关于油气藏寿命的具体数据也未必十分准确,还应进行更为广泛和深入的研究。

二、油气藏形成时间的确定

油气藏形成时间的确定对油气勘探具有重要的实际意义。如果在一个地区能确定油气藏是在某一个地质时代形成的,则在该时期以前形成的圈闭就对油气聚集有利;而在此以后形成的圈闭就对油气聚集不利。

确定油气藏形成时间,过去多是采用传统方法,包括圈闭形成期法、生排烃期法、油藏饱和压力法等。近几年发展起来一种流体历史分析的方法,通过借助油藏地球化学、储层有机岩石学及黏土矿物演变史(或成岩矿物的同位素分析)等手段,进行流体历史分析,能够比较成功地确定油气藏的形成期,为油气藏演化史分析提供充分的证据。

(一)根据圈闭发育史确定油气藏形成的最早时间

油气藏的形成是油气在圈闭中聚集的结果,只有形成了圈闭,油气才能聚集;换言之,油气藏形成时间绝不会早于圈闭的形成时间。所以,我们可以根据圈闭形成的时间确定油气藏形成的最早时间。一个圈闭的形成,可以是在储集层形成以后不久,也可能是在储集层形成以后很久;它可以是在某一个地壳运动幕形成的,也可能是在漫长的地质历史期间断断续续形成;并且一个圈闭也可能经过多次改造。

不同类型的圈闭形成时间也不相同,根据地层剖面中圈闭的类型、地层接触关系、断层的分布以及构造的形态之间的关系可以确定圈闭形成的先后顺序和相对时间。地层圈闭和岩性圈闭形成的时间比较容易确定。岩性圈闭和地层超覆圈闭是在储集层形成不久,盖层具有封闭性的时候就开始形成了;地层不整合圈闭是在不整合面以上的地层具有封闭条件的时候形成的;但构造圈闭形成的时间则比较复杂。

有些构造圈闭在地层沉积的同时就开始形成了,这就是所谓的同沉积构造圈闭,而有些构造圈闭则是在沉积以后的某一次构造运动中形成的。不论哪一种类型的构造圈闭,又都可能在后来的构造运动中得到发展或改造。通过构造发展史的恢复,在某种程度上可以确定构造圈闭的发育过程和形成时间。例如从图5-30所示的构造演化剖面可以看出,在 d 层沉积以后发生了一次构造运动,a、b、c、d 各层都遭受了不同程度的剥蚀。在这一剥蚀面上沉积了 f 层,期间还沉积了砂岩透镜体 e。从剖面1可以看出,在 f 层沉积以后(g 层沉积前),除了砂岩透镜体 e 形成圈闭条件外,其余各层均无圈闭形成;g 层沉积以后(h 层沉积前),该区发生了又一次构造运动,地层发生褶皱,形成了一个背斜,在 a 层和 b 层形成了背斜圈闭(f 层为泥岩),c 层和 d 层形成了地层不整合圈闭(剖面2);在背斜圈闭被断裂改造后,沉积了 h 层。通过这样的构造发育史分析,可以确定各圈闭的形成时间。

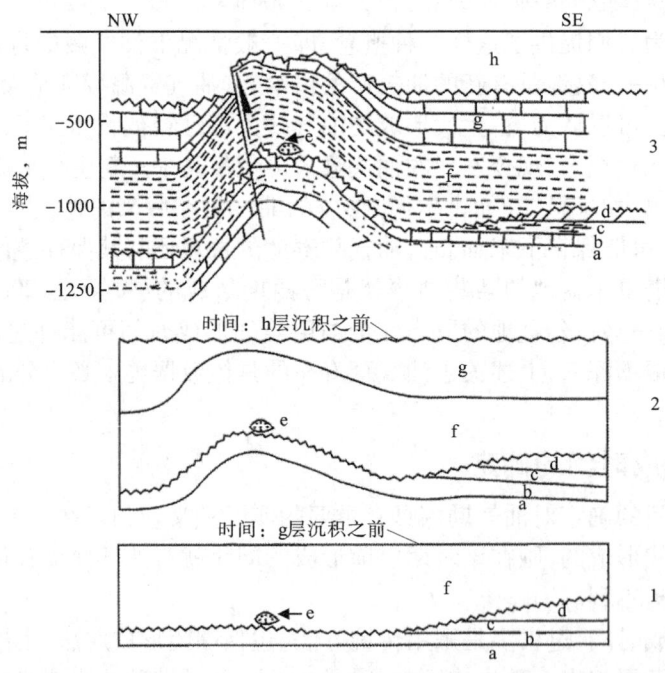

图5-30 根据构造发展史研究圈闭形成时期(据 Levorson,1967,有修改)

(二)根据烃源岩生排烃期确定油气藏的形成时间

油气藏的形成是油气生成、运移、聚集的结果,没有油气生成并从烃源层中排到储集层中,就不可能有油气藏的形成。从微观角度来讲,油气的生成、排出、运聚成藏是一个连续的过程。

油气藏的形成过程在油气从烃源岩中生成并排出之后就开始了。也可以说烃源岩中油气开始生成并排出的时间,是油气藏形成的最早时间。实际上,许多盆地研究的实例都证明,盆地主要烃源岩的主要生排烃期就是油气藏形成的主要时期,因此科学地分析烃源岩的生排烃史对于综合分析油气藏的成藏过程是至关重要的。

盆地烃源岩生排烃历史的研究已比较成熟,主要是采用盆地模式的方法(勒奇,1996;庞雄奇等,2005),其中包括烃源岩成熟度历史模拟和生烃史及排烃史的模拟。

烃源岩成熟度史的模拟得到的是烃源岩成熟度在地质历史上的变化,用成熟度演化曲线表示,在成熟度曲线上可以确定烃源岩进入不同演化阶段的时间。图 5-31 是焉耆盆地八道湾组烃源岩成熟度演化曲线和生烃速率曲线。从图 5-31(a)可以看出,该套烃源岩自 200Ma 沉积以后,到 175Ma 其 R_o 值达到 0.5%,开始进入生烃门限,到 150Ma 前后,达到生烃高峰;以后一直到 65Ma 烃源岩的成熟度基本没有变化;到 65Ma 以后,烃源岩的成熟度又开始增加,特别是在 20Ma 以后,成熟度增加很快,进入二次生烃过程。从该烃源岩成熟度的演化史可以看出,地质历史上其成熟度主要有两次显著增加的时间,分别发生在 150Ma 前后和 65Ma 以后,应该对应两次主要的生烃期。对该烃源岩生烃史的模拟结果也反映了相同的生烃历史[图 5-31(b)]。由此可以认为,焉耆盆地八道湾组烃源岩在历史上有两次主要的生排烃事件,分别在 150Ma 前后的侏罗纪末和 65Ma 以后的古近纪和新近纪,这两个时期也是焉耆盆地的两次主要成藏期。

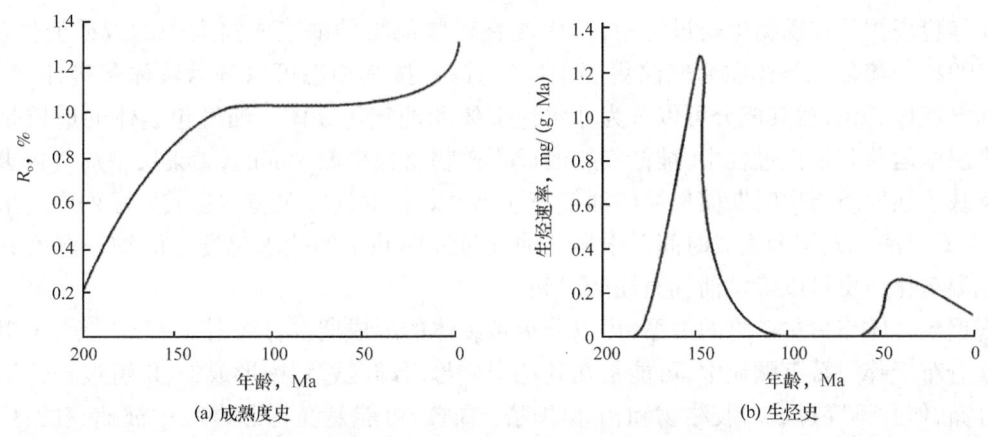

图 5-31 焉耆盆地八道湾组烃源岩成熟历史和生烃史(据柳广弟等,2002,修改)

上述焉耆盆地八道湾组烃源岩在地质历史上有两次主要的生烃事件,其中第一次生烃事件的重要性远高于二次生烃的重要性。但是,在某些盆地中,由于早期埋藏较浅,烃源岩演化程度不高,早期生成的油气有限;或者虽然早期也达到了一定的演化程度,生成了相当数量的油气,但是由于后期的抬升剥蚀,早期形成的油气大部分被破坏了。这样的盆地中如果存在二次生烃过程,则对目前油气藏的形成可能就变得很重要了。这时的油气藏形成时间可能主要与二次生烃事件有关。

例如,北非三叠盆地哈西—迈萨乌德油田的下志留统烃源岩从志留纪到石炭纪的埋藏深度一直很浅,保持在 1000m 左右;至二叠纪,由于盆地上升,埋藏变得更浅,始终不具备生油条件;直到中生代以后,盆地才开始发生强烈沉降,到白垩纪末期,埋藏深度达 3700m。对该烃源岩生烃史的模拟表明(图 5-32),在最初的 300Ma 期间(大约在白垩纪以前)只生成很少的石油,从白垩纪开始才达到主要生油期,此时排出的油聚集在被三叠系膏盐层所封闭的不整合面下的剥蚀构造中,形成了储量丰富的哈西—迈萨乌德油田。因此,该油田的成藏期在白垩纪以后。

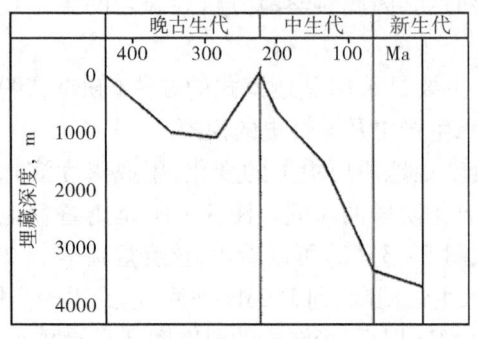 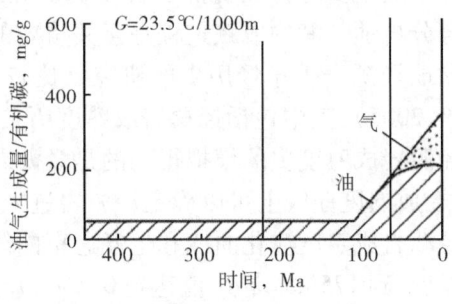

图5-32　哈西—迈萨乌德油田地区志留系烃源岩埋藏历史和烃类生成随地质时代的变化
(据Tissot et al.,1978)

对于后期改造比较强烈的盆地,如果后期的构造运动改变了最初油气的聚集状态,这时主要生排烃期则只能反映原生油气藏的形成时间,而次生油气藏的形成时间就与后期构造运动发生的时间有重要关系了。

(三)根据流体包裹体的形成期次和均一温度确定油气藏的形成时间

流体包裹体是在矿物生长过程中,被包裹在矿物晶格的缺陷或窝穴中的成矿流体(周中毅等,1992)。流体包裹体在油气储集层中广泛分布,按其相态可以分为液体包裹体、气体包裹体和气液包裹体,按其成分可以分为盐水包裹体和油气包裹体。油气包裹体的形成是油气在储集层中运移和聚集过程中,被储集层的成岩矿物所包裹而形成的,储集层中油气包裹体的存在反映了在地质历史时期储集层的油气充注事件。根据油气包裹体在成岩序列中的形成序次,可以确定油气充注的相对时间。根据与油气包裹体共生的盐水包裹体的均一温度和储集层的地温演化历史可以确定油气充注的时间。

根据包裹体与宿主矿物的关系,可以分析包裹体的形成期次。如图5-33所示,A组包裹体孤立分布于碎屑石英颗粒中,可能是在其花岗质母岩结晶过程中形成的;B组包裹体沿愈合裂缝分布,但并不穿过成岩胶结物和相邻的两个颗粒,可能是在物源岩区中被捕获的;C组包裹体孤立分布在石英次生加大中,可能是与石英胶结物同时形成的;D组包裹体穿过的石英胶结物和颗粒,是次生包裹体,它的形成晚于石英胶结物;E包裹体是方解石胶结物同时形成;F组包裹体穿过了颗粒、石英胶结物和方解石胶结物,形成时间晚于石英和方解石胶结物。根据包裹体在成岩序列中的位置,可以大致确定不同期次包裹体形成的相对时间,再结合储层的成岩历史分析,即可以确定不同期次包裹体的形成时间。如在上述某一期次的包裹体中有比较丰富的油气包裹体,即可以用这期包裹体的形成时间作为油气进入储层的时间。

由于包裹体的体积很小,一般只有几个到十几个微米大小,因此,一般可以假定,包裹体在其形成的时候是以均一的单相充满整个包裹体空间的。但当包裹体从高温高压的地下环境进入常温常压的实验室环境后,由于温度的下降,包裹体中流体的收缩系数要大于外面固体矿物的收缩系数,从而形成了在室温下从显微镜中看到的具有两相界面的气液包裹体。当我们把这样的包裹体加热到一定温度时,两相又恢复为均一的单相,这时的温度称为均一温度,这一过程称为均一化。在一般的条件下,包裹体的均一温度可以近似代表包裹体的形成温度,如果

— 138 —

图 5-33 包裹体与宿主矿物的关系及其形成期次(据 Emery et al.,1999)

包裹体形成时的埋深较大,均一温度与包裹体的形成温度可能会有较大误差,这时需要进行压力校正(杨绪充,1993)。由于盐水包裹体和油气包裹体相态变化特征的不同,在均一温度研究中,石油包裹体远不如水溶液包裹体有用(Emery et al.,1999)。因此在实际工作中,一般选择与油气包裹体共生的盐水包裹体测定其均一温度。根据盐水包裹体的均一温度,结合包裹体所在地层的埋藏史和地温演化史可以确定包裹体的形成时间,进而确定油气藏的形成时间。具体步骤是:① 测定储集层样品中与油气包裹体共生的盐水包裹体的均一温度,将各包裹体测得的均一温度值做出频率直方图;② 做出样品所在的储集层的埋藏历史和地温历史,一般用埋藏史曲线表示;③ 在包裹体所在储集层的温度演化图上,储集层温度与包裹体均一温度相吻合的时间就是包裹体的形成时间,也就是油气向储集层大量充注的时间。

图 5-34 是焉耆盆地三工河组储集层流体包裹体均一温度的分布,可以看出,101~110℃和 121~130℃是两个频率最高的温度区间,可以认为该储集层中的流体包裹体主要是在这两个温度区间形成的;这两个主峰温度区间在图 5-35 中三工河组储集层的温度历史上对应的时间是 150~135Ma。也就是说,焉耆盆地三工河组油藏中的石油主要是在 150~135Ma 的侏罗纪晚期充注的。

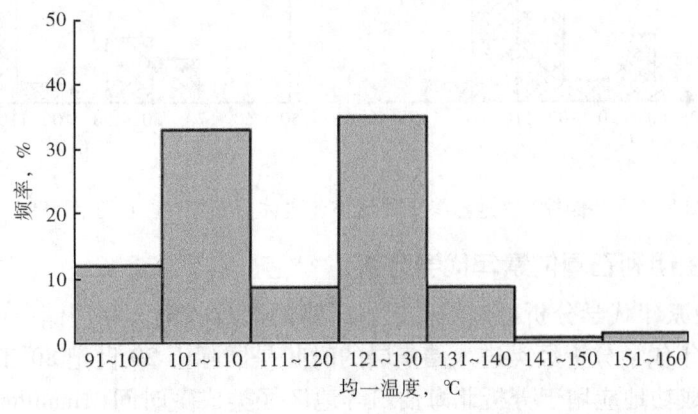

图 5-34 焉耆盆地宝北区块三工河组流体包裹体均一温度分布(据柳广弟等,2002)

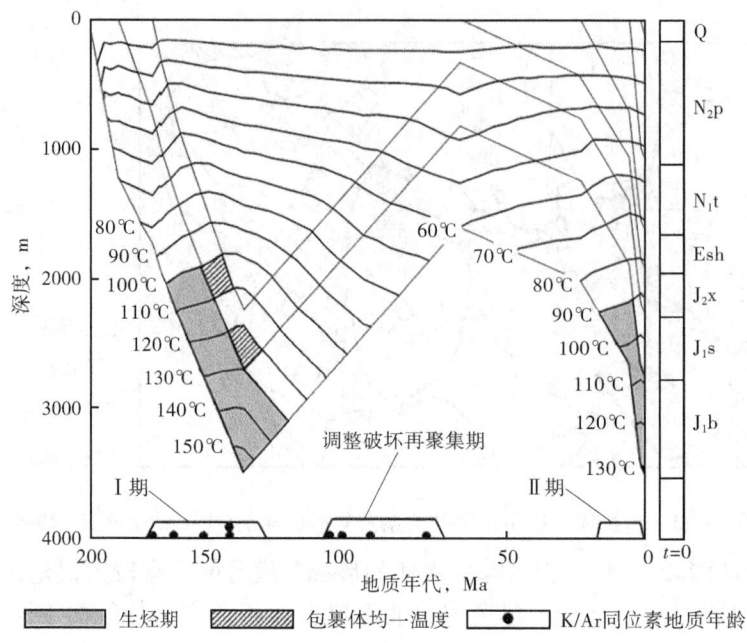

图 5-35　焉耆盆地油气成藏时间的确定(据柳广弟等,2002)

准噶尔盆地莫索湾隆起侏罗系储层流体包裹体主要存在于方解石和石英胶结物中。根据冷热台系统分析冰点(反映流体介质的差异)的不同,流体包裹体主要分为两期,第一期流体包裹体均一化温度多在 70~90℃,盐水包裹体与含油包裹体共生;第二期流体包裹体均一化温度多在 100~130℃(图 5-36),盐水包裹体多与含气态烃的盐水包裹体、气体包裹体共生。根据两期流体包裹体均一化温度分布的中值和盆参 2 井埋藏史分析,第一期流体包裹体均一化温度相对应的地质时间为晚白垩世,第二期流体包裹体均一化温度相对应的地质时间为新近纪和第四纪。这反映莫索湾隆起侏罗系储层两期成藏时间。

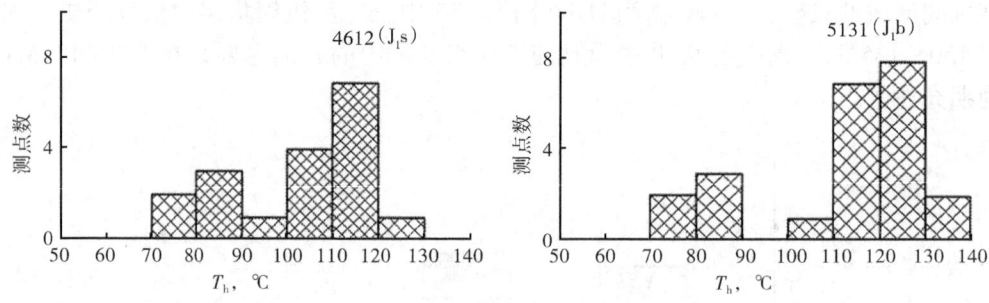

图 5-36　准噶尔盆地盆参 2 井流体包裹体分布图(据王飞宇,1997)

(四)储层自生伊利石同位素年代学分析

成岩矿物同位素年代学分析可以提供成岩矿物的形成时间。利用储层中自生矿物(主要是伊利石)同位素年代学分析烃类进入储集层的时间是国际上 20 世纪 80 年代后期逐步发展起来的新技术,并成功地应用于分析北海油田等地区烃类成藏时间(Hamilton et al.,1989;Lee et al.,1989)。这一方法的基本原理是:砂岩储集层中的自生伊利石是在富钾的孔隙水环境中形成的。油气进入储集层的孔隙空间后,破坏了自生伊利石的生长环境,伊利石即停止生长。

因此,储集层中最小的伊利石形成的时间即为油气进入储集层的时间。通过测定砂岩储层中自生伊利石的同位素年龄,可以判断油气藏的形成时间,即烃类充填储层的时间应略晚于自生伊利石的同位素年龄。根据平面上和剖面上自生伊利石的同位素年龄分布可以判断成藏的速度(快速或缓慢)以及烃类运移的方向(Hamilton et al.,1989)。

图5-37表示准噶尔盆地莫索湾隆起中侏罗统头屯河组和西山窑组储层伊利石的同位素年龄,盆参2井为99～83Ma,盆4井为104～91Ma;下侏罗统三工河组和八道湾组砂岩储层伊利石的同位素年龄,盆参2井为74～64Ma,盆4井为83～71Ma。根据砂岩储层自生伊利石年龄,中侏罗统头屯河组和西山窑组油藏成藏期在晚白垩世,下侏罗统三工河组和八道湾组砂岩气藏成藏期在白垩纪末以后。

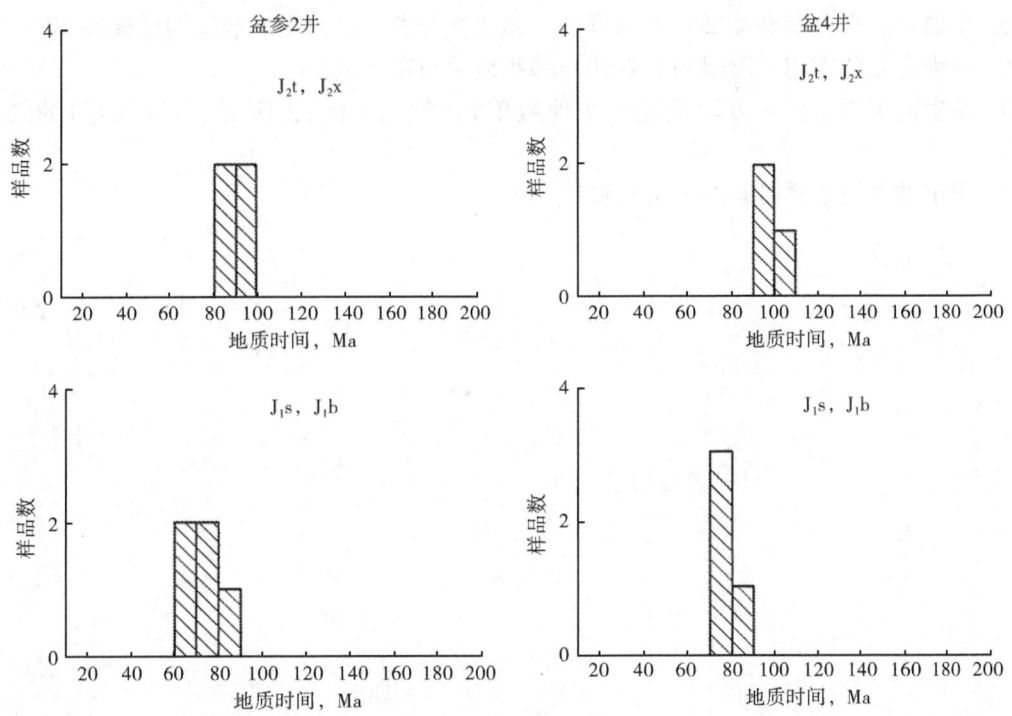

图5-37 准噶尔盆地莫索湾隆起侏罗系砂岩自生伊利石(<0.1μm)同位素地质年龄分布
(据王飞宇,1997)

焉耆盆地三工河组储集层自生伊利石K/Ar同位素年龄主要分布范围为170.00～78.17Ma,主要集中在170～140Ma和120～100Ma两期(图5-35)。第一期正是侏罗纪末期地层最大埋藏期的前后,是油气大量生成、运移和聚集的时期;第二期为早白垩世盆地大规模隆起抬升期,是第一期已聚集的油气发生调整、破坏和再运移、再聚集的时期(柳广弟等,2002)。这与生排烃历史和流体包裹体分析的结果比较吻合,也符合该区构造的演化历史。

确定油气藏形成时间的方法还有油藏饱和压力法、波义耳定律法等(张厚福等,1999)。这些方法的假设前提较多,实际油藏一般很难满足,目前已较少使用,这里不详细介绍。

油气成藏期次和成藏时间的研究是一个比较复杂的问题,应该尽可能多地综合不同资料和不同方法进行综合分析才能得出正确的结论。对一个地区的油气生成历史和构造演化历史的分析是研究油气成藏期次和时间的基础。如果脱离了这个基础而只根据一些分析测定方法得到的结果（如流体包裹体分析、自生伊利石同位素测年、油藏饱和压力分析等），往往会得出错误的结论。同时，某些先进的分析方法的应用尚处在探索过程中，其中还存在这样或那样的问题。在具体应用时，必须综合利用各种方法进行分析，互相校核，才可能得出正确的结论。

思 考 题

1. 什么是圈闭？什么是圈闭的三要素？圈闭有哪几类遮挡条件？
2. 什么是油气藏？油气藏有哪些基本特征？
3. 油气在圈闭中的聚集机理是什么？聚集过程如何？
4. 溢出型和渗漏型系列圈闭油气差异聚集的原理和适用条件是什么？
5. 生储盖组合有哪些类型？不同类型生储盖组合类型如何影响油气的排聚效率？
6. 何为有效的圈闭？圈闭的有效性与哪些地质因素有关？
7. 从生储盖圈运保等方面论述一个地质单元（如三角洲、古隆起、斜坡带等）油气富集条件。
8. 确定油气藏形成时间的方法有哪些？

第六章 油气藏的类型和特征

第一节 油气藏分类

圈闭和油气藏有着密切的关系,目前世界上发现的圈闭和油气藏数量众多、特征各异。认识各种类型圈闭和油气藏的特征,能更有效地勘探油气资源,因此,圈闭和油气藏的分类既是油气藏形成的基本理论的必要部分,也是勘探和开发的需要。地质学家很早就认识到圈闭和油气藏有不同的类型,提出了很多关于圈闭和油气藏分类的方案。如苏联石油地质学家 H. O. 布罗德(1958)以储层形态为依据的分类;苏联石油地质学家 M. Ф. 米尔钦科提出的以成因为主、以油气藏形态为辅的分类;美国石油地质学家 A. I. 莱复生(1967)根据圈闭成因提出的分类等等。当进入开发阶段后,油气藏还可以根据流体状态、性质、产能大小、驱动方式等进一步分类,如根据油气藏的相态特征,可将油气藏分为油藏、气藏、凝析气藏、天然气水合物、稠油藏等。但从油气勘探实际需要出发,以圈闭成因为依据的油气藏分类最为常见,也更有利于指导油气勘探。成因分类,能够充分反映各种不同类型油气藏的形成条件,充分反映各种类型油气藏之间的区别和联系,科学地预测一个新地区可能出现的油气藏类型,对不同类型的油气藏采用不同的勘探方法和不同的勘探部署方案。

一、油气藏分类依据

对油气藏分类应该遵循科学性和实用性两条基本原则。科学性,即分类应能充分反映油气藏圈闭的成因,反映各种不同类型油气藏之间的区别和联系;实用性,即分类应能有效地指导油气藏的勘探及开发工作,并且比较简便实用。

自然界地质作用因素复杂,圈闭在其形成和演化过程中,往往不仅仅受某一种单一地质因素的控制,大都是复合作用的结果。圈闭和油气藏成因的分类就是要强调其主导作用因素。

在对圈闭和油气藏进行分类时,应从圈闭的基本要素着手。任一圈闭都包含储集层和封闭条件这两个基本要素,其中封闭条件对圈闭形成和类型起着决定性作用。储集层的封闭,一般包括上方的非渗透性盖层、储层上倾方向的非渗透性封闭、底层非渗透性岩层或高势面的封闭,其中以储集层上方和上倾方向的非渗透性封闭最为重要,在形成圈闭的诸因素中起主导作用,是决定圈闭性质和类型的主要因素,而下倾方向和底层的高势面或非渗透岩层的封闭是从属的,是起配合作用的辅助因素。圈闭和油气藏的分类就是以起主导作用的封闭因素为基础,结合储集层的特点而制定的。

二、油气藏分类方案

通常国内油气藏分类方案是根据圈闭及油气藏形成的地质控制因素,将圈闭及油气藏分为构造、地层、岩性和复合圈闭及油气藏四大类(张厚福等,1981;陈荣书,1994;胡见义等,1991;莱复生,1967;柳广弟,2009)。

近年来随着非常规油气地质研究的深入,油气藏的分类也在不断调整,本书在原有经典石油地质学油气藏分类基础上,增加非常规油气藏类型(表6-1)。

表6-1 圈闭与油气藏类型划分表

大类		类型
常规油气藏	构造油气藏	背斜油气藏
		断层油气藏
		裂缝性油气藏
		刺穿接触油气藏
	地层油气藏	地层不整合油气藏
		地层超覆油气藏
	岩性油气藏	上倾尖灭岩性油气藏
		透镜体岩性油气藏
		生物礁油气藏
		物性封闭油气藏
	复合油气藏	构造—地层复合油气藏
		岩性—构造复合油气藏
		地层—岩性复合油气藏
		水动力油气藏
非常规油气藏		致密砂岩油气藏
		页岩油气藏
		煤层气藏
		天然气水合物
		重油沥青
		变质岩、火山岩油气藏

莱复生(1966)还提出隐蔽圈闭和油气藏概念,指用常规勘探手段不易识别的圈闭,主要指非构造圈闭。也有人把一些低幅度的构造圈闭、岩性圈闭和一部分地层圈闭统称为隐蔽圈闭(subtle trap)。隐蔽圈闭是一个勘探术语,并且其含义也在不断变化。随着勘探技术的进步,原来不易识别的圈闭可能变得可以识别,因此隐蔽圈闭不是一个科学的术语。

第二节 构造油气藏

构造圈闭是指构造作用使地层发生变形或变位而形成的圈闭。构造圈闭中聚集油气称为构造油气藏。根据其变形或变位及储层的变化特点可分为背斜圈闭及油气藏、断层圈闭及油气藏、裂缝性圈闭及油气藏、刺穿接触圈闭及油气藏。

一、背斜油气藏

由于构造作用使储集层发生弯曲变形,储集层和盖层形成向周围倾伏的背斜构造而形成的圈闭即为背斜圈闭。在背斜圈闭中聚集油气后形成的油气藏称为背斜油气藏。

背斜油气藏在世界油气勘探史上一直占最重要的位置,也是石油地质学家最早认识的一种油气藏类型。19世纪中后期 I. C. White 提出的"背斜学说"长期以来一直是最主要的油气勘探理论,在油气勘探史上起了重要的推动作用。直到目前为止,在世界石油和天然气的产量及储量中,背斜油气藏仍居首位。表6-2和表6-3为世界上10个特大背斜油田和背斜气田基本情况。

表6-2 世界十个特大背斜型油田概况（据张厚福等,1999）

油田名称	国家或地区	盆地名称	发现年份	产层时代	产层岩性	面积 km^2	可采储量 10^{8}t
1. 加瓦尔	沙特阿拉伯	波斯湾	1948	侏罗纪	石灰岩	2270	104.7
2. 布尔干	科威特	波斯湾	1938	白垩纪	砂岩	700	90
3. 萨法尼亚—卡夫奇	沙特—中立区	波斯湾	1953	白垩纪	砂岩及裂缝灰岩		42.28
4. 萨莫特洛尔	前苏联	西西伯利亚	1966	白垩纪	砂岩	1575	20.6
5. 罗马什金	前苏联	伏尔加—乌拉尔	1948	泥盆纪	砂岩	3800	20
6. 鲁迈拉	伊拉克	波斯湾	1953	白垩纪	砂岩		18.9
7. 阿布奎克	沙特阿拉伯	波斯湾	1941	侏罗纪	石灰岩	445	17.1
8. 费德洛夫	前苏联	西西伯利亚	1971	白垩纪	砂岩		15
9. 大庆	中国	松辽	1959	白垩纪	砂岩		
10. 麦尼法	沙特阿拉伯	波斯湾	1957	白垩纪	砂岩及碳酸盐岩		15.2
总计							355.7

表6-3 世界十个特大背斜气田概况（据张厚福等,1999）

气田名称	国家或地区	盆地	发现年份	产层时代	产层岩性	面积 km^2	可采储量 10^{8}t
1. 乌连戈伊	前苏联	西西伯利亚	1966	白垩纪	砂岩	2100	49420
2. 尤比列伊	前苏联	西西伯利亚	1968	白垩纪	砂岩		19810
3. 亚姆堡	前苏联	西西伯利亚	1969	白垩纪	砂岩		19768
4. 北极	前苏联	西西伯利亚	1968	白垩纪	砂岩		17829
5. 麦德维吉	前苏联	西西伯利亚	1967	白垩纪	砂岩	910	16800
6. 奥伦堡	前苏联	伏尔加—乌拉尔	1967	石炭纪至早二叠世	石灰岩		16400
7. 格罗宁根	荷兰	德荷	1959	二叠纪	砂岩	720	16296
8. 扎波利扬	前苏联	西西伯利亚	1965	白垩纪	砂岩		16012
9. 哈西勒迈尔	阿尔及利亚	三叠		三叠纪	砂岩	2600	15120
10. 舍基特利	前苏联	塔吉克	1968	早白垩世	石灰岩		14840
总计							202295

背斜油气藏的油气分布局限于闭合空间内,油、气、水按重力分异,气油、油水或气水界面与储集层顶面的交线同构造等高线平行,且呈闭合的圆形或椭圆形,具体形态取决于背斜的形态,烃柱高度等于或小于闭合度。背斜油气藏中的储油层应呈层状展布,具有良好的孔隙、渗透性,尽管绝大多数油层的储集性是不均一的,纵、横向可能存在较大的变化,但应是相互连通的。油层范围内具有统一的压力系统,油(气)水界面是统一的。

从形态上看,背斜圈闭形态多种多样,从穹窿状一直到狭长高背斜;闭合面积可以从小于 1km² 到上千平方千米;背斜圈闭可以是完整的,也可以被断层复杂化。背斜圈闭的有多种成因,根据其构造成因机理可将背斜油气藏分为以下五种类型。

(一)挤压背斜油气藏

挤压背斜是指以侧向挤压为主的褶皱作用形成的背斜。挤压背斜圈闭中的油气聚集就是挤压背斜油气藏。挤压背斜圈闭具有以下基本特征:

① 一般为不对称背斜,两翼地层倾角较大。这种背斜一般是在造山运动的同时由区域挤压作用形成的,挤压应力往往来源于褶皱山系一侧,因此挤压背斜也往往是不对称的,靠近褶皱山系的一翼较缓,靠近盆地中心的一翼较陡。

② 圈闭的闭合高度较大,而闭合面积较小。

③ 常常有逆断层相伴生。背斜形成过程中往往伴随着推覆作用,形成一系列逆断层和逆掩断层,特别是在背斜靠近盆地的一翼逆断层常比较发育。

从区域上看,这种挤压背斜一般分布在压陷盆地中,特别是前陆盆地的褶皱冲断带挤压背斜十分发育,常成排成带出现,形成挤压背斜带。我国酒泉盆地南部祁连山山前地带的老君庙背斜带是比较典型的挤压背斜带。该背斜带由青草湾、鸭儿峡、老君庙、石油沟等一系列挤压背斜组成(图6-1)。其中老君庙背斜的 L 层油气藏是一个不对称的背斜圈闭,南翼倾角 20°~30°,北翼倾角 60°~80°;长轴与短轴之比为 3:1,并被逆掩断层及横断层所切割(图6-2)。挤压背斜油气藏在国内外褶皱区广泛分布。

(二)基底隆升背斜油气藏

基底隆升背斜是指在沉积过程中,由于盆地基底的隆起或差异沉降作用而使沉积盖层发生弯曲变形形成的平缓、巨大的背斜构造。这种背斜圈闭中的油气聚集就是基底隆升背斜油气藏。

由于盆地基底一般是刚性较强的岩体,其隆起或差异升降一般涉及的范围较广,因此基底隆升背斜的主要特点是:两翼地层倾角平缓,常形成短轴背斜或穹窿,圈闭闭合高度较小,但闭合面积较大。这类背斜由于形成时间早、面积大,故常成为极为有利的油气聚集场所。

从区域上看,基底隆升背斜主要发育在构造稳定区,如克拉通盆地和一些大型坳陷型盆地。这种背斜常成组成带出现,组成长垣或大隆起。特别是坳陷中心早期的潜伏隆起带,在油气生成、运移过程与背斜圈闭形成过程相吻合的情况下,这些隆起和长垣就成为油气聚集的最好场所,形成一系列这种类型的油气藏。我国松辽盆地大庆长垣就是由 7 个基底隆升背斜组成的大型长垣构造带,南北长 145km,东西宽 6~30km,闭合面积 2500km²,闭合高度 390m(图6-3)。在国外的一些克拉通盆地,这类油气藏也相当普遍,其中不乏很多著名的特大油气田。例如波斯湾盆地加瓦尔油田、西西伯利亚盆地的萨莫特洛尔大油田和乌连戈伊大气田。

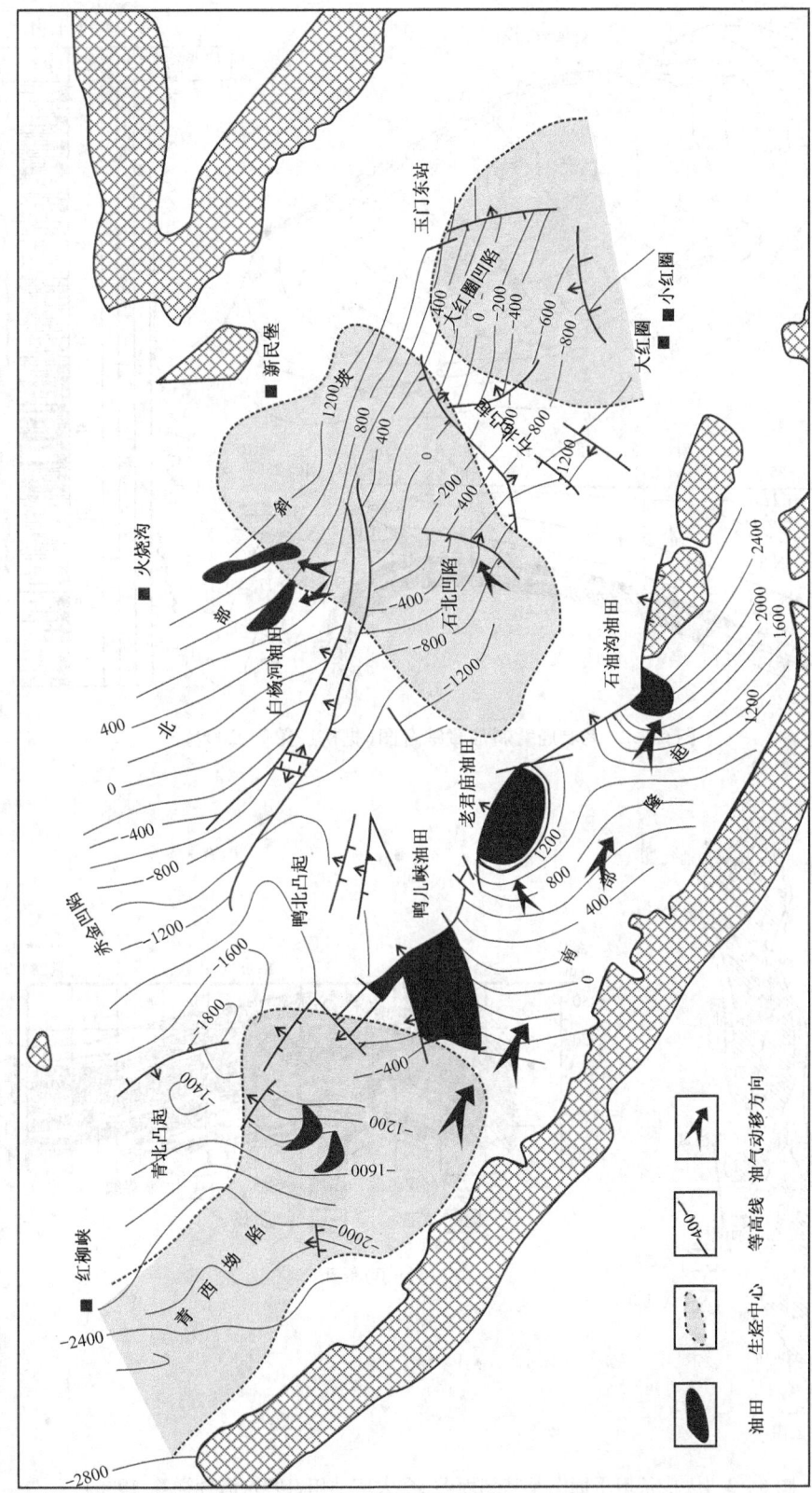

图 6-1 酒泉盆地祁连山山前挤压背斜带分布（据柳广弟等，2009）

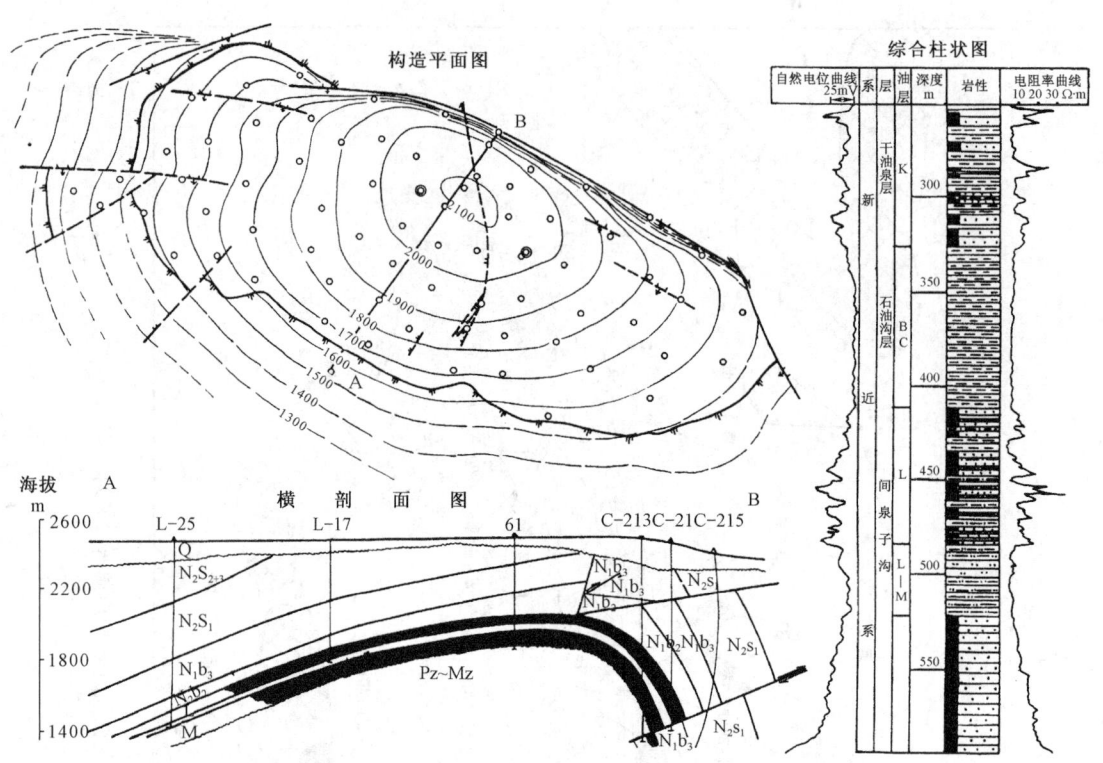

图 6-2 老君庙背斜油藏综合图(据柳广弟等,2009)

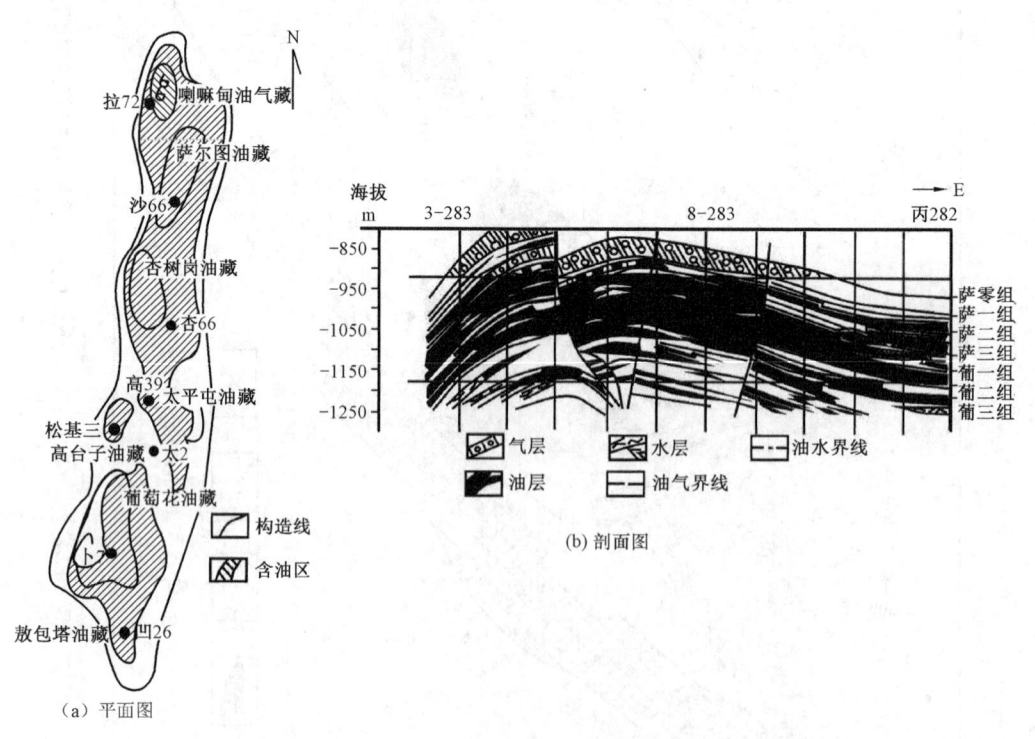

图 6-3 大庆长垣平面图及其剖面图(据大庆油田,1977;潘钟祥等,1986)

(三)逆牵引背斜油气藏

逆牵引背斜也称为滚动背斜,是指在断块活动及重力滑动作用下,堆积在同生断层下降盘的砂泥岩地层沿断层面下滑,使地层发生弯曲而形成的背斜。这种背斜圈闭中的油气聚集就是逆牵引背斜油气藏。

20世纪60年代以来,发现同生断层及由其牵引而产生的滚动背斜在某些地区发育相当普遍,多发育于枢纽带地区。由于它与油源区邻近,沉积同时生成,又有同生断层作为油气运移的通道,常可形成高产大油田而日益引起石油地质工作者的重视。

滚动背斜的成因解释有两种:一种是认为同生断层下降盘靠近断层面的岩层因重力下跌使地层下垂弯曲而形成;另一种是认为同生断层下降盘尤其靠近断面处岩层厚度较大,促使地层在断面附近向着断层面"回倾"而形成。不管以何种成因解释,这种背斜圈闭都有共同的特点,都位于向坳陷倾斜的同生断层下降盘,多为小型宽缓不对称的短轴背斜,近断层一翼稍陡,远离断层一翼平缓。构造幅度中部较大,深浅层较小。背斜高点距离断层较近,且高点向深部层系逐渐偏移,其偏移的轨迹大体与断层面平行。背斜的形态、宽度等均受同生断层的控制,断层面弯曲度越大,背斜形态越趋穹窿状,倾角越缓。在平面上背斜的轴向近于平行断层线,常沿断层成串珠状成带分布。

同生断层及滚动背斜的形成与三角洲的成长发育有关,而与造山运动无关。在世界各地中—新生代碎屑岩沉积盆地中,发现许多与同生断层有关的滚动背斜圈闭。渤海湾盆地已发现有相当数量的这类油气藏。如黄骅坳陷港东油田位于北大港断裂构造带东南部,是港东主断裂南部下降盘上的逆牵引背斜构造(图6-4)。国外也有很多这类油气藏,且常高产。例如尼日利亚的尼日尔河三角洲地区就有近200个这种类型油气藏。尼日利亚第一个海上油气田——奥坎油田的油气藏就是典型的滚动背斜型油气藏。美国墨西哥湾岸含油气盆地维克斯堡断裂带的托姆奥康诺系油田也属此例。

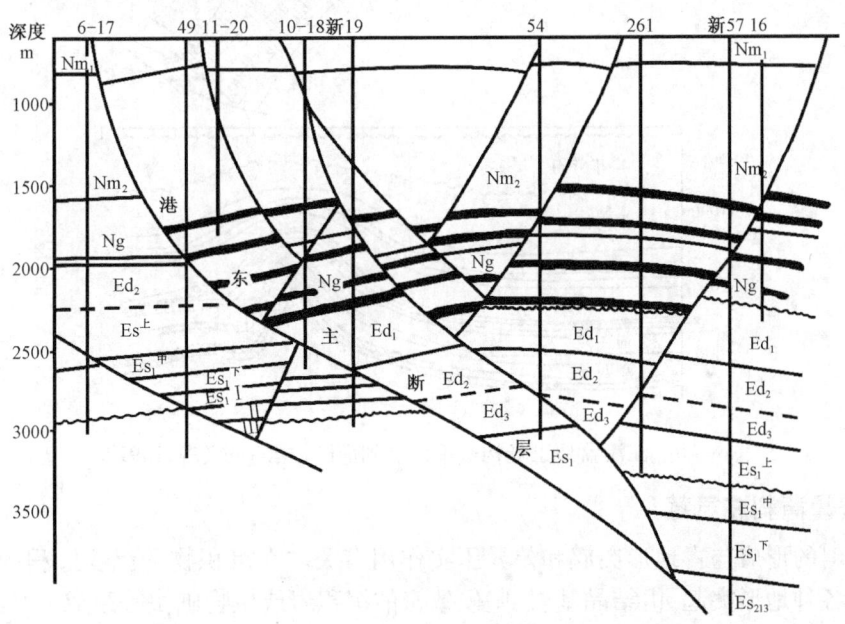

图6-4 港东油田构造横剖面图(据王燮培等,1976;潘钟祥等,1986)

(四)底辟拱升背斜油气藏

底辟拱升背斜是地下塑性物质的活动导致上覆地层上拱形成的背斜。这种背斜圈闭中的油气聚集就是底辟拱升背斜油气藏。

沉积盆地内堆积的巨厚盐岩、石膏和泥岩等可塑性地层在上覆不均衡重力负荷及侧向水平应力作用下,塑性层蠕动拱升,使上覆地层变形形成底辟拱升背斜,尤以盐丘占主要地位。这种背斜一般是短轴背斜或穹窿,背斜顶部往往发育堑式或放射状断裂系统,造成顶部陷落,而使其复杂化。甚至有的在宏观上呈背斜形态,但具体到油气聚集的基本单元往往已没有完整的背斜圈闭,而是被断层分割成众多的半背斜和断块圈闭。这种背斜只发育在发生塑性流动的地层以上的层位,而在塑性流动地层以下的层位背斜消失。

我国江汉盆地的王场油田的油藏即为此类。江汉盆地潜江凹陷的潜江组为一套富含膏盐的盐湖相泥质岩系,厚 3500m 以上。其中,盐岩层最多可达 153 层,累计厚度占地层总厚度的 50%,尤以潜四段下部最发育。该油田为一长轴背斜,走向北西,两翼近对称,隆起幅度高达 800m,地下核部为盐岩隆起(图 6-5)。中东波斯湾盆地科威特的最大油田——布尔干油田,其背斜是侏罗系潟湖相巨厚的柔性盐层长期活动的结果,放射性断层使背斜构造更复杂。

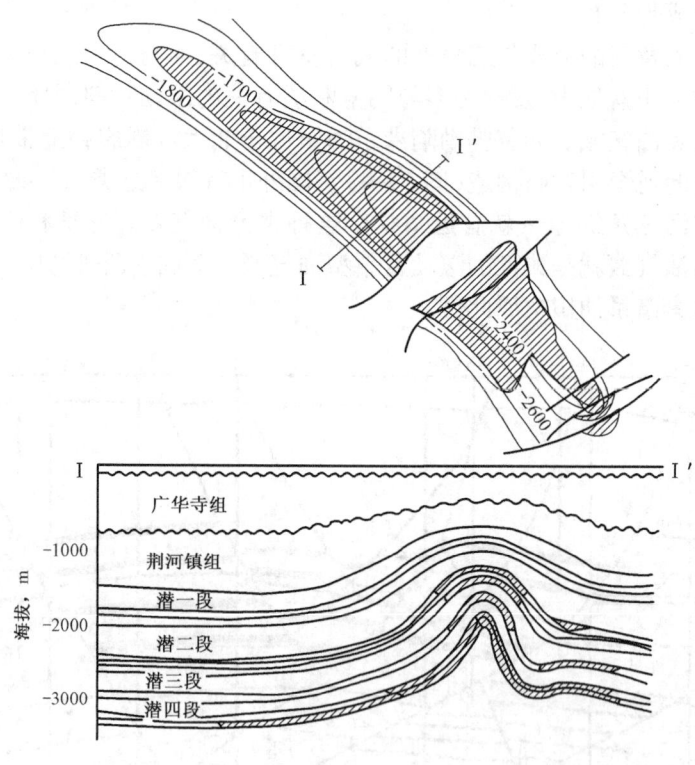

图 6-5 江汉盆地王场构造平面及剖面图(据胡见义等,1991)

(五)披覆背斜油气藏

披覆背斜的形成与古地形突起和差异压实作用有关。在沉积物的沉积过程中,沉积基底上常存在有各种地形突起,由结晶基岩、坚硬致密的沉积岩或生物礁块等组成。当其上有新的沉积物堆积后,这些突起部分的上覆沉积物常较薄,而其周围的沉积物则较厚,因而在成岩过程中,由于沉积物的厚度和自身重量不同,所受到的压缩也是不均衡的,周围较厚的沉积物压缩程度较大,结果便是使在地形突起部位的上覆地层呈隆起形态,形成背斜圈闭,这种背斜通常称为披覆背斜。这种背斜圈闭中的油气聚集就是披覆背斜油气藏。

这种背斜的形态与古地形突起的形态有关,但常呈穹隆状,顶平翼稍陡,幅度下大上小。圈闭的闭合度也是下大上小,但闭合面积却是下小上大。这种背斜在塑性较大的泥质岩层中较明显,倾角稍大些;而在较硬的砂岩及石灰岩层中,所形成的背斜常不如前者明显,倾角也较平缓。在成因上很难与基底隆升背斜区分开。我国渤海湾盆地济阳坳陷的孤岛油田"基底"为由奥陶系石灰岩和白云岩组成的剥蚀突起,其翼部超覆沉积有古近系,顶部则被新近系馆陶组及明化镇组所覆盖,形成较大规模的披覆构造(图6-6)。北美地台二叠盆地中的希莫尔油田中的宾夕法尼亚系油藏也属此类,宾夕法尼亚系背斜之下是一个珊瑚礁组成的突起。

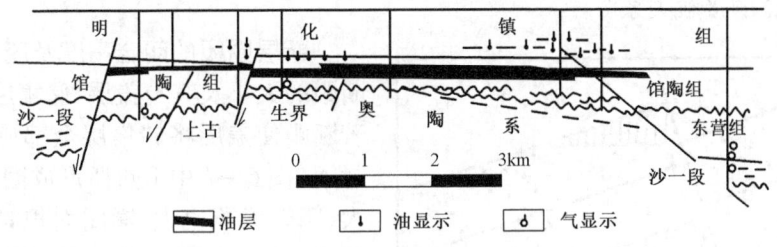

图6-6 孤东油田馆陶组油藏构造剖面图

二、断层油气藏

断层圈闭是指沿储集层上倾方向受断层遮挡所形成的圈闭;在断层圈闭中的油气聚集称为断层油气藏。这类的油气藏是世界各含油气盆地中广泛分布的一种类型。在我国东部地台区,中生代以来断块运动比较活跃,形成很多断陷盆地,同时在盆地的斜坡带以及背斜带上也产生了大量断层,形成了为数众多的断层油气藏。渤海湾盆地的大量油气藏都属于这种类型。

(一)断层油气藏的形成机理

断层油气藏形成的关键是断层具封闭作用。断层封闭作用是指由于断层的存在使油气在纵向、横向上都被密封而不致逸散,最后聚集成油气藏。

在纵向上,断层的封闭性好坏取决于断层带的紧闭程度,这主要取决于以下4个因素。

1. 断层的性质及产状

通常情况下,受压扭力作用产生的断层,断裂带表现为紧密性的,常使断层面具封闭性质;而张性断层的断裂带常不紧密,在其他条件相同的情况下,其封闭性要比压扭性断层差。但这并不是说张性断层的封闭性一定比压扭性断层的差。渤海湾盆地中一新生代地层中的断层几乎都是张性正断层,但都具有良好的封闭性能。断层的产状也影响其封闭性能。断面陡,断裂带所受上覆地层的正压力就小,封闭性就差;断面缓,断裂带所受上覆地层的正压力就大,封闭性就好。

2. 断层带内矿物的沉淀

断层带内,由于地下水中溶解物质(如碳酸钙)沉淀,将破碎带胶结起来,形成断层墙,而起封闭作用。

3. 断层断穿地层的岩性特征

在塑性较强的岩性(如泥岩)发育的地层层系中,在断层形成时,沿断层面常会形成致密的断层泥,这种泥岩的涂抹作用经常会使断裂带两盘砂泥岩层系中的砂岩受到涂抹而封闭起来,从而起到封闭作用。一般来说,断开地层中泥岩的比例越大,其涂抹效果越好,断层封闭性越强。

4. 断层被沥青封堵

油气沿开启的断裂带运移的过程中,由于原油的氧化作用,形成固体沥青等物质,堵塞了运移通道,也可起封闭作用。

要形成断层圈闭,不仅在纵向上是封闭的,在横向上也要是封闭的。断层在横向上封闭与否取决于断距的大小及断层两侧渗透性地层的接触关系。如果断层两侧的渗透性岩层不直接接触,俗称"砂岩不见面",就可起封闭作用;反之,如果断层两侧的渗透性岩层直接接触,则不能起封闭作用。断面两侧的渗透性地层是否可以直接接触主要取决于断层断距的大小以及断层两侧岩性组合的接触关系。

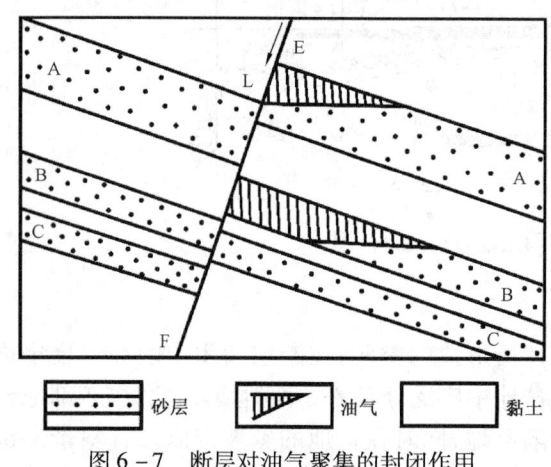

图6-7 断层对油气聚集的封闭作用
(据Hobson,1956)

断层圈闭的闭合高度及闭合面积取决于断距的大小及其与盖层、储集层厚度的关系。若断距使盖层将储集层全部遮挡,则为完全封闭(图6-7中B),所形成圈闭的闭合高度大,闭合面积也大,圈闭面积等于溢出点(断层线与储集层顶面构造等高线的最低切点)等高线和断层线所圈闭的面积;若盖层只封闭住储集层的上部,则储集层上部的封闭部分称为部分封闭(图6-7中A),也可形成圈闭,但其闭合高度小于储集层的厚度,圈闭面积也小;若储集层的上部与渗透层相接,则为不封闭(图6-7中C)。

断层另一种作用是成为油气运移的通道,破坏原生油气藏,其结果是油气运移至浅处,若遇圈闭可形成次生油气藏;若无遮挡油气逸散至地面而散失。如柴达木盆地的油砂山油田,本来为一完整的背斜油藏,后因垂直构造轴线发生一条大断距的断层,将东侧油层抬升暴露于地面,油藏则全部遭到破坏(图6-8)。西侧油层下降,被断层封闭仍保留了工业性油藏。

断层在油气藏形成中所起的双重作用是封闭作用还是通道作用,要研究具体盆地的发育史和聚油期的关系。但是总的来说断层作为通道输导流体的时间是有限的,一旦通道闭合或堵塞就成为良好的遮挡。但已经成为遮挡的断层,在一定条件下也可以再活动,成为油气运移的通道。只有从动态演化角度,才能正确认识断层的双重角色。

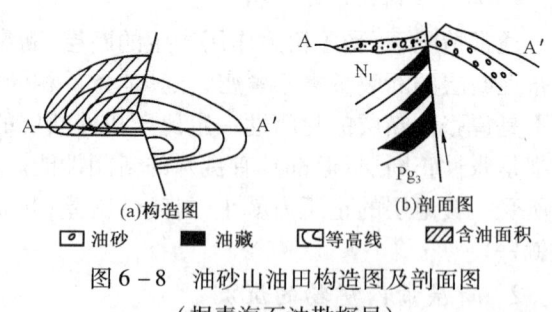

图6-8 油砂山油田构造图及剖面图
(据青海石油勘探局)

(二)断层油气藏的主要类型

不同类型的断层油气藏最基本的共同点就是它们都是在储集层的上倾方向为断层所封闭。也就是说,形成断层圈闭的必要条件是:断层线与储集层的构造等高线必须构成闭合状态才能形成圈闭。根据断层与储集层构造的组合关系,可将断层圈闭分为两大类型。

1. 断鼻油气藏

在区域倾斜的背景上,单纯的鼻状构造是不能形成圈闭的,如果鼻状构造的上倾方向被封闭性断层所遮挡,就形成了断鼻圈闭。在其中聚集了油气,就形成了断鼻油气藏(图6-9)。我国许多断陷盆地大量分布这类油气藏。

2. 断块油气藏

如果储集层被多条断层相互交割,形成各种形状的断块,当断块被断层封闭形成圈闭,这样的圈闭就是断块圈闭,其中聚集了油气称为断块油气藏。

因此,断块油气藏包括3种类型:① 在倾斜储集层的上倾方向,为一向上倾凸出的弯曲断层(弧形断层),在构造图上表现为较平直的构造等高线与弯曲断层线相交[图6-10(a)];② 在倾斜储集层的上倾方向,为两条相交叉的断层所包围,在构造图上表现为较平直的构造等高线与交叉断层相交[图6-10(b)];③ 在许多复杂断块区,往往有多组断层的交叉切割与地层相结合,组成各种几何形态的断块,储集层上倾方向及侧向被多条断层所封

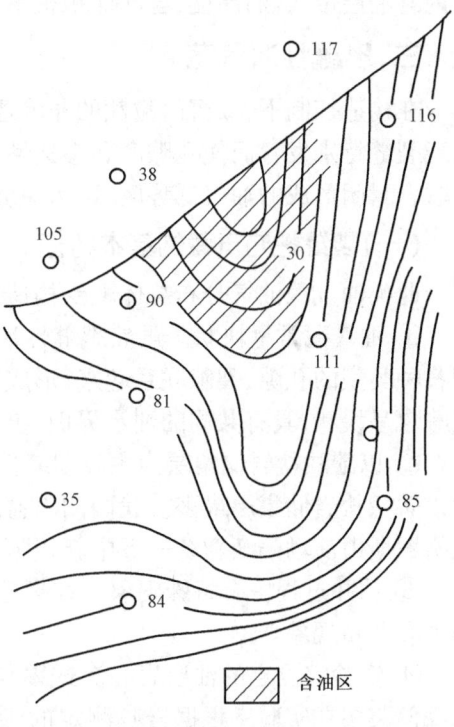

图6-9 断鼻状构造圈闭及油气藏

闭,构造图上表现为多条断层与构造等高线构成闭合区,形成复杂断块油气藏,实际上每个断块都可以称为一个独立的油气藏[图6-10(c)]。

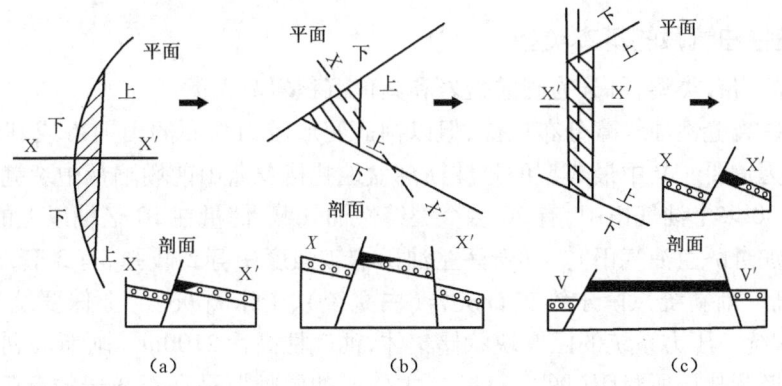

图6-10 断块圈闭和油气藏基本类型平面和剖面示意图
(据Levorsen,1954,修改;潘钟祥等,1986)

我国渤海湾盆地中常发育同生断层及有关的断层油气藏,如前述的港东油田(图6-4)。西部常出现逆或逆掩断层与背斜一翼结合而形成的断层油气藏。如前述的老君庙油田北翼L层中的断层油气藏(图6-2),新疆克拉玛依油田也属此类型。

(三)断层油气藏的基本特征

断层油气藏的基本特征主要表现在:沿断层附近储集层因岩层被挤压破裂而渗透性变好;断层的发育使油气藏复杂化,构造断裂带内的油气藏被断层切割为许多断块,分隔性强,各断

块内含油层位、含油高度、含油面积很不一致;油气常富集在断层靠油源一侧。

三、裂缝性油气藏

在构造控制下,致密而脆性的非渗透性岩层,由于构造作用加上其他后期改造作用,可以出现裂缝特别发育而使孔隙度和渗透性变好的局部地区,周围则为非渗透性围岩和高油气势面联合封闭形成的油气低势区,称为裂缝性圈闭。聚集了油气之后即形成裂缝性油气藏。

(一)裂缝性油气藏的基本特征

此类油气藏油气分布总体上受构造控制,但具有油气分布不规则的特征,常有如下特点:

① 油气藏常呈块状。虽然裂缝性油气藏储集层的储集空间类型很复杂,而构造裂缝常可把各种类型的孔隙、裂隙联系起来,形成统一的孔隙—裂隙体系,其中聚集油气后所形成的油气藏也呈块状,具有共同的油水界面、统一的压力系统。

② 以碳酸盐岩储集层为主。裂缝性油气藏的储集层往往是一些脆性较强的岩石类型,其中以碳酸盐岩储集层最多。我国四川盆地石炭系、二叠系和三叠系碳酸盐岩油藏,波斯湾盆地扎格罗斯山前坳陷渐新统—下中新统阿斯马利石灰岩中的油藏也都是裂缝性油藏。

③ 钻井过程中有特殊现象。在裂缝性油气藏的钻井过程中,经常发生钻具放空、钻井液漏失和井喷现象。

④ 实验室测定的油层岩心渗透率与试井获得的油层实际渗透率相差悬殊。一般裂缝油气藏储集层在实验室根据岩心测定的渗透率很低,而试井实际测得的渗透率却很高,相差悬殊。这是由于构造裂缝沟通了储集层的各种储集空间,形成一个畅通的渗流系统。构造裂缝大大增加了储集层孔隙度和渗透率。

⑤ 透性分布不均,同一储集层的不同部位储集性能可以相差悬殊,因此,不同油井之间的产量差别甚大。

(二)裂缝性油气藏的基本类型

按储集层的岩石类型,可分为碳酸盐岩和其他沉积岩两大类。

碳酸盐岩中裂缝性油气藏分布广泛,但以构造变形较为强烈的山前带或其他发育褶皱背斜带的地区较为重要。其中最典型的是波斯湾盆地扎格罗斯山前坳陷带中裂缝性油气藏。在该带已发现的 50 多个油气田中,有 20 多个裂缝性油气藏,储量在 10 亿桶以上的就有 6 个(其中包括伊朗的加奇萨兰油气田)。加奇萨兰油田褶皱强度中等到较强,有 3 套产油层:阿斯马利石灰岩(中新—渐新统)、萨尔维克石灰岩(白垩统)、卡米石灰岩(上侏罗统),裂缝把它们沟通,形成具有统一压力系统的巨厚块状储集体,油气柱高达 2100m。阿斯马利石灰岩之上为巨厚的上法尔斯膏盐层所封闭(图 6-11)。主要产油层阿斯马利石灰岩的孔隙度高达 13%,大多数小于 5%;岩样渗透率一般小于 $(10 \sim 20) \times 10^{-3} \mu m^2$,但裂缝发育带渗透性极好,最高日产量达万吨以上(24 号井等),高产区平均日产量达 8000t 以上,但有些井钻开全部阿斯马利灰岩的日产量仅 600t。

其他沉积岩的裂缝性油气藏,以美国加利福尼亚州圣马利亚谷地上—中新统蒙特雷组中油气藏,最为著名和典型。我国柴达木盆地油泉子油田也是一例(图 6-12)。该油田构造位于茫崖坳陷中,为一不对称的似箱状背斜,主要储集层为中新统底部的泥岩夹薄层泥灰岩及薄层砂岩透镜体,石油聚集于这些岩层的节理及水平微细层理中,一般水平渗透率较高,垂直渗透率较低,油气分布无一定层位,以泥岩缝隙储油为主,砂岩储油为辅。

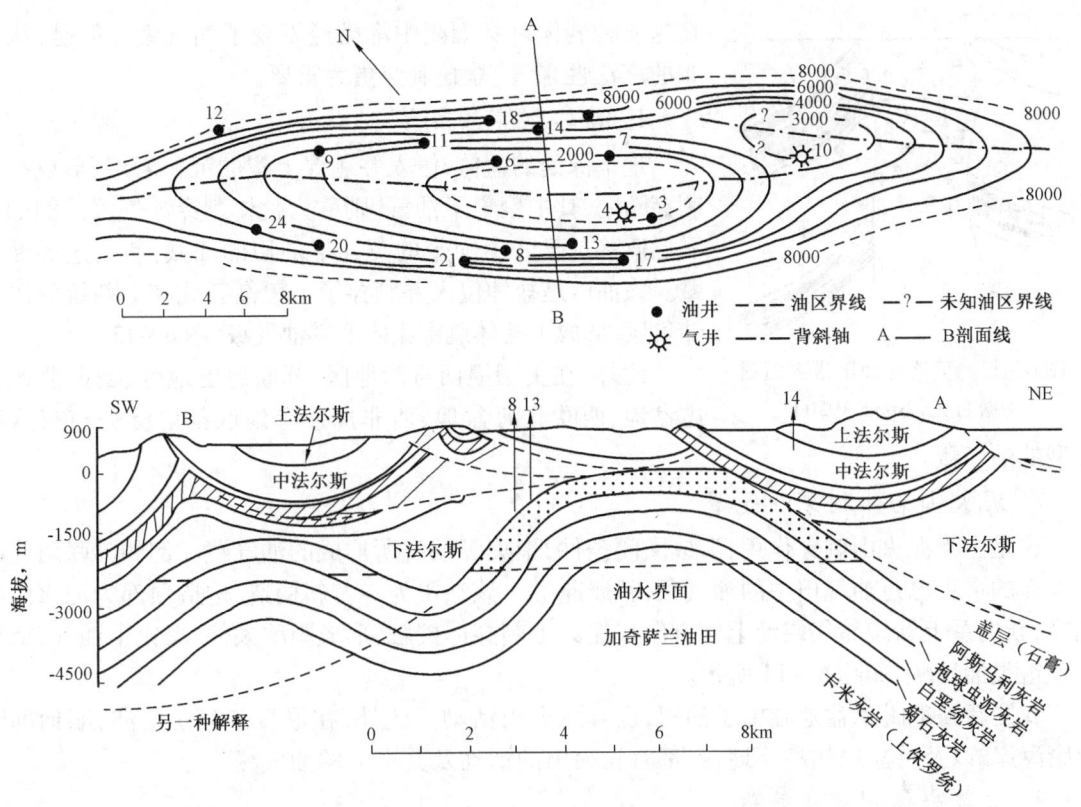

图6-11 加奇萨兰油田构造图及剖面图(据潘钟祥等,1986)

四、刺穿接触油气藏

(一)形成机理

地下岩体(包括软泥、泥膏岩、盐岩及各种侵入岩浆岩)侵入沉积岩层,使储集层上方发生变形,其上倾方向被侵入岩体封闭而形成的圈闭称为刺穿接触圈闭。至于那些受岩体侵入影响,使储集层上拱发生变形、变位(断裂)形成的圈闭,称为隐刺穿的背斜和断层圈闭。在分类上仍属于背斜圈闭和断层圈闭。刺穿圈闭和隐刺穿背斜圈闭的根本区别在于

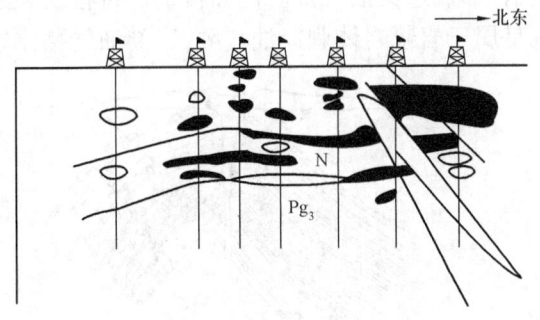

图6-12 油泉子油田剖面图
深色充填区域为油藏储层分布区域

前者岩体刺穿储集层,而后者则不存在刺穿岩体。若在岩体刺穿接触圈闭中聚集了油气,就是刺穿接触油气藏。

刺穿圈闭除上倾方向被侵入岩体封闭外,储集层上方存在非渗透性岩层,下方和下倾方向被油气高等势面和非渗透性岩层联合封闭等因素的配合,构成一个闭合的低油气势区。刺穿圈闭同样是由通过储层顶面溢出点的构造等高线与刺穿岩体封闭线联合构成的闭合区加以确定的。

(二)主要类型

按刺穿岩体性质的不同,可以分为盐体刺穿、泥火山刺穿及岩浆岩体刺穿等。目前世界上

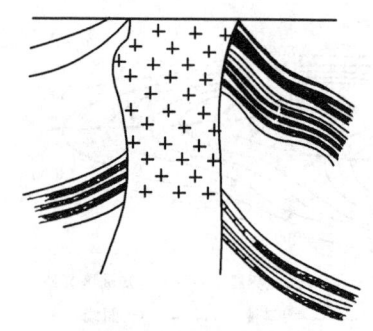

图6-13 莫连尼油田横剖面图
（据 И. О. Брод, 1950）

在这三种岩体刺穿圈闭中都已经发现了油气藏。但是，从分布的广泛性来看，盐丘刺穿更为重要。

1. 盐体刺穿油气藏

地下深处的盐体，侵入并刺穿上覆的沉积岩层，形成盐体刺穿圈闭，其中聚集了油气，则称为盐体刺穿油气藏。例如罗马尼亚喀尔巴阡山前带的莫连尼油田的油藏，就属这类油气藏。该油田是盐体侵入并刺穿了上覆渐新统和上新统的砂岩储集层，形成了盐体刺穿圈闭及其油气藏（图6-13）。

此外，在美国墨西哥湾地区、苏联恩巴地区、德国北德意志盆地、西欧北海盆地、西非加蓬等地区都广泛分布有这种类型的油气藏。

2. 泥火山岩体刺穿油气藏

这是由于泥火山刺穿作用，形成圈闭条件，聚集了油气所形成的油气藏。例如苏联阿普歇伦半岛的洛克巴丹油气田中的油气藏，就属此类。该油田为一背斜构造，构造顶部为泥火山所刺穿，新近系上新统储集层沿上倾方向与泥火山刺穿体接触，形成圈闭条件，聚集了油气，就形成了这类油气藏，如图6-14所示。

我国新疆准噶尔盆地独山子油田，也有泥火山活动。此外，在尼日尔河三角洲、缅甸的阿拉康海岸，以及特立尼达岛等地，也都有泥火山的活动及其有关的油气藏。

3. 岩浆岩体刺穿油气藏

地下深处的岩浆侵入并刺穿上覆沉积岩层，形成岩浆岩体刺穿圈闭，后来油气在其中聚集，就形成这类油气藏。例如在墨西哥曾发现过这样一个油田，如图6-15所示，其中的油气藏是属于岩浆岩体刺穿油气藏，这类油气藏比较少见。

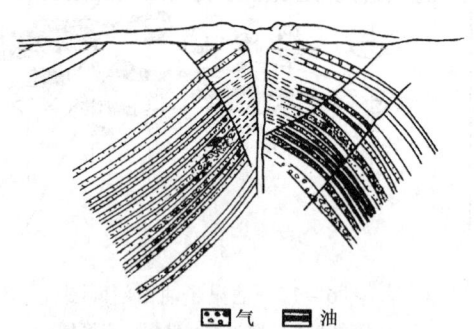

图6-14 洛克巴丹油气田剖面图
（据 И. О. Брод, 1950）

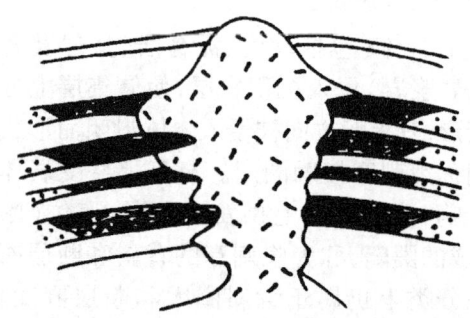

图6-15 墨西哥的岩浆岩体刺穿油田横剖面图
（据 И. О. Брод, 1950）

第三节 地层油气藏

地层圈闭是指储集层由于纵向沉积连续性中断而形成的圈闭，即与地层不整合有关的圈闭。在地层圈闭中的油气聚集，称为地层油气藏。

地层圈闭与前述构造圈闭不同：构造圈闭是由于地层变形或变位而形成；而地层圈闭则主

要是由于储集层上、下与不整合接触的结果而形成的。储集层遭风化剥蚀后,又被不渗透地层所超覆,形成不整合遮挡;或者在剥蚀面之上,渗透层沿不整合面超覆,不整合成为遮挡物。

在世界油气勘探史上,自1917年发现了委内瑞拉马拉开波湖玻利瓦尔油区的许多巨大地层油气藏,1930年又发现美国的东得克萨斯大型地层油气田,地层油气藏开始引起人们的重视。在一个含油气区,易于发现的构造油气藏总是最先被发现,随着勘探程度的增加,包括地层油气藏在内的非构造油气藏的比例会不断增加。近几十年来,随着勘探技术的不断进步,在世界各地发现的地层油气藏逐渐增多,它们不仅数量多、分布广,常常储量也很大,其类型也是多种多样。

地层圈闭既是一种地层现象,又是一种构造现象。不整合对地层圈闭及油气藏的形成起主导作用,但通常必须与其他构造因素或岩性因素结合在一起,由不整合面和储集层顶面的构造等高线构成封闭区。

根据圈闭的成因和储集层与不整合面的空间关系,地层油气藏大致可以分为两大类:一类是位于不整合面之下的地层不整合遮挡油气藏;另一类是位于不整合面之上的地层超覆油气藏。而那些储集层在不整合面之上和之下未与不整合直接接触,由其他因素形成的油气藏,均不属于地层油气藏。如图6-16所示,B、C是位于不整合面之上的地层超覆油气藏,D、E为不整合面之下的地层不整合遮挡油气藏,A、F分别为岩性尖灭油气藏和背斜油气藏,不属于地层油气藏。

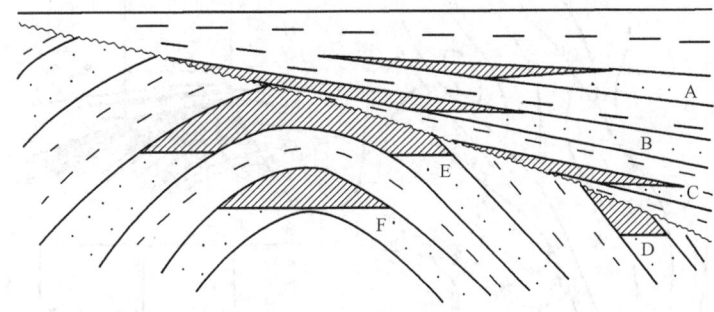

图6-16 地层油气藏主要类型及其与非地层油气藏之间的区别示意图(据蒋有录等,2006)

一、地层不整合遮挡油气藏

(一)潜伏剥蚀突起油气藏

潜伏剥蚀突起油气藏又称古潜山油气藏。这类油气藏是指古地形突起被上覆非渗透层覆盖形成的圈闭中聚集了油气而形成的油气藏。

古潜山圈闭的形成与区域性的沉积间断及剥蚀作用有关。在地质历史的某一时期,地壳运动使一个区域上升,受到强烈风化、剥蚀的破坏。坚硬致密的岩层抵抗风化的能力强,在古地形上呈现为大的突起;而抵抗风化能力较弱的岩层,则形成古地形中的凹地。因而显示出了高山、丘陵、平原、沟谷、河湖等古地貌的景观。后来,在该区域尚未被剥蚀成为平原时,又重新下降,同时又被新的沉积物所掩埋覆盖,这样就在原来古地形的基础上,形成了一系列的潜伏剥蚀突起,也称为"古潜山",由于遭受多种地质营力的长期风化、剥蚀,常形成破碎带、溶蚀带,具备良好的储集空间,当其上为不渗透性地层所覆盖时,则形成了潜伏剥蚀突起圈闭[图6-17(a)],成为油气聚集的有利场所。

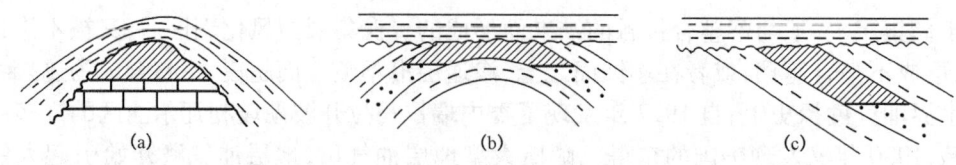

图 6-17 地层不整合遮挡圈闭示意图(据张厚福等,1999)
(a)潜伏剥蚀突起圈闭;(b)潜伏剥蚀背斜构造圈闭;(c)潜伏剥蚀单斜构造圈闭

潜山油气藏的储集层都位于不整合面之下,按潜山储集层的岩性,可以分为碳酸盐岩潜山油气藏、碎屑岩潜山油气藏、结晶岩潜山油气藏(如花岗岩、变质岩)等。它们的共同特点是,岩性较坚硬,经过长期的风化、剥蚀和地下水的循环作用后,次生孔隙和裂缝发育,具有良好的储集性质。

我国任丘油田是一个典型的潜山油气藏。该油田是我国在 20 世纪 70 年代新发现的高产大油田之一。其剥蚀突起主要由中—新元古界雾迷山组硅质白云岩组成,围翼为寒武系、奥陶系的碳酸盐岩地层。该剥蚀突起自晚奥陶世到古近纪漫长的地质时期中,一直出露地表,长期遭受风化、剥蚀、溶解以及历次地壳运动的作用,使得裂隙、孔洞都很发育,具备极好的储集性能。后来被古近系巨厚的泥质沉积所覆盖,成为良好的盖层,形成了圈闭条件。古近系生油岩生成的石油,进入该圈闭中聚集起来,形成了储量丰富的高产大油田,如图 6-18 所示。

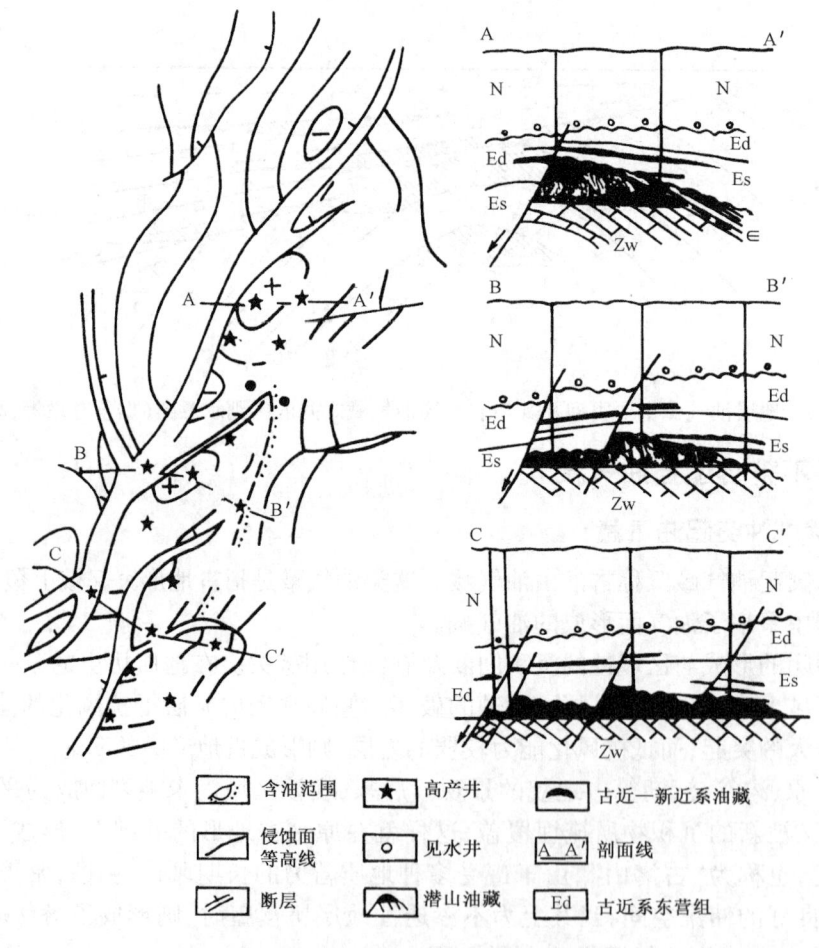

图 6-18 任丘油田平面图及剖面示意图

我国渤海湾含油气盆地的其他坳陷,以及准噶尔、酒泉等其他含油气盆地中,也同样分布有相当数量这种类型的油气藏,如济阳坳陷的王庄太古宇基岩油藏。

美国西内部盆地的潘汉得尔油气田是著名的特大古潜山油气田实例(图6-19)。潘汉得尔油气田的含油气面积达6000km²,天然气累计产量已超过$7000 \times 10^8 m^3$,累计产油量已超过$1.25 \times 10^8 t$。该剥蚀突起是由前寒武纪花岗岩、长石砂岩及上古生界碳酸盐岩共同组成一个巨厚的块状储集层。其上为二叠系所覆盖,特别是二叠系盐岩成为良好的盖层,形成一个巨大的块状油气藏,具有统一的油水界面,含油气高度达400m。

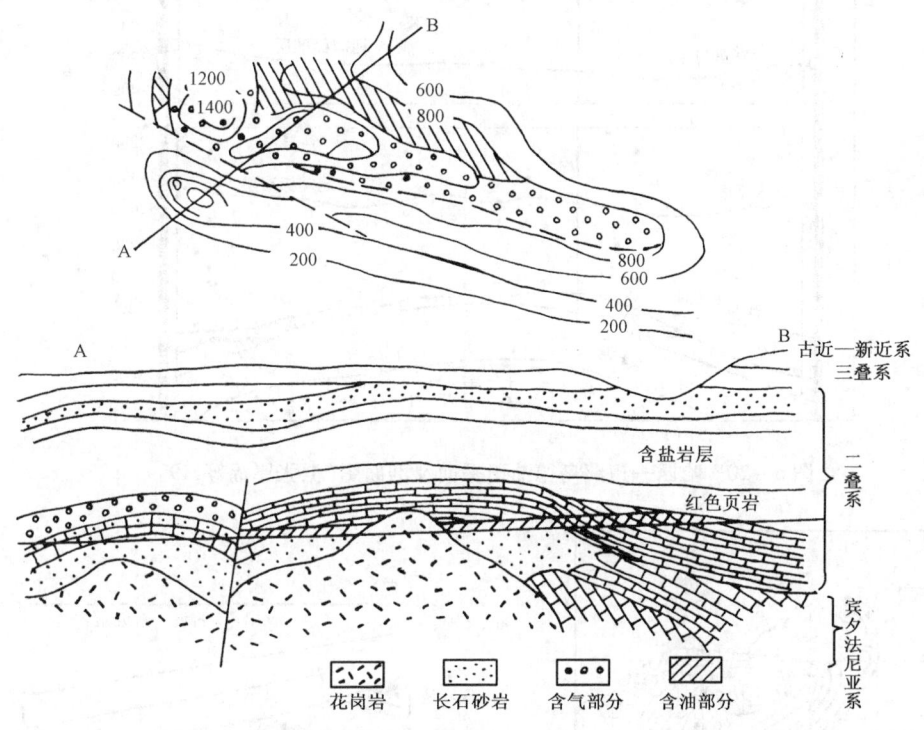

图6-19 美国潘汉得尔油气田构造图及剖面图(据柳广弟等,2009)

(二)潜伏剥蚀构造油气藏

在不整合面之下,原有的古构造(如背斜、单斜等)仅被剥蚀掉了一部分,则残留的构造被新的沉积岩层不整合覆盖后所形成的圈闭中聚集了油气即形成潜伏剥蚀构造油气藏[图6-17(b)、(c)]。根据构造形态可分为两类:潜伏剥蚀背斜油气藏和潜伏剥蚀单斜油气藏。

北非阿尔及利亚的哈西—迈萨乌德油田是著名的潜伏剥蚀构造油气藏的实例。该油田位于阿尔及利亚撒哈拉大沙漠东部,距地中海560km,油气是聚集在一个顶部遭受剥蚀的大背斜中,属潜伏剥蚀构造圈闭。产油层为寒武系砂岩,深约3300m,油田含油面积1300km²,油藏高度270m。石油地质储量$34.7 \times 10^8 t$,单井平均日产量为800t左右,全油田日产油量为52000t以上,是特大高产油田(图6-20)。

美国阿拉斯加北坡盆地的普鲁德霍湾油田可以作为潜伏剥蚀单斜构造油气藏的典型例子。该油田位于阿拉斯加北极的巴罗隆起上,是世界上最北的油田,在北极圈以北425km,也是北美最大的油田。位居世界第七特大油田,其石油可采储量为$13.12 \times 10^8 t$,天

然气 $26 \times 10^{12} ft^3$。该油田东西长 64km，南北宽 32km，面积约 2000km²，为一向西南倾伏的鼻状构造（图 6-21，图 6-22）。主要储集层为二叠系、三叠系和侏罗系砂岩。储集层孔隙度为 23%～25%，渗透率约 $200 \times 10^{-3} \mu m^2$。

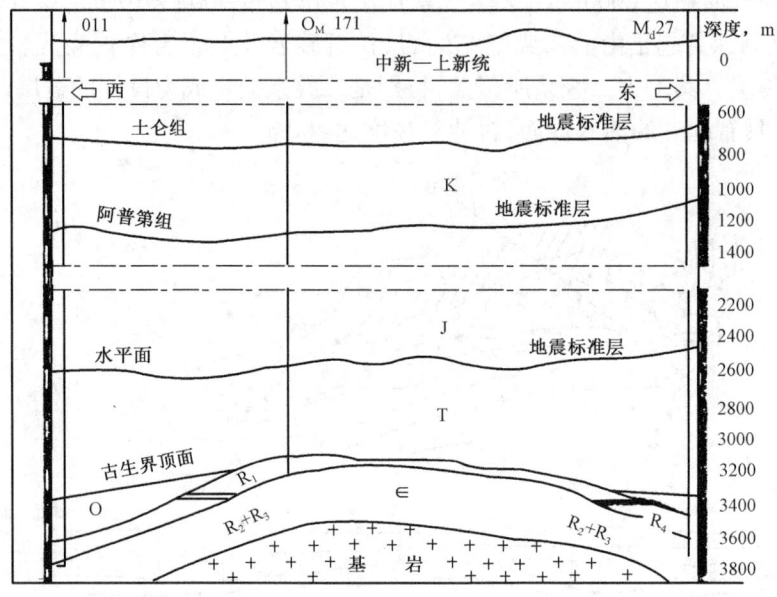

图 6-20 哈西—迈萨乌德油田平面及剖面图（据张厚福等，1999）

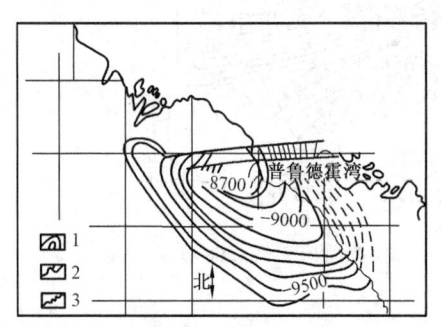

图 6-21 普鲁德霍湾油田中生界底部附近反射层的构造解释图

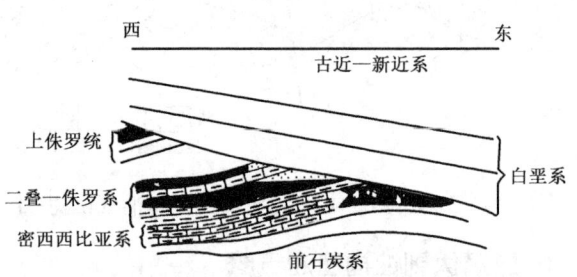

图 6-22 普鲁德霍湾油田横剖面图

我国渤海湾盆地济阳坳陷金家油田沙河街组油气藏是潜伏剥蚀单斜构造油气藏的典型代表（图 6-23）。

二、地层超覆油气藏

该类油气藏，其储集层位于不整合面之上，且不整合面总是从下面与储集层上倾方向相切，并对储集层上倾方向起支撑和封闭作用。

地层超覆是指当水体渐进时，沉积范围逐渐扩大，较新沉积层覆盖了较老沉积层，并向陆地扩展，与更老的地层侵蚀面成不整合接触，其上被不渗透地层覆盖，就形成地层超覆圈闭，油气聚集其中就形成地层超覆油气藏。该类油气藏主要分布在盆地斜坡边缘带、盆地内部古隆起、古凸起的周缘，多呈舌状、裙边状断续分布。

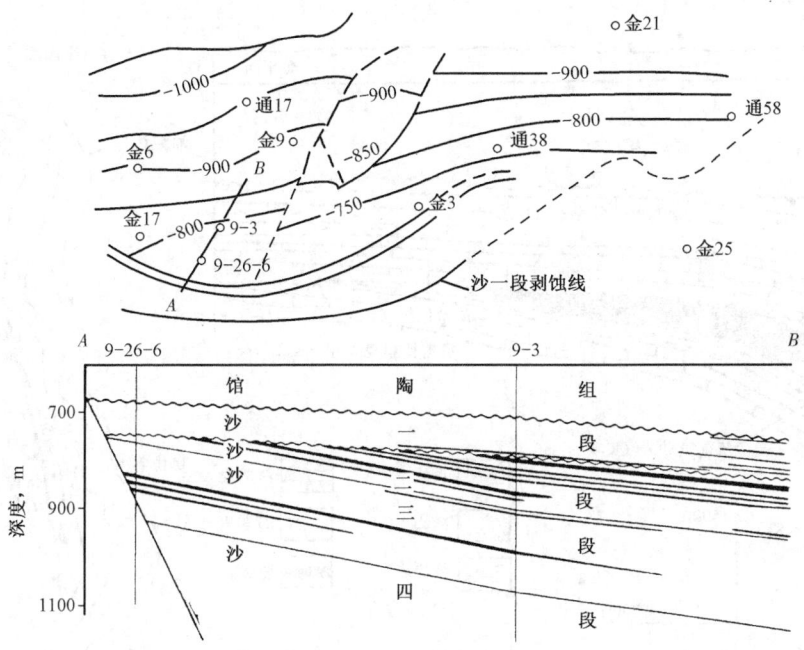

图6-23 金家油田构造及油藏剖面图(据王秉海等,1992)

从剖面上看,超覆表现为上覆层系中每一地层都相继延伸到下伏较老地层边缘之外,并且在同一柱状剖面中,由下向上沉积物愈来愈细;退覆是在水体渐退时发生的,较新沉积层的范围愈来愈小。在实际的地质环境里,多数见到的是水进与水退交替出现,在剖面上则表现为超覆不整合面与退覆削蚀面相交(图6-24)。岩石结构上则是由下向上颗粒由粗变细再变粗,构成一个完整的沉积旋回。

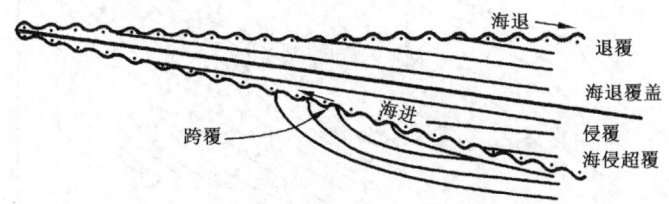

图6-24 超覆与退覆示意图(据张厚福等,1999)

目前世界上已发现很多这类油气藏,其中比较著名的有美国东得克萨斯油田的油气藏(图6-25)。东得克萨斯油田位于墨西哥湾盆地西部萨滨隆起的西侧,上白垩统乌德宾组砂岩超覆沉积在下白垩统不整合面上,向东的上倾方向又被其上不整合接触的奥斯汀群所超覆覆盖,砂岩顶、底两个不整合面在上倾方向相交,油气聚集其中,形成地层超覆油气藏。这个油田的总可采储量为7.3×10^8t,累计产油量已超过5×10^8t,是美国最大的油田之一。

另外一个典型实例是委内瑞拉东部的夸仑夸尔油田的油藏,如图6-26所示。该油田是南美洲的大油田之一。上新统—更新统的砂岩超覆沉积在下伏的不整合面上,其上被不渗透地层超覆覆盖,形成地层超覆圈闭条件,油气聚集其中,形成了巨大的地层超覆类型的油藏。

我国也发现了大量的地层超覆油气藏,其中东营凹陷的单家寺油田就是一个典型的代表。

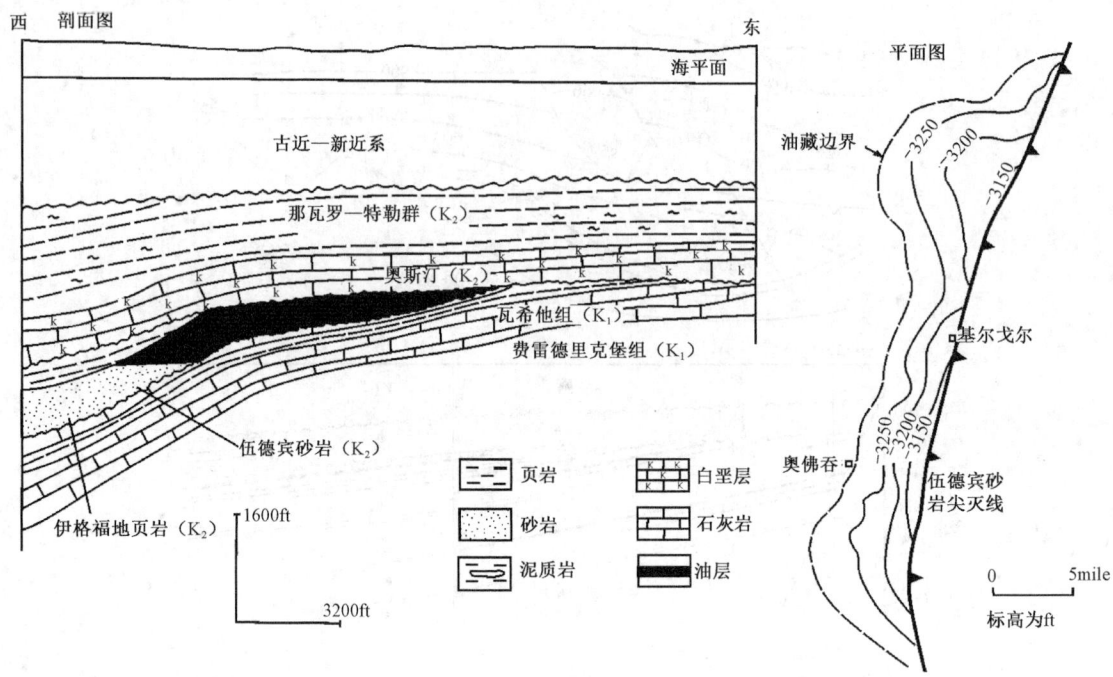

图6-25 东得克萨斯油田乌德宾(白垩系)产油层顶部构造图及横剖面图(据 Levorsen,1967)

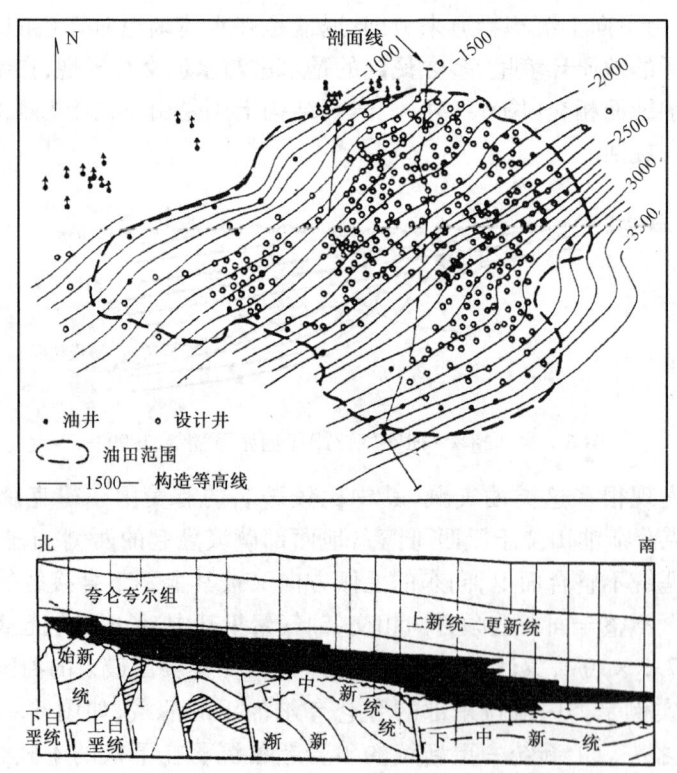

图6-26 委内瑞拉东部夸仑夸尔油田平面及横剖面图(据 Levorsen,1967)

第四节 岩性油气藏

随着勘探的不断深入,岩性油气藏的发现越来越多。在我国,岩性油气藏的勘探已成为重要的勘探目标。近年来,我国东部渤海湾盆地的东营凹陷和南堡凹陷、二连盆地等都相继发现了一批砂岩岩性油气藏;西部碳酸盐岩地区的岩性油气藏勘探也不断有所突破,如塔里木盆地古生代地层的勘探等,从而证明岩性油气藏勘探领域宽广,勘探潜力巨大。

岩性圈闭是指储集层岩性或物性变化所形成的圈闭,油气在岩性圈闭中的聚集,就成为岩性油气藏。储集层岩性的纵横向变化可以在沉积作用过程中形成,也可以是成岩作用过程中形成。但大多数岩性圈闭是沉积环境的直接产物。由于沉积环境不同和成岩作用的差异,导致沉积物岩性或物性发生变化,形成岩性上倾尖灭体、透镜体及物性封闭圈闭等。

在岩性变化大的砂、泥岩沉积剖面中,常见许多薄层砂岩互相参差交错。有的层状砂岩体顶底均为不渗透泥岩所限,在横向上也渐变为不渗透泥岩,砂岩体呈楔状尖灭于泥岩中,这就是砂岩上倾尖灭圈闭,如图6-27(a)所示。有的砂岩体呈透镜状,周围均被不渗透层所限,则为砂岩透镜体圈闭,如图6-27(b)所示。

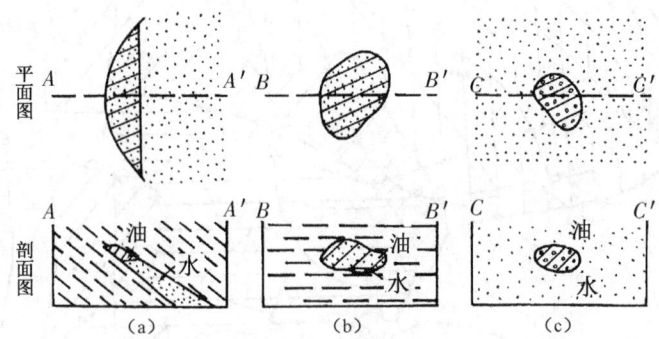

图6-27 砂岩尖灭体及透镜体地层油气藏(据张厚福,1999)
(a)砂岩尖灭体地层油气藏;(b)砂岩透镜体地层油气藏;(c)低渗透砂岩中局部高渗透带

在成岩和后生作用期间,由于次生作用可使原生的岩性圈闭发生改变,可使储层的一部分变为非渗透性岩层,或使非渗透性岩层中的一部分变为渗透性岩层,形成岩性圈闭。如在厚层砂岩中,由于渗透性不均,也可见到低渗透砂岩中出现局部高渗透带,如图6-27(c)所示。在碳酸盐岩地区,由于易于发生溶蚀和次生作用,故容易在成岩阶段形成岩性圈闭,通常又称物性封闭圈闭。

生物礁圈闭是碳酸盐岩地层中的一种特殊的岩性圈闭,它是礁组合中具有良好孔隙性和渗透性的储集岩体被周围非渗透性岩层和下伏水体联合封闭而形成的圈闭。因此,岩性油气藏可分为砂岩上倾尖灭油气藏、砂岩透镜体油气藏、物性封闭岩性油气藏和生物礁油气藏等4种。

岩性油气藏主体为砂岩上倾尖灭油气藏和透镜状岩性油气藏。它们的共同特征是:① 油气藏在平面上的分布常常成群成组出现,互不相连,无规则分布,剖面上储层呈层状、羽状或相互参差交错;② 储集体往往穿插和尖灭在生油岩体中,不仅有充足的油气源,还有良好的储盖组合条件;③ 圈闭形成时间早,油气直接排入储集层,有利于油气的聚集成藏;④ 油气运移距离短,圈闭封闭性好,不受水动力和水化学作用影响,故原油性质好。

一、岩性上倾尖灭油气藏

岩性上倾尖灭油气藏是由于储集层沿上倾方向尖灭或渗透性变差而造成圈闭条件,油气聚集其中而形成的。其中储集层是由碎屑岩或碳酸盐岩构成的,以砂岩上倾尖灭油气藏最为常见。

上倾尖灭型岩性油气藏主要分布在盆地(坳陷或凹陷)的斜坡地带,在古地形突起(隆起、潜山、背斜)的翼部也可以出现。在陆相湖盆中,由多个韵律层组合而成的复合砂岩体与凹陷斜坡带或大型隆起带相结合,使多个砂层组上倾尖灭线与构造等高线相切,形成大中型岩性上倾尖灭油藏,具有含油面积大,含油层组多,油气富集程度高等特点。

泌阳凹陷双河湖底扇砂体前缘尖灭带在斜坡带背景之上,湖底扇砂体的每一个朵叶都相应地形成砂岩上倾尖灭油气藏(图6-28)。

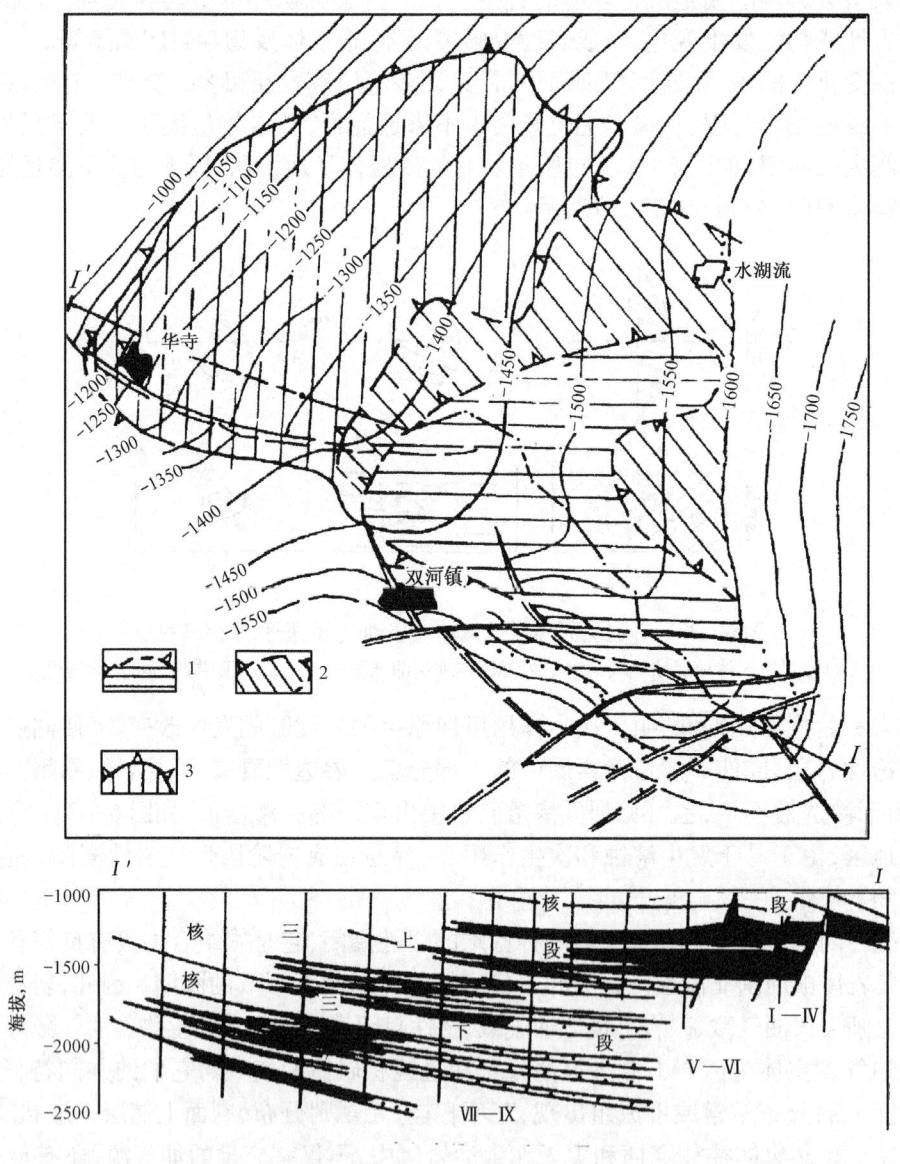

图6-28 泌阳凹陷双河砂岩上倾尖灭油气藏平面及剖面图(据胡见义等,1991)
1—Ⅰ—Ⅳ油组含油范围;2—Ⅴ—Ⅵ油组含油范围;3—Ⅶ—Ⅸ油组含油范围

在国外,岩性尖灭类型的油气藏也很多。例如苏联北高加索迈科普油区卡杜辛油田中的古近—新近系砂岩尖灭油气藏也是典型实例,如图6-29所示。

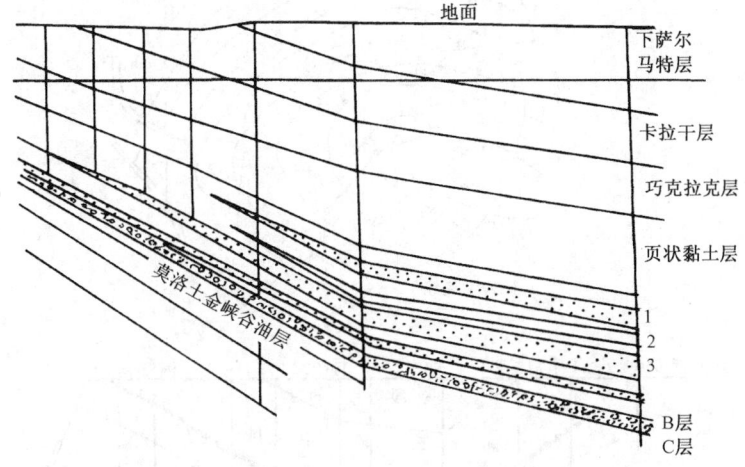

图6-29 苏联卡杜辛油田渐新统砂岩尖灭油气藏剖面图(据Levorsen,1967)
1、2、3分别代表从上至下的三套砂岩尖灭储层;B层、C层为另外两套砂砾岩储层

二、透镜体油气藏

透镜体油气藏是由透镜状或其他不规则状储集层,周围被不渗透性地层所限,组成圈闭条件而形成的油气聚集。透镜状储集体通常由孔隙性的砂岩或粒屑碳酸盐岩构成,最常见的是被泥岩包围的砂岩透镜体。透镜体油气藏的规模一般都不大。

目前已发现的砂岩透镜体岩性油气藏,其储集体包括有河道砂岩体、三角洲平原分流河道砂岩体、三角洲前缘河口坝砂岩体、岸外堡坝砂岩体、沿岸坝砂岩体、走向谷砂岩体和浊流砂岩体等各种成因的砂岩体。

渤海湾盆地古近系沙河街组三段的大套泥岩中,发育许多砂岩透镜体油气藏。如东营凹陷的东辛构造带西南部的营11地区,分布有我国东部盆地最大的砂岩透镜体岩性油气藏。含油层位为沙三段中部浊积砂体,油藏置于沙三段烃源岩中,原始地层压力较高、油质较轻,反映了原生油藏的特点(图6-30)。

三、物性封闭油气藏

物性封闭圈闭又称成岩圈闭,是指由于各种次生成岩作用使原始沉积的岩层孔隙性发生变化形成的圈闭类型。主要包括两种情况:一是由于胶结作用导致渗透层上倾部位的孔隙度及渗透性降低,因渗透层在上倾方向物性变差而形成遮挡条件,从而形成物性封闭圈闭;二是由于次生变化,如白云岩化、溶解作用等,使原来不具有渗透性的岩层的一部分孔隙度、渗透率增大,形成低渗透层中的高孔高渗段,从而形成物性封闭圈闭。在这些由于物性变化而形成的圈闭中的油气聚集就是物性封闭岩性油气藏。

物性封闭油气藏广泛发育于各类砂砾岩扇体中,如水下扇体由于扇根物性致密,在扇体上倾方向形成遮挡。东营凹陷永921砂砾岩扇体就是典型的物性封闭油气藏(图6-31),该砂砾岩体为近岸水下冲积扇沉积,其中的扇根由于砾石颗粒大、成分混杂、分选极差而物性很差,成为不规则的遮挡物,形成物性封闭圈闭及油气藏。

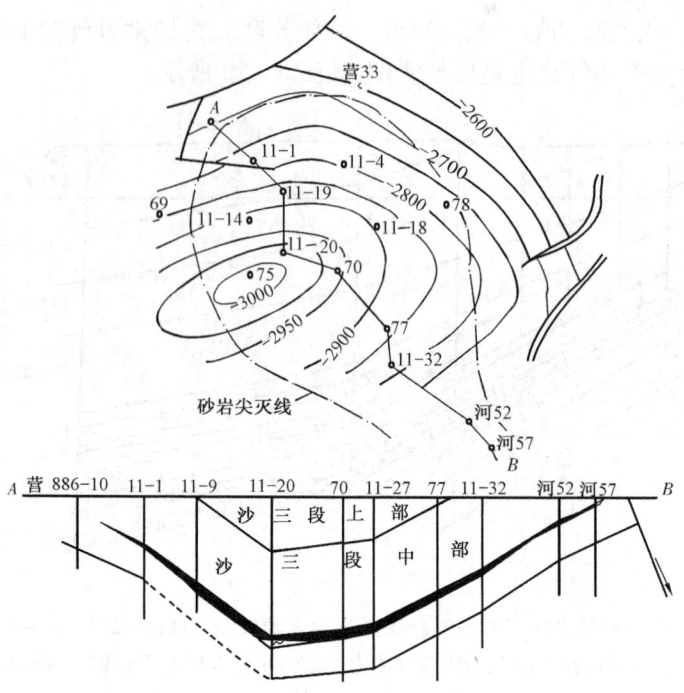

图 6-30　东营凹陷营 11 砂岩透镜体油藏平面及剖面图（据张厚福等,1999）

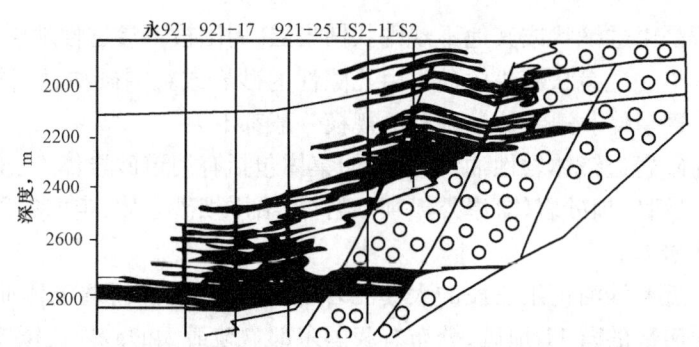

图 6-31　永 921 砂砾岩扇体物性封闭油藏剖面图（据胜利油田,2004）
圆圈部分代表扇根部分的砾石沉积,黑色部分代表砂岩油层

此外,在低渗透岩层中往往存在高渗透带砂体油气藏,储集层的渗透性变化很大,油气聚集在渗透性好的部分,而渗透性不好的部分则为水所充满,也属于物性封闭岩性油气藏。美国阿巴拉契亚含油气盆地下石炭统"百尺砂岩"中的油气藏可作为典型实例,如图 6-32 所示。

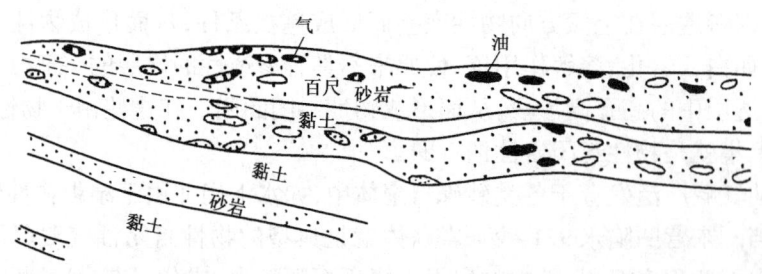

图 6-32　阿巴拉契亚盆地下石炭统的"百尺砂岩"油藏剖面图（据 И. О. БРОД,1970）

在我国的一些含油气盆地中也常见到这种低渗透岩层中的高渗透带油气藏,如陕甘宁盆地的三叠系、侏罗系都有这类油气藏。

四、生物礁油气藏

(一)生物礁油气藏的形成特点

生物礁圈闭是指具有良好孔隙性和渗透性的生物礁储集岩体被上覆及周围非渗透性岩层封闭而形成的圈闭,在其中形成的油气聚集称为生物礁油气藏。

生物礁是指由珊瑚、层孔虫、苔藓虫、藻类、古杯类等造礁生物组成的、原地埋藏的碳酸盐岩建造,呈块状,具水下凸起的地貌。生物礁中除造礁生物外,尚掺有海百合、有孔虫等喜礁生物。不同地质时代有不同的造礁生物。

古代生物礁与现代生物礁在成因上是相似的。图 6-33 表示古代生物礁各部位及其岩相特征,从陆向海方向可以划分为三个相带。后礁相 A:生物礁向陆的一侧,一般为礁后潟湖沉积,主要为白云岩、石灰岩、砂岩、红页岩及硬石膏等互层沉积。礁核相 B:是生物礁的主体,主要由生物格架岩和生物黏结岩组成,孔隙十分发育。前礁相 C:生物礁前面向海一侧,紧靠生物礁的岩相为石灰岩及砂岩和生物礁碎屑。再向海方向则过渡为灰色到黑色页岩和石灰岩沉积的盆地相 D。

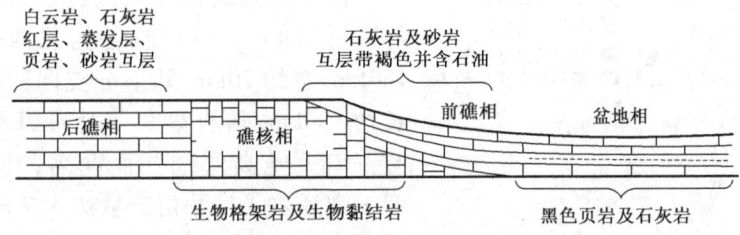

图 6-33　古代生物礁的各部分及其岩相分布特征示意图(据 Levorsen,1967)

从油气藏形成的条件分析,以生物礁块主体和前礁相最为有利。这两个带具有丰富的油气来源,除其本身具有良好的生油条件外,大量的油气可以从其相邻的盆地相中运移过来;其次储集条件好,生物礁本身原生孔隙和次生溶洞都很发育,前礁相也同样具备这个条件。勘探实践也证明,油气主要都是集中在这两个岩相带中。

(二)生物礁油气藏实例

在世界各地不同地质时代的生物礁中,发现了丰富的油气资源。根据目前已有的资料,自古生代志留纪至新生代中新世,都发现有生物礁油气藏,其中以志留纪、泥盆纪、二叠纪、白垩纪和古近—新近纪的生物礁油气藏更为重要。从分布的地区看,生物礁油气藏分布的重要地区有加拿大西部艾伯塔盆地、美国二叠盆地、前苏联乌拉尔山前坳陷、墨西哥湾盆地(其中以墨西哥部分更重要)、中东波斯湾盆地、利比亚锡尔特盆地以及印度尼西亚萨拉瓦蒂盆地等。在这些盆地中,生物礁油气藏常成带分布,形成丰富的产油气区。

生物礁油气藏在世界石油储量中占很重要的地位,世界上生物礁型大油田的总储量达 43.4×10^8 t,见表 6-4。加拿大的油气产量约有 60% 产自生物礁油气藏,墨西哥全国石油产量 70% 产自生物礁油气藏。下面简要介绍几个比较重要的生物礁油气藏,以便进一步了解这种类型油气藏的形成条件及其特点。

表 6-4 世界主要生物礁大油田（据张厚福等，1999）

油田名称	所在盆地	时代	可采储量 $10^8 t$	油田名称	所在盆地	时代	可采储量 $10^8 t$
基尔库克	波斯湾	始新世至渐新世	20.5	老黄金巷	墨西哥湾	白垩纪	1.92
默斑—布哈沙	波斯湾	始新世至渐新世	4.1	天鹅丘	艾伯塔	泥盆纪	1.33
波扎—里卡	墨西哥湾	白垩纪	3.8	雨虹	艾伯塔	泥盆纪	1.0
迪法	锡尔特	白垩纪至古新世	2.74	红水	艾伯塔	泥盆纪	0.96
英蒂萨 D	锡尔特	古新世	2.6（地质）	达赫拉—霍夫纳	锡尔特	古新世	0.96
英蒂萨 A	锡尔特	古新世	2.5（地质）	勒杜克—乌德宾	艾伯塔	泥盆纪	0.70
斯库瑞—斯奈德	二叠盆地	宾夕法尼亚亚纪早二叠世	2.5				

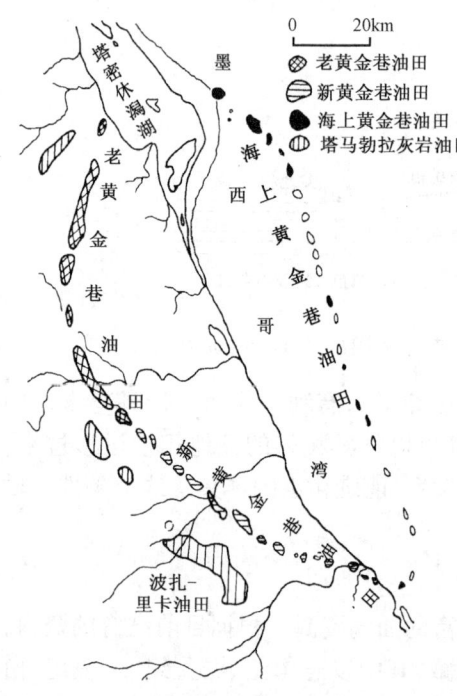

图 6-34 黄金巷油田及波扎—里卡油田平面位置图

1. 黄金巷环礁带油田群

位于墨西哥坦皮科湾，整个黄金巷环礁带呈椭圆形（图 6-34），长轴为北西—南东向，长约 150km，宽约 70km；陆上分支向西凸出呈弓背状，长约 180km，礁的宽度一般为 2km。该油田以拥有三口万吨高产油井而闻名，其中一口名为赛罗·阿泽尔 4 号井初产量达 $3.7 \times 10^4 t/d$，为世界单井日产量最高的油井。从 20 世纪 50 年代中期开始，到 1968 年为止，陆上已发现 50 多个生物礁油田，海上发现 20 多个油气田。

黄金巷带产油的生物礁为白垩统的埃尔·阿布拉礁，最大厚度为 1467m，是以厚壳蛤类骨骼为主的生物灰岩，并混有瓣鳃类、腹足类、珊瑚等化石，由碳酸盐胶结而成。前礁相为礁麓角砾岩组成，含大量厚壳蛤和瓣鳃类化石；后礁相为潟湖相沉积，由厚壳蛤灰岩及夹有块状石灰岩的硬石膏组成。从前礁相向西则变为半深水盆地相的碳酸盐岩沉积。如图 6-35 所示。

环礁带陆上部分的油气，一般产于礁的顶部，由于孔隙、溶洞极发育，所以储集性质很好，礁上部为古近—新近系泥质岩所覆盖。油藏高度大约 500~600m 以上，产油能力很高。

2. 流花 11-1 生物礁油藏

流花 11-1 油田储量 $1 \times 10^8 t$ 以上，是我国海上发现的第一个大油田，也是我国最大的生物礁油田。位于珠江口盆地东沙隆起的西南部，是一个三面环凹、向东北抬高的大型背斜构造。储集层为新近系中新统生物礁灰岩。礁体内显示礁、滩间互分布的特点。礁灰岩主要为珊瑚藻黏结灰岩、泥粒灰岩。礁灰岩在地震剖面上顶界反射振幅强,略呈丘状突起,特征十分明显(图6-36)。构造主体部位较完整平缓,倾角1.5°~2°,翼部变陡,为6°~7°。在翼部发育的小断层对油气分布不起控制作用。

该地区有三个成礁期,经历了多次抬升暴露淋滤的复杂成岩后生作用,使礁块内形成了大段孔洞发育段与相对致密段的间互出现,造成以溶洞—孔隙型为主的多种储集类型。按岩性、电性和物性在纵向上的变化,可将含油层段分为三个高孔渗段和三个低孔渗段。

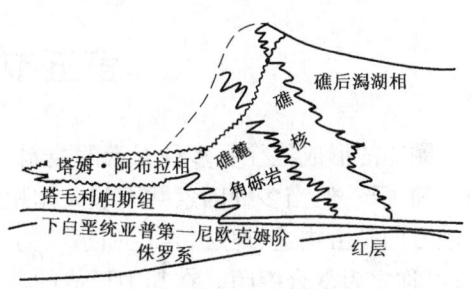

图6-35　黄金巷埃尔·阿布拉礁横剖面
(据Levorsen,1967)

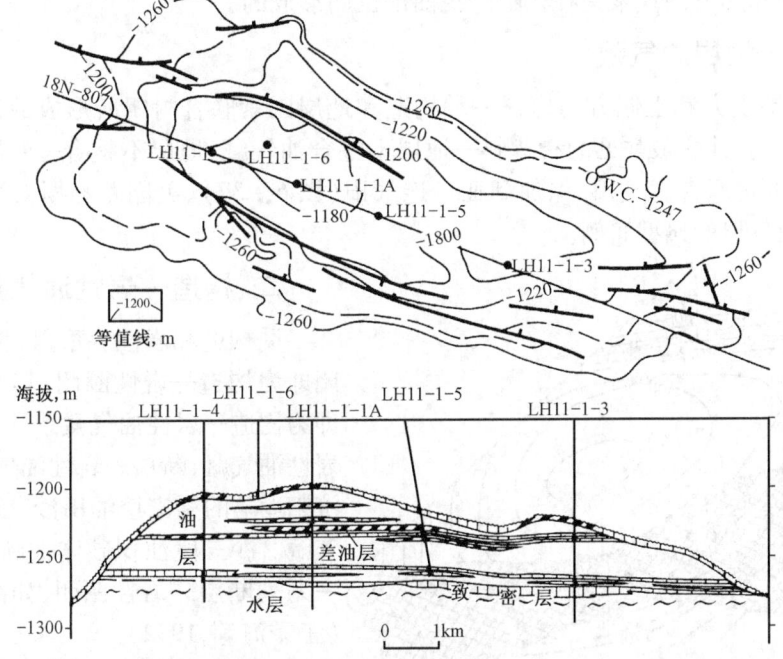

图6-36　流花11-1生物礁油藏平面图及剖面图(据张厚福等,1999)

流花11-1生物礁油藏埋深较浅(1200~1300m),是一个具底水的块状生物礁油藏,具有大致统一的油水界面,油柱高度74.5m,构造圈闭幅度75m,礁体基本为油所充满。原油性质较稠、较重,具有高密度、高黏度、低含硫、低含蜡、低凝点的特点。地面原油密度为0.9182~0.9587g/cm^3,黏度为50~270mPa·s。

需要指出的是,在一个地区第一个生物礁的发现常常是偶然的,因为不像寻找构造圈闭那样容易辨别。虽然生物礁也能引起构造异常,但是这些异常一般都非常小。因此,在一个没有发现过生物礁的地方,通常还不能根据这种异常得出完全准确的判断。但在一个曾找到过一个生物礁的地区,一般总可以找到另外的生物礁。因为生物礁很少是孤立的,它们总是成群成带地分布,而且在很多地方总是和古海岸线有关。所以,当在某地区找到一个生物礁时,就应该在附近地方作进一步的探索,以便发现更多的生物礁。由于大量生物礁油气藏的发现,特别是由于它们常为高产大油气藏,因此,生物礁引起石油地质工作者的特别重视。

第五节 复合油气藏

圈闭的形成往往受多种因素的控制。当某种单一因素起绝对主导作用时,可用单一因素归类油气藏;但当多种因素共同起大体相同的作用时,就成为复合圈闭。即如果储集层上方和上倾方向是由构造、地层、岩性和水动力等因素中两种或两种以上因素共同封闭而形成的圈闭,可称之为复合圈闭。在其中形成的油气藏称为复合油气藏。

在实际地质情况中,既存在受单一因素控制形成的油气藏,又存在大量由构造、地层、岩性等因素形成的复合圈闭油气藏,它们的成因和油气勘探方法不尽相同。从勘探实践来看,出现较多的主要是构造—岩性、构造—地层等复合油气藏,水动力油气藏是一种特殊的符合油气藏,它是水动力作用下油气聚集在构造的挠曲部位而形成的。

一、构造—地层油气藏

凡是储集层上方和上倾方向由任一种构造和地层因素联合封闭所形成的油气藏称为构造—地层油气藏。其中最常见的有背斜—地层不整合油气藏、地层不整合—断层油气藏。美国得克萨斯州卡尔塞吉大气田、保加利亚奇连气田(图6-37)、美国路易斯安那州罗得沙油田,都是该类油气田的典型实例。

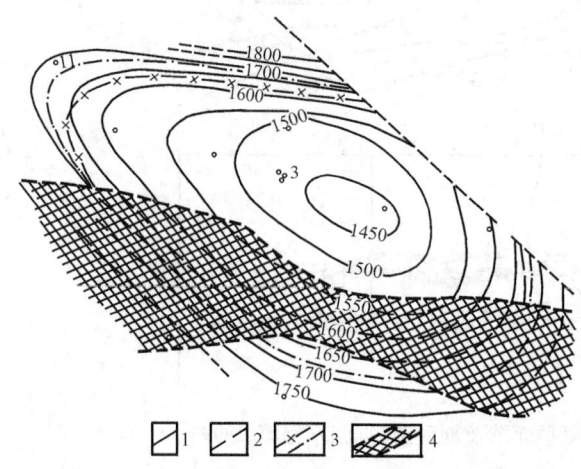

图6-37 保加利亚奇连气田J_1^1砂岩顶面构造图及气藏分布图(据柳广弟等,2006)
1—构造等高线(m);2—断层;
3—气水界线;4—J_1^1砂岩尖灭线

二、构造—岩性油气藏

受构造和岩性双重因素控制形成的圈闭即为构造—岩性圈闭,其中聚集了油气即为构造—岩性油气藏。常见的有背斜—岩性油气藏、断层—岩性油气藏等类型,如济阳坳陷的梁家楼油田沙三段构造—岩性气藏。沙三段浊积砂体被断层切割,形成一系列断层—岩性圈闭,如图6-38所示(王秉海等,1992)。

三、岩性—地层油气藏

岩性—地层圈闭(或称地层—岩性圈闭)是指地层沉积间断(不整合作用)和沉积相变或储层成岩作用等因素共同作用下形成的非构造圈闭,若其中聚集油气则为岩性—地层油气藏。这类圈闭的盖层部分或全部由不整合面遮挡构成,储层则明显受沉积相变或成岩作用控制,储层孔渗性横向变化复杂。

国内比较有代表性的岩性—地层油气藏是鄂尔多斯盆地的靖边气田和塔里木的塔河油田。塔河油田是塔里木盆地一个重要油田,油田自下奥陶统至三叠系发现多个油藏,包括碳酸盐岩岩溶缝洞型油藏、碳酸盐岩孔隙型油藏和碎屑岩油藏。其中,碳酸盐岩油藏是目前开发的主力油藏该油藏在很大范围内连片含油,含油丰度完全受缝洞的发育程度控制,是一个典型的受孔渗性变化影响的地层岩性复合油气藏。

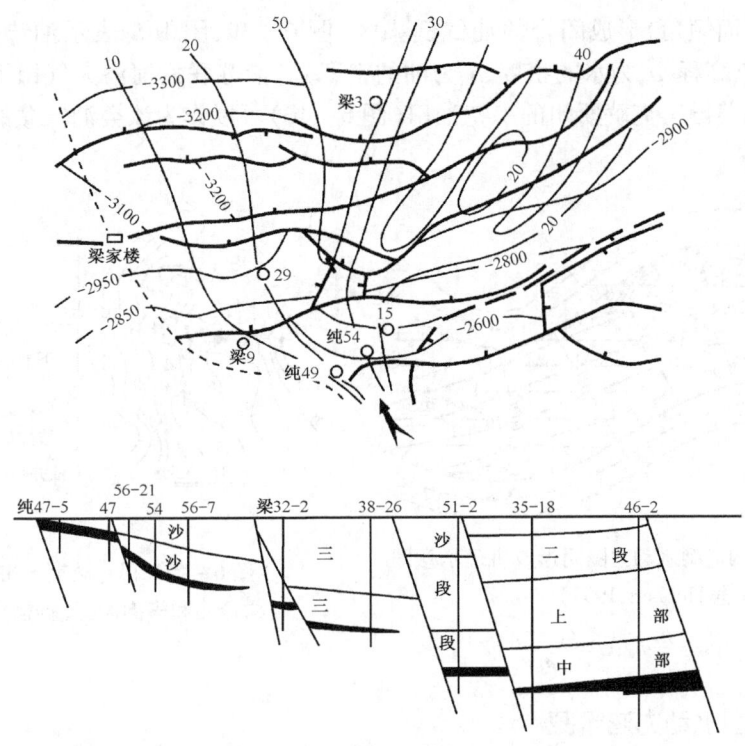

图6-38 济阳坳陷梁家楼沙三段油藏平面图及剖面图(据王秉海等,1992)

四、水动力油气藏

由水动力与非渗透性岩层联合封闭,使静水条件下不存在圈闭的地方形成聚油气圈闭,称为水动力圈闭,其中聚集了商业规模的油气后,称为水动力油气藏。这类油气藏易形成于地层产状发生轻度变化的构造鼻和挠曲带,单斜储集层岩性不均一和厚度变化带以及地层不整合附近。在这些部位,当渗流地下水的动水压力与油气运移的浮力方向相反、大小大致相等时,可阻挡和聚集油气,形成水动力油气藏。

在水动力作用下,油、气的力场强度应是净浮力与水动力的合力。因此,油、气等势面(垂直油、气力场强度)的方向也相应改变,向水的力场强度方向倾斜(即油水界面向水的力场强度方向倾斜),油、气等势面与储层顶面构造等高线不再平行。在这种情况下,倾斜或弯曲的等油、气势面可以使静水条件下不存在圈闭的部位,形成聚油气圈闭。圈闭的闭合范围可由闭合的等油气势(或等油势头 h_o、等气势头 h_g)线圈定(陈荣书,1994)。

水动力油气藏最重要的特征,从剖面上看是油水(或气水)界面是倾斜或弯曲的,呈悬挂式;其油水边界在平面上与构造等高线相交,为低油气势区。

根据水动力封闭的特征及目前已有勘探成果,可将水动力油气藏分为构造鼻或阶地型和单斜型两种基本类型。有时,水动力因素与地层、岩性、断层等其他因素配合而形成复合型圈闭油气藏。

(一) 构造鼻型水动力油气藏

这种构造在静水条件下不闭合,不能形成圈闭。但在向储集层下倾方向的流水作用下,油水(或气水)界面发生顺水流方向倾斜或弯曲,且满足 $\alpha_1 < \theta_{Hc/w} < \alpha_2$ 时,就会在构造鼻或阶地的倾角变化处(α_1 为低倾角、α_2 为高倾角,$\theta_{Hc/w}$ 为烃类与水接触界面倾角,$\theta_{o/w}$ 为油水界面倾

角,$\theta_{g/w}$为气水界面倾角)形成闭合的油气低势区(图6-39,图中h_o表示油势头,h_w表示水势头,Z表示测压点高程,ρ_w为水的密度,ρ_o为油的密度)。前苏联索柯洛夫气田下白垩统阿比尔砂岩中的气藏和美国得克萨斯州的韦特油田(图6-40)可以作为该类油气藏的实例。

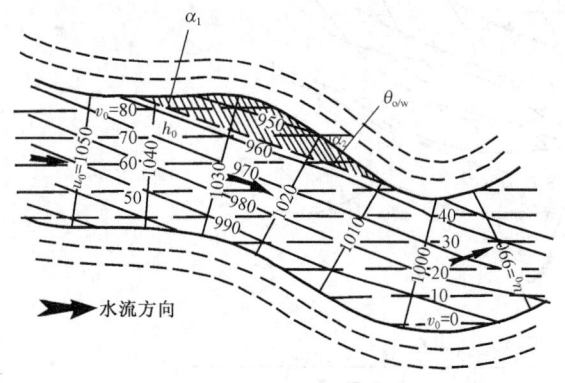

图6-39 鼻状构造型水动力圈闭形成机理示意图
(据Hubbert,1953)

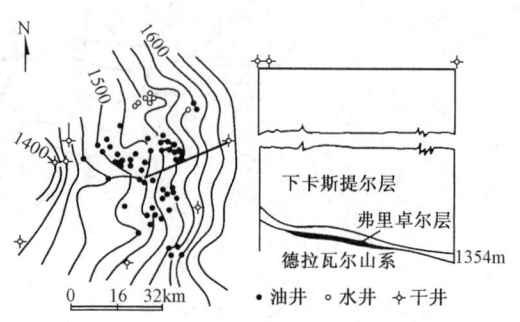

图6-40 得克萨斯州韦特油田的
构造图和横剖面图(据柳广弟,2006)

$$h_o = u_o - v_o;\ u_o = \frac{\rho_w}{\rho_o}h_w;\ v_o = \frac{\rho_w - \rho_o}{\rho_w} \cdot Z$$

(二)单斜型水动力油气藏

对于单斜岩层来说,沿倾斜方向的渗透性常有变化。水沿储集层向下倾方向流动时,通过渗透性不同的地段,流速会发生相应的变化,从而使等势面的倾斜度发生改变。在渗透性差的地段,水流速加快(在单位时间通过流量不变的情况下),等势面的倾斜度变陡;而在渗透性较好的地段,流速慢,等势面倾斜度缓。这样在渗透性较低、等势面变陡的地段,可以在储集层顶部造成闭合的油气低势区,即水动力圈闭(图6-41,图中ϕ_o为等油势线的数值)。

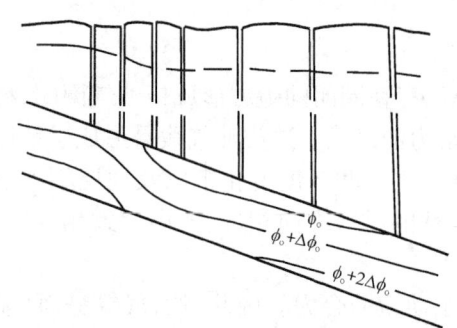

图6-41 油气等势面因储层物性变差
而变陡在单斜层中形成的水动力圈闭
(据Hubbert,1953)

从上述水动力油气藏的特点可以看出:地下水向储集层下倾方向流动时,使得油、气等势面发生倾斜或弯曲是造成水动力圈闭的主要营力和原因。水动力圈闭没有固定的位置,圈闭的具体位置取决于水头梯度的变化。

第六节 非常规油气藏

经典石油地质学理论以常规油气藏为研究对象,圈闭是研究的核心。非常规油气藏是相对于常规油气而提出的,最大特征为非常规油气藏没有明显的圈闭界限,流体分异差,无统一油气水界面和压力系统(邹才能,2011)。非常规油气藏主要类型包括致密砂岩油气藏、页岩油气藏、煤层气、火山岩/变质岩油气藏、重油沥青、天然气水合物等。本节重点介绍致密砂岩油气藏、页岩油气藏和煤层气藏的基本特征,由于这类油气藏储层致密,因此也有教材将这三类油气藏归类为致密储集层油气藏。

一、致密砂岩油气藏

致密砂岩储集层的标准为孔隙度小于10%、地层覆压基质渗透率小于0.1mD或空气渗透率小于1mD(GB/T 30501—2014《致密砂岩气地质评价方法》)。

由于致密砂岩具有低孔低渗、高排替压力的特征,油气进入储集层之后,在毛细管力的束缚下不能发生明显的运移,油气水分异难,浮力在油气藏的形成过程中不起主要作用,形成致密砂岩圈闭条件,致密砂岩圈闭中聚集了石油就形成了致密砂岩油藏,如果聚集了天然气则称为致密砂岩气藏。两者在地质特征上有相似,也有区别。

(一)致密砂岩油藏

致密砂岩油藏具有如下地质特征:

① 储集层致密,孔隙度低(一般为7%~8%),基质渗透率低,储集层孔喉半径小,纳米级孔喉系统发育,排替压力高。

② 储集层天然裂缝相对发育,岩性坚硬致密,存在不同程度的天然裂缝系统,一般受区域性地应力的控制,具有一定的方向性,对油田开发的效果影响较大。

③ 石油主要聚集在物性相对较好的"甜点"中,而在物性更差的致密储集层中主要含水或为干层。"甜点"油藏无明显地质边界,含油边界受岩性和物性控制。不同"甜点"油藏无统一油水界面,无统一压力系统,可存在多个油水界面和压力系统。

④ 油层压力系数一般较高,油质轻,油层原始含水饱和度较高。一般含水饱和度为30%~40%,个别高达60%,原油相对密度多小于0.85,地层黏度多小于3mPa·s。

致密砂岩油藏须具备以下条件:大型宽缓构造背景,大面积分布的致密储层和优质成熟烃源岩,致密储层和烃源岩呈广覆式或"三明治"式直接紧密接触(图6-42),石油经初次运移进入致密储集层而成藏。

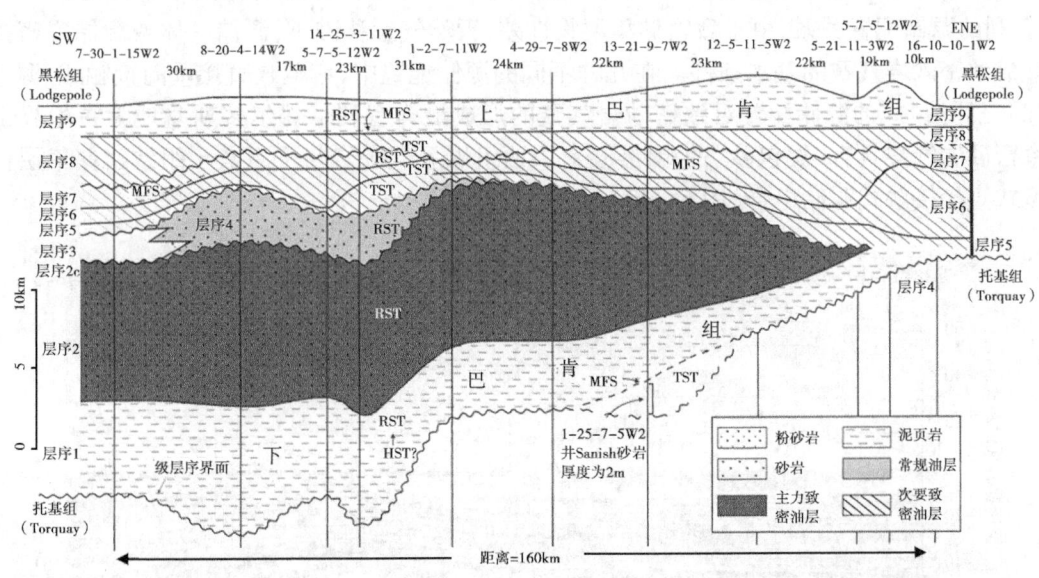

图6-42 北美威利斯顿盆地巴肯致密砂岩油藏剖面图

特殊的形成条件使得致密砂岩油藏具有如下分布规律:① 大面积连续分布,局部"甜点"富集,不受构造控制。含油面积一般可达几百到几万平方千米,石油储量丰度和产量不受构造控制,储集层"甜点"区石油富集、产量高;② 主要分布于盆地斜坡和坳陷中心区;③ 纵向上主要分布于与成熟的Ⅰ、Ⅱ烃源岩共生的致密砂岩储集层中,平面分布范围与有效烃源岩的分布范围相吻合。

国内外致密砂岩油藏分布广泛,美国已发现威利斯顿(Williston)、湾岸(Gulf Coast)和沃斯堡(Fort Worth)等近20个致密砂岩油藏盆地,国内鄂尔多斯盆地上三叠统延长组长6段和长7段,松辽盆地上白垩统青山口组等砂岩中也发现了致密砂岩油藏,其中鄂尔多斯盆地的新安边油田(2015)是我国第一个亿吨级大型致密油田。

(二)致密砂岩气藏

致密砂岩气藏与致密砂岩油藏在地质特征上具有相似性,但由于天然气性质与成藏条件上的特殊性,致密砂岩气藏与致密砂岩油藏相比,在基本特征、形成条件和分布规律上有许多特殊性:

① 致密砂岩气藏储集层以低渗—超低渗的致密砂岩为主,局部发育相对高孔渗"甜点"。我国典型致密砂岩气藏储集层孔隙度分布区间为2%~18%,渗透率分布区间为$(0.001~10)\times10^{-3}\mu m^2$。

② "甜点"与致密储集层之间无封闭边界,常表现为一个压力系统,致密砂岩气藏储集层主要受沉积微相控制。地层压力可以表现为常压、低压或者高压、异常高压。

③ 致密砂岩气藏表现为大面积连续含气特征,"甜点"含气饱和度普遍高于致密砂岩含气饱和度,具有致密砂岩普遍含气、"甜点"富气的特征,这一点是与致密砂岩油藏的明显差别。

④ 储量丰度较低,但含气面积大,经常形成大气区。由于致密砂岩储集层一般厚度较薄、孔隙度较小、含气饱和度较低,因此其储量丰度往往较低。空间上,致密砂岩气藏中大量"甜点"体平面叠合、纵向叠置,可以形成面积很大的大气田或大气区。

致密砂岩气藏的形成需要如下地质条件:① 大面积分布的以纳米级孔喉为主的致密砂岩储集层;② 广覆式分布的有效烃源岩,以含煤地层Ⅱ、Ⅲ烃源岩为主,热演化成熟度R_o一般大于1.0%,以Ⅰ、Ⅱ型烃源岩为主的TOC一般大于1.5%,热演化成熟度R_o一般大于1.3%;③ 有利的源储配置关系,由于致密储集层物性差,天然气运移困难,源储一体或源储紧密接触是形成致密砂岩气藏的基本条件。在几种不同的源储配置中,广覆式直接垂向接触式、源包砂式和"三明治"式的源储配置对致密砂岩气藏的形成最为有利。鄂尔多斯盆地上古生界山西组致密砂岩气藏具有"源包砂"的源储组合,山西组煤系气源岩与下石盒子组致密储集层构成广覆式直接接触式源储组合(图6-43)。

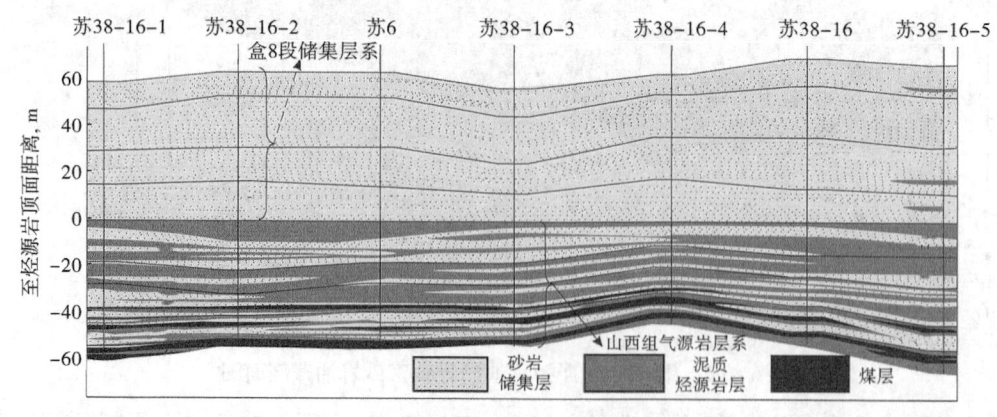

图6-43 鄂尔多斯盆地上古生界致密砂岩气藏分布区的源储配置

致密砂岩气藏分布规律为：① 主要分布在大型盆地的持续沉降区，包括大型陆相湖盆坳陷中心区、前陆和断陷盆地的凹陷区和斜坡区、克拉通盆地及海陆过渡相区；② 纵向上主要分布于与成熟或高成熟煤系地层共生的致密砂岩中，或高成熟—过成熟的Ⅰ、Ⅱ型烃源岩内部，或与其紧密接触的致密砂岩层中，不同深度均有发育；③ 油气分布不受构造控制，斜坡带、坳陷区均可以成为有利区，分布范围广，局部富集，含气面积一般可达几百到几万平方千米，局部"甜点"富集；④ 致密砂岩气藏圈闭边界不明显，含气边界受岩性及物性控制，含气饱和度主要受充注强度、储集层非均质性及距烃源岩距离等因素控制，一般距烃源岩越近，含气饱和度越高，可气水倒置、气水同出。

我国典型的致密砂岩气包括鄂尔多斯盆地上古生界致密砂岩气藏、四川盆地须家河组的合川气田、广安气田等。

二、页岩油气

(一)页岩油

根据2020年新颁布的《页岩油地质评价方法》(GB/T 38718—2020)，将页岩油定义为赋存于富有机质页岩层系中的石油。富含有机质页岩层系烃源岩内粉砂岩、细砂岩、碳酸盐岩单层厚度不大于5m，累计厚度占页岩层系总厚度比例小于30%。无自然产能或低于工业石油下限，需采用特殊工艺技术措施才能获得工业石油产量。

页岩油具有源储一体、滞留聚集的地质特征。富有机质页岩既是生油岩，也是储集岩。页岩油主要形成在有机质演化的液态烃生成阶段。在富有机质页岩持续生油阶段，石油在页岩储集层中滞留聚集，或在页岩储集层自身饱和后才向外排至泥页岩生油层系中的碎屑岩和碳酸盐岩夹层中。

页岩油储集层中，石油主要以游离态和吸附态赋存于泥页岩的孔隙、微裂缝中，孔隙类型包括有机质孔、粒间孔、粒内孔、晶间孔等。虽然在常规钻探条件下泥页岩中的石油很难有效渗流出孔隙，但当页岩分布、含油率和脆性等达到一定条件后，通过压裂等措施可以获得工业油流。美国已经通过水平井分段压裂技术在Barnett页岩和Eagle Ford页岩裂缝不发育的纯泥岩段获得了页岩油经济产能。

页岩油形成要求富有机质页岩具有较高的成熟度。富含有机质是页岩富含油气的基础，当有机质开始大量生油后，才会富集有规模的页岩油。高产富集页岩油的页岩一般TOC大于2%，成熟度R_o介于0.7%~2.0%，形成轻质油和凝析油，有利于开采。氯仿沥青"A"含量和可溶烃量(S1)是直接反映页岩含油量的地球化学指标。干酪根不仅是生成油的主要物质，也是吸附油的主要介质，因此反映干酪根含量最直接有效的指标TOC值，也是反映页岩含油量的地球化学指标之一。

页岩油富集区位于已大规模生油的成熟富有机质页岩地层中，一般地层能量高，压力系数可达1.2~2.0，但也有少数低压，如鄂尔多斯盆地延长组压力系数仅为0.7~0.9。油质一般较轻，原油密度多为0.70~0.85g/cm³，黏度多为0.7~20mPa·s，气油比高，在纳米级孔喉储集系统中，易于流动和开采。

页岩油分布不受构造控制，无明显圈闭界限，含油范围受富有机质页岩生油窗分布控制，大面积连续分布于盆地坳陷或斜坡区。页岩生成的石油一部分滞留于页岩中，一般占总生油量的20%~50%，资源潜力大。

自2005年以来，美国海相页岩油和致密油勘探开发取得一系列重大突破，并改变了世界能源格局,2017年美国的页岩油和致密油产量达到了 $16.2×10^8$ bbl,占其石油总产量的 47.6%。以得克萨斯州南部的墨西哥湾盆地上白垩统鹰滩组(Eagle Ford)页岩油为例,该区是美国三大页岩油产区之一。区内鹰滩组由北西向南东倾斜,页岩埋深变化大,形成包括原油、凝析油气和干气等3个类型的烃类成熟度窗口,平面上3带依次排列(图6-44)。正常原油和轻质油埋深为1520～3500 m,成熟度 R_o 为 0.88%～1.10%,目前页岩油产量主要来自成熟度 R_o 为 1.1%～1.3% 的区域,主要是与湿气伴生的轻质油和凝析油。进入页岩油开发阶段以来,其作为墨西哥湾盆地的主力页岩产层,其产量在2013年就已经达到425000bbl/d。

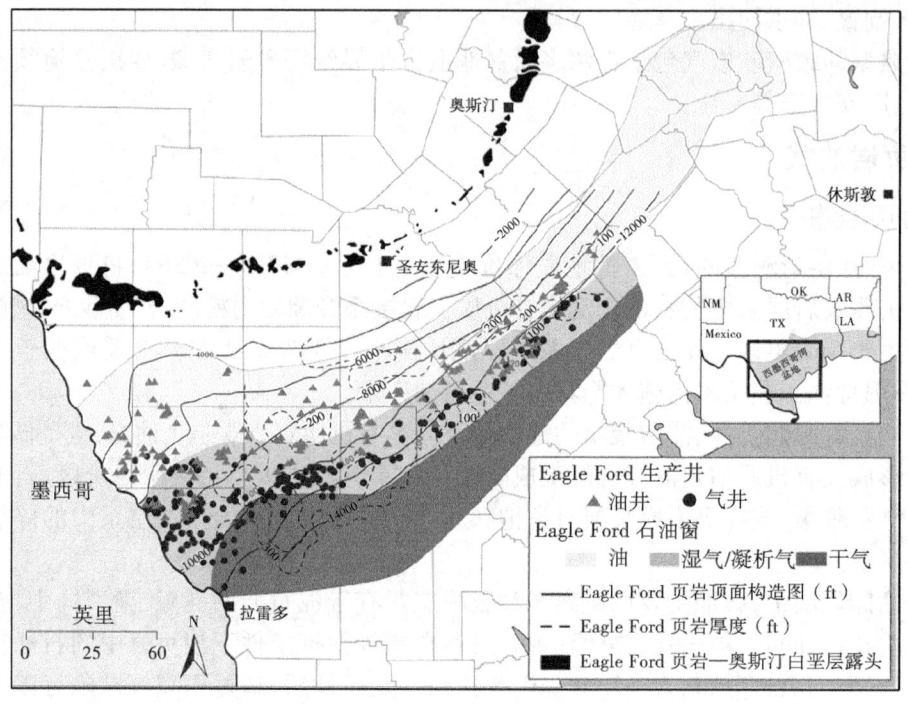

图6-44 墨西哥湾盆地 Eagle Ford 页岩(据美国能源情报署,2010)

(二)页岩气

页岩气是以吸附状态、游离状态和其他状态赋存于富有机质页岩中的自生自储的天然气。由于富有机质页岩大面积区域分布,页岩气资源规模一般很大。如四川盆地龙马溪组页岩气技术可采资源量 $1.25×10^{12} m^3$;阿巴拉契亚盆地面积 $28×10^4 km^2$,泥盆系 Marcellus 页岩含气面积为 $2.46×10^4 km^2$,页岩气技术可采资源量 $7.4×10^{12} m^3$,是目前美国页岩气资源最多的产气页岩。页岩气资源丰度一般为 $(0.69～8.71)×10^8 m^3/km^2$。

页岩气地层有以下特征:

① 页岩气组成以甲烷为主,乙烷、丙烷等含量少,可以存在 N_2、CO_2 等非烃气体。气体在储层中的赋存方式以吸附气、游离气为主,少量溶解态,吸附气占总气量的比例为 20%～80%。影响页岩储集层中吸附气与游离气含量的因素很多,如储层物性、埋藏深度、地层压力、岩石矿物组成、有机质含量、孔隙结构、裂缝发育程度等。一般有机质含量越高,吸附气比例越高,储集层物性越好或者微裂缝比较发育时,游离气比例越高。

② 源储一体,原位聚集。页岩气成因类型多,可以形成于有机质演化的各个阶段,包括生物成因气、热成因气和热裂解成因气。页岩气属源储一体,页岩既是烃源岩,也是储集岩,因此

页岩气藏的形成过程属于持续充注、原位饱和滞留聚集。高产富集页岩的成熟度一般 $R_o>1.1\%$,尤以 $R_o>2.0\%$ 部分为页岩为产气的主体,反映出页岩气以热降解气和原油热裂解气等热成因气为主。

③页岩气储集层致密,微纳米孔隙发育。储集层以富有机质黑色页岩为主,岩性致密。据 Loucks(2009)和 Jarvie 等(2007)研究,页岩储集层发育大量微米—纳米级孔隙,孔隙类型多样,包括有机质孔(图 6-45)、无机孔和微裂缝。页岩普遍具有较低孔隙度和超低渗透—致密的特点,四川盆地下志留统五峰组—龙马溪组页岩孔隙度为 3%~10%(平均 4.75%),下寒武统筇竹组页岩孔隙度为 0.4%~3%,两者基质渗透率极低。由于页岩气储层致密,基本无自然产能,需大型压裂造缝开采。

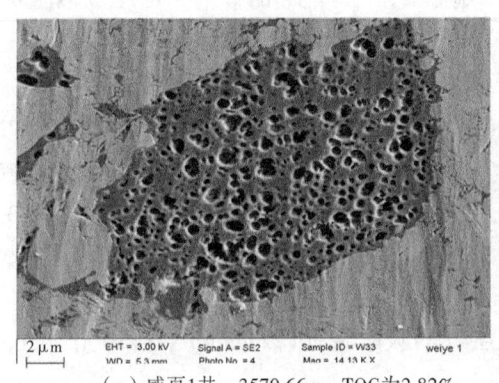

(a)威页1井,3570.66m,TOC为2.82%　　(b)威页1井,3585.34m,TOC为3.22%

图 6-45　四川盆地威远地区下寒武统筇竹寺组页岩储集层有机质孔扫描电镜照片

页岩气的富集受控于多种因素,主要包括页岩有机碳含量、成熟度、优质页岩厚度、埋藏深度以及保存条件等。厚层黑色页岩,富有机质、适中的热演化程度和埋藏深度、稳定的构造条件有利于页岩气富集和商业化开采,特别是对于我国古生代海相页岩气,由于地质时代古老、经历了多期构造改造,因此保存条件对页岩气的富集至关重要。目前我国已在四川盆地及周缘地区龙马溪组黑色页岩中实现了页岩气的商业开采,2018 年页岩气产量达 $109\times10^8 m^3$。

三、煤层气藏

煤层气是一种储集在煤层中的自生自储式的天然气聚集,以煤作为源岩和储集层,主要靠煤对天然气的吸附作用在煤的孔隙空间中形成天然气聚集。根据国际能源机构统计,全球煤层气资源量大约为 $256\times10^{12} m^3$,主要分布在俄罗斯、美国、加拿大、中国、澳大利亚等 12 个国家。美国 2015 年煤层气年产量已接近 $106\times10^8 m^3$,约占其天然气总产量的 13.8%。据董大忠等(2011)计算,中国的煤层气地质储量为 $36.8\times10^{12} m^3$,可采资源量 $10.9\times10^{12} m^3$,展示出很好的勘探开发潜力。我国煤层气产业已进入商业化生产阶段,2018 年煤层气产量 $72.6\times10^8 m^3$。

(一)煤储层储集空间特征

煤储集层是由孔隙、裂缝组成的双重孔隙系统。煤层可以理想化为由一系列裂隙切割成规则的含微孔隙的基质块体,基质孔隙是吸附态、游离态煤层气的主要储集场所,气体的吸附量与煤的孔隙发育程度和孔隙结构有关。煤的孔隙度、孔径分布和孔比表面积与煤的变质程度(煤阶)密切相关,随着变质程度增加,煤的孔隙度一般呈高—低—高规律变化(表 6-5)。煤储集层裂隙分为内生裂隙(割理)、外生裂隙和继承性裂隙 3 类。煤裂隙的发育程度及地应力的双重作用控制了渗透率的大小。含煤盆地煤储集层渗透率变化较大,一般随深度增加而呈指数递减。近地表煤储集层渗透率可达 $1000 \times 10^{-3} \mu m^2$,$600 \sim 1000m$ 渗透率降到 $0.1 \times 10^{-3} \mu m^2$ 左右,再往深部递减速度减小。

表6-5 我国不同煤阶煤的孔隙度(据贾承造,2007)

煤阶	R_{omax},%	孔隙度,%	煤阶	R_{omax},%	孔隙度,%
褐煤	<0.50	8.05	瘦煤	1.70~1.90	2.66~12.18(4.65)
长焰煤	0.50~0.70	2.11~10.46(5.93)	贫煤	1.90~2.50	1.15~8.18(3.16)
气煤	0.70~0.90	3.60~5.41(4.29)	无烟煤三号	2.50~4.00	3.36~4.17(3.79)
肥煤	0.90~1.20	0.70~8.68(3.45)	无烟煤二号	4.00~6.00	2.92~7.69(5.31)
焦煤	1.20~1.70	1.33~6.78(2.72)	无烟煤一号	>6.00	6.74~7.18(6.96)

(二)煤层气的赋存状态

地质条件下,煤层气的赋存状态包括吸附态、游离态和溶解态。吸附态是指煤层气以吸附的形势赋存在煤孔隙表面上,游离态是指煤层气分布于孔隙和裂隙内,溶解态则是指溶解于煤层水中。煤化过程中生成的甲烷首先满足吸附,然后是溶解和游离析出。一般情况下,3种状态中以吸附态为主,可占70%~95%,游离态占10%~20%,溶解态极少。因此煤层气圈闭的形成机理主要是煤层对天然气的吸附作用。

通常可用 Langmuir 等温吸附方程来描述煤层气的吸附特征(Langmuir,1916):

$$V_{吸} = V_L p/(p + p_L) \quad (6-1)$$

式中 V_L——Langmuir 体积(反映煤体的最大吸附能力),m^3/t;

p_L——Langmuir 压力(在此压力下吸附量达到最大吸附量的50%),MPa;

p——煤储集层压力,MPa。

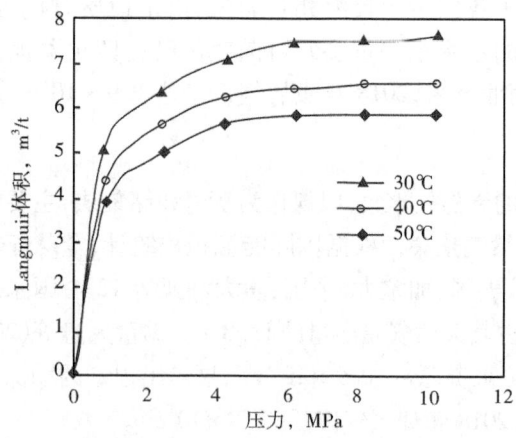

图6-46 煤层气不同温度条件下的吸附等温曲线

从吸附模型看,压力对吸附量的影响是积极的,随压力升高,吸附量增加;温度对吸附能力的影响是消极的,温度对脱附起活化作用,温度越高,游离气越多,吸附气越少。因此,随温度的增加,煤的吸附能力减小,在相同压力下吸附气体的量也越少。恒温时,煤对甲烷的吸附能力随压力的增加而增加,当压力升到一定值时,煤的吸附能力达到饱和;再进一步增加压力,吸附量不再增加(图6-46)。因此,煤层气藏不受构造控制,只要有较好的盖层条件,能够维持相当的地层压力,使得煤层能"吸附住"一定的气体,无论在储集层(即煤层)的构造高部位还是低部位,都能形成气藏。

(三)煤层气的产出机理

煤层气的三种赋存状态一般情况处于动态平衡中,当流体压力降低时,以吸附态的甲烷会发生解吸作用变为游离态甲烷,之后游离态甲烷经过煤基质扩散或渗流进入天然裂隙,天然裂隙中的游离态煤层气通过渗流到达井筒而产出,该过程可以总结为解吸—扩散—渗流。根据煤层气的产出机理,在开发过程中制定排水—降压—解吸—采气的开采理论,有效指导了煤层气的开发。

(四)煤层气地球化学特征

煤层气以 CH_4 为主,一般在 85%~93%之间;CO_2 含量一般小于 2%;N_2 的含量变化很大,但一般小于 10%;重烃气含量随煤级不同而变化(张新民等,2002)。

(五)煤层气分布规律

通过对国内外中高煤阶含煤盆地的研究发现,在大的区域背景下具有向斜区富集煤层气的特征。在美国圣胡安盆地,煤田或二级构造带都具有这种规律,在向斜核部煤层含气量都较高,呈现从盆地边缘向盆地中心含气量增加的特征。在黑勇士盆地中也存在相似的向斜"甜点"(Pashin et al.,1998)。

中国沁水盆地也具有向斜富气的规律,该盆地剖面形态上为一个完整的复式向斜,向斜部位含气量明显高于两翼。向斜富气是构造演化、水动力条件以及封闭条件综合作用的结果。煤层气向斜富气模式如图 6-47 所示,在一个区域向斜构造背景下,往向斜轴部方向,由于大气渗入水沿着边缘露头向轴部低水势方向汇聚,形成向斜区汇水区,矿化度高,在边缘隆起区可形成侧向水封堵,形成良好的保存条件环境。一般情况下,背斜构造不利于煤层气的富集,而向斜构造反而是煤层气的有利富集区。这是因为,在构造变形过程中,背斜顶部张裂缝比较发育,不利于煤层气的保存;而向斜的核部处于挤压状态,其盖层紧闭性较好,利于煤层气的保存。

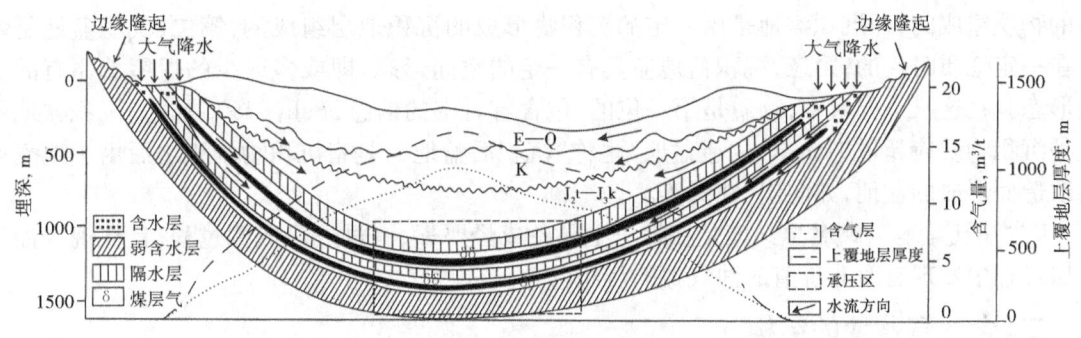

图 6-47 煤层气向斜富气模式

思 考 题

1. 简述圈闭和油气藏按圈闭成因的分类体系。
2. 背斜圈闭有哪些基本类型?简述各类背斜圈闭的形成机理、基本特征和分布规律。
3. 简述影响断层封闭性的主要地质因素。
4. 什么是地层圈闭?地层圈闭有哪些基本类型及特征?
5. 不整合在油气运移聚集中起何作用?
6. 什么是岩性圈闭和岩性油气藏?岩性油气藏包含哪些具体类型?
7. 生物礁相各亚相的基本特征是什么?简述海退与海进环境中生物礁圈闭的形成过程。
8. 简述致密砂岩油气藏的基本特征、形成条件和分布规律。
9. 简述页岩油藏和页岩气藏的基本特征和富集因素。
10. 简述煤层气藏的基本特征和富集因素。

第七章　含油气盆地

第一节　含油气盆地基本特征

含油气盆地是油气生成、运移、聚集成藏的基本地质单元。早在20世纪80年代初,国外石油地质学家就认为:"没有盆地就没有石油,找油必先找盆地"。国内外的油气勘探实践表明,世界上99%以上的油气资源生成并聚集在盆地中(曹成润等,2004)。

一、含油气盆地的概念

对于"盆地"一词,国内外地质学家从不同的角度给过不同的定义,但归纳起来主要有三重涵义,即地貌盆地、沉积盆地和构造盆地(陆克政,2003)。

所谓"地貌盆地",是指被天然高地围绕的一块低地,是相对地形而言的。所谓"沉积盆地",是指在某一特定地史时期,长期不断下沉接受沉积物堆积,沉积物的厚度比周围地区的沉积物厚的区域。因此,一个沉积盆地的存在必须包含三个基本要素:第一,沉积盆地是由一定的物质组成的,即沉积盆地是由一定的沉积物形成的沉积地层组成的;第二,沉积盆地是发生在一定地质时代的;第三,沉积盆地应具有一定的空间形态,即或多或少的保留着原有的盆状形态。在这三个要素中,物质是第一位的,包含着时空的信息,Bally(1975)认为沉积盆地的这种沉积物质应超过1km。"构造盆地"也称"沉积后盆地",是指沉积物堆积之后由于地壳运动改造而形成的盆地,如向斜、地堑等。

"含油气盆地",顾名思义应是在地史上具备成烃要素、有过成烃成藏过程,且在现今油气勘探过程中发现有商业价值的油气藏的沉积盆地。

二、含油气盆地的结构

含油气盆地的结构包括三部分,即盆地的基底、边界和盖层。

(一)盆地的基底

盆地的基底是指盆地接受沉积物沉积的底盘,是盆地接受沉积物堆积的凹形基座。盆地的基底由该盆地形成以前的各个地质时代的岩石组成。盆地的基底主要有结晶基底和褶皱基底两种类型。

结晶基底多为古老的结晶变质岩系,岩石类型有片麻岩、混合岩、混合花岗岩等,多由震旦系或前震旦系变质岩构成,是古生代及以后形成的沉积盆地的一种重要基底。结晶基底多发育在稳定的克拉通地区,刚性大且构造活动性小,因此发育其上的沉积盆地规模较大,沉积盖层以古生界和中生界为主,一般厚度不大,构造不发育,如我国中西部地区的鄂尔多斯盆地。

褶皱基底是指以褶皱带为沉积物堆积的底盘发育起来的盆地的基底。这种基底多由年轻的褶皱浅变质岩系和沉积岩系构成,是中—新生代沉积盆地的主要基底类型。相对结晶基底而言,褶皱基底发育在构造相对活跃的板块边缘活动带和板内活动带,规模小,面积不大,构造比较发育,发育其上的沉积盖层厚度大,褶皱断裂相对发育,如我国东部的断陷盆地和西部的前陆盆地。

除此之外,也有一些沉积盆地的基底呈"双基底"的形式存在。如准噶尔盆地,其南部基底为天山古褶皱带,北部基底为前震旦系变质岩系。

(二)盆地的边界

盆地的边界是指盆地沉积盖层与周围岩层的接触形式。主要有三种:超覆式、断层式和断超式(图7-1)。

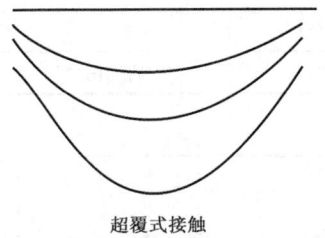 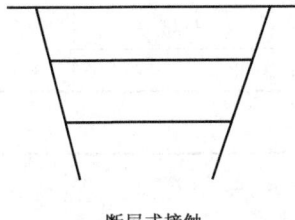 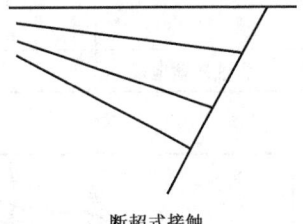

　　超覆式接触　　　　　　　断层式接触　　　　　　　断超式接触

图7-1　盆地边界接触关系类型示意图(据柳广弟,2009)

超覆式接触的沉积盆地多位于克拉通地区,盆地以坳陷沉降为主,沉积中心与沉降中心一致。在平面上其形态大体上近圆形,剖面上沉积盖层呈同心圆状从周边向中心退覆或向盆地边缘超覆。断层式接触的盆地以某一深大断裂为界,盆地以断陷沉降为主,平面上呈长条形,剖面上呈槽型。当盆地的两侧表现为不同的接触方式,如盆地的一边为超覆式接触,而另一侧为断层式接触,即所谓断超式盆地,其发展兼有断陷和坳陷的特征。

(三)盆地的盖层

盆地的盖层就是盆地在发展演化过程中,形成于基底之上的以沉积岩层为主的地层。盆地的盖层多为古生代及以后的地层,往往与盆地的基底呈不整合接触。由于盆地在形成演化过程中大多会发生周期性的升降运动,因此其盖层也表现出一定的旋回性,一次周期性的升降运动就会形成一个沉积旋回,而在含油气盆地中一个沉积旋回一般都会形成一套生储盖组合。

三、含油气盆地的构造单元

含油气盆地整体上是一个统一的沉降区。由于其基底结构及构造活动的差异性,因此基底的沉降也会出现一定的差异性。一部分沉降较快,形成沉降相对较深的坳陷;另一部分则沉降较慢,相对坳陷而言基底表现为局部隆起。隆起以在地质历史上相对上升为特征,其盖层厚度较小,沉积地层颗粒较粗且多发育不全。坳陷是指在地质历史上大面积相对下降的负向构造单元,沉积盖层较厚,沉积地层颗粒较细且发育齐全,与隆起常以断层为界。除了坳陷和隆起之外,坳陷向盆地周边抬升的部分称作斜坡。

上述坳陷、隆起和斜坡是由于盆地基底起伏而形成的构造,是沉积盆地的一级构造单元。而在盆地的发展演化过程中,由于构造活动,盆地的盖层也会发生褶皱、断裂活动等现象,从而在盖层上形成局部构造,如背斜、向斜、断层等,是沉积盆地中低一级的构造,通常称作三级构造,是油气聚集的基本场所。二级构造就是位置毗邻的、有一定成因联系的和相似构造特征的三级构造组成的一个构造群或构造带,如背斜带、褶皱带等。二级构造对油气的区域运聚有重要的控制作用。另外,由于一些大型的含油气盆地地质构造非常复杂,为了方便研究,人们常常会对一级构造单元的坳陷、隆起和斜坡进一步细划分出介于一级构造和二级构造带之间的亚一级构造单元,如凸起和凹陷(表7-1、图7-2)。

表7-1 含油气盆地构造单元与含油气单元划分表

基本构造单元	一级构造单元	亚一级构造单元	二级构造单元	三级构造单元
盆地	隆起	凸起	背斜带 潜山带 断裂带 ……	背斜 断层 鼻状构造 ……
		凹陷		
	斜坡			
	坳陷	凹陷		
		凸起		
含油气盆地	含油气区		油气聚集带	油气田

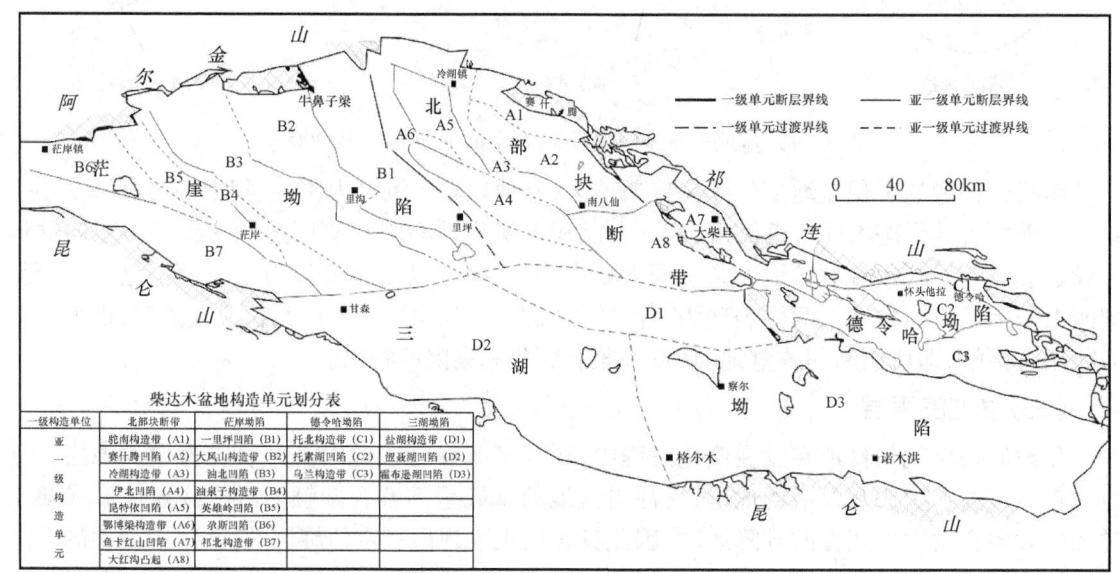

图7-2 柴达木盆地构造单元划分(据戴俊生,2013,略改)

四、油气聚集单元与盆地构造单元的关系

油气运聚单元是盆地中具有共同的油气生成、运移和聚集历史和特征的、具有成因联系的一组油气藏和远景圈闭以及为其提供烃源的有效烃灶的集合体。地壳上的油气自生成之后,必须在合适的大地构造单元中聚集成藏方可具备商业价值,而这个合适的大地构造单元就可以称为油气聚集单元。因此,油气聚集单元就是具备油气聚集成藏条件的大地构造单元,油气聚集与大地构造单元存在一一对应关系(表7-1)。

油气藏是最小的油气聚集单元,对应的大地构造单元是圈闭。受单一局部构造单元所控制的同一面积内的油藏、气藏、油气藏的总和称作油气田。这里所说的"单一局部构造单元"主要是背斜、向斜以及鼻状构造等,因此其对应的大地构造单元为三级构造单元。

油气勘探实践表明,地壳上的油气田并不是孤立存在的,油气的运聚成藏通常是区域性的、大范围内进行的,与油气源连通较好、位于运移指向区的整个二级构造带各局部构造的一系列圈闭都可能形成油气藏,造成油气田成群成带的出现,形成油气聚集带。所以,油气聚集带是同一个二级构造单元中,具有成因联系、油气成藏条件相似的一系列油气田的总和。油气聚集带常位于盆地一级构造单元的坳陷、隆起以及边缘斜坡区。

对于某一特定的一级构造单元而言,如坳陷,其发展演化历史、地层发育特征通常具有统一性,相应的油气成藏条件也具有很大的相似性。因此,人们通常将具有统一的发展演化史和油气生成、运移、聚集条件的一级大地构造单元称作含油气区。含油气区是含油气盆地中的最高一级油气聚集单元,是同一个一级构造单元中所有油气聚集带的总和。

五、含油气盆地类型

(一)含油气盆地构造动力学分类

对于盆地的类型,国内外不同学者根据不同的分类标准提出了各式各样的盆地分类方案,归纳起来其分类依据主要有:盆地发育的大地构造位置、盆地形成的构造动力学机制、盆地的形态结构、盆地的沉降与充填样式以及盆地的含油气性和含矿性等。本教材主要根据盆地的构造动力学机制将含油气盆地分为前陆盆地、裂谷盆地、走滑盆地和克拉通盆地四大类(表7-2)。此种盆地分类方案与刘和甫(1993)、陆克政(2001)的分类方案类似。

表7-2 含油气盆地构造动力学分类表

盆地类型	构造动力学机制	实例
前陆盆地	挤压作用	库车前陆盆地、川西前陆盆地
裂谷盆地	引张作用	渤海湾盆地、松辽盆地
走滑盆地	剪切作用	百色盆地
(狭义的)克拉通盆地	热沉降作用	鄂尔多斯盆地

前陆盆地是指在挤压力作用下,地壳或岩石圈发生收缩挠曲变形过程中形成的盆地,盆地的形成过程主要受挠曲变形产生的逆掩断层作用控制。裂谷盆地或者伸展盆地是指在引张力作用下,地壳或岩石圈发生伸展变形过程中形成的盆地,盆地的形成过程主要受伸展变形产生的正断层作用控制。走滑盆地是指在近水平的扭动剪切作用下,地壳或岩石圈走滑变形过程中形成的沉积盆地,控制走滑盆地形成的主要因素是走滑断层作用。克拉通盆地是指形成于克拉通内部的"坳陷型"盆地,盆地结构不同于前陆盆地和裂谷盆地,以坳陷作用为主的盆地。关于克拉通盆地的形成机制有多种假说,其主要的动力机制有三种:一是大陆岩石圈伸展减薄;二是发育热扰动大陆岩石圈的冷却收缩;三是大陆岩石圈板块因重力负载及水平横向挤压而弯曲。

广义的克拉通盆地是指形成于克拉通边缘和克拉通内部的盆地,前陆盆地和裂谷盆地都属于广义的克拉通盆地。本教材的分类方案中的克拉通盆地实际上是狭义的克拉通盆地,即发育于克拉通内部的"坳陷型"盆地,狭义的克拉通盆地按照构造演化又可以简单分为两种类型。一类是构造相对稳定的克拉通盆地,如北美的威利斯顿(Williston)盆地、密歇根(Michigan)盆地和伊利诺伊(Illinois)盆地;另一类是经历了多期构造运动叠合的克拉通盆地,即构造活动强烈的克拉通盆地,这类盆地也称作叠合(复合)型盆地,我国的克拉通盆地属于这一类盆地,如四川盆地、塔里木盆地等。

(二)叠合(复合)盆地概念

叠合(复合)型盆地是指盆地在形成演化史上经历了多期构造变革、由多个单一型盆地经多方位叠加复合而形成的、具有复杂结构的盆地。我国的含油气盆地多属叠合(复合)盆地类型,如塔里木盆地和四川盆地(图7-3)。

塔里木盆地是一个发育于古老陆壳基底上的由古生代克拉通盆地与中—新生代前陆盆地

组成的大型叠合(复合)型盆地(贾承造,2005),形成演化过程中经历了古生代与中生代多期构造运动,沉积盖层中存在多个区域性不整合面,每一个区域性的不整合面都代表了一次盆地结构与构造动力学机制、沉积充填方式的改变。其中最典型的如古生界地层与中生界(P-T)地层之间的大型不整合面,其下盆地主体结构表现为克拉通盆地特征,主要沉积类型为滨浅海、陆表海等海相沉积,其上盆地主体结构表现为前陆盆地特征,主要沉积类型为陆相湖泊、河流三角洲沉积。

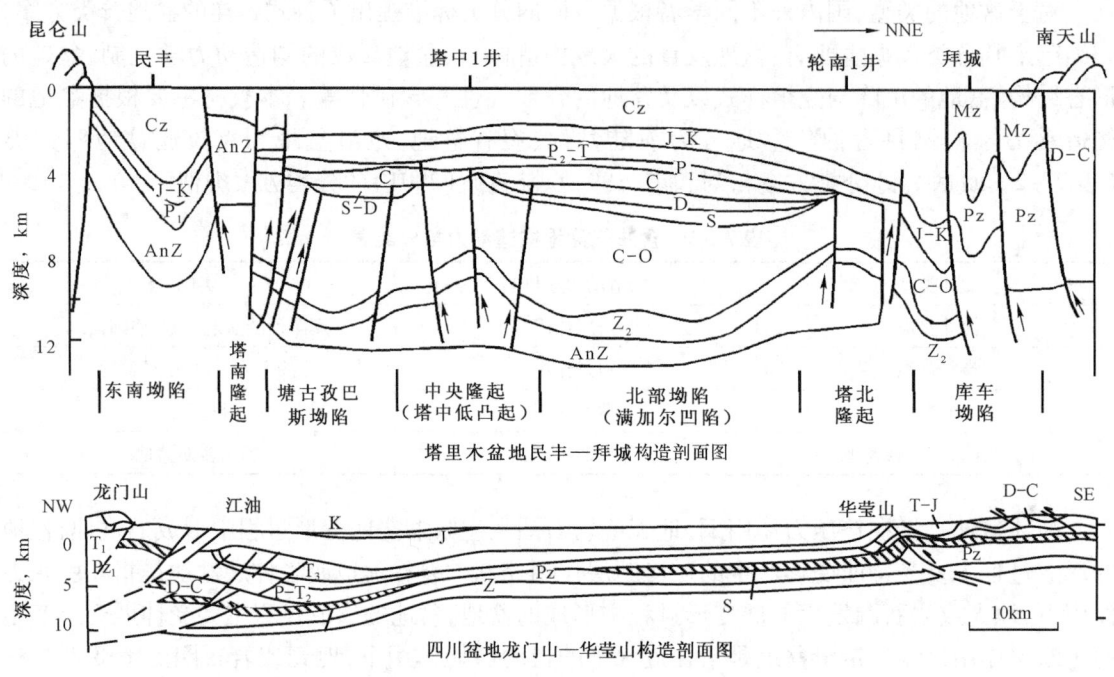

图7-3 中国中西部叠合盆地构造剖面示意图(据贾承造等,2005,略改)

对于叠合(复合)盆地的理解,不能认为就是几个构造时期不同单型盆地的简单叠加,或者不同沉积体系的叠加。叠合盆地应是盆地在不同的构造动力学机制下形成的不同的简单型盆地按照一定的机制形成的具有叠合(复合)地质结构的盆地。

第二节 前陆盆地油气分布规律

前陆盆地是世界上油气资源最丰富的一种盆地类型,全球已在21个前陆盆地中发现石油可采储量大于7000×10^4t的大油气田。国外许多著名的含油气盆地,如波斯湾盆地、西加拿大盆地、落基山盆地等都是前陆盆地。我国中西部前陆盆地发育,如祁连山前的酒西盆地,以及四川盆地西北部龙门山前、塔里木盆地北部南天山前和南部昆仑山前等山前坳陷也具有前陆盆地特征。

一、发育演化特征

前陆盆地是指形成于挤压构造环境,位于褶皱山系与克拉通之间的沉积盆地,多平行于造山带呈带状展布(图7-4)。前陆盆地的结构具不对称性,靠近褶皱山系一侧较陡,沉积地层较厚,构造变形作用强烈,与褶皱山系多呈断层式接触;靠近克拉通一侧相对平缓,沉积地层减薄,构造变形作用减弱,与克拉通层系逐渐合并。总体上,前陆盆地由造山带向克拉通方向可分为三个一级构造单元(带):山前冲断褶皱(带)、前渊坳陷(凹陷)、前缘斜坡与前缘隆起。在前陆盆地发育演化过程中,随着造山过程的发展,三个一级构造带往往会向克拉通方向迁移。

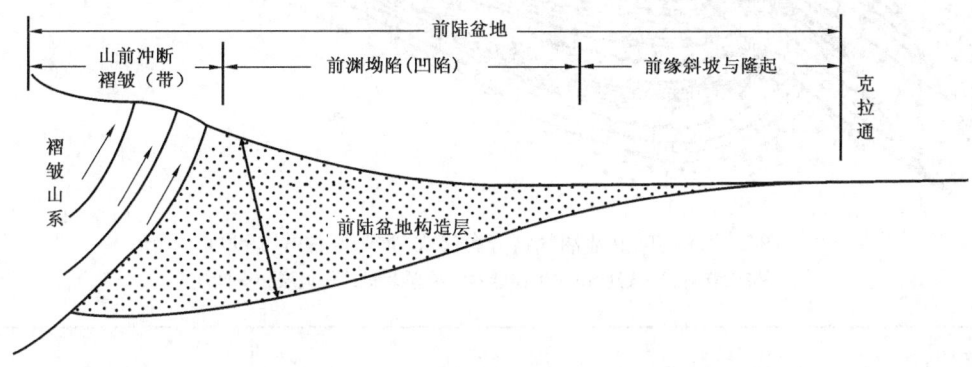

图7-4　前陆盆地剖面结构模式图

前陆盆地的形成演化可以划分为两个主要阶段:克拉通演化阶段和前陆盆地演化阶段。克拉通演化阶段造山带还未隆升,沉积物主要是构造稳定的克拉通背景上的细粒沉积物;前陆盆地演化阶段,造山带已经开始隆升,褶皱冲断带发展使地壳缩短并增厚,并逐渐成为前陆盆地的主要物源,此时水深变浅,沉积物以浅海或陆相粗碎屑为主。

二、石油地质特征

前陆盆地一般发育两套或两套以上的烃源岩与储集岩。两套烃源岩分别为早期的克拉通阶段,通常为海相碳酸盐岩层系烃源岩和前陆盆地阶段陆相碎屑岩层系烃源岩,前者烃源岩的岩性主要为泥页岩、泥灰岩和石灰岩,后者主要为泥页岩。虽然生烃中心会随着盆地的发展演化向克拉通方向迁移,但总体上生烃中心总是位于靠近深坳陷一侧。与烃源岩的发育类似,前陆盆地同样也发育两套储集岩系,即下部以海相碳酸盐岩层系储集岩和上部以陆相碎屑岩层系为主体的储集岩。例如,乌拉尔前陆盆地从泥盆纪到三叠纪共发育五套储集层,其沉积环境经历了由海相到陆相的变迁过程,既有大陆边缘海相沉积又有造山过程的陆相沉积。

前陆盆地油气藏的分布主要受构造单元控制。前陆冲断褶皱带主要发育背斜、断背斜、断块和盐拱背斜构造,背斜是常见的圈闭类型,也是主要的油气藏类型。受挤压作用影响,背斜的分布一般平行于逆冲带呈带状分布。前缘坳陷—斜坡带由于构造变形较弱,地层、岩性油气藏为主要发育的油气藏类型,但也存在低幅度的构造油气藏。在构造复杂的前陆盆地或受晚期冲断作用较强的前陆盆地的前渊坳陷,除岩性圈闭外,构造油气藏及构造—岩性复合的油气藏也比较普遍。前缘隆起是前陆盆地的重要组成部分,整体表现为拱张背斜,也有与不整合有关的地层油气藏(图7-5)。

三、典型实例——波斯湾盆地

波斯湾盆地位于阿拉伯地台(或克拉通)与扎格罗斯造山带之间,由阿拉伯地台东部边缘斜坡和扎格罗斯造山带西南麓的山前坳陷带(美索布达米亚山前坳陷带)组成。盆地结构不对称,剖面上呈不对称的楔形或三角形,轴线走向呈北西—南东向,大致与现今的幼发拉底河及底格里斯河谷地相符,延至波斯湾,包括伊朗西南部、伊拉克、沙特阿拉伯、科威特、卡塔尔、巴林岛、叙利亚、土耳其,总面积约$328 \times 10^4 km^2$(图7-6、图7-7)。

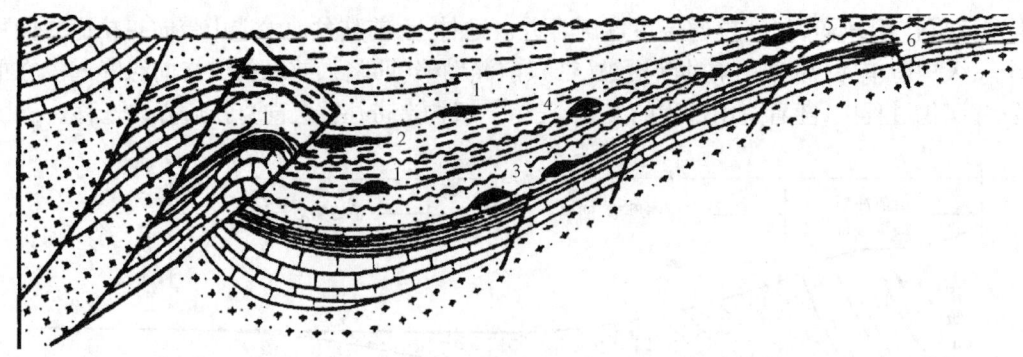

图 7-5 前陆盆地油气藏分布模式(据张厚福等,1999)
1—挤压背斜;2—岩性;3—生物礁;4—披覆背斜;5—地层;6—断块

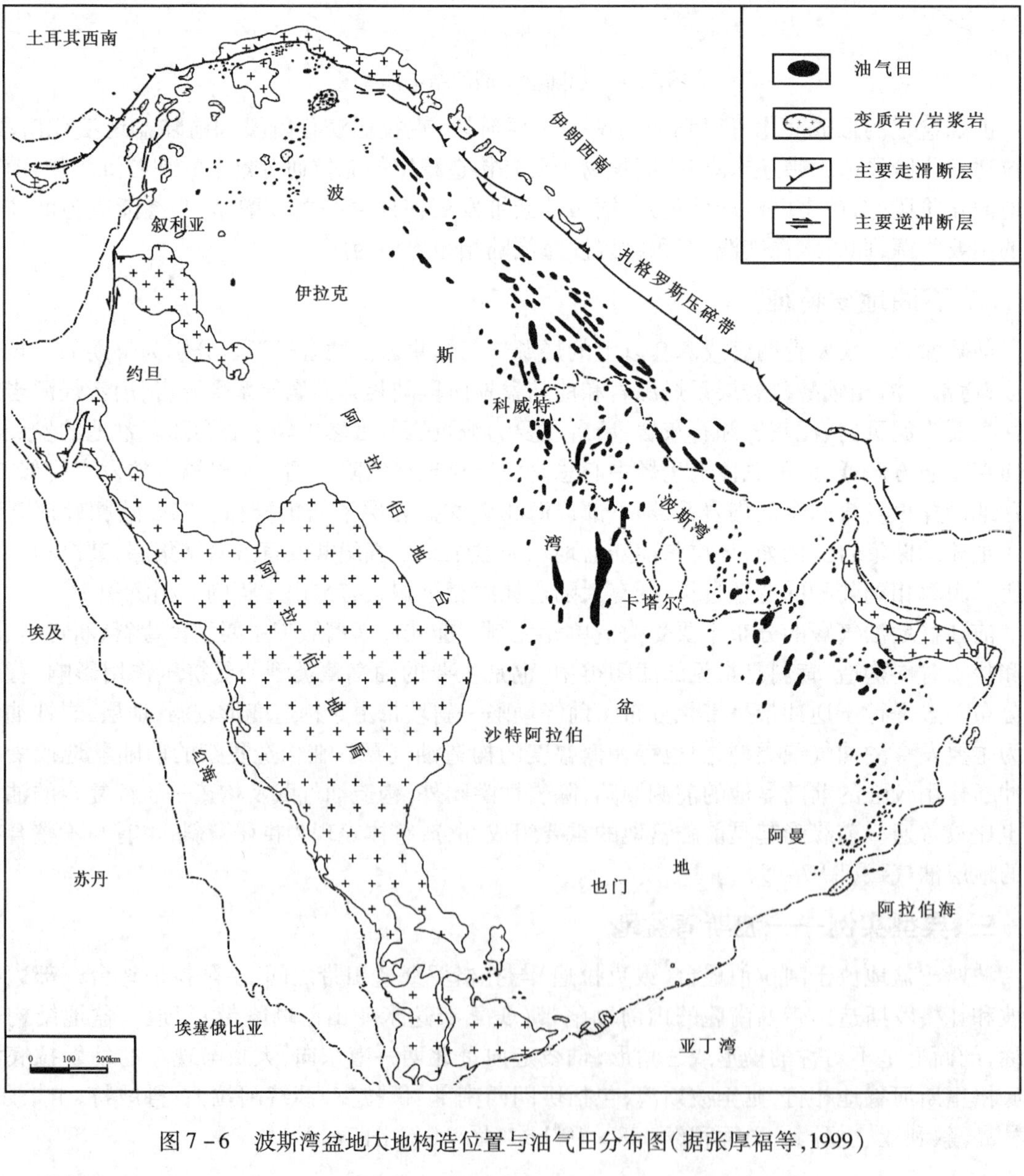

图 7-6 波斯湾盆地大地构造位置与油气田分布图(据张厚福等,1999)

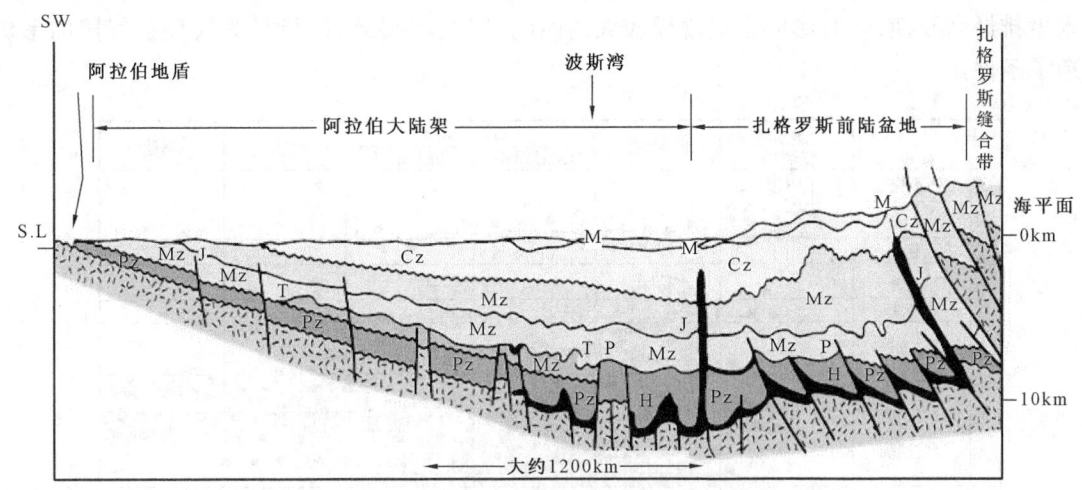

图 7-7　波斯湾盆地剖面结构图（据张厚福等,1999）

波斯湾盆地油气资源非常丰富。截至 1996 年,波斯湾盆地内共发现油(气)田 725 个,储量超过 6850×10^4t 油当量的巨型油田 90 个,储量超过 $850\times10^8m^3$ 的巨型气田 11 个。含有世界石油储量的 2/3,天然气储量的 1/3(Beydoun,1991)。

波斯湾前陆盆地的发展演化主要经历了两个阶段,即稳定地台或克拉通阶段和前陆盆地阶段(图 7-8)。稳定地台沉积阶段自前寒武纪开始,到晚始新世局部开始陆—陆碰撞结束,此阶段阿拉伯地台边缘斜坡虽然偶有抬升,但主要处于持续下沉阶段,沉积环境水体较深,能量较低,因此在盆地的坳陷中心发育巨厚层的良好烃源岩。岩性包括以灰岩、泥灰岩为主的碳酸盐岩,有机质类型以 Ⅱ 型为主,纵向上跨越数十套地层,烃源岩条件十分优越(图 7-9)。同时,此阶段还形成了中生界良好储集层。

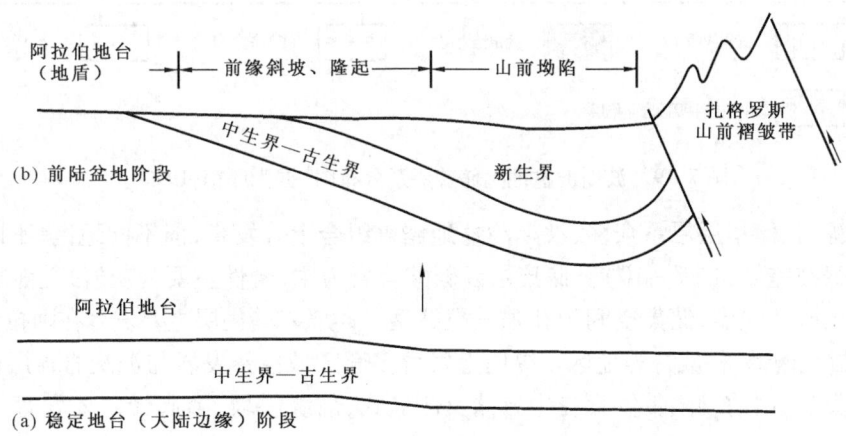

图 7-8　波斯湾盆地形成演化示意图

前陆盆地阶段从晚始新世局部的陆—陆碰撞开始,碰撞的结果就是在扎格罗斯地缝合线西南的阿拉伯陆架上形成前陆盆地,现今这种碰撞聚敛作用仍在进行。这种持续的碰撞聚敛作用直接导致盆地区域变形,形成向西南逆冲的逆掩断层和大型箱状背斜,平行地缝合线分布。因此,波斯湾前陆盆地是在地台边缘背景上,以陆—陆碰撞的方式发展起来的。晚始新世以来的陆—陆碰撞改变了稳定地台沉积阶段的构造面貌,使早期沉积的优质烃源岩迅速成熟进入生排烃高峰期,同时形成大量规模较大的圈闭,以及断裂运移通道,为大型油气田的形成创造了条件。

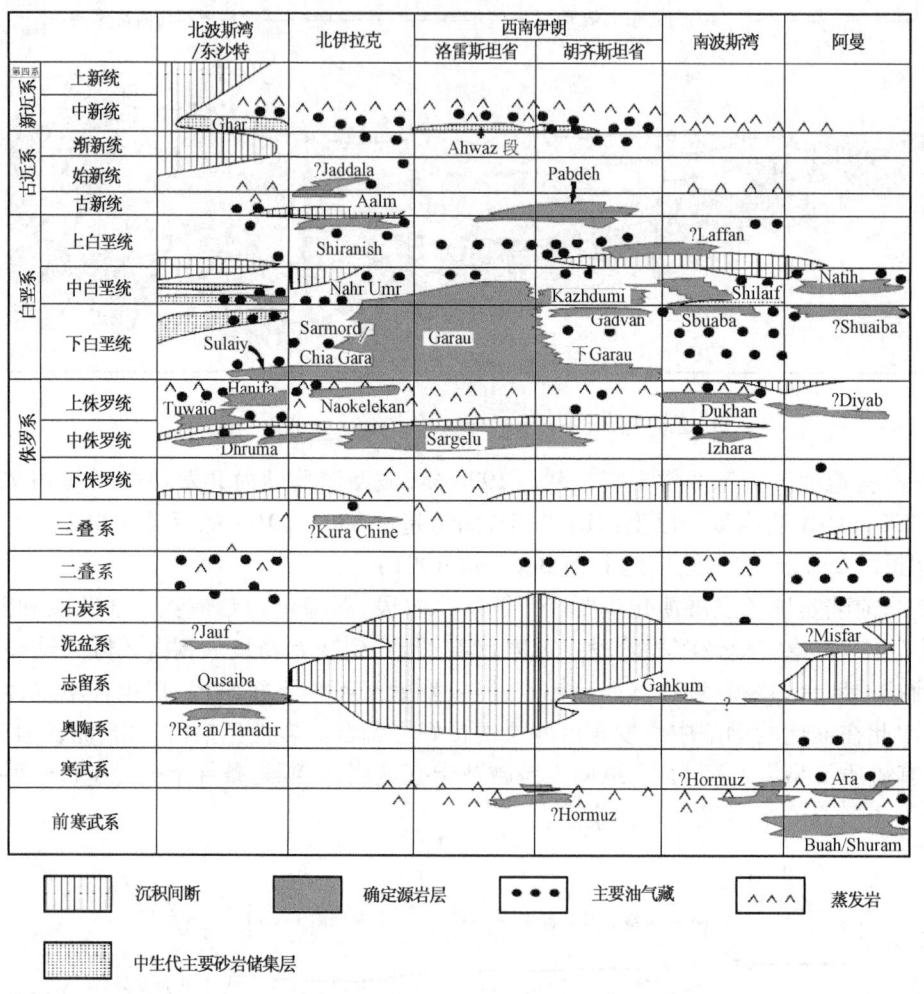

图7-9 波斯湾盆地生储盖层系分布图(据张厚福,1999)

由于烃源岩、储集层层系众多,波斯湾盆地储盖组合十分发育,但不同地区、不同层位储盖组合方式也存在差异(图7-10)。储集层以碳酸盐岩为主,岩性主要为灰岩,受前陆盆地演化阶段构造作用改造强烈,储集空间为孔隙—裂缝型。碎屑岩储集层主要发育在阿拉伯地台边缘斜坡区的伊拉克南部、科威特等地区。纵向上发育多套区域性蒸发岩与泥灰岩盖层(图7-9)。生储盖组合类型,山前坳陷带发育自生自储及侧变式,前缘斜坡、隆起带主要发育侧变式及互层式。

波斯湾前陆盆地油气的分布主要受构造作用的控制(图7-6)。扎格罗斯造山作用过程中不但形成了盆地巨厚的沉积盖层,同时也对稳定地台沉积阶段的地层起到了很大的改造作用。陆—陆碰撞造山过程中,一方面形成了大量呈带状分布的背斜、断层圈闭,另一方面断裂的发育不仅形成了油气垂向运移通道,而且形成了碳酸盐岩裂缝型储层。波斯湾前陆盆地现今发现油气田皆沿着造山作用过程中形成的构造带分布,圈闭包括面积较大的穹窿、狭长的背斜构造带及短轴背斜,如沙特阿拉伯的安—纳拉含油构造带、伊朗西南部的含油背斜构造群、伊拉克北部含油构造群以及世界第一大气田——北方大气田(背斜圈闭大气田)等。

第三节 裂谷盆地油气分布规律

一、发育演化特征

"裂谷"原指那些"具有陡而长的、平行的正断层之间的狭长沉积带",典型实例就是东非大裂谷。板块构造学说问世以后,"裂谷"的概念得到进一步完善,认为裂谷是引张作用使岩石圈发生破裂而形成的狭长沉积带。但是,实践表明有些区域的地壳或岩石圈在引张作用下并不产生由单个"裂谷"构成的狭长沉积带,而是由大量的"裂陷"构成大范围的沉降区,这种沉降区统称作裂谷盆地(陆克政,2001)。因此,裂谷盆地是指克拉通内部拉张作用下形成的盆地,是在板块运动过程中,由于大陆岩石圈板块内部受到引张,从而导致大陆岩石圈断裂而下沉形成的沉积盆地。

裂谷盆地的裂谷系形态多种多样,有槽状、锯齿状、雁列状、三叉式等,典型裂谷盆地的形成演化可分为三阶段:裂谷初期、裂谷断陷期和裂谷坳陷期。中国东部中—新生代裂谷盆地的形成演化亦可划分为三阶段(图7-10):

① 初始张裂阶段,由于太平洋板块俯冲,上地幔物质热膨胀作用造成局部异常,断裂活动导致初始张裂,并伴有强烈岩浆活动;

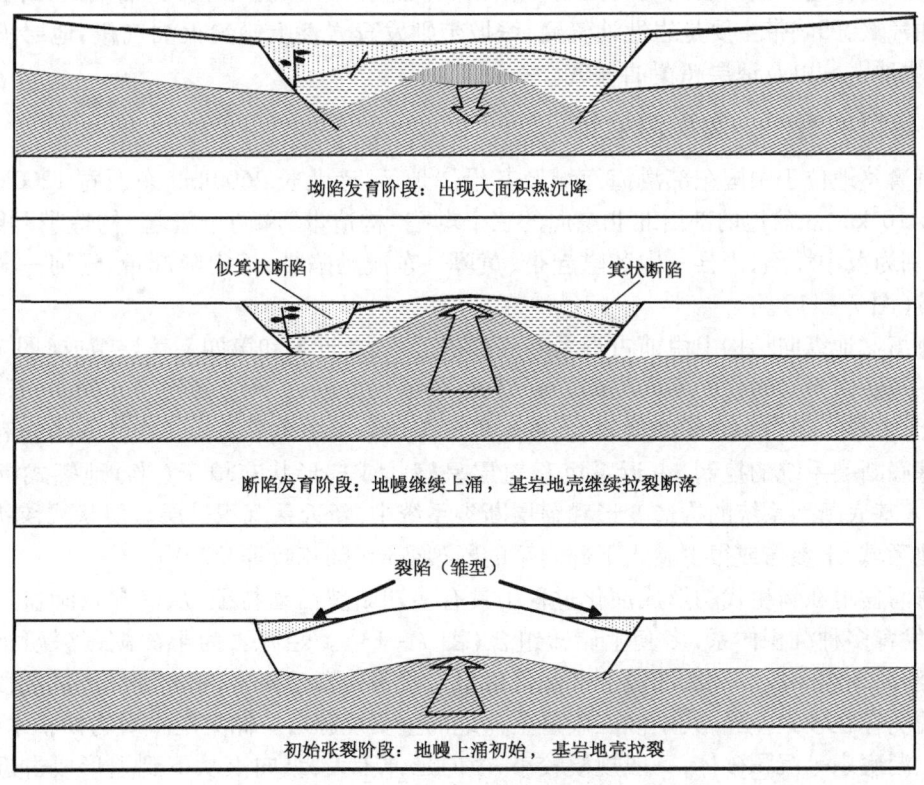

图7-10 裂谷盆地三阶段发展演化示意图

② 断陷发育阶段,太平洋板块俯冲强烈,上地幔物质热膨胀作用加剧,断块、断陷差异沉陷十分强烈;

③ 坳陷发育阶段,太平洋板块俯冲减弱,俯冲带向东迁移,上地幔物质由热膨胀转为冷却收缩,地壳整体下沉,由断陷转为坳陷发育阶段。

二、石油地质特征

裂谷盆地是世界上含油气十分丰富的一类沉积盆地,如我国东部的松辽盆地和渤海湾盆地,几十年以来一直是我国的主要产油气基地。

裂谷盆地烃源岩既可以发育在裂谷盆地形成演化的断陷阶段,也可以发育在坳陷阶段,岩性上碎屑岩、碳酸盐岩皆有发育,有机质类型以Ⅰ、Ⅱ型为主,总体上具有厚度大、丰度高的特点。由于裂谷盆地热流值高,地温梯度高于其他盆地,烃源岩易于成熟,因此油源条件优越。裂谷盆地储层的发育与裂谷盆地发育阶段密切相关。断陷阶段由于断层活动性强,储集层主要为冲积扇、扇三角洲、滩坝、湖底扇等沉积砂体,一般规模较小、横向延伸不大。坳陷阶段沉积环境相对稳定。储集层以河流—湖泊—三角洲沉积体系砂体为主,一般规模较大、横向稳定。储盖组合在裂谷初期阶段以新生古储式为主,裂谷断陷期常见包括自生自储式、互层式与侧变式,裂谷坳陷阶段常见包括古生新储式、互层式和侧变式。

裂谷盆地油气的运移聚集与断层发育密切相关。坳陷阶段断层不发育,油气主要沿砂体侧向运移为主,圈闭类型主要是披覆背斜圈闭和岩性圈闭。断陷阶段断层发育,砂体规模较小、横向延伸不大,侧向运移条件相对较差,油气主要沿断裂垂向运移,断裂对油气的聚集分布起重要的控制作用。受断层活动的控制,断陷阶段在陡坡带一般发育背斜油气藏、断块油气藏和岩性油气藏,凹陷带主要是岩性油气藏,缓坡带则发育岩性上倾尖灭油气藏、地层不整合油气藏、断块油气藏以及地层超覆油气藏。

三、典型实例——渤海湾盆地

渤海湾盆地位于中国东部渤海海域及其沿岸地区,南北长2600km,东西宽1200km,总面积约$18 \times 10^4 km^2$。盆地内部由北北东向的三个坳陷"构造带"和两个隆起"构造带"相间排列而成,分别为冀中坳陷、沧县—内黄隆起带、黄骅—东濮坳陷带、埕宁隆起带、辽河—渤中—济阳坳陷带(图7-11)。

渤海湾盆地纵向结构上由前古近系基底和古近系、新近系和第四系盖层组成(图7-12)。前古近系基底由不同时代的不同类型岩石组成,包括太古宇、下元古界混合花岗岩、石英岩、大理岩,中元古界—下古生界碳酸盐岩,上古生界含煤层系及中生界基性—中性火山岩和含煤层系。受基底断裂系统的控制,古近系沉积盖层呈楔状或梯形状充填于(半)地堑式沉积凹陷中,并卷入基底断裂系统的构造变形和盖层断裂系统中,新近系沉积盖层呈层状或毯状披覆于整个盆地区域,未参与或很少卷入下部岩系的断裂变形(陆克政等,2001)。

渤海湾盆地在新生代的形成演化过程中具有多期断裂活动特征,从而导致湖盆频繁的水进水退,发育多种沉积体系,多套生储盖组合(图7-13)。烃源岩为半深湖—深湖相暗色泥岩,包括沙河街组一段、三段、四段上部和孔店组二段等四套烃源岩,不同地区不同层段烃源岩的发育程度存在较大差异,其中沙三段是全盆地的主要烃源岩。储集层主要为冲积扇、扇三角洲、滩坝、湖底扇等沉积砂体,一般规模较小、横向延伸不大,纵向上从下到上形成古近系孔店组砂岩、沙四段砂岩及石灰岩,沙三段砂岩、沙二段砂岩、沙一段砂岩及粒屑灰岩,东营组砂岩和新近系馆陶组及明化镇组砂砾岩等多套储集层系。多套生、储、盖岩系在不同层段叠置方式

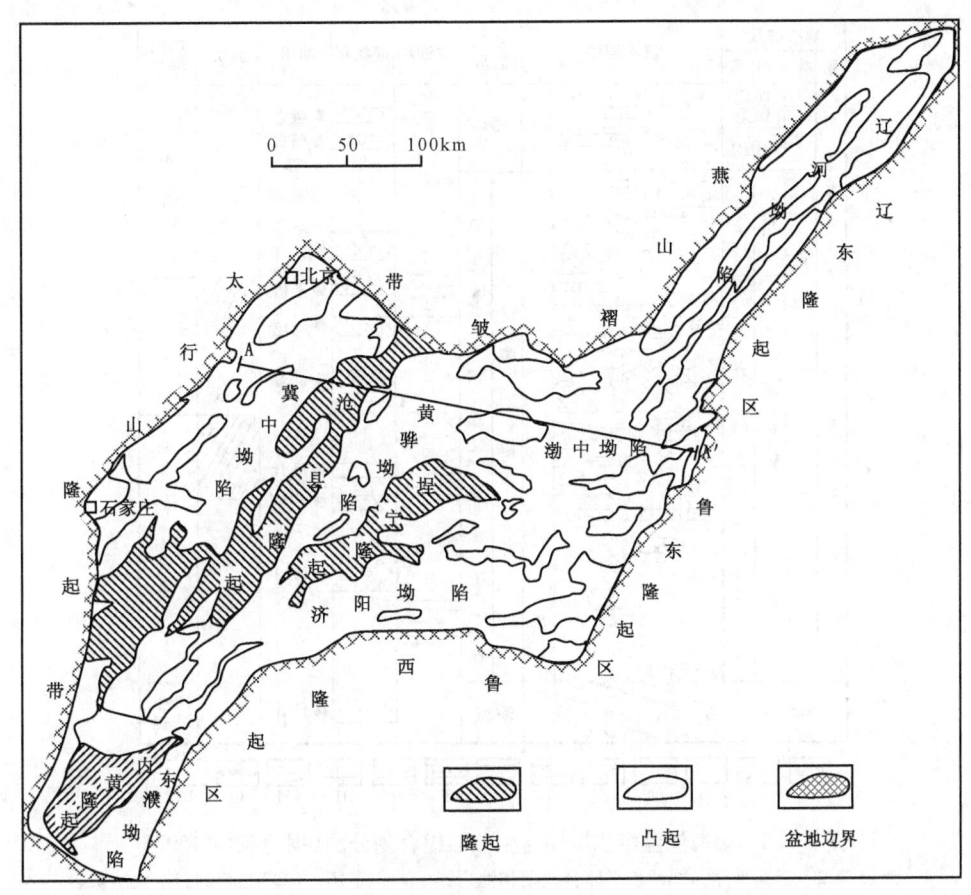

图7-11 渤海湾盆地构造单元划分图(据张厚福,1999)

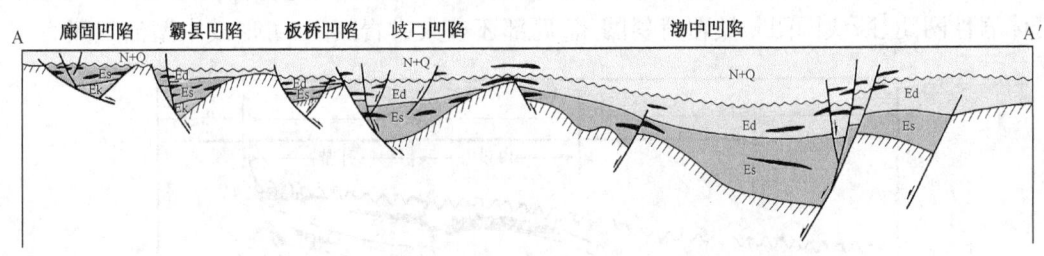

图7-12 渤海湾盆地剖面结构示意图

不同,纵向上形成多种生储盖组合,上部主要为下生上储组合,中部与下部自生自储、下生上储皆有发育。渤海湾盆地为典型的单断型断陷盆地,可以分为四个"构造带",分别为陡坡带、洼陷带、缓坡带和低凸起带。这四个"构造带"有序分布,构造特征各异,不同构造单元油气藏形成与分布存在差异,在一个断陷内部表现出有序性的特征(翟光明等,2005;李丕龙,2000)。

陡坡式油气聚集分布模式:渤海湾盆地发育的一种重要的构造带,该带上接凸起下临洼陷,古近系沿陡坡带发育众多的冲积扇三角洲沉积体系,为油气运聚创造了有利条件。由于主断裂长期持续活动,在断层内侧便形成了多个大型滚动背斜圈闭(图7-14);又因主断裂分阶,便形成了断块圈闭等。该构造带可进一步细分为内带和外带。内带以大型滚动背斜圈闭

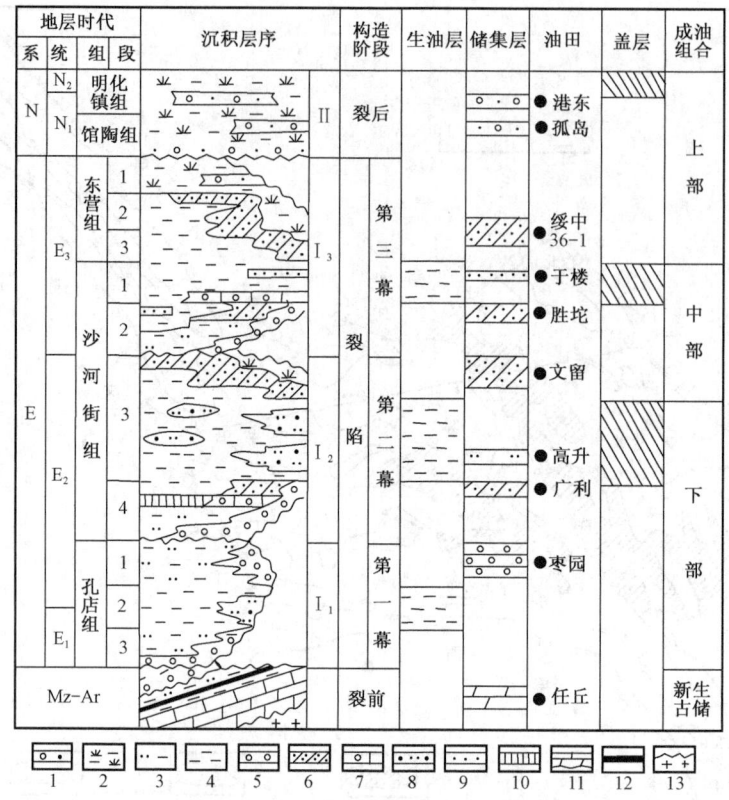

图 7-13 渤海湾盆沉积层序与生储盖组合划分图(据池英柳,1997)

1—河道砂;2—泛滥平原;3—冲积平原;4—湖相泥岩;5—冲积扇;6—(扇)三角洲;7—粒屑灰岩;
8—浊积扇;9—滩坝砂;10—膏盐岩;11—石灰岩、白云岩;12—煤层;13—基底

为主,由于扇三角洲储层发育,可形成大型油气藏;外带主要发育有各种类型冲积扇形成的砂砾岩休岩性圈闭、断块圈闭与披覆背斜圈闭,局部还有火成岩圈闭,可形成中型油气藏。

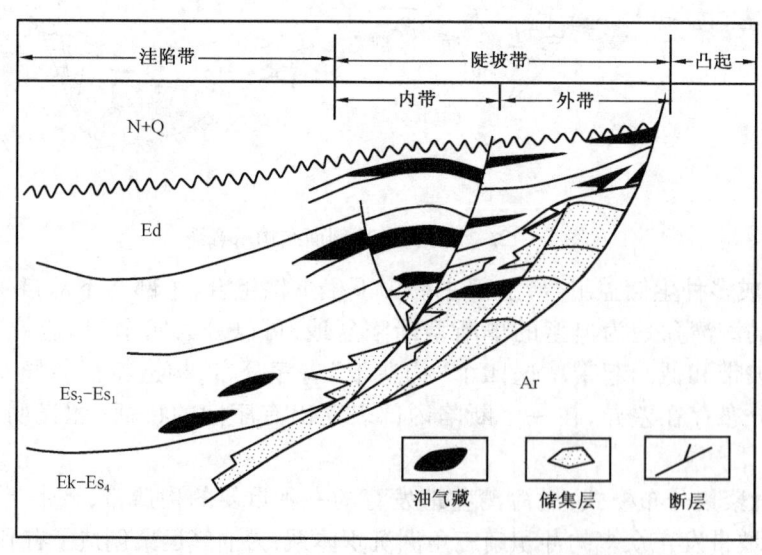

图 7-14 渤海湾盆地陡坡式油气聚集分布模式图(据李丕龙,2000)

洼陷式油气聚集分布模式:洼陷带是渤海湾盆地普遍发育的负向构造带,该带一般是盆地的沉积中心,多为深湖相沉积区,也是盆地的油源中心;与之相邻的缓坡带、中央隆起带的三角洲和扇三角洲前缘砂体垮塌沉积,可在洼陷区域发育浊积砂体,并形成众多岩性相对较细的砂岩油气藏,油藏规模与洼陷及砂体大小有直接关系。大洼陷大砂体可形成大油气藏,小洼陷小砂体形成小型油气藏(图7-15)。

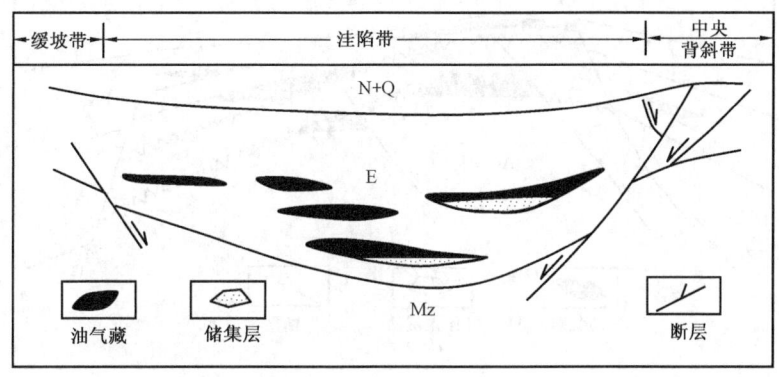

图7-15　渤海湾盆地洼陷式油气聚集模式图(据李丕龙,2000)

缓坡式油气聚集分布模式:缓坡构造带外接凸起,内临洼陷(图7-16),地层现今坡度小(0°~30°),构造变动持续缓慢,地层超覆不整合发育,有利于油气侧向运移。由于构造带宽,平面上构造沉积发育的不均衡性,从洼陷向凸起方向可进一步划分出内带、中带、外带。外带紧临凸起,发育众多大型缓坡冲积扇,同时存在多个地层不整合和地层尖灭带,是形成大中型地层、岩性油气藏的主要地区。中带为缓坡主体,断层较发育,是河流相最发育地区,断层与河流相砂体配合,多形成中小型岩性断块油气藏,以及中小型断块潜山油气藏。内带为沉降中心,近临凹陷沉积,盆倾断层较发育,而且断层对沉积具有一定的控制作用。该地区扇三角洲、低位扇体等发育,是寻找中等规模岩性—构造复合油气藏的有利场所。

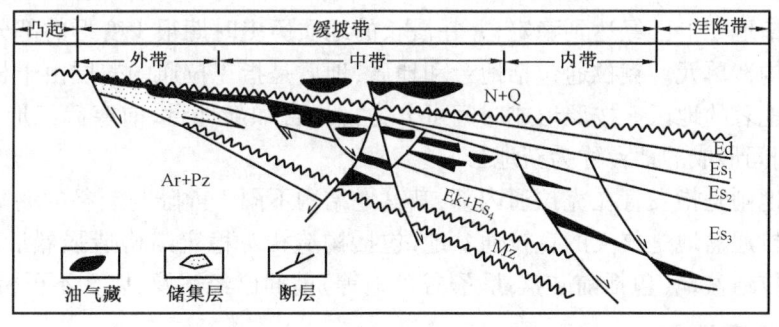

图7-16　渤海湾盆地缓坡式油气聚集模式图(据李丕龙,2000)

低凸起式油气聚集分布模式:由于受燕山、喜马拉雅等多期构造运动及郯庐断裂作用的影响,渤海湾盆地发育了多个低凸起式构造带。该类构造具明显的双层结构,下部为古生界或(和)前震旦系残丘潜山,上部为古近系—新近系披覆背斜构造(图7-17)。圈闭类型以大型潜山披覆背斜为主,翼部还发育有不同种类的地层圈闭。构造两面临洼,油气源丰富。低凸起持续缓慢抬升,其边界断层长期活动,成为油气运移的有利通道。该类构造面积大(一般为几十至几百平方千米),埋藏深度中等,储层物性较好,有利于形成亿吨级大油田,成为渤海湾盆地最有利的油气聚集带。

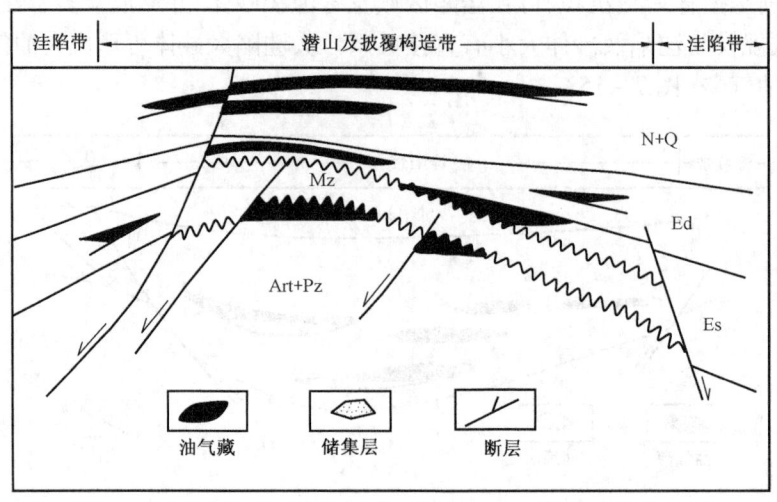

图 7-17 渤海湾盆低凸式油气聚集模式图(据李丕龙,2000)

第四节 (狭义的)克拉通盆地油气分布规律

克拉通盆地在全球含油气盆地中占有重要的地位,据统计其储量约占全世界油气总储量的 25%(Huff et al.,1980)。我国克拉通盆地油气资源也十分丰富,中西部克拉通盆地已探明储量分别占全国探明油、气储量的 18.8% 和 78.0%(张抗,2004)。

一、发育演化特征

克拉通是指地壳上已经达到稳定,并在漫长的地质历史时期很少变形的部分,是与造山带相对应的大地构造单元。克拉通包括地台和地盾,地盾是指克拉通的盖层由于长期剥蚀抬升、结晶基底出露地表的地区。按照形成时间可分为古地台和新地台,前寒武纪形成的地台称古地台,显生宙期间形成的地台称为新地台。

克拉通盆地则是指发育在克拉通内部,其盆地结构不同于前陆与裂谷的坳陷型沉积盆地。这里所指的克拉通盆地是狭义的克拉通盆地,包括构造相对稳定与构造强烈活动的克拉通盆地。广义的克拉通盆地(包括前陆盆地、裂谷盆地等)前面已经述及,以下不再赘述。

二、石油地质特征

构造活动相对稳定与构造活动强烈的克拉通盆地的石油地质特征存在较大的差异。以下将论述这两种盆地石油地质的基本特征。

(一)构造相对稳定的克拉通盆地的石油地质特征

这一类盆地发育于构造稳定的克拉通内部,典型的发育于北美克拉通内部,包括威利斯顿盆地(Williston Basin)、密歇根盆地(Michigan Basin)和伊利诺伊盆地(Illinois Basin)。该类盆地构造简单,平面上呈圆形或椭圆形,剖面上呈蝶形。如威利斯顿盆地,剖面上为一个简单的大型坳陷,沉积盖层中尽管发育多个区域性平行不整合,但是没有出现区域性的角度不整合,断裂褶皱不发育,中央发育2个平缓背斜构造(图7-18)。以威利斯顿盆地为例,主要的石油地质特征包括以下3个方面:

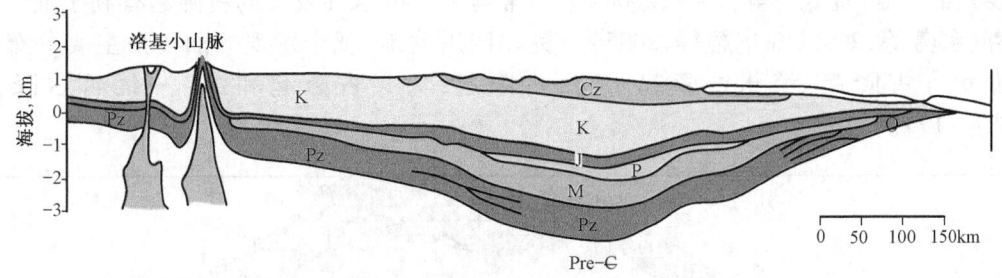

图7-18 威利斯顿盆地东西向剖面图

① 生、储、盖地质要素发育。威利斯顿盆地的地层从寒武系到古近—新近系均有,地层厚度最大可达4600m以上。古生界主要为碳酸盐岩和蒸发岩;中生界岩石主要为海相碎屑岩夹蒸发岩和非海相碎屑岩;古近—新近系岩石主要为非海相页岩和砂岩。烃源岩十分发育,主要烃源岩层系包括奥陶系下部的Winnipeg黑色页岩,密西西比下部的Bakken页岩和上部的Heath页岩,还有白垩系下部的海相页岩。其中Bakken组页岩是世界上最优质的烃源岩之一,有机质丰度高、类型好,已经达到生油气高峰。储集层从前寒武系基岩到白垩系都有发育,储集岩既有碳酸盐岩,也有碎屑岩。该盆地主要盖层是各层系的蒸发岩。

② 主要的圈闭类型包括中小型背斜圈闭、地层圈闭和构造—岩性复合圈闭,其中约50%油气储于地层圈闭中。

③ 稳定构造背景下断裂与褶皱不发育,导致油气运移路径与构造圈闭不发育。油气运移路径缺乏制约了油气初次与二次运移的发生,抑制了油气的聚集成藏,资源潜力小。

威利斯顿盆地总面积$46×10^4 km^2$,在美国部分的石油可采储量为$2.9×10^8 t$。与我国松辽盆地或渤海湾盆地相比,威利斯顿盆地油气丰度很低。松辽盆地与渤海湾盆地面积约$20×10^4 km^2$,生储盖地质要素并不比威利斯顿盆地发育,但是构造断裂发育,导致相关的各种构造圈闭与油气运移路径十分发育,因此油气资源潜力巨大,成为我国油气重要产区。

综上所述,构造相对稳定的克拉通盆地,由于断裂或(和)褶皱构造不发育,阻碍了构造圈闭(尤其是大型构造圈闭)与断裂油气运移通道的发育,抑制了油气大量运移聚集。因此,相对稳定的构造背景一定程度上不利于油气的聚集成藏。

(二)构造强烈活动的克拉通盆地的石油地质特征

油气成藏的基本条件是需要适中的构造活动强度,"适中"的含义是,既要有利于成藏地质要素的发育,又要有利于油气成藏以后的保存。构造强烈活动的克拉通盆地,即经历了多期构造变革的叠合型盆地。我国的克拉通盆地基本上属于这种盆地类型,尤其是塔里木盆地、准噶尔盆地、四川盆地和鄂尔多斯盆地。主要的石油地质特征包括以下4个方面:

① 叠合型盆地油气成藏地质要素十分发育。叠合盆地通常经历了断陷、坳陷与前陆盆地发育演化阶段,其中每一个构造阶段都可以发育齐全或部分源岩、储层、盖层、圈闭、油气运移路径等成藏地质要素,具备油气藏形成的基本条件。

② 叠合型盆地经历了多次构造运动的叠加改造,影响油气藏形成与保存的地质因素更加

复杂。由于盆地内区域构造演化迥然不同,导致油气分布存在明显差异。例如中国中西部复杂叠合盆地具有"多期构造变革、多套生储盖组合、多旋回油气成藏、多次调整改造"的油气地质特征,油气田的形成和分布受"古隆起迁移、烃源岩演化、区域盖层发育、构造平衡带叠合"四大要素的控制(庞雄奇等,2007,2008)。通常盆地中继承性发育的古隆起有利于油气聚集与保存(郝芳等,2005;邹华耀等,2005)。例如四川盆地,现今发现的油气藏主要分布在乐山—龙女寺古隆起、泸州古隆起、开江古隆起、大兴古隆起和江油—绵竹古隆起区域(图7-19)。

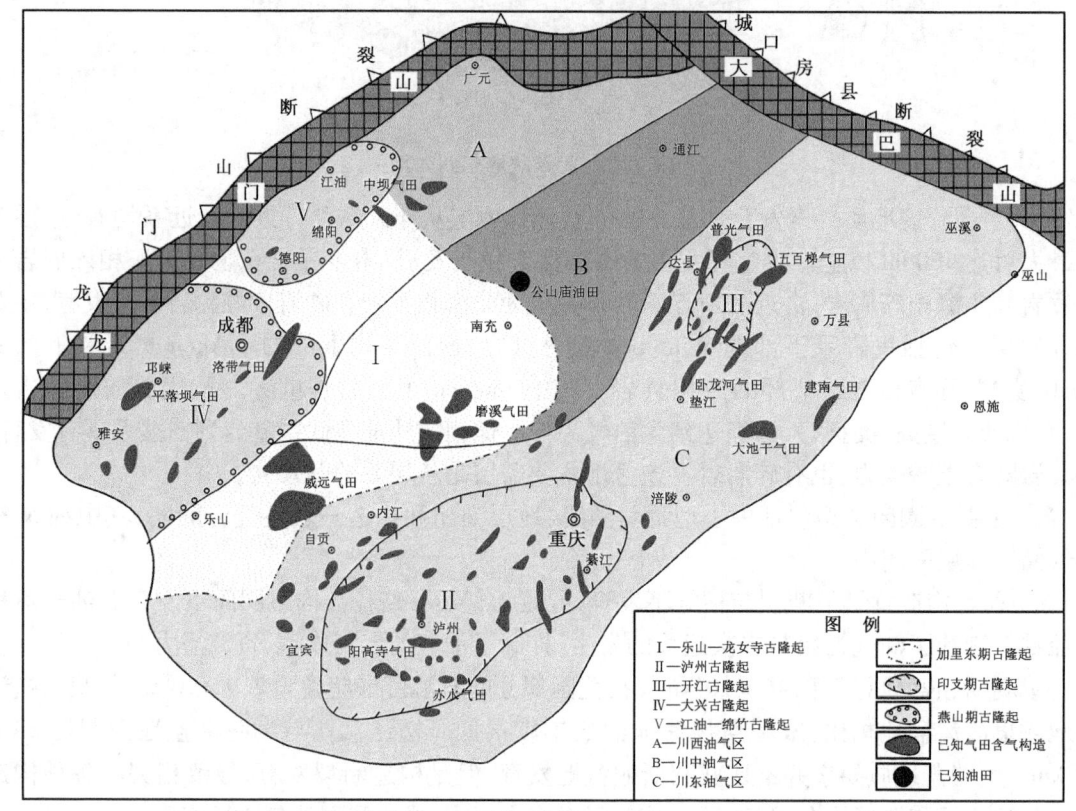

图7-19 四川盆地古隆起与油气分布关系图

③ 油气藏的破坏、调整与改造是叠合型盆地的重要特征。油气藏的破坏、调整与改造可以分为物理的和化学的两种类型,两种方式的起因都是由于盆地地层格架与圈闭构成地质要素的破坏与调整改造引起的。

④ 油气藏的物理破坏主要是指圈闭要素的破坏导致油气的散失及其伴生的生物降解、氧化和水洗作用等。这种情况主要发育于盆地区域性的抬升剥蚀阶段,也常见盆地周缘造山带发育阶段。例如塔里木盆地轮满加尔地区古生界与中生界发育多个不整合,其中志留系沥青砂岩就是在地层抬升剥蚀过程中古油藏破坏的产物(张一伟等,2000;刘洛夫等,2001);四川叠合盆地周缘造山带的黔南地区已破坏的麻江古油藏(向才富等,2008;崔敏等,2009)和川东北地区盘龙洞古油藏(牟传龙等,2003),都是燕山与喜马拉雅构造期造山运动导致古油藏破坏的产物。

⑤ 油气藏的化学改造主要是指古油藏在埋藏深度增大,储层温度升高情况下发生的一系

列化学反应从而引起古油气藏化学成分的变化。叠合盆地在经历了多次构造运动的叠加以后,盆地腹部,尤其是山前逆冲带之前的前渊坳陷,后期的沉降沉积作用使得下伏地层的埋藏深度快速增大,使得该区域古油气藏的地层温度急剧升高,从而导致古油气藏发生一系列的化学反应引起油气化学组成的变化。例如四川盆地川东北地区普光气藏,该气藏是古油藏裂解的产物(Zou et al.,2008b),古油藏原油的充注发生于早—中侏罗世,之后由于该区东部与北部造山带的作用,使得普光古油藏的埋藏深度由约3000m增加到超过6000m,油层温度超过200℃。这一过程一方面使得古油藏原油全部裂解成天然气与固体沥青(Zhang et al.,2008),另一方面烃类气体与硫酸盐发生热化学还原反应,在消耗烃类气体的同时产生 H_2S、CO_2 等非烃气体,进一步改变烃类的组成(Hao et al. 2008)。

三、典型实例—鄂尔多斯盆地

鄂尔多斯盆地位于中朝(华北)地台西部,是一个以太古宇和古元古界变质岩为基底,沉积盖层中发育多个区域性平行不整合面,但各期构造运动未使盆地结构发生本质性的变化,盆地主体结构仍主要表现为(狭义)稳定克拉通盆地结构(图7-20)。盆地面积约 $25 \times 10^4 km^2$,平面上可分为西缘逆冲带、天环坳陷、伊陕斜坡、晋西挠褶带、伊盟隆起和渭北隆起六个一级构造单元(图7-21)。探明石油地质储量 $12.81 \times 10^8 t$,天然气资源量 $10.7 \times 10^{12} m^3$(翟光明等,2007),其中油气田主要分布在伊陕斜坡之上(图7-21)。

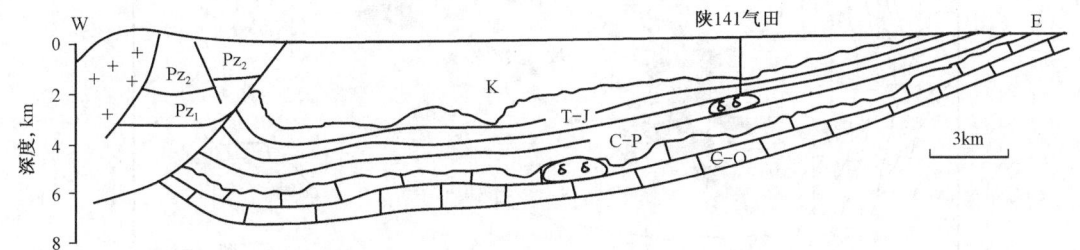

图7-20 鄂尔多斯盆地剖面图

鄂尔多斯盆地的形成演化经历了古生代与中生代多期构造运动(何自新等,2003;闵琪等,2000)。在早奥陶世陆表海沉积后,受加里东运动影响而隆起,遭受了长达140Ma的风化剥蚀。海西运动中期,盆地再次下沉,沉积了中—晚石炭世浅海—滨海沼泽含煤层系及早二叠世山西组河流—湖泊—沼泽相含煤层系。印支运动期,太平洋和特提斯域开始强烈活动,华北地台东隆西坳,鄂尔多斯地区从晚三叠世形成独立的内陆盆地。盆内沉积了晚三叠世到白垩纪的陆相沉积。晚侏罗世盆地西部开始发育造山运动,形成西缘逆冲带、天环坳陷;早白垩世的燕山运动使盆地整体隆升。

鄂尔多斯盆地发育新元古界、下古生界、上古生界、中生界等多套烃源岩,其中上古生界石炭系—二叠系煤系烃源岩和中生界泥质烃源岩是两套主要烃源岩,前者以生气为主,后者以生油为主。储集层既有碳酸盐岩,也有碎屑岩。主要圈闭类型为岩性圈闭、地层圈闭以及岩性—地层复合圈闭,构造圈闭只在盆地北部的伊盟隆起和西缘逆冲带中有所发育。

盆地内主要发育三套含油气层系:下古生界含气层系、上古生界含气层系和中生界含油层系。鄂尔多斯盆地下古生界为一套碳酸盐岩沉积地层,天然气主要储集在奥陶系顶部风化壳的溶蚀白云岩储集层中,天然气主要来源于上古生界石炭系—二叠系煤系烃源岩生成的煤成气,圈闭类型主要为地层圈闭,代表性天然气田为靖边气田(图7-21)。上古生界下部为海陆

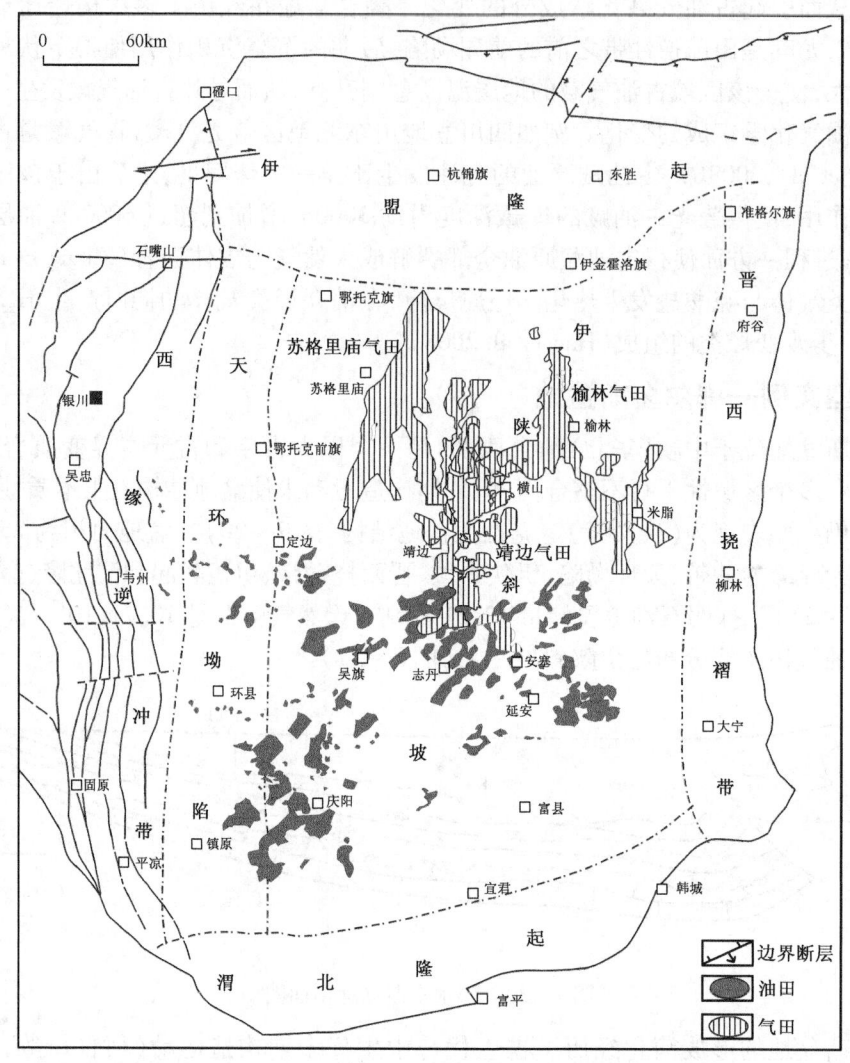

图 7-21 鄂尔多斯盆地构造单元划分与油气分布图

过渡相沉积,上部为陆相河流—三角洲沉积,储集层主要为陆相河流—三角洲沉积砂体,代表性天然气田为苏里格、榆林等气田(图 7-21)。中生界为主要的含油层系,主力产层为三叠系延长组和侏罗系延安组,圈闭类型主要为岩性、岩性—构造圈闭。

鄂尔多斯盆地油气的分布主要受两个因素控制:一是生烃中心及生烃强度,二是沉积相带的展布。鄂尔多斯盆地天然气生气强度中心分布在伊陕斜坡中东部,烃源岩的生气强度对天然气的富集起了决定性的控制作用,凡是有气田发现的地方,生气强度都在 $20 \times 10^8 \mathrm{m}^3/\mathrm{km}^2$ 以上(图 7-22)。由于断裂垂向运移通道不发育,生烃中心的油气主要经砂体侧向运移,进入附近的岩性、地层等圈闭中聚集成藏。鄂尔多斯盆地油气具有横向运移距离短、就近聚集成藏的特点,已探明的油气藏,除下古生界马家沟组顶部气藏分布在受古地貌控制的风化壳岩溶储层中,其余主要分布在几个河流—三角洲沉积体系之中。沉积相带的展布不仅控制了储层的发育,还控制了砂体输导通道以及岩性圈闭的发育。

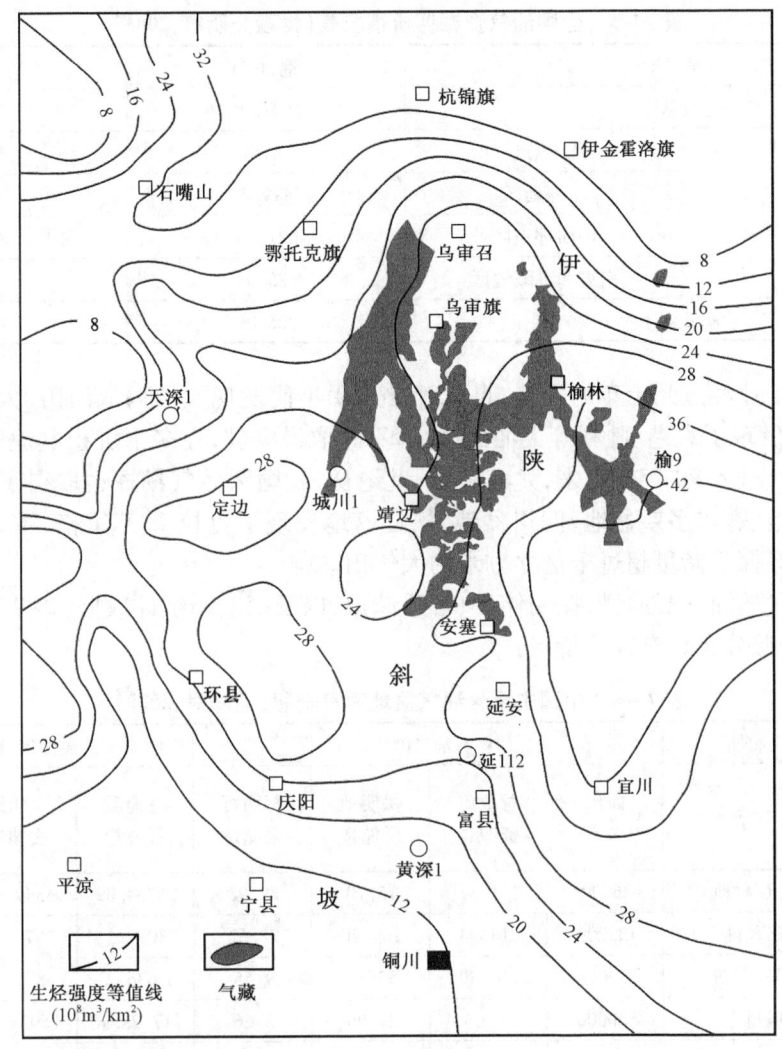

图 7-22 鄂尔多斯盆地东部上古生界生烃强度与气田分布图(据付金华,2004)

第五节 我国及世界油气资源分布特点

一、我国油气资源分布特点

我国是一个油气资源比较丰富的国家,共有大小沉积盆地 500 多个,沉积岩面积超过 $670 \times 10^4 km^2$(图 7-23)。其中面积大于 $200km^2$、沉积岩厚度大于 $1000m$ 的中—新生代盆地有 424 个,总面积约 $527 \times 10^4 km^2$(翟光明等,2007)。经过半个多世纪的勘探,我国累计共发现石油资源量 $1041.05 \times 10^8 t$,其中陆上 $816 \times 10^8 t$,海域 $225 \times 10^8 t$;天然气总资源量 $54.54 \times 10^{12} m^3$,陆上 $38.75 \times 10^{12} m^3$,海域 $15.79 \times 10^{12} m^3$(表 7-3)。

石油、天然气资源主要分布在陆上的东部、中西部地区,约占全国资源总量的 80%;南方、青藏地区发现资源量目前还比较少。近年来,随着我国海域油气勘探的不断取得突破,如渤海海域蓬莱 19-3、秦皇岛 32-6、绥中 36-1 等一系列大油田的发现,海域油气资源量占全国油气资源量的比例呈现上升趋势,即将成为油气资源的重要战略接替区。

表 7-3 全国油气资源评价情况表（据翟光明等，2005）

地区		油，10^8 t	气，10^{12} m^3
全国总计		1041.05	54.54
陆上	陆上总计	816	38.75
	东部地区	419.7	6.22
	中西部地区	371.35	29.33
	南方和青藏地区	25.0	3.2
海域总计		225.00	15.79

我国石油工业经过几十年的发展，自 20 世纪 50 年代发现克拉玛依油田、大庆油田之后，60 年代相继又发现了大港、胜利等大油田，此后不断取得突破，在多个沉积盆地中发现了一大批大中型油田。进入 90 年代以来，尤其是 21 世纪初，我国天然气勘探也取得了重要突破，相继在塔里木盆地、鄂尔多斯盆地、四川盆地、松辽盆地发现了克拉 2、苏里格、靖边、大牛地、子洲、普光、徐深等探明储量超过千亿立方米的大气田。

根据各个盆地油气资源量、探明储量、可采储量，以及探明率统计数据（表 7-4）油气田分布，我国油气资源分布具有以下特点：

表 7-4 中国主要含油气盆地油气资源（据郑民，2019）

资源类型（常规油气）			石油，10^8 t			天然气，10^8 m^3		
地域	盆地	面积 km^2	总地质资源量	探明地质储量	探明可采储量	总地质资源量	探明地质储量	探明技术可采储量
陆上	松辽盆地	26000	111.37	75.70	29.98	26734.89	4349.94	2039.15
	渤海湾（陆上）	133200	214.94	109.30	28.63	23097.11	2670.56	1434.40
	鄂尔多斯	250000	116.50	53.87	9.55	23636.27	6877.52	4348.72
	塔里木	560000	75.06	21.29	3.66	117398.96	16921.19	10572.79
	准格尔	134000	80.08	26.08	6.39	23071.31	2017.49	1219.95
	四川	200000	0.00	0.00	0.00	124655.82	21557.35	14298.33
	柴达木	104000	29.59	6.23	1.31	32126.99	3612.30	1967.86
	吐哈	53500	10.09	4.11	1.03	2434.57	482.52	320.89
	二连	109000	13.39	3.30	0.61	0.00	0.00	0.00
	南襄	17000	5.15	3.06	0.98	400.00	400.00	2.78
	苏北	35000	6.22	3.54	0.80	600.00	600.00	19.94
	江汉	28000	5.15	1.62	0.49	0.00	0.00	0.00
	海拉尔	79600	10.10	2.28	0.45	841.79	841.79	0.00
	酒泉	13100	5.11	1.70	0.47	416.09	416.09	0.00
	三塘湖	23000	4.48	0.88	0.12	0.00	0.00	0.00
	百色	830	0.42	0.17	0.04	60.00	60.00	1.69
	其他	1153287	104.54	1.23	0.22	34572.35	34572.35	223.49
	小计	3153517	792.16	314.36	84.71	410046.15	410046.15	36449.99

续表

地域	资源类型(常规油气)		石油,10^8t				天然气,$10^8 m^3$		
	盆地	面积 km²	总地质资源量	探明地质储量	探明可采储量	总地质资源量	探明地质储量	探明技术可采储量
海域	渤海湾(海域)	61800	110.29	33.14	7.55	12977.00	679.50	418.04
	东海	250000	7.23	0.27	0.09	36361.00	3154.87	1812.42
	黄海	169000	7.22	0.00	0.00	1847.00	0.00	0.00
	南海	1116752	163.41	59.71	19.89	323191.00	82683.43	58366.28
	小计	1597552	288.15	93.12	27.52	374376.00	86517.80	60596.74
	合计	4751069	1080.31	407.48	112.24	784422.15	145532.40	97046.73

① 我国常规石油天然气主要集中分布在少数几个面积较大的沉积盆地,小型沉积盆地油气资源量较少,呈现分布的不均匀性。松辽盆地、渤海湾盆地、塔里木盆地、鄂尔多斯盆地、四川盆地等沉积盆地的油气储量占全国的3/4以上。第四次油气资源评价(2016年)显示,全国常规石油总资源量 1080.31×10^8t,技术可采资源量 272.50×10^8t。其中松辽盆地、渤海湾盆地石油资源最丰富,探明地质储量分别为 75.7×10^8t、109.3×10^8t(陆上),可采储量分别为 36.76×10^8t、54.54×10^8t(表7-4),约占全国探明石油地质储量(陆上)的58.8%,其次为塔里木盆地、准噶尔盆地、鄂尔多斯盆地等。全国常规天然气总资源量 $78 \times 10^{12} m^3$(表7-4),技术可采资源量 $48.45 \times 10^{12} m^3$。主要分布在中西部的鄂尔多斯、四川、塔里木、准噶尔盆地、以及东部海域盆地,尤其是中西部鄂尔多斯盆地、四川盆地、塔里木盆地天然气资源最丰富,天然气总探明储量 $45356.06 \times 10^8 m^3$,约占全国陆上探明天然气储量的60%。我国非常规油气资源非常丰富(表7-5),非常规石油地质资源量 672.08×10^8t,技术可采资源量 151.81×10^8t;非常规天然气地质资源量 $284.95 \times 10^{12} m^3$,技术可采资源量 $89.3 \times 10^{12} m^3$。其中,致密油地质资源量 125.80×10^8t,油砂油地质资源量 12.55×10^8t,油页岩油地质资源量 533.73×10^8t;致密砂岩气地质资源量 $21.86 \times 10^{12} m^3$,页岩气地质资源量 $80.21 \times 10^{12} m^3$,煤层气地质资源量 $29.82 \times 10^{12} m^3$,天然气水合物 $153.06 \times 10^{12} m^3$。

表7-5 中国非常规油气资源量评价

资源类型		石油,10^8t		天然气,$10^8 m^3$	
盆地名称	面积,km²	地质资源量	可采资源量	地质资源量	可采资源量
致密油	188541.00	125.80	12.34		
致密砂岩气	324544.00			218643.60	109386.10
页岩气	425281.87			802085.82	128501.12
煤层气	385060.55			298211.05	125142.38
油砂	1492.32	12.55	7.67		
油页岩油	552478.67	533.73	131.80		
天然气水合物	1912269.00			1530560.00	530000.00
合计	3789667.41	627.08	151.81	2849500.47	893029.60

注:致密油与致密砂岩气评价范围不包括济阳、东濮、南襄、苏北等。

② 探明程度上,东部地区普遍高于西部地区。东部两大主要含油气盆地,松辽盆地、渤海湾盆地皆在50%以上,平均为59.5%。按照国内外的勘探经验,探明程度处于40%~60%的盆地为中期勘探盆地,储量可以保持平衡增长,因此东部地区在未来一段时间内将仍然是我国

的主要产油气基地。西部地区整体探明程度低,大部分还处于勘探初期。其中塔里木盆地28.4%,柴达木盆地21.1%,准噶尔盆地和酒泉盆地较高,但也仅仅达到30%,因此西部盆地将是今后我国油气储量的主要增长区。

③ 海相与陆相生、储油气层系在我国都很发育,构成多时代生、储油气层系重叠的多层结构。层位上,我国油气层几乎遍布所有地质时代,从太古宙结晶岩系到第四纪沉积岩系,都已发现工业油气流,但地质储量则主要集中在中—新生代陆相地层,两者合计占已发现油气储量的90%左右。

④ 我国油气资源的深度分布基本适中,深层尚有潜力。据翟光明等(2005)统计,我国油气分布深度最浅的几十米,最深的5000~6000m。已发现油气田储量比例表明,油气层深度小于2000m的中浅层约占30%,深度在2000~3500m的中深层约占50%,大于3500m的只占到百分之十几。

二、世界油气资源现状

根据美国地质调查局(USGS)和世界石油大会(WPC)对全球过去20年油气资源评价结果,随着科学技术的进步,世界石油工业也得到了不断发展,世界油气资源量总体呈上升趋势(图7-23)。USGS在20世纪80年代的评价结果为$(2300\sim2400)\times10^8$t,90年代的评价结果约为3000×10^8t,2000年的评价结果较前几次有大幅的提升,为4316×10^8t。历届WPC估算的全球油气资源量与USGS的评价结果基本一致,1983年伦敦召开的第11届石油大会估算的全球油气资源量是2460×10^8t;1994年挪威召开的14届世界石油大会估算的全球油气资源量是3313×10^8t;2000年在加拿大召开的16届世界石油大会估算的全球油气资源量是4138×10^8t。

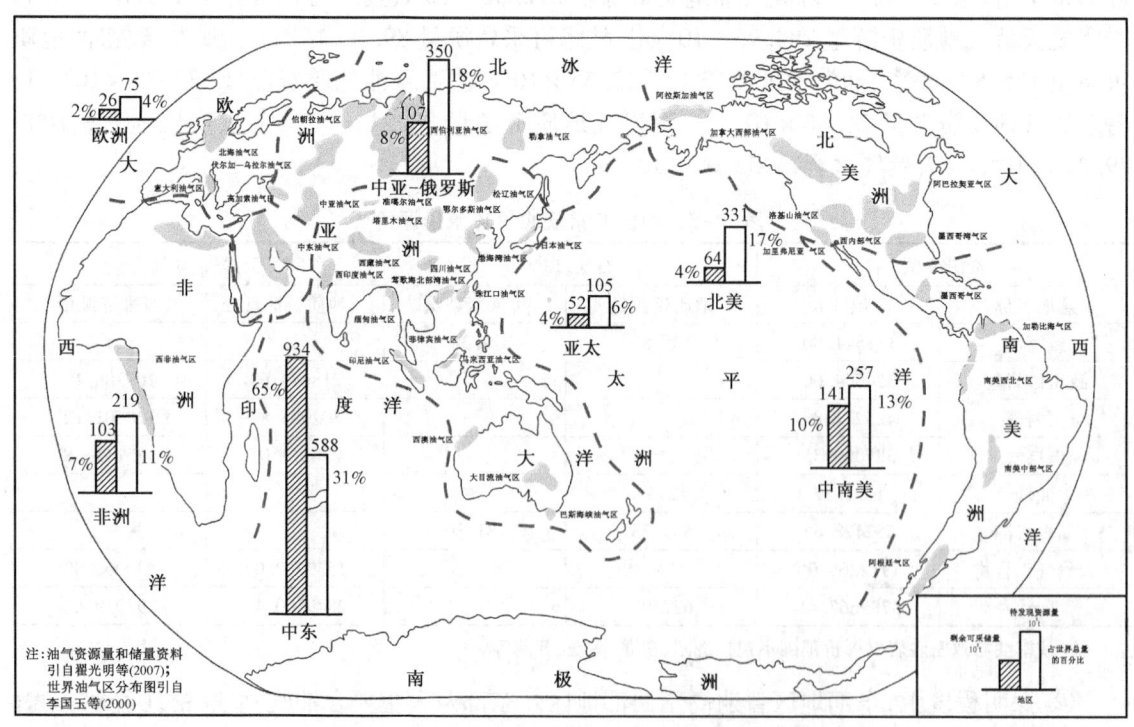

图7-23 USGS、WPC过去20年世界油气资源评价结果

根据美国《油气杂志》的年终统计,2016 年全球石油(包括原油、凝析油和油砂)产量接近 39.2×10^8 t,天然气产量为 $35386 \times 10^8 m^3$(31.995×10^8 t 油当量)。2016 年全球石油和天然气剩余探明储量分别为 2254.6×10^8 t 和 $188.3 \times 10^{12} m^3$。目前全球剩余的探明石油还可开采 57 年,天然气还可开采 55 年。随着全球油气勘探工作的进行,剩余的油气探明储量还会逐渐增加,可开采年限实际上可以更长。

重油、油砂、致密油、油页岩、页岩气、致密气和煤层气是目前投入开采的主要非常规油气资源。据估计,全球非常规油可采资源量为 4421×10^8 t,全球非常规气可采资源量为 $227 \times 10^{12} m^3$(王红军等,2016)。随着非常规油气资源的大规模开采,在未来的 100 年或者更长的时期内,世界油气资源能够满足人类的基本需求。

天然气水合物是未来可供人类利用的一种非常规天然气资源,据潜在气体联合体(PGC,1981)估计,永久冻土区天然气水合物资源量为 $1.4 \times 10^{13} m^3 \sim 3.4 \times 10^{16} m^3$,包括海洋天然气水合物在内的资源总量为 $7.6 \times 10^{18} m^3$。迄今,已在近海海域和冻土区发现水合物矿点超过 230 处,仅海底的天然气水合物资源至少够人类使用 1000 年。

三、世界油气资源地理分布

根据 2018 年英国 BP 公司统计结果,剩余探明石油储量在世界不同地区分布极不均衡(图 7-24)。由于波斯湾盆地是目前世界上最富含油气的盆地,所以,中东地区剩余石油探明储量为 836.1×10^8 t,占到世界总量的 48.3%。中南美洲剩余探明石油储量为 325.1×10^8 t,占 18.8%;北美洲石油探明储量 236.7×10^8 t,占 13.7%;非洲石油探明储量 125.3×10^8 t,占 7.2%;欧洲及欧亚大陆拥有石油探明储量 159×10^8 t,占 9.2%;亚太地区较少,仅有 47.6×10^8 t 石油探明储量,占 2.8%。

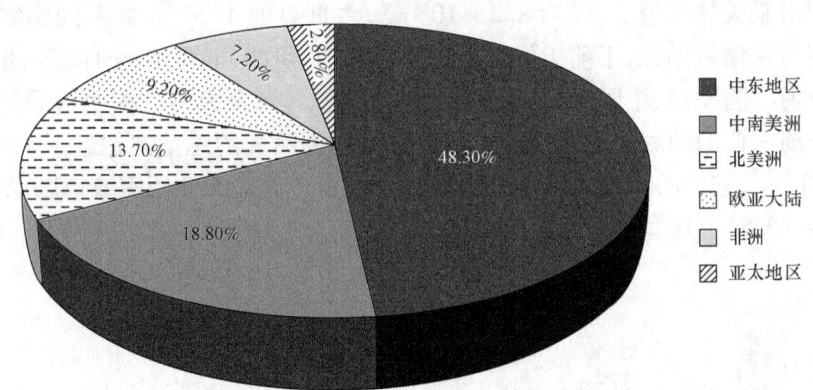

图 7-24 2018 年全球石油探明储量分布

在不同国家或地区的剩余石油探明储量中,居于前十位的分别是委内瑞拉、沙特阿拉伯、加拿大、伊朗、伊拉克、俄罗斯、科威特、阿联酋、利比亚、美国、尼日利亚和哈萨克斯坦,剩余石油可采储量占全球的 90%(图 7-25)。其中前八位的剩余石油探明储量都超过了 100×10^8 t。南美洲的委内瑞拉剩余可采石油储量为 480×10^8 t、沙特阿拉伯 409×10^8 t、加拿大 271×10^8 t、伊朗 214×10^8 t、伊拉克 199×10^8 t、俄罗斯 146×10^8 t、科威特 140×10^8 t、阿联酋 130×10^8 t、利比亚 63×10^8 t、美国 73×10^8 t、尼日利亚 51×10^8 t、哈萨克斯坦 39×10^8 t;我国位居第 13,剩余石油探明储量 35×10^8 t。

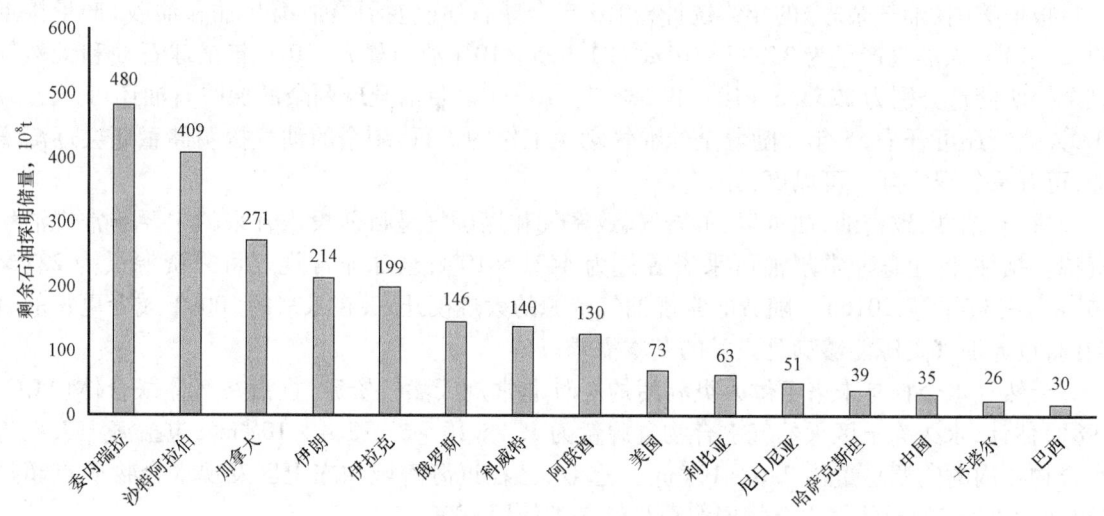

图 7-25　2018 年全球主要国家石油探明储量

世界天然气剩余探明可采储量的分布与石油有所不同,两个明显富集天然气的地区分别于中东和欧洲及欧亚大陆(图 7-26)。中东仍然储量最丰富,为 $75.5 \times 10^{12} m^3$,占世界的 38.4%,可见中东既是最富集石油的地区,也是最富集天然气的地区。欧洲及欧亚大陆天然气剩余探明可采储量为 $66.7 \times 10^{12} m^3$,占 33.9%,这与俄罗斯西西伯利亚盆地丰富的天然气富集有关。亚太地区和非洲也是富集天然气的地区,剩余天然气探明可采储量分别为 $18.1 \times 10^{12} m^3$ 和 $14.4 \times 10^{12} m^3$,分别占世界的 9.2% 和 7.3%。北美洲 $13.9 \times 10^{12} m^3$,占 7.1%。中南美洲剩余探明可采天然气最少,仅为 $8.2 \times 10^{12} m^3$,占世界的 4.2%。在不同国家或地区的剩余天然气探明可采储量中,居于前十位的分别是俄罗斯、伊朗、卡塔尔、土库曼斯坦、美国、沙特阿拉伯、委内瑞拉、阿联酋、中国、尼日利亚(图 7-27),其剩余天然气探明可采储量占全球的 78.7%。居于前三位的国家的天然气可采储量占世界天然气的总量都超过了 10%,储量都超过了 $24.9 \times 10^{12} m^3$,它们的储量之和占到全球的 48.1%。其余 6 个国家或地区也都超过了 $5 \times 10^{12} m^3 [(5.2 \sim 19.5) \times 10^{12} m^3]$。

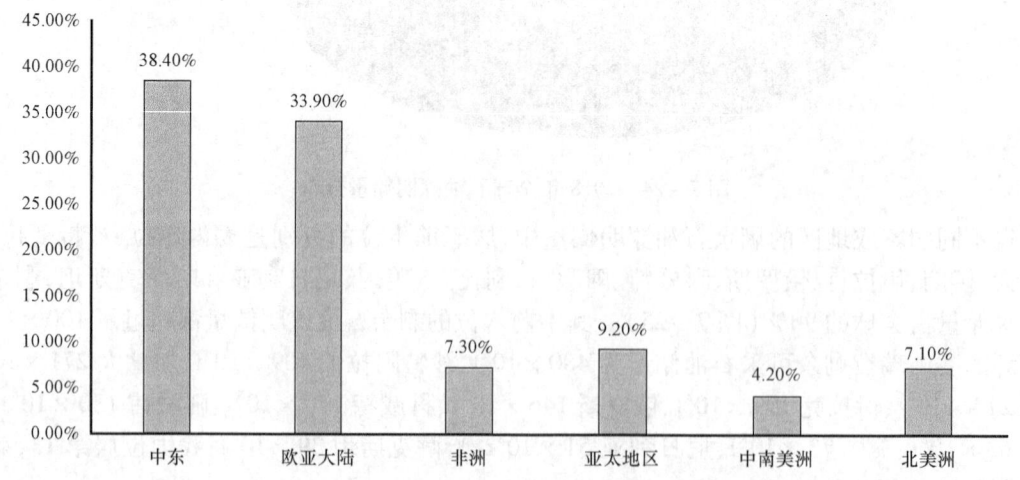

图 7-26　2018 年全球天然气探明储量分布

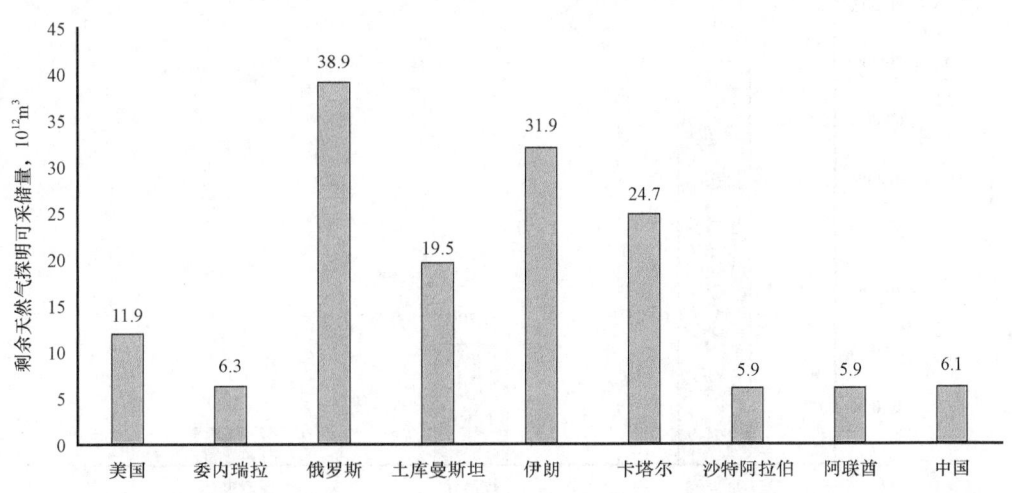

图 7-27 2018 年全球主要国家天然气探明储量

非常规石油可采资源主要集中分布在 54 个国家,列前 10 位的是美国、俄罗斯、加拿大、委内瑞拉、巴西、中国、白俄罗斯、沙特、法国和墨西哥,占全球总量的 82.4%(王红军等,2016)。其中,美国非常规石油可采资源量为 $926×10^8 t$,占全球总量的 21%,以油页岩、重油和致密油为主;俄罗斯为 $892×10^8 t$,占全球总量的 20.2%,以油页岩、油砂和致密油为主;加拿大为 $397×10^8 t$,占全球总量的 9%,以油砂和致密油为主;委内瑞拉为 $353×10^8 t$,占全球总量的 8%,以重油为主;中国为 $212×10^8 t$,占全球总量的 4.8%,以油页岩和致密油为主。美国、俄罗斯和加拿大 3 个国家非常规石油可采资源量占全球总量的 50%。油页岩占全球非常规石油可采资源比例最大,为 47.5%,其次为重油,占全球总量的 28.7%,油砂和致密油分别占全球总量的 14.5% 和 9.4%。

非常规天然气可采资源主要集中分布在 37 个国家,列前 10 位的是美国、中国、俄罗斯、加拿大、澳大利亚、伊朗、沙特、阿根廷、利比亚和巴西,其可采资源占全球总量的 76.8%(图 7-28)。其中,美国非常规天然气可采资源为 $39×10^{12} m^3$,占全球总量的 17.4%,以页岩气为主;中国为 $31×10^{12} m^3$,占全球总量的 13.9%,以页岩气、煤层气和致密气为主;俄罗斯为 $29×10^{12} m^3$,占全球总量的 12.6%,以页岩气和煤层气为主;加拿大为 $16×10^{12} m^3$,占全球总量的 7%,以煤层气和页岩气为主。澳大利亚为 $16×10^{12} m^3$,占全球总量的 6.4%。美国、中国、加拿大和澳大利亚 4 个国家的非常规天然气可采资源量占全球总量的 57.2%。页岩气占全球非常规天然气可采资源比例最大(图 7-29),为 71.1%,其次为煤层气,占全球总量的 21.7%,致密气可采资源量占全球总量的 7%。

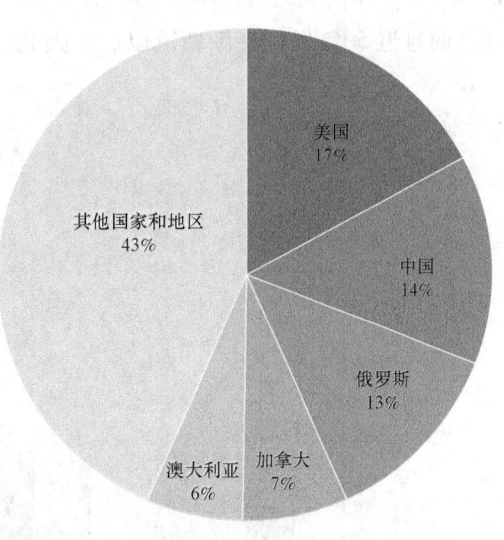

图 7-28 非常规天然气可采资源全球分布
(据王红军等,2016)

— 205 —

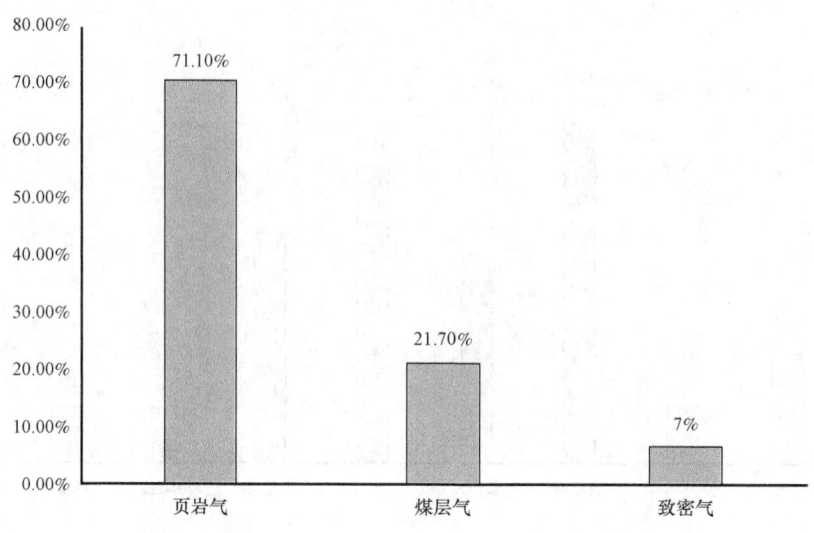

图 7-29　全球非常规天然气可采资源比例（据王红军等，2016）

四、世界油气资源纵向分布

目前全球几乎在所有地质时代的地层中都发现了油气田，但分布很不均匀。全球常规油气储量按层系分布统计（图 7-30），中生界石油储量占 54%，天然气储量占 44%；古近系、新近系石油储量占 32%，天然气储量占 27%。世界大油气田储量按层系分布统计，中生界大油气田储量占 51%，新生界大油气田储量占 41%。Klemme 等（1991）根据美国地质调查局 1987 年的统计数据指出，22000×10^8 bbl 油气储量中，占地层时代 35% 时间的 6 段地层的源岩形成了 91.5% 的油气聚集。按源岩时代分，新元古界和下古生界占 10.2%，上古生界占 16.7%，中生界占 57.8%，新生界占 15.3%。从储集层的时代划分，新元古界和下古生界占 2.4%，上古生界占 18.1%，中生界占 52.3%，新生界占 26.9%。以油气聚集形成的时代划分，80% 发生在早白垩世以后，而且近 50% 发生在渐新世以后。因此，中—新生界是油气的纵向分布的主要层位。

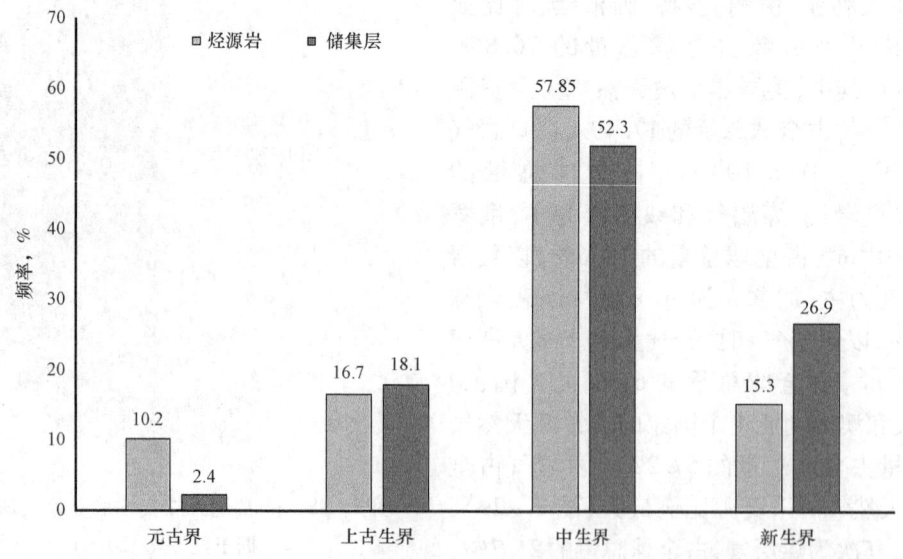

图 7-30　世界油气资源按烃源岩、储集层时代分布直方图

石油主要分布的深度范围在 1200~3000m,尤其是大油田。天然气分布范围较宽,但大多数天然气分布的深度小于 3600m。目前,国内外深层油气勘探发展很快,全球已开发了 1000 多个目的层超 4500~8103m 的油气田(孙龙德等,2013)。美国墨西哥湾 Kaskida 海上砂岩油气田目的层埋深 7356m(从海平面算起则达 9146m),可采储量(油当量)近 1×10^8t;中东地区寒武纪后的沉积岩中发现超大型气田,埋深超过 10000m(张冬玉,2006);我国塔里木油田的塔深 1 井完钻井深 8408m,8000m 左右见可动油并产微量气;塔里木盆地库车坳陷的博孜 1 井是最深气流井,7104~7084m 段,日产气 251×10^4m^3;四川老关庙含气构造产层深度达 7153~7175m。至今,已有 70 多个国家在深度超过 4000m 的地层中进行了油气钻探,80 多个盆地和油区在 4000m 以深层系发现了 2300 多个油气藏,共发现 30 多个深层大油气田(大油田可采储量大于 6850×10^4t;大气田可采储量大于 850×10^8m^3),其中在 21 个盆地中发现了 75 个埋深大于 6000m 的工业油气藏。预计不久的将来,深层将为人类提供更多的油气资源。

思 考 题

1. 简述含油气盆地的定义和结构组成。
2. 简述含油气盆地的构造单元划分。
3. 根据盆地发育的地球动力学环境,含油气盆地可分为哪些类型?
4. 试述前陆盆地的构造特征和石油地质条件。
5. 试述裂谷盆地的构造特征和石油地质条件。
6. 试述克拉通盆地的构造特征和石油地质条件。

第八章 油气勘探

第一节 油气勘探概述

一、油气勘探在石油工业中的地位和作用

(一)油气勘探是油气工业的排头兵

油气工业的构成是由勘探→开发→储运→炼制→销售等构成,而油气勘探又是由地质、地化、物探、钻井、录井、测井、固井、试油等行业构成。从油气工业的构成中可以看出,油气工业是建立在油气田或油矿之上的大型系统产业链(图8-1)。油气勘探开发是石油工业的主体,只有通过勘探发现大油气田,才能为石油化工提供充足的物质来源。

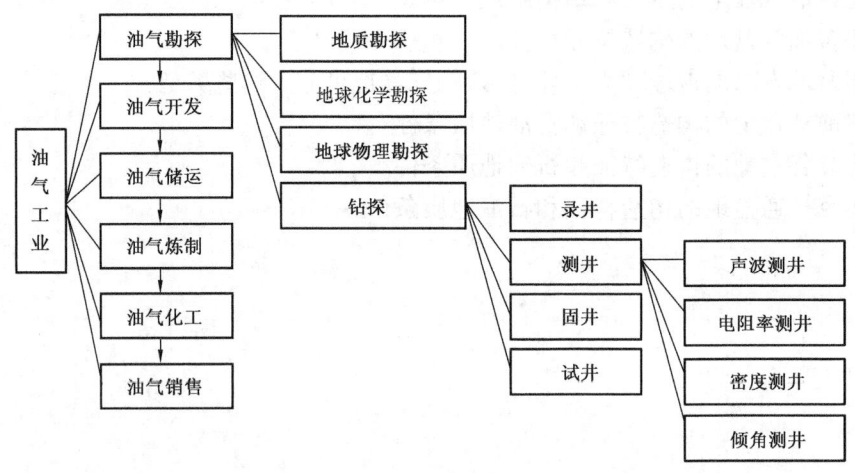

图 8-1 油气勘探在石油工业中的地位(据庞雄奇,2006)

中国石油产业具体又分为上游、中游、下游三大版块。上游一般指油气勘探和开采,中游包括油气储运和炼制,下游则指石油化工和成品油销售。

(二)油气勘探是油气工业可持续发展的保障

无论在国内市场还是在国外市场,只有通过勘探不断地发现油气田,才能为油气工业的发展提供充足的油气后备储量。而目前,制约我国油气工业发展的瓶颈是油气资源接替紧张,中国油气资源相对不足,使得我国油气工业对外依存度越来越高,2018年我国石油对外依存度逼近70%,天然气对外依存度升至45.3%,上游资源瓶颈已对我国石油工业未来中长期可持续发展带来较大挑战。要实现中国石油工业的可持续发展,必须大力加强油气勘探,为缓解国内上游资源困局,2018年国家提出"大力提升油气勘探开发力度"的号召,为石油企业提高国内油气储量和产量提供了重要的机遇。

因此,可以说一个国家没有油气勘探发现大的油气田,其油气工业就要受制于人,这个国家也就很难形成一个像样的油气工业体系与油气理论体系。

二、油气勘探工作的特点

(一)多学科协同的系统工程

油气勘探是以石油地质学中的油气生成、油气藏形成、油气田分布规律等理论为指导,通过采用科学的勘探程序、合适的技术方法、先进的管理部署,以达到经济、有效、高速地寻找、发现和探明油气地质储量为目的的系统工程。

油气勘探首先要通过地质调查、物探、化探、钻井等多工种的联合作业,系统采集反映勘探对象地质特点的资料,然后综合利用地层学、沉积学、构造地质学、储层地质学、石油地质学、地球物理学、地球化学、勘探经济学、管理学等多学科专门知识,对勘探对象进行地质评价、资源量评价以及勘探经济评价。油气勘探是一项综合性非常强的系统工程,这项系统工程是一个不断缩小靶区,逐步逼近目标(油气田)的过程。

油气勘探也遵循所有固体矿产勘察的"先找后探"原则。首先从沉积盆地的整体上去认识区域地质特征和石油地质特征,分析油气藏形成的基本条件,预测有利的生油凹陷和含油气区带;然后在有利的区带内,开展以地震和地质研究为主要内容的勘探工作,分析区带的成藏条件和成藏规律,选择有利的钻探目标;再在此基础上开展以钻井为主要方法、以发现油气田为目的的勘探工作;最后,对于已经发现的油气田,要进一步通过钻井与其他方法的配合,取得各方面的资料,探明油气田和地质储量。

(二)油气勘探是高科技产业

1. 油气勘探投资大

由于油气勘探工作的特殊性,需要从各方面采取地下地质信息,取得各种各样的数据,就需要投入各种先进的仪器设备。因此,勘探的资金投入很大。

2. 油气勘探风险大

油气勘探涉及的因素复杂,情况多变,头绪众多,它必然面临各种各样的风险,包括地质风险和环境风险等。地质风险是对地下地质情况认识的不完整导致的油气勘探的不确定性。环境风险是指环境保护、宗教和社会动荡等带来的一系列风险。

3. 油气勘探技术密集

油气勘探采用各种高科技手段(如卫星遥感技术、三维地震叠前深度偏移处理技术、井下和井间成像技术等),使用各种高精尖的仪器设备(如电子显微镜、岩心CT扫描、电子探针、同位素质谱仪),引进功能强大的计算机硬件及软件系统,油气勘探的科技含量之高绝不亚于任何其他产业。

4. 油气勘探利润巨大

油气勘探虽然投资规模大,风险性强,但其巨额的经济回报也是其他项目所不能比拟的。以大庆油田为例,1998年,在油田含水率已达到85%以上的情况下,依然创利润130亿元人民币,2004年大庆油田上缴国家的利税达到269亿元,居各大企业之首(张一伟等,2003)。

综上所述,地区性强与探索性强、资金密集与技术密集、风险巨大与利润巨额构成了油气勘探的基本特点。寻找和发现更多的油气田,探明更多的油气地质储量是每个石油勘探工作者的主要责任,促进国民经济发展,提高人民生活质量一直是油气田勘探奋斗的目标。

三、油气勘探程序

油气勘探的根本任务是寻找和查明油气田。为了高效地完成油气勘探任务,必须遵循科学的勘探程序和规范,即依据勘探对象和勘探任务的不同划分不同的勘探阶段,并选用适当的勘探技术和方法。

(一)油气勘探程序的概念

油气勘探是一个连续的过程,在这个过程中,往往需要根据勘探对象和勘探目标的不同,将其划分为若干个阶段,各阶段既相互独立,同时又保持一定的连续性。通常将油气田勘探各阶段之间的相互关系和工作的先后次序称为勘探程序。勘探程序的基本内容包括两个主要方面:一是勘探阶段的划分,其主要依据是勘探对象、最终地质目标;二是不同阶段的勘探部署,即针对不同阶段的对象、任务和目标,有选择性地使用经济、有效的勘探技术和研究方法,进行科学勘探。

勘探程序是人们在长期的勘探实践中总结出来的找油步骤和客观规律,也是勘探管理工作的实际需要。明确划分勘探阶段可以为实际工作带来许多方便:① 明确各阶段所需要解决的具体任务;② 确定一个阶段转入另一个阶段的必备条件或决定停止投资和停止勘探工作的依据;③ 合理调配勘探力量并及时充实新区的力量和设备;④ 作好勘探部署中的经济预算;⑤ 检查和衡量每个阶段勘探工作的效率和各阶段工作进行的现状等。

不同国家不同企业由于经济制度、勘探管理体制、自然地理条件、勘探地质背景的差异,往往采用不同的油气勘探程序。我国 20 世纪 50—80 年代期间,地矿系统和石油系统由于勘探工作的侧重点不同,油气勘探采用不同的程序。陆地和海洋石油勘探由于自然地理条件和勘探条件存在区别,也必须采用不同的勘探程序,如海洋领域的油气勘探,由于钻井成本高,因此很少钻参数井。此外,勘探程度的差异也会导致勘探程序的不同,如美国大陆地区,由于油气勘探程度很高,因此现已不存在大规模的区域勘探。我国不同区域的油气勘探程度具有一定的差异,东部油区勘探程度普遍较高,中西部及海洋油气勘探程度相对较低,仍需要从含油气盆地整体出发,开展系统的勘探工作。

勘探程序必须随着勘探技术与勘探对象的变化而变化。现有的勘探程序只是当前技术条件下勘探思路的概括。勘探技术的发展,尤其是直接找油技术的发展,必然会大大简化勘探程序。例如,早期的油气藏扩边任务主要依靠钻大量的评价井来完成。而现在,由于地震、测井、油藏工程新技术的发展,一些规模小、地质条件相对简单的油气藏,完全可以应用油藏工程方法,结合测井、地震信息,完成油藏的扩边任务。

(二)美国的油气勘探程序

美国的油气勘探工作是在各大石油公司垄断的情况下进行的,勘探重点以局部圈团为中心,区域勘探部署工作少,很难划分明确的勘探阶段,可以大致划分为初步勘探阶段和勘探阶段。初步勘探阶段是指盆地评价、区块评价或圈闭评价;勘探阶段是指进一步钻探,扩大含油面积。由于美国的陆地勘探程度很高,已进入了勘探晚期,近年来油气勘探方向主要是海洋和隐蔽油气藏。

1. 美国陆地油气勘探

美国陆地油气勘探主要分为 5 个阶段:盆地评价阶段、钻探井前的准备阶段、钻探井阶段、钻评价井阶段以及开发阶段。

美国陆地油气勘探程序具有下列特点:① 把油气勘探工作、资源评价工作和综合研究工作三者紧密地结合在一起,其中油气资源评价工作起主导作用;② 在盆地评价阶段,通常采用最先进的现代化测量方法,进行区域地质基础工作,同时特别重视盆地模式研究(确定盆地构造模式和沉积模式),通过大量收集和购买世界含油气盆地资料,利用先进的计算机技术,开展盆地模拟,进行盆地各项参数的对比;③ 局部构造的评价是整个勘探流程中最关键的一步,不但表现在对局部构造的准备上精益求精,而且要采用蒙特卡罗法对局部构造进行风险评价,这也是各石油公司进行投资(钻探)决策的重要依据之一。

2. 美国海上油气勘探程序

美国海上油气勘探阶段大致划分为初步勘探阶段和进一步勘探阶段。初步勘探阶段包括盆地评价阶段、区块评价与圈闭评价阶段,目的是发现油气藏;进一步勘探阶段则以钻探井和评价井为主。其目的是扩大含油气面积,增加探明地质储量。

盆地评价阶段的主要任务:部署 40~80km 稀测网的地震测量,结合重力勘探、磁力勘探资料,进行区域性大地构造分析,深入研究盆地构造,建立盆地构造样式和沉积模式,进行盆地的类比分析,评价盆地的含油气远景,计算盆地的远景资源量,作出是否继续勘探的评价。

区块评价与圈闭评价阶段的主要任务是:通过地震的加密和高精度的非地震物探,进行勘探区块的划分和评价;主要以区块为对象,进行圈闭分类排队,计算圈闭的资源量并进行风险分析;然后通过地震精查作出新一轮的评价后,实施圈闭初步勘探工作,发现油气田(藏),初步评价储量的商业价值。

进一步勘探阶段的主要任务是:通过进一步的钻探工作,扩大含油气面积,并计算油气田的探明储量。

由此可见,美国海上油气勘探程序具有 3 个显著的特点:一是在盆地勘探早期,重视同世界各国含油气盆地之间的类比分析;二是勘探工作中,特别强调资源评价的重要性,把其视为整个勘探工作的核心;三是在局部构造的准备上精益求精,并进行风险分析。

(三)中国的油气勘探程序

1. 中国石油天然气集团公司的油气勘探程序

中国石油天然气集团公司(CNPC)现行油气勘探程序是 1996 年在石油工业部油气勘探程序(1980 年)的基础上,通过不断吸收国内外的先进经验,进行了多次重新修订后制定的,它明确地将油气勘探工作划分为区域勘探,圈闭预探、油气藏评价勘探 3 个阶段(丁贵明等,1995)。这也是本教材所采用的勘探程序。

1) 区域勘探

区域勘探的任务是在大的油气区内评价各盆地的含油气远景,优选出有利的含油气盆地;或在盆地内重点分析油气生成条件,搞清油气资源的空间分布,从而预测有利的油气聚集带(丁贵明等,1995)。

2) 圈闭预探

圈闭预探的最终目标是发现油气田,在区域勘探优选出的有利油气聚集带的基础上,进行圈闭准备,通过圈闭评价,优选出最有利的圈闭提供钻探,然后开展以发现油气藏为目的钻探工作,揭示圈闭的含油气性,对出油的圈闭计算控制储量和预测储量。

3) 油气藏评价勘探

油气藏评价勘探的任务是在已经发现存在工业性油气藏的基础上探明油气田,提交探明或控制储量,并为油田顺利投入开发做准备。

该程序的主要特点是:第一,各勘探阶段对象明确,范围由大到小,以便迅速地缩小勘探靶区,及早发现油气藏;第二,各阶段相互关联,前一阶段是后一阶段的准备和基础,后一阶段验证前一阶段的成果。随着勘探工作的不断深入,各阶段可交叉进行。

整个勘探的基本思路所遵循的都是一个先"找"后"探"的过程,首先解决的都是勘探方向和勘探战略上的问题,通过各种地质调查手段寻找油气藏形成的基本条件,然后才是以钻探为主要方法,揭示圈闭的含油气性,以发现油气田和探明油气地质储量(吴欣松等,2001)。油气勘探阶段划分方法见表8-1。

表8-1 油气勘探阶段划分方法(据庞雄奇,2006,略改)

勘探阶段	区域勘探		圈闭预探	油气藏评价勘探
	盆地普查	区域详查		
勘探对象	盆地	凹陷	区带	油气田
勘探任务	定凹	选带	发现油气田	探明油气田
勘探成果	凹陷推测资源量	区带潜在资源量	预测储量	探明或控制储量
重点研究内容	烃源岩特征 油气生成条件	储盖组合特征 运聚与保存条件	圈闭基本特征 油气成藏条件	油气水分布特征 油气富集条件
综合评价方法	盆地类比与模拟	含油气系统分析	圈闭描述与评价	油气藏描述与评价

2. 其他油气勘探程序

童晓光等(2001)认为,油气勘探可进一步细化为区域概查阶段、区域勘探阶段、区带整体解剖和圈闭预探阶段、圈闭评价或油藏评价阶段、滚动勘探开发阶段共5个阶段,以便明确各个阶段的任务、目的和工作方法,同时,各个勘探阶段要互相结合、补充。

① 区域概查阶段:在大范围内优选盆地(或凹陷)。

② 区域勘探阶段:在已选盆地内整体评价确定生油层系和生油中心,优选有利层和区带,对远景层系和区带进行预探,尽快发现油气田。

③ 区带整体解剖和圈闭预探阶段:大部分圈闭是在一定层系内成群成带分布,受构造带或断裂带控制,沿不整合面、超覆线、岩性变化线分布,圈闭依附于层系和区带。要从层系和区带的地质条件出发,按区带的类型整体解剖部署。

④ 圈闭评价或油藏评价阶段:对预探领域发现的含油气圈闭进行勘探,以探明储量和提供油田开发各项基本参数为目的。

⑤ 滚动勘探开发阶段:地质条件复杂的含油气盆地存在多层系的大量隐蔽油气藏,如果要一次探明,勘探工作量太大,在常规勘探阶段,以主力层系和主力油藏为对象,其他层系和其他油藏则利用开发井或开发后继续勘探,这是在特定条件下采用的勘探方式。

胜利探区的石油勘探工作者根据渤海湾盆地济阳坳陷及其油田的特点,经过多年的探索,建立了符合该区油田实际的勘探阶段划分模式。其勘探程序为:

① 定凹:确定有利的生油坳陷(凹陷),如确定济阳坳陷的东营凹陷。

② 定带:确定凹陷中的最有利的二级构造带,如确定东营凹陷的胜坨构造带。

③ 定区:选择二级构造带中的最有利的断块区优先预探。

④ 定块:选择主力断块重点解剖。

胜利探区的勘探模式的特点是循序渐进,由地震、钻井、评价、开发到滚动勘探开发,逐渐深入。

第二节 油气勘探技术

一、地质勘探技术

(一)地面地质调查

地面地质调查是最古老的地质调查技术。它主要是通过野外地质露头的观察、油气苗的调查,结合地质浅钻和构造剖面井等手段,查明生油层和储油层的地质特征,落实圈闭的构造形态和含油气情况。该方法是地层出露区或者薄层覆盖区找油的一种经济和有效方法。

我国早期发现的几个主要油田,如老君庙油田、克拉玛依油田以及后来发现的柯克亚凝析气田都与地面地质调查紧密相关。1935年,我国著名的石油地质学家孙健初先生考察了玉门河畔的油苗情况并进行了系统的地质测量,首次指出老君庙油田为一不对称的穹窿背斜,圈闭面积19.5km^2,生油层为白垩系,储油层为古近—新近系。1939年,第一口探井钻至井深23m处发现了油气,同年8月,于115m处钻开白垩系油层,完井试油获日产原油10t,从而发现了该油田。

石油和天然气在地表的出露(露头)被称为油气苗。油气苗的存在是地下岩石中油气在浮力、水动力及构造应力作用下,沿储集层、断裂带、岩石裂缝或不整合面运移至地表的结果。早期的找油是从观察出露到地表的"油气苗"入手的,这是最直观的找油方法。我国的克拉玛依油田就是因其附近有"黑油山"而引起注意,投入钻探后发现的;独山子油田则因有含油气的泥水长期溢流而成的"泥火山"著称;玉门油田其旁有"石油沟";延长油矿范围内有多处油苗出露;青海有些与"油"有关的地名,如"油砂山""油泉子"等则是现代的石油勘探队员在野外勘查时以其油苗而给其取的名。

(二)油气资源遥感

遥感是通过对地观测,获取地表空间信息的一种先进科学技术,具有宏观、准确、综合地进行动态观测和监测的能力。

结合航空摄影、卫星遥感手段进行地面地质调查,是现代油气勘探的一大特点。印尼米纳斯油田的发现就是一个非常典型的例子,米纳斯油田是东南亚地区最大的油田,"米纳斯原油"是世界上"蜡质低硫"原油的代名词,该油田位于中苏门答腊第三纪盆地中,地面为丛林和现代沉积所覆盖,地质构造难以辨认。但是在航空照片上,可以明显看出一个高的隆起,由该隆起高区向四周的径向泄流系统十分引人注目,呈环状辐射分布。1943年12月4日,米纳斯构造上钻第一口探井完钻,井深为800m,经测试获工业油流,从而发现了该油田。

遥感技术更是以其概括性、综合性、宏观性、直观性的技术特点,正日益成为油气勘探中的一种成本低、省时、适用于交通不便及环境恶劣地区进行地面地质调查的先进方法。它是在利用卫星遥感手段获得大量数据的基础上,运用统计分析、图像处理、地理信息系统等技术手段,解译和分析地质构造,圈定油气富集区。

构造信息提取与分析是遥感在石油勘探中最早应用并逐步发展起来的,也是国内外应用最广泛、最成功、最有效的方法,包括地貌构造解译分析、地质动力解译分析等。20世纪80年代中期以来,随着地理信息系统(GIS)技术的引入、烃类微渗漏遥感直接检测技术的开发应用,伴随着强大功能的电子计算机的出现,使得现代遥感技术在卫星图像的分辨率、光谱频带范围、立体成像、图像处理与解释等方面不断提高。新一代卫星获得的高质量商业化数字式图像,已经使遥感技术的应用开始从区域勘探转向区带评价。

我国的石油遥感技术与应用研究起步于20世纪70年代,1978年由石油系统率先使用遥感卫片解译资料等对塔里木盆地西部的油气资源进行了初步评价。截止到目前,已先后在新疆柴达木、准噶尔盆地,内蒙古二连盆地,四川盆地以及中国东部各盆地进行了石油遥感地质研究,收到了良好的效果。油气资源遥感已从间接性、辅助性逐渐迈入直接性、综合性的发展阶段,正在成为油气勘探早期不可缺少的重要手段之一。

二、地球物理勘探技术

非地震物探是重力、磁法和电法勘探的总称。它们主要是以岩石密度差、磁性差、电性差为主要依据,通过在地表或地表上空地球重力场、电场、磁场特性的变化来达到反映地下地质特征的目的。其作用概括起来有三个主要方面:一是反映地壳深部结构及其特点,二是反映基底顶面深度与起伏状态以及基底断裂与岩性,三是在条件有利的情况下,反映沉积盖层的构造特征。因此,重磁电勘探既可以为大地构造单元的划分提供依据,也可以在一定程度上圈定有利构造。重磁电勘探作为研究区域构造和局部构造的有效方法,常常是互相配合使用。特别是在区域勘探阶段,在查明区域构造特征方面,具有效率高、成本低的优点。

(一)重力勘探

地壳中各种岩石和矿物的密度(质量)是不同的,其引力也不相同。据此研究出重力测量仪器,测量地面上各个部位的地球引力(即重力),排除区域性引力(重力场)的影响,就可得出局部的重力差值,发现异常区,这一方法称为重力勘探。它就是利用岩石和矿物的密度与重力场值之间的内在联系来研究地下地质构造的。

重力勘探中的重力异常特征主要应用于以下三个方面:① 研究和解释地壳深部地质结构;② 研究和判断盆地基底的结构、基底断裂特征和基底表面的起伏;③ 分析盆地沉积盆地盖层的构造特征,如断裂的分布、特殊岩性体分布、凹陷区与隆起区的分布等。

1975年,任丘古潜山油田的发现,重力勘探做出了巨大贡献。由于古潜山与上覆沉积岩之间存在明显的密度界面,根据重力异常,特别是重力异常的微熵分析,可以对古潜山做出定性解释。

(二)磁力勘探

地壳中各种岩石和矿物的磁性是不同的,油气勘探中采用磁力仪测定地面上各部位的磁力强弱以研究地下岩石矿物的分布和地质构造,称为磁力勘探。

一般铁磁性矿物含量越高,磁性越强。在油气田区,由于烃类向地面渗漏而形成还原环境,可把岩石或土壤中的氧化铁还原成磁铁矿,用高精度的磁力仪可以测出这种磁异常,从而与其他勘探手段配合,发现油气田。

20世纪50年代末期松辽盆地的航空磁测异常表明,根据磁测异常分布,松辽盆地可划分为六个构造单元,中央坳陷区的沉积盖层最厚,为正磁力异常,其中的隆起(大庆长垣)为负磁力异常,被定为最有希望的油气聚集区。

(三)电法勘探

电法勘探的实质是根据岩石和矿物(包括其中的流体)的电阻率不同,利用仪器在地面测量地下不同深度地层介质电性差异,用以研究地下各层地质构造的方法。

在大庆油田的发现井——松基三井井位拟定过程中,电法勘探就发挥了重大作用。当时电法勘探表明中央坳陷的大同镇存在一个电法隆起,是个很有希望的"坳中隆",并与后来新的地震资料绘制的构造图相吻合,从而为松基三井的井位拟定和勘探部署提供了充分的依据。

(四)地震勘探技术

地震勘探已成为一种最直接、最有效的方法。地震勘探的基本原理就是通过人工方法激发地震波,研究地震波在地层中传播情况,如地震波的传播时间、传播速度、振幅、频率、相位等,就可以得出地下不同地层分界面的埋藏深度、岩性及油气分布等,进而查明地下地质构造,为寻找油气田或其他矿产资源服务的一种物探方法。

地震勘探是沿着地面上事先设计好的一条测线,在放炮的同时,在地面上利用精密的仪器把来自地下各个地层分界面的反射波引起的地面震动情况记录下来,一段一段进行观测,并对观测结果进行处理后,就可以得到形象地反映地下岩层分界面埋藏深度起伏变化的资料——地震剖面图(图8-2)。

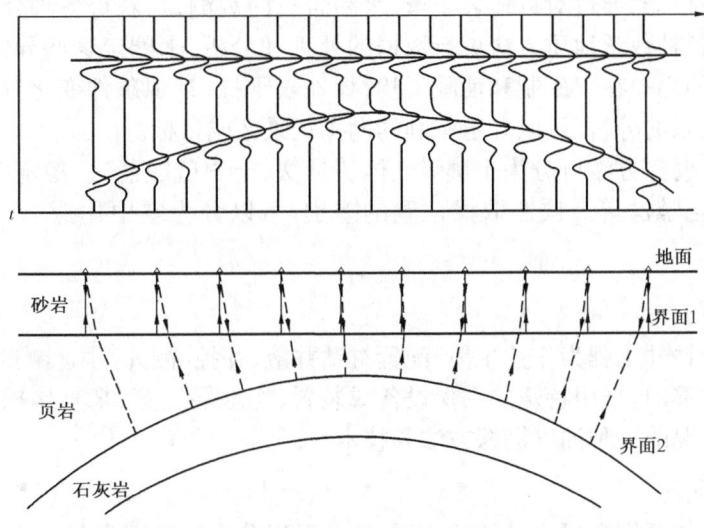

图8-2 地震勘探原理示意图(据庞雄奇等,2006)

在地震剖面图上可以看出,不同反射界面上反射波振动图的振幅极大值连线(被称为同相轴)的起伏变化,形象地反映了地下岩层起伏的完整概念,如能结合地质、钻井和其他物探资料,经过综合研究,绘制地下主要反射层位的构造图,就能查明地下可能的储油气构造,确定钻探井位。

地震勘探基本由三个过程组成,即地震资料的野外采集、地震资料的室内处理和地震资料的综合解释。地震勘探与其他物探方法相比,具有精度高的优点。地震勘探与钻探相比,又具有成本低,以及可以大面积了解地下地质构造情况的特点。因此,地震勘探已成为油气勘探中一种最有效的勘探方法,有人做过这样的统计,在全球范围内90%的油气田是通过地震勘探方法间接找到的。

地震资料解释是把经过处理的地震信息变成地质成果的过程,包括运用波动理论和地质知识,综合地质、钻井、测井等各项资料,做出构造解释、地层解释,岩性和烃类检测解释及综合解释,绘出有关的成果图件,对勘探区作出含油气评价,提出钻井位置等。具体包括解决岩层的构造形态、断裂的分布,地层的层序与分布,岩层的岩性,储层特征及其内部流体特征等方面的问题。

三、地球化学勘探

地球化学勘探是通过系统测试分析自然界中与油气有关的化学异常,来评价区域含油气远景,寻找油气藏的一种直接找油技术,简称油气化探。化探方法的主要优点在于成本低,便于在各种地表条件下使用,而且作为一种重要的直接找油技术,是其他技术所不能替代的。

油气化探的基本原理主要是通过油气在扩散和渗滤过程中所引起的一系列的物理—化学变化规律,即油气藏与周围介质(大气圈、水圈、岩石圈、生物圈)之间的相互关系的研究,利用地球化学异常来进行油气勘探调查,确定勘探目标和层位。

根据油气运移及扩散机理,地下岩石中如果有油气藏存在,则无论油气藏之上的盖层封闭能力多么强,油气的分子在构造运动力、地层压力、水动力、浮力、毛细管力作用下,总是会沿垂向上向地表进行运移和扩散,并在近地表的岩石、土壤及地下水中留有其运移和扩散的痕迹。油气田从形成到消失的过程中,烃类及其伴生物逸散至近地表形成地球化学异常。人们利用各种精密化学分析仪器,通过对近地表土壤、水和岩石的观测,在获得各种介质的地球化学指标之后,可以通过各种数学地质方法进行数据的处理和分析,来圈定这些异常。因此,油气化探数据处理,其目的之一在于压制和消除干扰,如地表干扰、景观条件变化等,二是提取异常,结合地质构造等关系的分析,可以确定有利的勘探远景区或目标。

油气地球化学勘探方法可分为土壤烃气体测量法、土壤硫酸盐法、稳定碳同位素法、汞和碘测量法、地下水化学法等。按照取样位置的差别,可以分为空中化探、近地表化探和井中化探。

四、井筒技术

井筒技术是以钻井工程为作业主体,配置有钻井液、井控、测井、中途测试、录井、试油等诸多的井筒服务技术部门,采用特殊的钻探设备或装置,将地层钻穿,来直接探测地下地层中油气的存在与分布状况的一种油气勘探方法与技术。

(一)探井类型

按照勘探阶段的区别和研究目的的不同,探井可以分为科学探索井、参数井、预探井、评价井等类型。

1. 科学探索井

科学探索井简称科探井,一般是在没有研究过的新区,为了查明区域沉积层系、地层接触关系、生储盖及其组合特征等,评价盆地的含油气远景,或者是为了解决一些重大地质疑难问题和提供详细的地质资料而部署的区域探井。

科探井的钻探深度一般较大,研究项目比较齐全,要求高。第一,要求系统取心,至少在重点层段全部取心;第二,以探地层为主,要求钻在盆地地层较全的部位;第三,要求分布均匀,对盆地有较好的控制作用。"基准井"实质上就是一种科探井,如松基1、2、3井是松辽盆地在区域普查阶段部署的三口基准井,分别位于东北隆起、东南隆起、中央坳陷三个不同构造单元的次一级构造上,它们之间相距约100km,控制了盆地的大部分。松基1井和松基2井对建立盆地东部完整的地层剖面,了解地层层序和基底岩性特征发挥了重大作用,松基3井设计在坳中隆的大庆长垣上,由于发现油气层提前完钻试油,成为大庆油田的发现井。

2. 参数井

参数井与科探井一样也是一种区域探井,它是在地震普查的基础上,以查明一级构造单元的地层发育、生烃能力、储盖组合,并为物探、测井解释提供参数为主要目的的探井。一般定在靠近凹陷中心的相对高处,现称为"定凹井"。

参数井的研究项目没有科探井齐全,一般要求断续取心,要求全井段声波测井、地震测井、取心不少于进尺的3%。其部署的主要目的在于取得地质和物探解释参数,并有侦察性找油的"先锋"作用。另外,参数井的井数明显多于科探井,部署原则也较为灵活。

参数井一般以盆地为单元进行统一命名,取探井所在盆地的第一个汉字加"参"字为前缀,后加盆地参数井布井顺序号命名。如塔里木盆地的塘参1井,就是部署在塔里木盆地塘古孜巴斯凹陷的第一口参数井。

3. 预探井

预探井是在地震详查后构造形态已基本查明,定在有根据的圈闭内高处,以揭示圈闭的含油气性,发现油气藏和油气富集区,计算控制储量(或预测储量)为目的的探井。

预探井井号一般是按照区带名称或者圈闭所在地名称的第一个汉字为前缀,后加1~2位阿拉伯数字构成。如塔里木盆地塔中凸起上的塔中1井、塔中4井。有些特殊钻探目的的预探井的名称可以根据需要在区带第一个汉字后面加上一个具特殊目的的汉字,再加上顺序号构成,如以钻探轮南古潜山为目的的轮古1井、轮古2井等。

4. 评价井

评价井又称详探井,它是在已经证实具有工业性油气的构造、断块或其他圈闭上,在地震精查或三维地震的基础上,在预探所证实的含油面积上,进一步查明油气藏类型,确定油藏特征(原油性质、油气水界面、构造细节、油层厚度),评价油气田规模、生产能力、经济价值,落实探明储量为目的部署的探井。

评价井的命名方法是在区带预探井汉字后加3位数字,如位于塔中4油田的塔中401井就是一口以评价塔中4油田为目的的评价井。

近年来,水平井技术、大位移井钻井技术、欠平衡钻井技术、多分支井钻井技术等发展日臻成熟;自动化(闭环)钻井、套管钻井、连续油管钻井、三维可视化储井、地质导向钻井、等井径钻井(膨胀管钻井)等也取得了突破性进展;激光钻井、微钻井、负压脉冲钻井、连续管超高压射流钻井、等离子孔道钻井等超前钻井技术的开发与试验也取得了阶段性的成果,展示了良好的应用前景。

(二)录井技术

应用地球化学、地球物理、岩矿分析等方法,观察、收集、分析随钻过程中的固体液体、气体返出物的信息,以此建立地下地质剖面、发现油气显示、评价油气层,为石油工程提供钻井信息服务的过程,称为地质录井,简称录井。录井技术是油气田勘探工作中不可缺少的一项基础工程,它以多参数、大信息量、现场实时快速为特点,为识别和及时发现油气层、评价油气性质、选择试油层段、评价烃源岩和储集层、产能预测等提供依据。

地质录井技术按其发展阶段和技术特点可分为常规地质录井、气测和综合录井、新方法录井三大类。各种录井技术在本教材"钻井地质"章节作详细介绍,这里不再赘述。

(三)测井技术

地球物理测井,简称测井,是指在钻孔内放置一些特定仪器,沿钻井剖面测量岩层的导电性、声学特性、放射性、电化学特性等地球物理参数,间接获取井眼周围地层和井眼信息的测试过程。测井作为井中地球物理勘探的主要方法,与地面地球物理勘探(重磁电勘探和地震勘探等)相比,具有自己的优势和特点。地面物探主要是用来进行盆地区域或局部的构造分析,以寻找有利的油气聚集场所和局部圈闭为目标,在平面上覆盖面广,信息连续;测井技术的主要特点是垂向上提供数量大、信息连续的资料,为认识地下地层的岩性/物性/含油性、研究沉积相、探测裂缝、确定地层异常压力、进行储量计算、检测钻井工程质量等提供可靠的依据。

1. 测井的类型

按完井方式可将测井分为裸眼井测井和套管井测井。

按勘探开发阶段可将测井分为勘探测井和开发测井(生产测井),开发测井包括工程技术测井、生产动态测井、产层评价测井等。

按测量原理和物理方法又可将测井分为:

① 以岩石电学性质为基础的测井方法,包括以岩石导电性质为基础的普通电阻率测井、侧向测井、感应测井、微电阻率测井等,以岩石电化学性质为基础的自然电位测井、人工电位测井等。

② 以岩石弹性为基础的测井方法,如声波速度测井、声波幅度测井、声波全波列测井等。

③ 以岩石的核物理性质为基础的测井方法,如自然伽马测井及自然伽马能谱测井、密度测井及岩性密度测井、中子测井、同位素示踪测井、核磁共振测井等。

④ 其他测井方法,如地层倾角测井、温度测井、气测井等。

2. 测井技术的发展

测井技术的发展非常迅速,在经历了光点记录、模拟磁带记录、数字记录的巨大飞跃之后,已经开始由传统的方法向多样性、先进性的方向继续发展。

1)电缆测井测量精度大幅提升,功能得到扩展

近年来,电缆测井技术进入平稳发展期,虽未推出革命性的系列技术,但在原有电、声、核等测量原理的基础上,发展了许多新的测量方法、新技术和新工艺,电缆测井技术的测量精度得到大幅提升,功能也越来越完善。

2)随钻测井技术向纵深发展,测量系列日趋完善

目前,随钻电阻率测井的探测深度已经增加到30m,可以有效识别地下岩层和流体边界特征,进行油藏多层边界绘制。近年来在全球随钻测井领域,既有随钻核磁共振测井仪、自然伽马能谱随钻测井仪等新型仪器推出,也有利用随钻测井资料开展水平井的储集层评价与岩石物理研究,还在成熟的常规随钻技术基础上加入了新的成像测井系列仪器。随钻测井技术正在向纵深发展,测量系列更完善,解决地质难题的能力也更强。

(四)地层测试技术

地层测试是在钻井过程中或完井后对油气层进行测试,获得动态条件下地层和流体的各种特性参数,从而及时准确地对产层作出评价,是确定地层有无工业生产能力的一次暂时性完井。由于地层测试具有时间短、录取资料多、成本低、见效快等特点,所以在国内外受到普遍重视并得到广泛应用。

1. 地层测试的分类

根据地层测试井的类型可将地层测试分为钻井中途测试和完井测试。

1)钻井中途测试

探井钻进过程中,钻遇油气层或发现重要油气显示时,中途停钻对可能的油气层进行测试。其优点是能及时发现油气藏、降低钻井成本、为完井试油提供依据。

2)完井测试

完井后进行的地层测试,又称为试油(试气)。通常在套管井中进行,开井时间长,地层参数齐全,可靠程度高。

根据井眼的类型还可将地层测试分为裸眼井测试和套管井测试。

2. 地层测试方法

1)钻杆地层测试

钻杆地层测试(DST)是指在钻井过程中或完井之后,以钻柱作为地层流体流到地面的导管对油气层进行测试,获得在动态条件下地层和流体的各种特性参数,从而及时、准确地评价地层的潜在产能。

2)电缆地层测试

电缆地层测试(WFT)是在钻井过程中发现油气显示后,用电缆下入地层测试器取得地层中流体的样品和测量地层压力。这种测试方法比较简单,可以多次重复进行,是目前求取地层有效渗透率和油气生产率最直接、有效的测井方法。同一般的钻杆地层测试相比,它具有简便、快速、经济、可靠的优点,在油田开发中有重要作用。

五、实验室分析技术

实验室分析技术是以实验室仪器设备、测试工具、模拟装置为手段,对油气勘探过程中所需要的岩石、沥青、油气水等样品进行直接分析,为地质综合研究提供资料。

(一)烃源岩分析测试技术

烃源岩分析测试是目前油气地质实验分析技术最活跃的领域,其代表性的技术主要包括岩石超临界抽提技术、有机岩石学分析测试技术、岩石热解分析技术、碳同位素分析测试技术、显微红外分析技术等,主要用于研究烃源岩中有机质显微组分的化学组成和结构,确定各显微组分的丰度类型及成熟度,评价其生烃潜力。此外,岩石热解分析还能对储集岩进行含油气性和油气性质的评价,而单体碳同位素的测定则对油气源对比、形成环境研究具有重要意义。

(二)储集层分析测试技术

储集层分析测试技术主要包括岩石薄片及荧光薄片鉴定、阴极发光分析、等离子发射光谱分析、X射线衍射分析、扫描电镜—能谱分析、电子探针分析、岩石薄片图像分析、包裹体测试等,主要用于研究评价储集层岩石类型内部结构与成分、成岩作用、储集空间类型及数量、渗透性及储油气性等。

(三)盖层分析测试技术

盖层作为油气聚集成藏的要素之一,其评价测试技术近年来也得到了一定的发展,目前主要测定盖层的常规物性、突破压力、扩散系数等。

(四)流体分析测试

油气勘探中流体分析测试的对象既包括地层中的石油和天然气,也包括与之伴生的地层水,人们可以根据地层中流体(油、气、水)物理化学性质的差异判断油气的成因,进行油气源追踪,指导油气勘探;也可以分析判断油气在储集层中的流态,采取合理的开发方案和开采措施,以达到高效、快速开发油气目的。

原油的常规分析测试包括相对密度、黏度、凝点、含蜡量、含硫量以及原油的组分组成和馏分组成等;非常规测试分析包括原油中的碳/氢/氧/硫/氮的同位素分析、原油的全烃色谱分析、原油的生物标志化合物分析和金属元素含量分析等。

天然气的常规分析测试主要包括气体的相对密度、黏度、溶解性、烃类和非烃类气体的含量;非常规分析测试项目包括碳/氢稳定同位素测定、汞蒸气含量测定和天然气生物标志化合物检测等。

油田水的常规分析测试包括矿化度、主要阴离子和阳离子含量测定、水型划分等;非常规分析测试包括微量元素和有机组分的分析化验。

第三节 区域勘探

一、盆地普查

(一)基本任务

盆地普查,是指在一个含油气盆地内,从基本的石油地质调查开始,到优选出有利的生油凹陷的过程。

盆地普查的主要任务是,通过采用各种非地震地质调查和地震勘探技术,结合区域探井的钻探,在盆地内进一步优选生油凹陷,落实各生油凹陷的生油量。简而言之,盆地普查的任务就是"定凹",这里的"凹"是指有利的生油凹陷及其相邻地区,具体地说就是纵向上一个或多个含油气系统在平面上所占据的区域(庞雄奇等,2006)。

为了达到上述目标,就必须首先研究以下4个方面的基本问题:

① 盆地区域沉积地层特征,包括沉积盖层的时代、厚度、岩性、岩相、分布情况,建立地层剖面,划分构造层;

② 盆地区域构造特征,主要是指盆地内区域构造单元的分布特征,各构造层间的关系、断裂展布特征与构造发育史等;

③ 烃源条件与储盖组合特征:包括生油凹陷的分布,烃源岩的分布与生烃潜力;区域盖层的岩性岩相特征与空间分布;主要的储盖组合以及预测主力勘探目的层系;

④ 盆地水文地质、温度压力特征及油气显示情况。

(二)工作程序

1. 非地震物化探

非地震物化探包括进行盆地的重磁力普查、有针对性进行电法普查、开展油气化探或油气资源遥感解译,以及地质浅井的布置。其目的在于进一步确定盆地范围、基底周边特征,进一步划分区域构造单元和构造层,对生油凹陷的范围和沉积厚度做出解释,以便于对不同凹陷进行生烃条件的初步评价。

2. 地震普查

在盆地普查阶段,地震普查一般是以 8~16km 的测网距进行地震面积连片测量,进一步控制隆起(凸起)坳陷(凹陷)的形态,查明其内部结构和二级构造带的形态、类型及展布范围,为部署区域探井服务。对于中小型盆地、海域和构造复杂的盆地,测线可以适当加密。

3. 科探井钻探

1)科探井设计

在充分考虑航磁、重力、电法、油气化探、地震调查成果的基础上,以地震概查或普查资料为主,选择某一盆地中对评价油气远景具有决定意义的部位部署科学探索井,以了解沉积岩厚度、建立盆地完整的地层层序为主,同时为物化探提供工程地质参数,作出单井综合评价。要求完井深度一般要钻达基底。

2）资料录取要求

科探井的录取资料一般以岩心为主,岩屑为补充,建立系统的分析化验剖面。岩心、岩屑及其他分析样品,应分多批选样、送样,以便尽早取得分析结果。科探井钻井一般要求在重要目的层段进行系统取心,同时要进行综合录井,以及全套数控测井,并增加中途完井测井、地层倾角测井和垂直地震剖面测井。

3）单井评价

对科探井所取得的录井、测井、测试、分析化验等资料进行深入的综合研究,并配合地层、沉积、构造、生油、储油等进行专题研究,科探井不但应提交钻井、录井、测井、测试等完井报告,而且应提交地层、沉积、构造、生油、储层等专题评价报告以及单井评价总报告,并对盆地下步勘探工作提出意见。

4. 凹陷评价与优选

通过上述勘探工作,获得了各种样的资料,可以进行生油凹陷的评价与优选(丁贵明等,1995)。其主要任务包括:

① 进行生油条件的评价:利用参数井钻探资料,确定烃源岩分布的主要层段、发育的主要有机相带、全面评价烃源岩质量,如有机碳丰度、干酪根类型、演化程度等,预测有效烃源岩分布区。

② 确定主要储盖组合:包括储层的主要类型及有利储集层段和储盖组合,重点研究区域盖层层位、岩石类型、空间展布。

③ 研究盖层的厚度及空间分布,不整合个数、剥蚀厚度、剥蚀时间与范围。

通过油气生成、运移、聚集、保存等地质作用的定性分析,配合盆地数值模拟技术,就可以预测各生油凹陷的资源远景,初步划分含油气系统,从而优选出有利的生油凹陷(庞雄奇等,2006)。

(三)勘探部署原则

① 从区域出发,整体解剖,着重查明区域地质构造概况和石油地质基本条件;
② 以油气分布的源控理论为指导,重点研究油气的生成条件;
③ 因地制宜地选择工种,加强综合勘探。

二、区域详查

(一)基本任务

区域详查是指经盆地普查确定出有利的生油凹陷开始,一直到优选出有利的油气聚集区带的整个过程。

区域详查的任务是在盆地普查阶段优选出的有利生油凹陷及其邻近地区,通过地震普查与详查,进一步划分二级构造单元,控制二级构造带形态,研究其基础地质特征、石油地质特征、圈闭分布特征,通过对区带地质条件的综合分析,确定其成藏条件与成藏模式,并通过油气系统分析与模拟,提交区带资源量,指出有利的油气聚集区带,为圈闭预探提供战场。

区域详查的具体任务如下:

① 详查有利的二级构造带或局部构造、岩相带,其中包括:二级构造带的空间位置、范围大小、形态、闭合度、闭合面积、封闭性、构造层间关系,在搞清构造形成、发展史、成因类型及对控制油的关系上,编制本区的构造图(比例尺 1:100000~1:25000),写出研究报告,指出可能存在的油气藏类型。

② 确定勘探目的层,进一步详细研究组成构造带的地层剖面,对生储盖组合进行评价,确定一至几个勘探目的层,并提供详细的岩性、岩相、厚度及变化,埋藏深度等地质资料。

③ 确定和评价圈闭聚油条件和有效性,提供合理的评价参数和预探井位。

④ 查明并研究本区的水文地质条件、油气水性质、侵蚀作用、岩浆活动及油气藏保存条件。

所谓区带,是指含油气盆地中具有共同的成因背景和相似特征的一组勘探目标和已知油气藏。这些勘探目标和已知油气藏具有相同的烃类来源、储油岩系和区域盖层。平面上一个区带可以包括多个二级带,这些二级带往往具有相似的油源条件、储盖组合特征、成藏演化历史。而在同一个二级带范围内,纵向上不同的勘探目的层由于成藏机制的差异性,则可能分属于不同的区带。如四川盆地,按照上三叠统、中—下三叠统、上二叠统、下二叠统、石炭系和震旦系六大含油气层系和川东、川南、川西南、川中、川西、川北六个地区划分区带。

(二)工作程序

1. 地震普查与局部详查

区域详查阶段的地震普查工作一般是在生油凹陷及临近地区,以 4km×4km~4km×8km 的测网进行面积测量,以控制区带的形态和分布特征;而地震详查则是以 2km×4km~1km×2km 的测网进一步查明区带内圈闭的分布和基本特征,为区带评价提供依据。

地震普查与详查的主要作用包括:

① 查明基底深度及基底以上各构造层的基本构造形态,主要断裂的展布,进行区带(二级构造带)划分。

② 为开展区域地震地层学和层序地层学研究提供资料,以预测生储盖条件,进行油气资源评价。

③ 落实圈闭的分布,确定圈闭基础数据及其发育史;根据控制程度和资料质量还要对圈闭做出可靠性的初步评价。

④ 为区域探井的部署提供构造图和井位依据。

数理统计是一种确定合理的地震测网密度的可行方法。美国地质调查局根据 50 个盆地的资料编出了油田规模统计图(图 8-3),该图表明,直径为 3.5mile(1mile = 1609.344m)的油田数目最多,85% 的油田直径都在 2.5mile 以上。另一种数理统计方法是对测网密度与发现圈闭的百分数的关系进行研究,根据测网密度与发现圈闭百分比的关系曲线的"拐点"来确定合理的测网密度(图 8-4)。

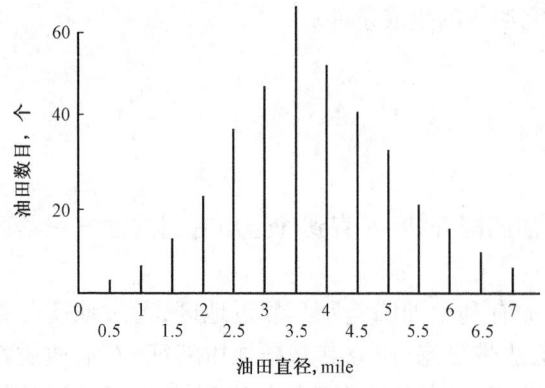

图 8-3 油田规模统计图

2. 参数井钻探

在区域详查阶段,部署参数井的主要目的在于:进一步了解二级构造单元的地层层序、接触关系、岩性及岩相特征;了解区带储盖组合情况,确定勘探主要目的层;为地球物理资料解释提供参数依据;另外,本阶段试探性找油的任务比较明确。因此,参数井的部署一定要选择二级构造带有利的构造部位,以提前突破出油关。

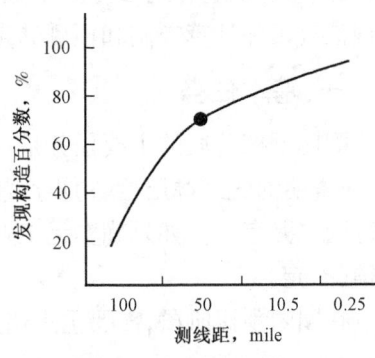

图8-4 测网密度与圈闭规模的关系

在参数井部署过程中,所需的主要图件应包括:① 两层以上1:50000或者1:100000的区域地震构造图,两张以上1:100000或1:200000的重磁异常图,以及区域大剖面及综合解释成果;② 生油岩分布与预测厚度图,储层平面预测图、地层—岩性综合预测剖面;③ 沉积埋藏史、构造发育史、压力预测图等。

3. 区带评价与优选

区带优选是在油气系统研究以及区带地质评价、资源量预测和经济评价的基础上进行的。

区带评价首先要是从构造特征、沉积特征和含油气系统特征分析入手,确定区带的成藏条件与成藏模式、油气保存状态和分布规律。含油气系统研究为区带评价提供了系统化的研究思路和研究手段。

含油气系统研究的主要内容和方法包括:① 有效烃源岩的评价,采用岩石热解地球化学评价、实验室分析模拟等手段评价烃源岩的生烃能力,判断其成熟度;② 油/气源对比,通过油/岩抽提物组成、成熟度、碳同位素、烃类色谱、生物标志化合物分析,确定油气/烃源岩之间的关系,这是划分含油气系统的主要依据之一;③ 层序地层学分析,其目的是利用有限的钻探资料对烃源岩、储层和区域盖层进行三维空间的分布预测,建立含油气系统的基本框架;④ 油藏地球化学分析、流体历史分析、古构造分析,由此确定油气运移的相态、方向、主要通道,圈闭的形成、发展、破坏历史,恢复油藏充注过程、油水界面的变化,确定成藏关键时刻,推断油气藏类型与分布,为预测有利油气聚集区带服务;⑤ 地质—地球物理综合解释,其主要任务是通过特殊处理解释,确定区带构造形态,进行储层的横向预测、烃类检测等(庞雄奇等,2006)。

在建立含油气系统地质概念模型的基础上,采用"五史"模拟技术,可以重塑含油气系统的烃类演化过程,定量预测区带资源量的规模及其在三维空间上的分布。同时结合区带资源质量类型、资源获取的难易程度(如埋藏深度、地表条件等),可以对区带勘探经济效益进行预测。以此为依据,优选出最有利的油气聚集区带作为下一步勘探的主战场。

(三)勘探部署原则

从区带形成的地质背景出发,系统研究区带构造与沉积特征;以建立区带成藏模式为中心,重点研究油气运聚和保存条件;重视各种类型的储盖组合,正确选择勘探目的层。

第四节 圈闭预探

在区域详查阶段查明了各二级构造带的形态和类型,并根据区带成藏条件、资源规模、经济特征优选出有利的勘探目标区以后,便可以进入以发现油气田为主的圈闭预探阶段。圈闭预探阶段是指在优选出的有利区带上,从圈闭准备开始,到圈闭钻探发现油气田的全过程。因此,圈闭预探的整体对象是一个区带,其最终目标是尽可能揭示区带上所有圈闭的含油气性,发现油气田并计算控制和预测储量,为评价勘探提供目标。

一、基本任务

圈闭预探阶段的主要任务是:寻找工业性油气田,并为评价勘探作好准备。当发现油气流时,应查明油气来源层位、初步产能、范围大小、埋藏条件,计算出二、三级地质储量,证实为工业性油气藏存在。如果确实无工业性油气藏存在时,经过地质、工程技术上的慎重分析后予以核销(否定)。

在圈闭预探阶段,需要重点研究的地质问题包括以下 3 个方面。

(一)圈闭规模和基本要素

主要通过地震的普查、详查,找到更多的圈闭,包括构造圈闭和非构造圈闭,进一步落实圈闭的形态、闭合面积、闭合高度、高点埋藏深度、断层和次高点的分布等。

(二)圈闭的油气藏形成与保存条件

特别要研究圈闭的油气运移通道,圈闭的形成、发展、破坏历史。确定圈闭形成的雏形期、发展期、定型期、破坏期,以及它们与构造运动期次、油气生成运移和聚集的关系,从而预测油气藏的形成条件、成藏演化史和油气保存状态。

(三)圈闭内油气富集条件

重点研究圈闭内储层类型、物性特征、空间分布。通过储层沉积学的分析和地震储层横向预测,研究圈闭范围内储层的平面上、剖向上的展布;采用烃类直接检测技术,预测可能的含油气范围;通过类比和参数统计分析,确定油气充满系数、含油饱和度、原油基本性质。

二、工作程序

圈闭预探的主要任务是通过圈闭的准备和系统评价工作,优选出地质条件好、经济价值高的圈闭进行钻探,以高速、有效地发现油气田,并提交预测和控制储量。其工作流程包括:通过地震资料的处理与解释,识别出各种类型的圈闭,同时进行可靠性分析,进行圈闭的初选;然后开展圈闭的地质评价、资源量估算、经济评价,确定成藏可能性、资源量规模、勘探经济效益,在此基础上开展圈闭综合排队和优选,为预探提供有利钻探目标,同时加强对圈闭描述和预测,为井位拟定和井身设计提供依据。圈闭钻探后,要利用钻探成果进行再评价,对于评价为较有利的圈闭可以再度纳入储备,而评价为不利的圈闭,在进行深入的研究之后,可以进行核销(图 8-5)。

(一)进一步地震详查

在区带勘探阶段,由于测网密度勘探工作量的限制,对圈闭条件掌握的并不是十分清楚。例如 4km×8km 的地震普查虽然可以不漏掉主要圈闭,但是高点的位置不太确定,至于非构造圈闭就可能更加不清。因此,在圈闭预探阶段要进行进一步的地震普查与详查,其测线网密度一般要求达到 2km×4km~1km×2km,以发现更多的圈闭数目和类型,对于重点圈闭的详查要达到 1km×2km~0.5km×1km,以提高圈闭的准备质量。

圈闭识别包括构造圈闭识别和非构造圈闭识别。在目前物探技术条件下,构造圈闭相对

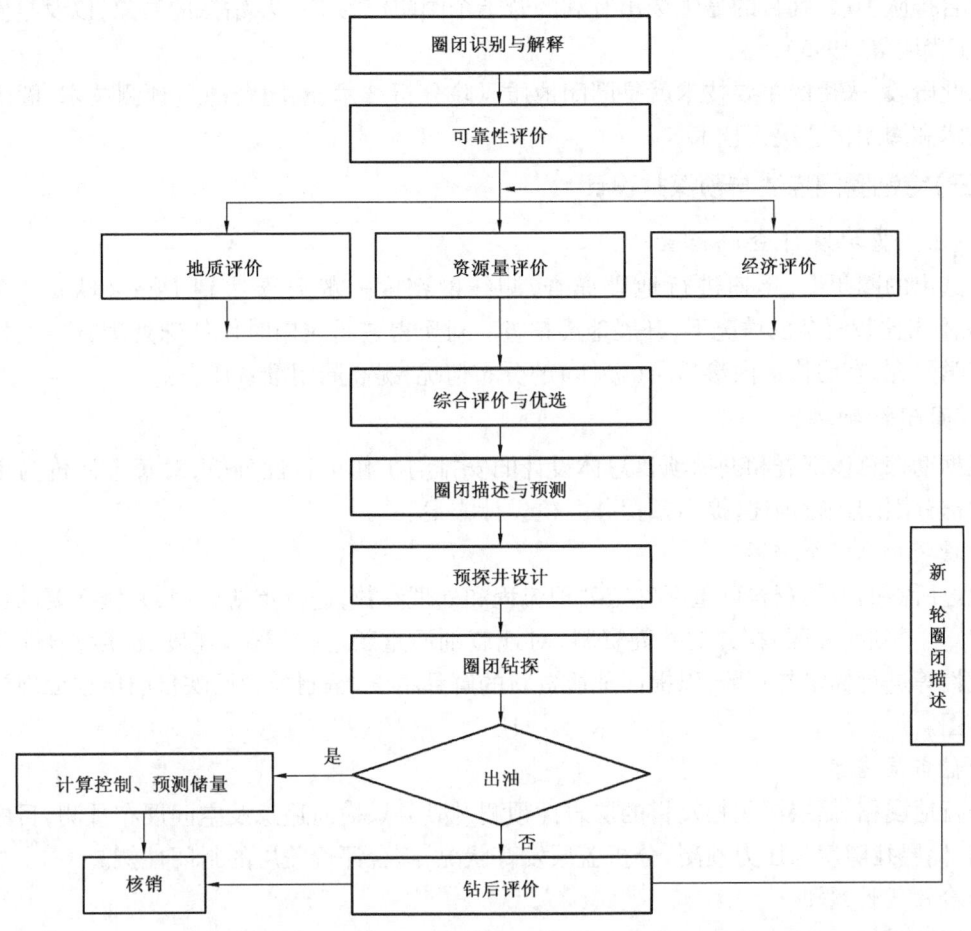

图 8-5 圈闭预探阶段的任务与工作流程

比较容易识别,而对于非构造圈闭,由于其特殊性和复杂性,必须根据物探资料进行一系列特殊处理,充分运用地震地层学技术研究地层尖灭线、超覆线、不整合面等地质现象,用以确定非构造圈闭的范围、类型及规模等。具体工作如下:

① 构造圈闭解释。做出各地震反射层的构造圈闭平面图、关键部位的构造剖面图,按规定落实圈闭基础数据与断层基础数据,并进行主要目的层的地震相、沉积相、储层预测、特殊地质体的解释和圈闭发育史分析。

② 非构造圈闭解释。做出反映非构造圈闭形态的平面图、控制形态的地质剖面图等,根据构造等高线、地层超覆线、地层剥蚀线、储层尖灭线、断层线的形态特征和组合关系,确认非构造圈闭,并按规定落实圈闭基础数据,完成目的层的地震相、沉积相、储层预测和圈闭发育史分析。

③ 其他解释。做出反映地层、岩性、储层物性及是否有烃类存在等各种相关解释,并绘制平面图和剖面图。

(二)圈闭评价与优选

圈闭评价与优选是在圈闭可靠性评价的基础上,对评价为可靠和较可靠的圈闭进行地质有效性评价,计算圈闭资源量和勘探经济效益的综合分析,并采用各种风险评价方法,对圈闭进行综合排队,其最终目的是优选出有利的若干个圈闭作为下一步钻探的对象,以及早发现油气田(丁贵明等,1995)。

在此阶段,采用的主要技术就是圈闭地质风险分析技术、圈闭资源量预测技术、圈闭经济评价技术和圈闭优选决策技术。

(三)待钻圈闭描述与预探井设计

1. 进一步地震详查或精查

在选出的圈闭上,迅速进行地震详查,测线网密度一般要求达到 1km×1km、0.5km×1km,在圈闭比较复杂的情况下,开展地震精查。对所得资料应用时作特殊处理,进行岩性、地震地层学研究,查明构造内渗透层(砂体)的分布情况,提高圈闭准备质量。

2. 圈闭精细描述

根据勘探总体部署和勘探项目总体设计的安排与工作可行性分析,对每个评价为Ⅰ类和Ⅱ类的部分圈闭进行描述,提出预探井井位设计方案。

1)圈闭形态特征描述

通过所需的地震资料可重新确定处理流程和处理参数,进行重新处理,并做必要的目标处理工作。用邻近(邻区)探井的井筒资料,对地震剖面重新进行层位、速度、深度,岩性、物性、含油气性等进行标定与解释,以提高地震资料的解释精度,编制准确反映目的层顶面埋深的精细构造图。

2)储盖层描述

进行地震相、储层沉积相及目的层岩性预测,储层纵、横向追踪及空间展布预测,目的层厚度预测,储层孔隙度与压力预测,分析盖层发育状况,综合评价盖层的封闭性能。

3)含油气性预测

利用地震信息,结合非地震物化探资料,或用已知井信息进行烃类检测。对圈闭、断裂形成及发育史、沉积史与生、储、盖组合,油气运移时间、通道、距离,油气藏形成、保存与破坏史进行模拟、描述,预测圈闭含油气的可能性、规模及油气藏类型。

4)保存条件描述

保存条件描述包括断层位置、延伸长度、断开层位、断距、断层性质、活动性及活动时期、断层面两侧岩性配置关系,综合评价断层对目的层的封堵性;描述地层水活跃层位、活跃程度及对油气藏的影响。

5)圈闭资源量重新估算

以圈闭精细描述成果来修正原圈闭资源量计算参数,重新计算圈闭资源量。

通过圈闭精细描述,提交下列主要成果图件:① 各层段高精度的地震构造图;② 预测的本区地层剖面图,目的层层位;③ 预测的渗透层分布资料及图件;④ 对构造区内各圈闭的评价及资源量估算;⑤ 预探井井位建议方案。

3. 预探井井位设计与布井系统

从控制整个区带或圈闭的主要含油气层系的油气藏类型、含油气范围、取得储量计算的有关参数考虑,进行圈闭预探井总体部署。对圈闭精细描述后的有利圈闭,根据描述结果进行预探井井位设计,并从地质目的和地面施工条件出发,进行设计井位的论证,完成预探井井位设计论证报告。定向井、水平井要进行钻头最佳轨迹设计,另外必须进行预探井井位经济技术可行性论证。

对作为突破口的第一、二口探井井位的设计,要从解决的主要地质问题和工程技术可行性方面进行重点论证,第一口预探井应设计在区带上最有利的圈闭的最有利部位,考虑到较大构造内可能存在的油气藏类型,可同时设计几口井,组成一个布井系统。当第一口探井失利时,用布井系统解剖这个构造,以便发现不同类型的油气藏。

1) 布井系统的采用

布井系统是指井与井之间的组合关系,为保证将井设计在构造上油气聚集的有利部位,同时便于钻后地下地质研究,预探井常常按照一定的布井系统来部署。常用的布井系统包括十字剖面系统、平行布井系统、环状、网状、放射状布井系统等(图8-6)。选择布井系统的主要依据是圈闭形态与复杂条件以及可能存在的油气藏类型:

① 十字剖面系统,是将探井布置在两个近于垂直的剖面上。这种布井系统的采用,最为广泛适用于穹窿和短轴背斜。

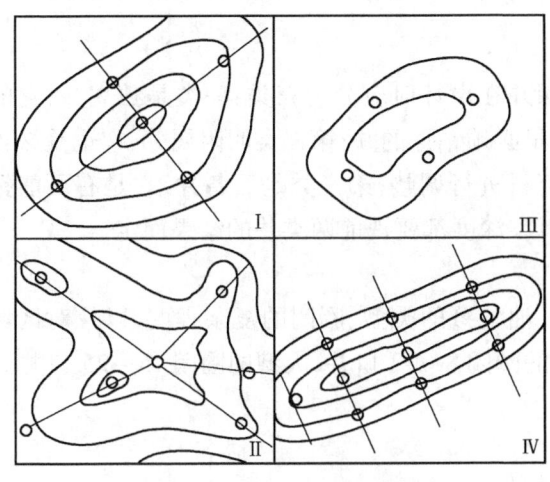

图8-6 常用布井系统示意图(据张一伟,2003)
Ⅰ—十字剖面;Ⅱ—放射剖面;Ⅲ—环状剖面;Ⅳ—平行剖面

② 平行剖面系统,将探井布置在近于平行的若干剖面上。适用于长垣、背斜带、单斜带及长轴背斜、断裂带等线形圈闭,以及探寻地层或岩性类型的隐蔽油气藏。

③ 放射状剖面系统,将探井布置在由某个中心点(如高点)向周围放射的剖面上。这种系统适用于地台区较大型不规则隆起上。

④ 环状系统,将探井布置成一环或数环。适用于秃顶油藏及刺穿构造上。

⑤ 网状系统,探井排列成规则的三角形网及方形网。可适用于不规则的岩性油藏(礁、砂体)的勘探。很明显,一定规格的网状系统普遍适用于任何类型的油田评价,以便与今后的开发井网相符合。

另有一种被称为临界方向布井的方法(图8-7)是目前在实践中得到广泛的应用。这种布井方法的思路是把井布在最能说明问题的临界关键地点。如对具有多个高点的二级构造带来说,第1口井布在构造顶部的最高点位置,以解决最有利的局部高点上是否含油的问题;若见油气,第2口井布在局部高点之间的鞍部,解决几个局部高点是否连片含油的问题;再见油后,第3口井则布在圈闭

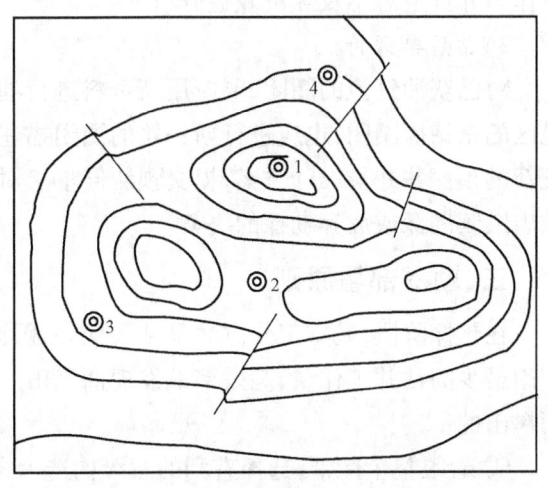

图8-7 临界方向布井系统示意图(据张一伟,2003)

整个二级构造带最低等高线附近,其目的在于解决整个二级构造带是否含油的问题,这种布井方法适用于大型构造及油藏类型比较简单的情况,对复杂类型的构造和油藏则不适用。

2) 井位的选择

井位的确定应考虑以下三个问题:一是预计含油气的关键部位,如高点部位;二是从面积上照顾到圈闭的各个部位,这样做的目的是不漏掉油气藏;三是各井不位于相同的等高线上,这样有利于探边。

3) 预探井类型划分

根据开钻的先后次序和钻探必要程序,预探井在设计时应分为三类:一类是独立井,它的位置和深度等已经确定,无彼此依赖关系,属迟早必须钻探的井;第二类叫附属井,它也是必须要钻的井,但位置和深度应根据独立井所得的资料进行调整;第三类是后备井,它是有可能钻也可能不钻的井,是否需要进行钻探,以及其位置、深度都要视前两类井的结果而定。

4) 探井数量的确定

预探井的数目主要取决于圈闭面积的大小、油气藏的类型、圈闭的复杂程度,以及对区域的研究程度。通常小型的圈闭 1~5 口井,中型的圈闭 8~12 口井,大型的圈闭 15~25 口井。

上述布井系统同样也适用于评价勘探阶段。

4. 圈闭钻探与钻后再评价

1) 圈闭钻探

实行科学打探井,应有一套地质、工程技术方面的要求和标准。它包括了探井钻探前的准备,钻进中采用优质钻井液严格保护油气层,完井工作中抓好全套电测井、固井和试油工作。

在圈闭钻探过程中,要及时收集预探井的录井、测井、测试及分析化验等井筒信息,用于标定地震资料,修正原有参数,建立新的判别标准和判别模式;要取全取准油、气、水层资料,准确划分油、气、水层;要开展单井油层评价。在地质构造总结评价、测井解释总结、钻井固井质量总结、综合录井总结、岩石物性、流体性质等专题报告的基础上进行单井油层评价和储量估算,并作单井资金总结及经济效益分析。

2) 钻后再评价

对已获油气流的圈闭,要应用新资料进行油气藏早期描述,计算控制和预测储量。对邻近地区的未钻探圈闭,也应进行新一轮的圈闭描述评价工作,以修正优选圈闭可钻性的评价和修正新的预探井井位设计方案,提交预测储量。对于钻探无发现的圈闭,经过钻后的反馈评价,做出继续勘探或放弃勘探的决策。

三、勘探部署原则

在预探阶段,基本工作方法是钻预探井,因此本阶段的关键问题是如何科学部署预探井,利用最少的钻井工作量,高效率地发现油气田。以下总结的几项原则都是围绕这一核心问题而提出的:

① 着眼整个区带,选择有利的三级构造为突破口,以迅速突破出油关;

② 提高圈闭准备质量,保证预探的顺利进行;

③ 合理部署预探井,高效地发现油气田;

④ 兼顾多层系、多类型油气藏的勘探,全面完成预探任务。

第五节　油气藏评价勘探

一、基本任务

油气藏评价勘探的任务就是对油气藏进行评价,搞清油气藏的外部形态和内部结构,弄清油气水性质与分布状况,建立含油气地质体模型,对油气藏进行综合评价,为编制开发方案提供依据。因此,油气藏评价勘探阶段是指从圈闭获得工业油气流开始到探明油气田的全过程,此阶段的结束,将提交探明储量。

为顺利完成油气藏评价的目标,落实油气储量,就必须深入研究以下的基本问题(庞雄奇,2006):

① 构造特征:准确查明各主要目的层的构造形态、断层在平面上分布和纵向上切割层位、局部高点和断块的分布。

② 储层特征:查明各含油层段的储层分布和变化特征,成岩作用、储层孔隙结构、润湿性特征,油气层的岩性物性及其分层分布特征,油层连通状况等。

③ 油、气、水特征:查明不同构造部位和不同层系的油气水的地面和地下物理、化学性质及其变化情况。

④ 储量特征:查明含油气边界,确定含油气面积、含油饱和度,搞清原油和天然气的性质及其在垂向和平面上的变化规律,计算探明和控制储量,查明油气田的工业价值。

⑤ 开发生产特征:查明地层温度、温度梯度、地层压力、压力梯度,以及各套含油层段的压力系统变化,确定油藏类型和驱动类型等动态特征,为编制开发方案和油田投入开发做准备。

二、工作程序

油气藏评价勘探工作是以地震精查为先导,迅速查明油藏构造形态,并在此基础上提供评价井位,然后以地震、地质、测井等资料为依据开展油气藏描述与评价工作,准确计算油气储量。按照评价勘探工作的过程,可以分地震精查、钻评价井、油气藏评价三个步骤。

(一)地震精查或三维地震

评价勘探项目建立以后,要根据具体情况迅速补充完善地震精查,如果地质情况复杂,则有必要部署三维地震勘探。其目的在于提交各类圈闭的构造要素和详细的分层构造图,开展储层横向预测,进行烃类检测,并在此基础上提供评价井井位。

详探阶段要安排地震精查,测网密度要达到 $0.5km \times 1km$ 或 $0.5km \times 0.5km$,满足最终成图比例 $1:50000$ 或 $1:25000$ 的精度要求。针对复杂油藏安排三维地震或 $0.5km \times 0.5km$ 测网的地震精查,满足最终成图比例尺 $1:25000$ 或 $1:10000$ 的精度要求。在此阶段,着重进行构造解释,储层解释及烃类检测。

1. 构造解释

查明圈闭(油气藏)的准确形态,落实断层、高点分布等构造细节,提交接近油气藏顶面的精细构造图。

2. 储层解释

储层解释一般采用制作模型和已有资料标定的方法,做出主要含油层系的砂岩厚度或砂岩百分比预测图、储层孔隙度解释预测图,并根据新钻井资料及时进行校正,经过反复多次的精细目标处理解释,提高预测准确性。特别要重视垂直地震剖面、地层倾角测井的应用,要对砂体发育状况、延伸方向等做出补充解释。

3. 烃类检测

烃类检测解释应将不同层位、不同类型、不同可靠程度的异常标定到构造图上,并对其作出初步的解释。要应用钻探资料进行验证和修改提高,进而圈出预测的含油气范围,若有化探资料,应将不同指标、不同强度的异常区标注到图上,并做出合理的解释。

4. 评价井设计

评价井设计是在构造综合解释、储层预测、油气水预测的基础上,进行评价井数目、位置、井深剖面、完钻深度、井眼轨迹、取样要求等方面的地质设计以及与之配套的钻井工程设计工作。

评价井设计所需资料包括:① 利用合成地震记录标定的地震剖面两条以上,其中一条必须是过井剖面;② 1∶10000 或者 1∶25000 的含油气层段精细的构造平面图、含油气范围预测图;③ 储层岩性分布图、物性参数分布图及油层综合评价平面图;④ 油气层对比图、栅状图、油气藏剖面图。

评价井的井距一般在 1~2.5km 之间,在具体井位部署上除在预测砂岩发育区、预测烃类检测的异常区和构造有利部位外,还要在高点之间的鞍部、低断块、断块的较低部位、预测砂岩的不发育区、预测烃类检测异常区范围以外的部位部署一定数目的评价井。

(二)评价井钻探

评价井是在已经证实有工业性油气的构造、断块或其他圈闭上,在地震精查的基础上,为查明油气藏类型、评价油气田规模、生产能力以及经济价值为目的的探井。

评价井钻探的主要目的在于(庞雄奇,2006):

① 探边,确定油气水边界、油气水界面,探明含油气范围;
② 查明油气层的分层厚度,岩性与物性特征,明确储层四性关系;
③ 采集油气藏内部流体特征资料;
④ 取得油气层的试油试采资料,如温度、压力、开发特性资料,划分开发层系,确定合理的开采方式。

(三)油气藏评价

油气藏评价的主要内容可以概括为:

① 油气藏地质评价:评价圈闭特征、储层特征、流体特征,建立油气藏构造模型、储层结构模型、储层参数模型、流体分布模型。
② 储量与经济评价:包括储量评价、储能和产能评价,确定合理的采油速度。
③ 开发特征评价:温度特征、压力特征、驱动类型、生产特性,制定合理的开发措施和开发方案(丁贵明等,1997)。

三、勘探部署原则

评价勘探的目的在于探明油气藏的工业价值,提交探明储量,在评价勘探部署中必须紧紧围绕这个根本出发点,原则如下:

① 科学部署评价井,快速、有效、经济地评价油气藏;
② 取全取准各项数据,为油气藏评价提供第一性资料;
③ 始终采用油气藏描述方法,实现少井多拿储量。

第六节 滚动勘探开发

我国石油科技工作者经过多年的摸索和实践,总结出了针对复杂类型油气田勘探开发的一套行之有效的滚动勘探开发模式,为加速我国石油工业的发展,丰富世界油气勘探开发理论作出了巨大的贡献。

一、滚动勘探开发的概念及其基本特点

(一)滚动勘探开发的概念

滚动勘探开发是一种针对地质条件复杂的油气田而提出的一种简化评价勘探、加速新油田产能建设的快速勘探方法(胡朝元等,1985)。它是在少数探井和早期储量估计,在对油田有一个整体认识的基础上,将高产富集区块优先投入开发,实行开发的向前延伸;同时,在重点区块突破的同时,在开发中继续深化新层系和新区块的勘探工作,解决油气田评价的遗留问题,实现扩边连片。这种"勘探中有开发,开发中有勘探"的勘探开发程序,称为滚动勘探开发。

国内外大量的油气勘探经验表明,复杂断块和其他复杂类型油气田一般不能采用简单的程序,而应该采取滚动勘探开发的做法,否则就可能会事倍功半。例如辽河兴隆台油田一区,含油面积 $5km^2$,1970—1971 年按常规探明油藏情况的要求,共钻了 34 口探井,结果仍未搞清一些重要的地质情况,不能编制正式开发方案,只勉强规划部署了 31 口开发井,风险性比较大。

辽河油田在西斜坡锦 99 区块中钻的第一口井见油后就进行了滚动勘探开发,先规划 500m 基础井网,选钻 2 口评价井,岩心中见油砂后,又选打了第二批评价井,在此基础上,再次布井 50 口。在一年的滚动勘探开发工作中,探明了含油面积 $3.9km^2$,同时还建成了 $30×10^4t$ 的年产能,钻井成功率也很高,收到了快速探明油田、迅速投产的高经济效益。

(二)滚动勘探开发的基本特点

1. 勘探开发紧密结合、增储上产一体化,是滚动勘探开发的基本做法

石油勘探解决的问题是石油资源有没有、有多少的问题,其最终目标是储量;而石油开发要解决的是可以生产多少石油,怎样才能提高石油的产量和采收率;二者具有一定的独立性。而滚动勘探开发的一个重要特点就是"勘探中有开发、开发中有勘探",二者成为一个整体,"增储上产"一体化。

具体到滚动勘探开发实施过程中的评价井和开发井,其作用虽有明显的区别,但又都具有勘探开发的双重特性。滚动评价井一方面承担着搞清油藏地质特征、计算油气地质储量、为编制初步开发方案提供依据的任务;另一方面,它又是一次开发井网的一部分,肩负着油气生产的任务;早期滚动开发井承担着深化地质认识、核实油气资源、增储上产的任务,因此兼有探井的性质。

2. 立足整体经济效益、实现速度和风险的综合平衡,是滚动勘探开发所追求的目标

将油气勘探工作严格划分为盆地普查、区域详查、圈闭预探、油气田评价的油气勘探程序具有阶段明显、步骤清晰、由大到小、由粗到细的基本特点,对于保证勘探工作有条不紊地进行具有十分重要的意义。但是这种将勘探与开发严格区分开的做法所引发的缺点也是不容忽视

的。在油田发现后,由于必须在含油范围内部署大量的评价井,才能准确获得油气藏的各种参数。其主要后果是,勘探周期过长,油田长期不能投产,表现为勘探效率低下;勘探投资积压,不能发挥应有的作用,表现为经济效益低下;油田产量上不去,满足不了国民经济发展的要求,表现为社会效益低下。

滚动勘探开发与常规勘探程序不同之处在于,它是本着"阶段不能逾越、程序不能打乱、节奏可以加快、效益必须提高"的原则,简化评价勘探,加速油田投产。一方面,它加快了开发建设的速度,但另一方面又提高了开发井的风险性。尤其是早期部署的开发井,存在较高的风险性。所部署的开发井有一部分(20%~30%)落空,是允许的、也是正常的。由于需要在开发过程中部署一定数量的评价井去逐步深化地质认识,解决勘探中的遗留问题,必然会造成勘探总周期的延长,但是这一做法却大大降低了勘探的风险性,大大提高了探井的成功率。

可见滚动勘探开发不是单从油田勘探、油田开发、地面建设的某一个方面来片面衡量经济效益,主观要求一步到位,而是将勘探成果、开发效益、油建效果视为一个整体,在提高社会效益的前提下,达到整体经济效益的最大化。

3. 开发方案的反复调整、地面建设的多期次性,是滚动勘探开发的必然结果

常规整装油田开发层系和开发井网的设计一般在初期就可以确定,并且能够稳定一定的时间,但是对于滚动勘探开发的复式油田和复杂断块油田,只能在滚动运作中伴随着地质认识程度的加深来逐步完善,不可能一开始就有系统的井网及层系设计,而是一个井网由稀到密、层系划分由粗到细的逐步实施过程。

复杂油气田的油气性质变化很大,油气水分布不完全清楚,对这种对复杂类型油田的地质规律的多次反复认识、开发方案的多次调整实施,必然导致地面建设的多期次性。新的含油区块的不断发现,新层系的勘探不断取得进展,开发生产能力逐步提高,多期的地面建设是不可避免的。所以油气处理、油气集输等地面工程不能一次配套、超前完成,不然就会造成资金的积压与巨大浪费。

二、滚动勘探开发程序

对于一个复杂的构造、地层、岩性圈闭带或者复杂断裂带,在预探发现工业油气流之后,通常要采用滚动勘探开发程序。

一般地,滚动勘探开发程序可以划分为两个时期,即早期滚动勘探开发和晚期滚动勘探开发。前者是指在地震精查或三维地震解释成果的基础上,通过预探或短期的评价勘探之后,由于油田地质条件非常复杂,在短时间内难以完成逐块逐层落实探明储量,为了少打评价井,缩短从获工业油流到油田开发的时间,提高经济效益,实行开发向前延伸。在落实基本探明储量的油气富集区块,开辟生产实验区,用生产井代替部分评价井,深化对油藏地质特征的认识,同时研究油田的驱动类型、开采方式、计算未开发探明储量和可采储量,编制一次开发方案。

晚期滚动勘探开发则是对已经提交未开发探明储量的地区实行一次开发方案实施过程中,利用少量的评价井对开发过程中所认识到的新层系和新区块进行评价勘探,旨在继续扩边连片,为开发提供新的接替区。

东营凹陷中央背斜带是一个由一系列不同层系、不同类型、不同成因的构造组成的,地质条件十分复杂的复式构造断裂带(图8-8),同时又是一个复杂的、难以在短时间内认识清楚的油气高产富集带。该油田的勘探大致经历了四个时期,即初探、整带解剖、评价富集区、建立初期勘探系统(杜贤樾等,1997)。

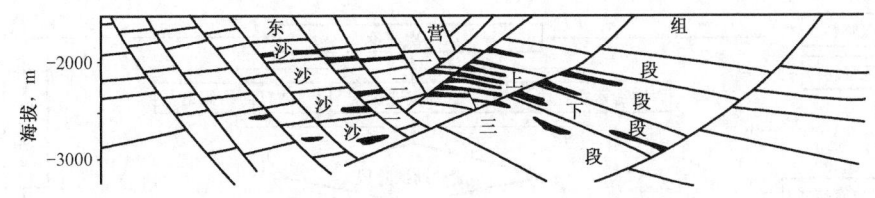

图 8-8　东营凹陷中央断裂背斜带断裂分布模式（据胡见义，1991）

通过对该油田的勘探经验的总结,对这样复杂的断块构造带,其滚动勘探开发应包括四个主要阶段,即滚动勘探阶段、滚动评价阶段、滚动开发阶段、滚动调整阶段(图 8-9)。

(一)滚动勘探阶段

滚动勘探指在复杂断裂带发现工业油气流后,通过进一步的预探工作,确定有利的油气富集区块后,落实圈闭,加深地质认识,并力争获得高产工业油流。

滚动勘探阶段的主要任务包括:① 部署二维地震细测或三维地震工作,确定主要断层的分布和断块构造形态;② 根据相邻断区块资料,预测含油层系、目的层和钻探深度;③ 预测断块的圈闭面积、可能的含油面积和地质储量;④ 确定最有利的第一批评价井井位,实施钻探,然后按评价井实施要求和滚动勘探开发的需要取全取准全套资料。

(二)滚动评价阶段

评价井获工业油气流之后即进入滚动开发设想阶段,主要目标是基本落实储量并提供可开发的地区,其主要任务如下。

1. 早期油藏评价

油藏的早期评价是在评价井见油以后,充分利用所掌握的资料深化对地下地质条件的认识,并对资料的符合程度加以验证,这是滚动勘探开发能否少走弯路、避免失败的关键。

评价内容包括 5 个方面:① 断层和构造形态的落实程度;② 主要目的层在纵向上和横向上的分布和变化;③ 油藏产能参数;④ 预测含油面积和地质储量;⑤ 油藏驱动类型。

2. 评价井钻探

在滚动开发设想方案的基础上重点抓好第二批评价井的部署与钻探工作。此时钻评价井是对早期油藏评价和滚动开发设想方案的验证,以解决地质问题和落实储量为目的。要求严格取全取准各项资料,一般要求取心、中途电测和地层倾角测井等。对井位、地下靶点和井轨迹要严格复测复查,所取资料要达到计算Ⅲ级探明储量的要求。

3. 跟踪对比和滚动作图

评价井完钻后要做好钻井跟踪对比工作,根据所获得的各种资料,检验钻井与地震剖面的符合程度,对构造和断层、油层变化以及储集层参数、含油面积、地质储量和驱动能量作重新认证,对构造图、断面图和剖面图的正确性进行验证。如果评价井与原来的认识有较大的出入,则需根据新的资料再次进行前期评价,重新编制各种图件,对原设想方案重新加以部署和调整。如果评价井与原来的认识基本一致,则对设想方案略加调整即可转为正式方案逐步加以实施。

(三)滚动开发阶段

在第二批评价井钻探达到预期目的并与原来的认识基本一致时,断块即转入滚动开发阶段。这时应以完成上报探明储量和尽快建成生产能力为目标。通过开发前期油藏描述(评价

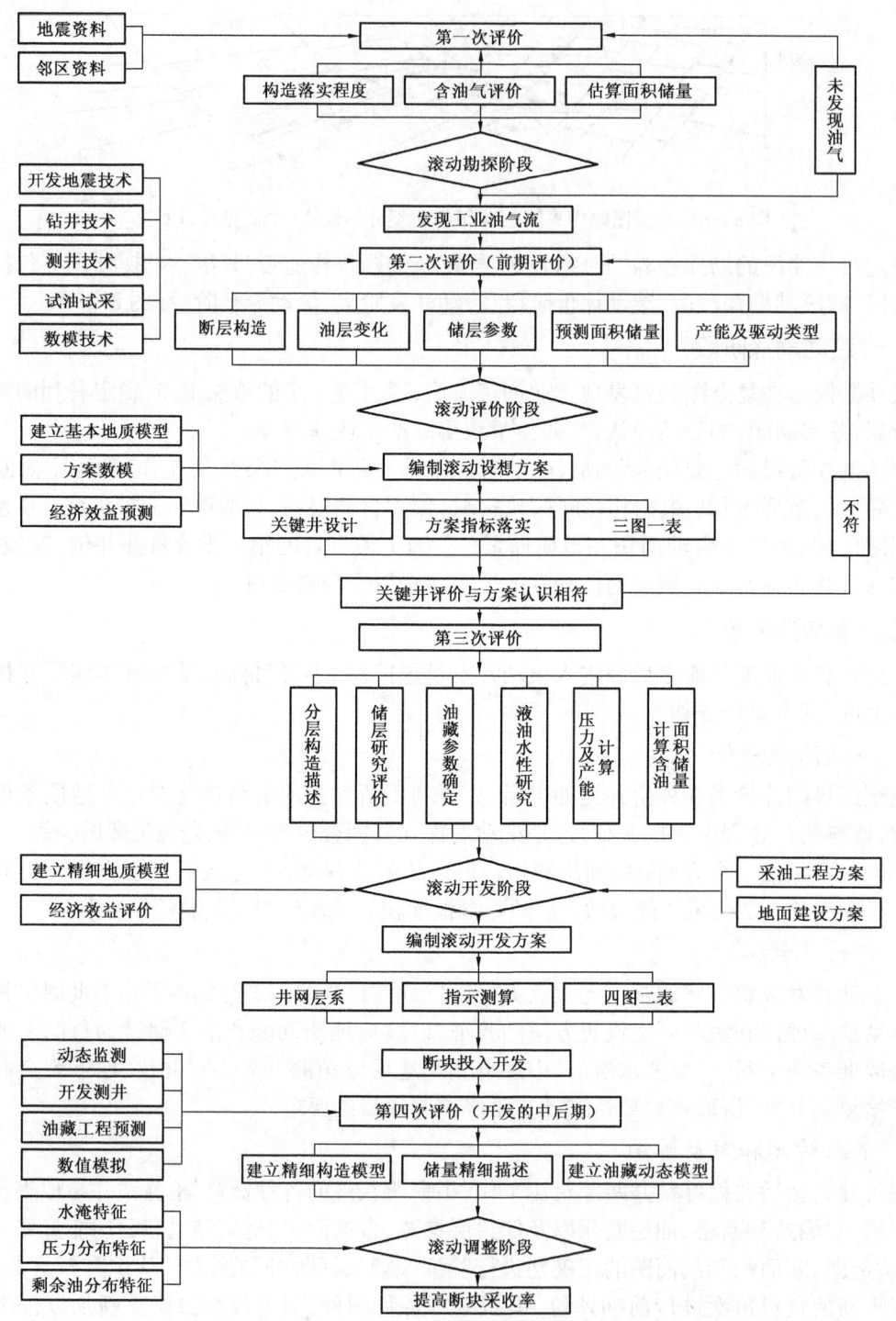

图8-9 胜利油田滚动勘探开发程序(据吴欣松等,2001)

井完钻后)工作,要得出以下4个方面的认识:① 断块的"四图一表",即分层构造图、砂体连通图、油藏剖面图、断面图及小层数据表;② 分析落实各项地质参数和油藏参数,计算出断块含油面积和地质储量;③ 根据动态资料和数字模拟确定注采井网、注水方式和开采方式;④ 编制正式的滚动开发方案。

在编制正式滚动开发方案的基础上,应同时编制地面建设方案、采油工艺方案,进行经济效益测算,然后统一加以实施,以尽快建成生产能力。

(四)滚动调整阶段

在富集区块全面投入开发一段时间以后,要针对开发过程中暴露出来的矛盾,进行再认识,即进行第四次评价。其目的是提高储量的动用程度和水驱控制程度,改善开发效果,提高油田的采收率。其内容应包括精细的构造描述和储量复算、注采井网对储量的控制程度及适应性分析、储层水淹特征及剩余油分布规律分析、地面管网和工艺技术的调整等多方面。经过这一轮的评价,就可以编制综合调整方案。

在早期滚动勘探开发阶段取得成功以后,要利用评价井及开发井的资料,对在开发过程中所认识到的新领域、新层系和新区块进行评价,为已开发区块提供新的储量接替区。

三、滚动勘探开发的部署原则

① 重视整体地质评价,作好滚动勘探开发规划;
② 加强组织管理,及时进行滚动开发方案的调整部署;
③ 地面、地下统筹安排进行油气田建设;
④ 推广使用新技术,提高滚动勘探开发水平。

思 考 题

1. 油气勘探的任务、特点及程序是什么?
2. 什么是区域勘探、圈闭预探、油气藏评价勘探?
3. 区域勘探、圈闭预探、油气藏评价勘探各阶段的主要任务是什么?
4. 什么是滚动勘探开发?其工作程序和特点是什么?

第九章 钻井地质

钻井地质工作是在钻井过程中,取全取准各项直接和间接反映地下地质情况的资料数据,为油气评价提供重要依据。各项地质录井工作质量的好坏,将直接关系到能否迅速查明地下地层、构造及含油、气情况,影响油田的勘探速度和开发效果。因此,钻井地质工作是整个油田勘探开发过程中的一项非常重要的工作。

第一节 钻井地质设计

由于钻井耗资巨大(一般单井成本达数百万至数千万元),地下情况复杂,因此,钻井之前必须进行周密的地质设计,以保证钻进工作的顺利进行和优质高效地钻达目的层。

一、钻井地质设计的依据

钻井地质设计的依据主要有两个方面:一是钻井目的,二是已有的地质资料。

(一)钻井目的

不同的井别可以反映该井钻进的基本目的。钻井目的决定资料录取的着重程度与地质录井工作量的大小,探井是以取资料为主要目的,其地质工作量必然很大;开发井则是以建立采油注水通道为主要目的,其地质工作量一般较小。

(二)区域地质概况与邻井地质资料

该地区的地层发育和剖面分布情况、总体构造特点、钻揭地层的流体分布、流体性质及压力温度情况,这些资料是进行钻井地质设计的主要依据,在钻井地质设计之前应该系统地搜集研究。

二、钻井地质设计内容

钻井地质设计的主要内容一般应包括以下方面:

① 基本数据:井号、井别、井位(地理位置、构造位置、经纬度、海拔)、设计井深、目的层、完钻层位及完钻原则。

② 区域地质情况介绍:所在工区的地层情况、构造概况、邻井成果等。

③ 钻井目的任务:依业主(甲方)下达的钻井任务书填写。

④ 钻揭地层剖面及油气水层位置(深度)设计:包括层位、深度、厚度、分段岩性、地层产状和可能的钻井故障提示。

⑤ 地层压力预测与钻井液使用要求:尤其是异常压力段、高产水段的预测与钻井液性能要求。

⑥ 取资料要求:各种录井的具体要求,如录井井段、资料点密度、录井重点、采样要求、化验项目等。

⑦ 中途测试要求:如测试原则、测试目的、预计层位井段、测试方法及具体要求等。

⑧ 井身质量要求:如井斜及井底位移要求、油层套管尺寸、水泥返高等原则要求。

⑨ 技术说明及原则要求：如钻进中可能遇到的重大地质问题的处理原则与措施预案、本井的特殊技术要求等。

⑩ 地理、气象及环境情况：如地形特征、交通情况、气温、季风、雨季、汛期水位及其他环境资料。

⑪附地层分层数据表及设计井位的地理位置图、区域构造图、过井剖面图、柱状剖面图。

以上设计内容基本上涵盖了参数井设计的主要内容，普通探井及开发井可根据具体地质任务和勘探精度适当删减。

图 9-1 和图 9-2 是探井的钻井地质设计图。

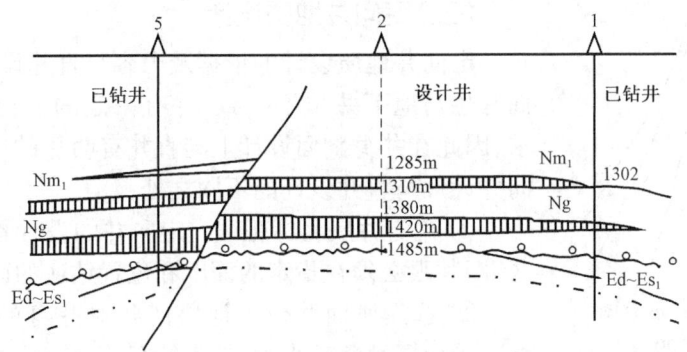

图 9-1 根据邻井资料设计探井（据伍友佳，2004）

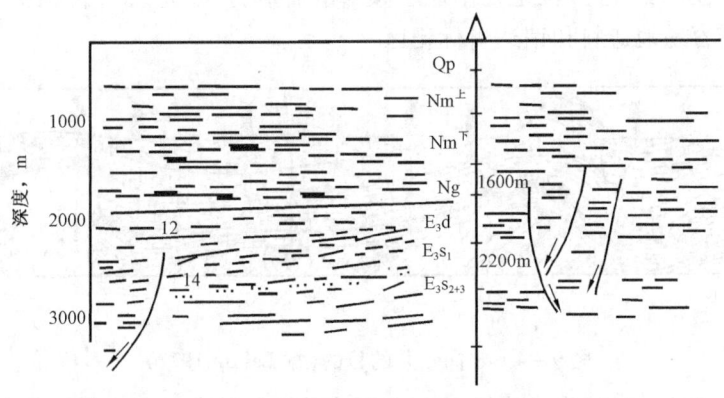

图 9-2 根据地震剖面设计探井（据伍友佳，2004）

三、定向井地质设计

定向井是指按预先设计的井斜方位和井眼轴线形状进行钻进的井。定向钻井技术已经比较成熟，国内各油田都已普遍应用。

（一）定向井用途

定向井的使用主要基于以下 4 个方面：

① 地表条件的限制：如油田在高山、城镇、森林、湖泊、河流、自然保护区等区域的地下，就要避开这些地表区域，另选井场钻定向井到需要的靶点。

② 经济有效勘探开发油气藏的需要：如原井钻探落空或钻通油水边界而钻达含水层，可在原井眼内侧钻定向井；对于裂缝性油气藏或低渗透、薄油气层，都可以钻水平井，可以提高单

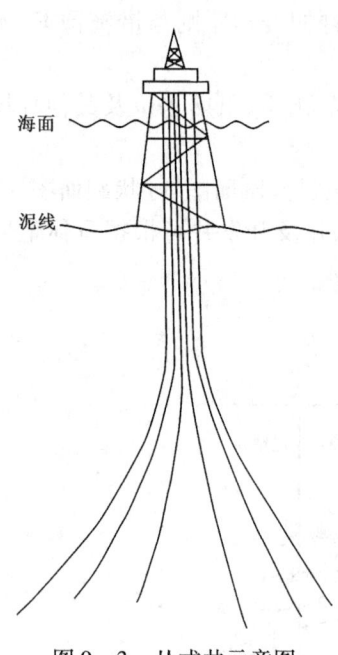

图 9-3 丛式井示意图
（据伍友佳，2004）

井产量和采收率；在高寒、沙漠、海洋等地区，可用丛式井开采油气（图 9-3）。

③ 地下地质条件的需要：如用直井难以穿过地下的复杂层、盐丘和断层等（图 9-4 中的 H、I、J）。

④ 钻井工程的需要：如发生井喷，为控制井喷，需要在新的井口打定向井实施救援（图 9-4 中的 F）。

由于定向井的突出优点，因而在油田勘探和开发中得到了广泛的应用。

（二）定向井地质设计

定向井地质设计的依据及内容与直井设计相似，但由于地面井位与地下井位不一致，并有一定的方位和水平位移的要求，因此在井身剖面设计上与直井有明显的区别。下面介绍定向井设计与直井设计的不同之处：

① 确定井底目标靶区。定向井的设计首先要规定井底靶区，即井眼必须在指定的深度和位置钻达的区域。

② 选择地面井位。地层产状对井身的偏斜有明显的影响。当地层倾角较小时，钻头钻穿软硬交错的地层时往往会偏向于垂直于地层层面的井身路线；但当地层倾角较大、超过 45°~60° 时，钻头则趋于平行地层层面前进。如果要求的井眼方位正处于地层倾斜的有利方位，这就符合钻头前进的自然造斜趋势，就能够比较容易地造斜和钻达目标靶区。

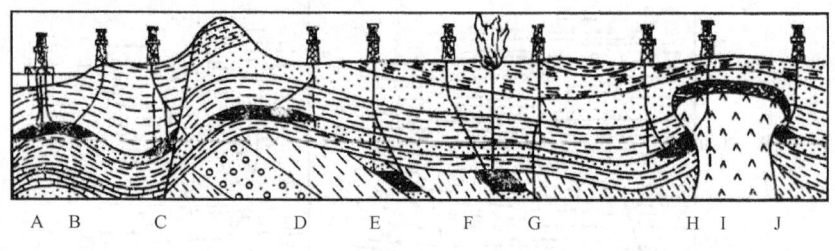

图 9-4 定向钻井的目的（据 LeRoy，1977）

③ 选择井身剖面。定向井的井身剖面类型或井眼轨迹的设计，需要考虑靶区深度、井底位移大小和穿过地层的复杂情况来选择。

（三）水平井地质设计

水平井是最大井斜角在 85°~120°，并沿水平方向钻进一定长度的井。由于水平井具有可以长距离穿越油层的优点，这就等于大大增加了油层的厚度，从而提高了井的产油能力。因此，水平井特别适合于油层较薄的低产油藏（直井由于油层薄、低产，可能不具工业价值，图 9-5），特别适合于低渗透率和特低渗透率的油藏（由于渗透率太低，直井可能不具工业价值），也特别适合于高角度裂缝发育的低渗透率油藏（水平井可以横穿大量裂缝从而获得高产，图 9-6）。

水平井的地质设计基本上与定向井相同，不同处在于要根据不同地质条件，设计出合理的靶点个数、靶点位置、靶前位移、水平段长度。靶点位置通常包括入靶点（指地质设计规定的目标起始点)和出靶点(指地质设计规定的目标结束点)的位置。靶前位移又叫靶前距,是指水平井第一个靶点与井口铅垂线的距离(图9-7、图9-8)。

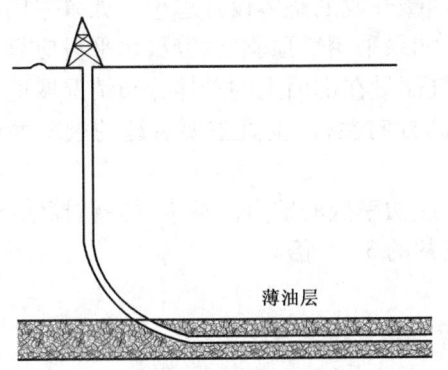

图9-5 水平井用于开采薄油层
(据伍友佳,2004)

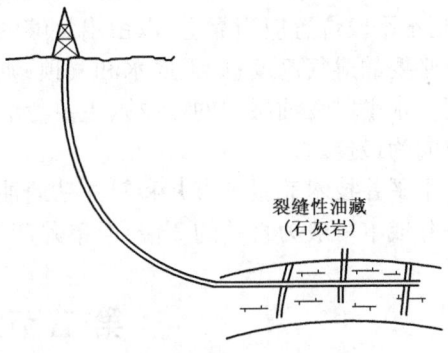

图9-6 水平井用于开采高角度裂缝性油藏
(据伍友佳,2004)

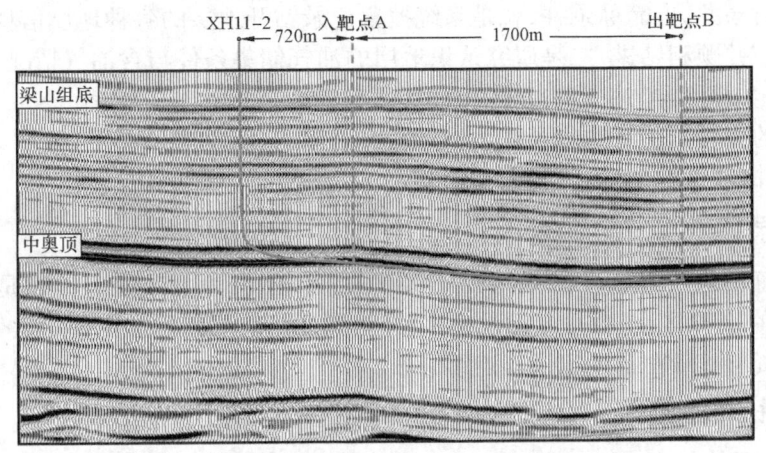

图9-7 四川盆地某构造过XH11-2水平井地震偏移剖面

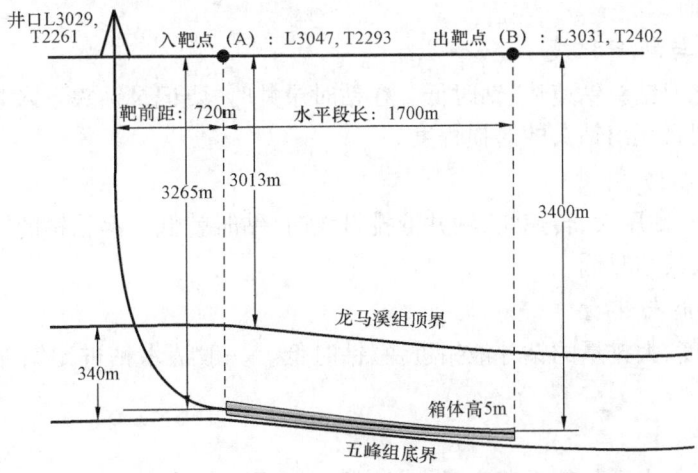

图9-8 四川盆地某构造XH11-2水平井靶区纵向剖面示意图

水平段长度指入靶点与出靶点之间的轨道长度,其长度依照单井产能的要求和油层渗透率的高低来确定。一般来说,水平段越长,其单井产量越高,因此,油层渗透率低时,其水平段应当设计长一些。水平段在油藏部位的高低取决于油藏开发的整体设计思想。如果采用底水驱,则水平段位置应当靠上,以留出足够的避水高度;如果采用气顶驱则相反,水平段应靠下以保证必要的避气高度;如无底水和气顶,则应依据油气储量在剖面上的总体分布情况取适中的高度。水平段在油层中的方位则主要考虑裂缝发育的方向性,以垂直主要裂缝的裂缝面的展布方向为最佳。

水平井技术克服了直井和斜井钻遇油层厚度小、成功率低的缺点。从水平井钻探情况看,水平井成本一般为直井的2倍,但单井产量一般是直井的3~5倍。

第二节 地 质 录 井

地质录井是钻井地质工作的主要任务,是在钻井过程中取全取准各项直接和间接反映地下地质情况的资料和数据的最重要手段,它是为油气层评价提供可靠的第一性资料。

所谓的地质录井,也简称录井,就是系统搜集记录钻开地层的各种地质信息。地质录井的目的一是指导该井顺利钻进,二是研究认识地层的油气储集条件与含油气情况,三是完成其他特定地质任务(如探断层、油气藏边界、生油层研究等)。

地质录井的主要方法有钻时录井、岩心录井、岩屑录井、钻井液录井、气测录井、综合录井和地球化学录井(以下简称地化录井)等。

一、钻时录井

钻时是指每钻进一定厚度的岩层所需要的时间,单位为 min/m。钻时是钻速(单位为 m/h)的倒数。在新探区,一般每米记录一次钻时,到达目的层则可加密到 0.5～0.25m 记录一次。钻时录井资料一般由自动记录仪连续录取。

(一)影响钻时的因素

1. 岩石的可钻性

松软地层比坚硬地层钻时低。如疏松砂岩比致密砂岩钻时低,多孔的碳酸盐岩比致密的石灰岩、白云岩钻时低。

2. 钻头类型与新旧程度

新钻头一般比旧钻头钻速快、钻时低。在钻时录井时,要记录钻头下入井深、钻头类型、尺寸、新度,并仔细观察起出钻头的磨损程度。

3. 钻进措施与方式

在同一岩层中,钻压大、转速快、钻井液排量大时,钻时就低。涡轮钻的转速一般比旋转钻转速约大 10 倍,故其钻时低。

4. 钻井液性能与排量

低黏度、低密度、大排量的钻井液钻进快、钻时低。一般清水钻进比钻井液钻井的速度要高一倍以上。

5. 人为因素

司钻的操作技术水平与熟悉程度对钻时高低也有影响。但人为因素总是或者至少在一个井段内是相对稳定的,因此钻时的大小还是可以比较好地反映井下地层岩性变化情况的,这就是钻时录井的原理和依据。

(二)钻时曲线的绘制

以纵坐标代表井深,以横坐标代表钻时,将每个钻时点按纵横比例尺点在图上,连接各点即成为钻时曲线(图9-9)。纵比例尺一般采用1:500,以便与测井标准曲线对比和岩屑归位。横比例尺可根据钻时的大小选定,以能表示钻时变化为原则。为了便于解释,在曲线旁用符号或文字在相应深度上标注接单根、起下钻、跳钻、蹩钻、溜钻、卡钻、更换钻头位置、钻头尺寸等内容。

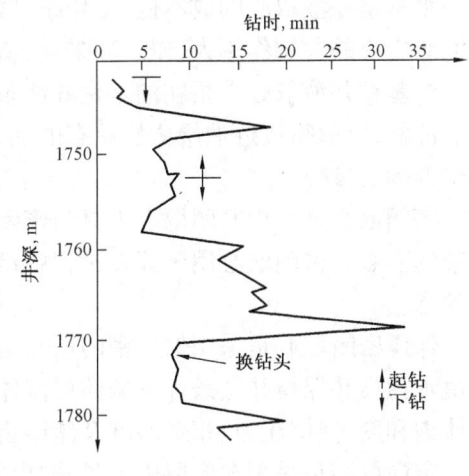

图9-9 钻时曲线

(三)钻时曲线的应用

1. 定性判断岩性

当其他条件不变时,钻时的变化反映了岩性差别,疏松含油砂岩钻时最低,普通砂岩较大,泥岩、石灰岩较高,玄武岩、花岗岩最高。在尚未测井的井段,根据钻时曲线结合录井剖面,可以进行地层划分和对比。

2. 判断缝洞发育井段

对于碳酸盐岩地层,利用钻时曲线可以帮助判断缝洞发育井段,确定储集层。如突然发生钻时变小、钻具放空现象,说明井下可能遇到缝洞发育的渗透层。放空越大,反映钻遇的缝洞越大。

二、岩心录井

岩心是在钻井过程中使用取心钻头取出地下岩层的标本,它是最直观、最可靠地反映地下地质特征的第一手资料。地质人员通过岩心分析,可以考察古生物特征,确定地层时代,进行地层对比;观察岩心岩性、岩相特征,分析沉积环境;研究储层岩性、物性、电性、含油性的关系;掌握生油特征及其地化指标;了解构造和断层情况;进行岩心特殊试验,获得油气藏工程参数;检查开发效果,了解开发过程中所必需的资料数据。

(一)取心原则

由于钻井取心成本高,速度慢,在油田勘探开发过程中,根据地质任务的要求,适当安排取心。取心井的安排应当遵循如下原则:

① 区探井、预探井钻探目的层及发现新的油气显示层段取心,是为了了解地层、构造、生储盖组合特征、烃源岩类型及丰度、储层岩性及物性参数。

② 评价井取心,是为获得地层岩性、储集层物性、局部层段含油性、接触界面等资料,以提供储量计算参数。

③ 开发井取心,是为了检查开发效果,了解油层物性变化及剩余油分布,为研究油藏水驱效果提供依据。

④ 特殊目的的取心,根据具体情况确定。如构造取心是为了解构造产状特征;断层取心是为了解断层情况;地层取心是为了解地层的岩性和时代。

(二)取心方式

取心目的不同,选用的取心方式也就不同。常见的取心方式有:水基钻井液取心、油基钻井液取心、密闭取心、保压密闭取心等。

水基钻井液取心的成本低,工作条件好,是广泛采用的取心方式。但其最大的缺陷就是钻井液对岩心的冲刷作用大,侵入环带深,所取的岩心不能完全满足地质要求。

油基钻井液取心是指在油基钻井液条件下进行的取心。其最大的优点是保护岩心不受钻井液冲刷,以取得接近油层原始状态的油、水饱和度资料,为油田储量计算和开发方案的编制提供准确的参数。

密闭取心是采用密闭取心工具与密闭液,可以在水基钻井液条件下取出几乎不受钻井液污染的岩心。密闭取心用于开发过程中检查砂岩油田注水效果,了解地下油层水洗情况及油水动态。

保压密闭取心是采用保压密闭取心工具与密闭液,在水基钻井液条件下,取得不受钻井液自由水污染并保持井底条件下的储层流体完整性的岩心。可以准确获取当时井底条件下储层流体饱和度、储层压力、相对湿度及储层物性等资料。

定向取心是采用定向取心工具,取出能反映地层倾角、倾向、走向等构造参数的岩心。

(三)岩心整理

1. 岩心出筒

岩心出筒前需丈量"底空"和"顶空",然后按出筒顺序排列,并及时清洗岩心(常规水基钻井液取心可用水洗;油基钻井液取心只许用无水柴油清洗;密闭取心禁止用任何流体清洗,而采用竹、木片及棉纱清除岩心上的密闭液)。岩心出筒时,要及时观察岩心出油、冒气、含水情况,进行荧光直照、滴照和滴水试验,作好记录。对做含油饱和度分析的岩心禁用水洗,及时细描、蜡封,尽快送样分析。

2. 岩心丈量

岩心出筒后,必须严格注意摆放顺序。岩心清洗干净后,对好断口紧密摆放,由浅至深的方向在岩心表面画方向线。然后由顶到底用尺子一次丈量,长度读至厘米。

3. 岩心编号

将丈量完的岩心按井深自上而下、由左向右依次装入岩心盒内,然后进行涂漆编号。应在本筒范围内按其自然断块自上而下逐块进行。编号采用带分数形式表示,如3(5/10)表示第三次取心中共有10块岩心,此块为第5块。

岩心盒内筒次之间用隔板隔开,注明井号、筒次、井段、进尺、心长、收获率、层位等,以便区别和检查。

4. 计算岩心收获率

岩心收获率是显示岩心录井资料可靠程度与钻井技术水平的重要指标,其计算方法如下:

$$岩心收获率 = \frac{本筒岩心长度}{本筒进尺长度} \times 100\%$$

当一口井的岩心取完后,还应计算出总的岩心收获率:

$$岩心收获率 = \frac{全井岩心长度}{全井进尺长度} \times 100\%$$

(四)岩心描述

岩心观察描述是一项重要而细致的地质基础工作,既要全面观察,又要重点突出。

1. 岩心油、气、水观察

从取心钻进开始,直到岩心描述结束都要对含油、气岩心及时进行观察描述,以免油、气逸散挥发而漏失资料。

岩心出筒时,当取心钻头一出井口,要立即观察从钻头内流出来的钻井液中的油、气显示特征,边出筒边观察油、气在岩心表面的外渗情况,注意油、气味。岩心清洗时,边洗边作浸水试验,观察油气水显示特征,必要时应依次剖开观察。做好岩心出筒初次观察记录。

岩心描述时,含油岩心除柱面、断面观察外,要特别注意观察剖开新鲜面含油情况。如油迹颜色、外渗速度、分布面积、含油产状、含油部分和不含油部分与岩性的关系等。凡储集岩岩心,无论见油与否,均要做荧光试验。

1)含气试验

洗岩心时,将岩心浸入清水下约20mm,观察含气冒泡情况。凡冒气泡地方用色笔圈出,凡能取气样者,都要用针管抽吸法或排水取气法取样。

2)含水观察

直接观察岩心剖开新鲜面湿润程度。一般分为湿润、有潮感和干燥三个等级。

3)滴水试验

用滴管滴一滴水在含油岩心平整的新鲜面上,观察水滴的形状和渗入速度,以其在1min之内的变化为准划分渗、缓渗、微渗和不渗四个级别,可分别对应定性判断为含油水层、油水层、含水油层、油层。

4)塑料袋密封试验

取岩心中心部位无钻井液或人为水浸的岩样1块($20\sim30cm^3$),装入透明塑料口密封,置烈日或$45\sim55℃$下30min,观察袋内情况可分为雾浓、有雾、雾稀薄或无雾三个级别,可分别对应定性判断为水层、含水层、不含水层。

5)荧光试验

由于沉积岩中的沥青和原油及某些矿物,在紫外光照射下有不同的发光能力,所以可按发光的不同颜色来确定物质的性质。从紫、蓝紫、青蓝和蓝色至黄橙、棕到深褐色,是从轻质油逐步过渡到重质油的一系列发光顺序。

荧光分析在现场常用的有直照法、滴照法和系列对比法。

2. 岩心含油级别的确定

含油级别是岩心中含油多少的直观标志。例如,含油级别高的砂层往往是油层,含油级别低的砂层往往是干层、水层。而相反的情况也是有的,气层、轻质油层、严重水侵的油层等岩心往往含油级别很低,甚至看不出含油。

根据储层储油特性不同,分为孔隙性含油、缝洞性含油。对于孔隙性含油岩心,现场通常根据岩石新鲜面含油面积、含油饱满程度、含油颜色、油脂感等划分为饱含油、富含油、油浸、油斑、油迹、荧光6级。

3. 岩心描述内容

岩心描述与一般野外岩石描述方法和内容大致相同,主要通常包括以下内容:

1)岩性

如颜色、岩石名称、矿物成分、结构、胶结物及胶结程度、特殊矿物及其他含有物等。

2)相标志

如沉积结构(粒度、颗粒成分与形态及排列等)、沉积构造(各种层面构造、层理构造)、生物特征等。

3)储油物性

如孔隙度、渗透率、孔洞缝发育情况与分布特征等,对于裂缝性储层,除描述裂缝类型、宽度、长度、密度、充填程度之外,还应描述充填物类型、裂缝与层面及地层倾角的关系以及缝洞切割和连通情况。

4)含油、气、水情况

根据岩心的油、气、水观察诸方面综合描述。

(五)岩心综合图的编制

在现场工作中,为了便于及时分析对比,要将岩心录井取得的各种资料、数据用规定的符号绘制岩心录井草图(图9-10),包括岩心数据(如岩心收获率、编号、分段长度等)、岩性剖面、化石及含有物、取样位置、磨损面等。

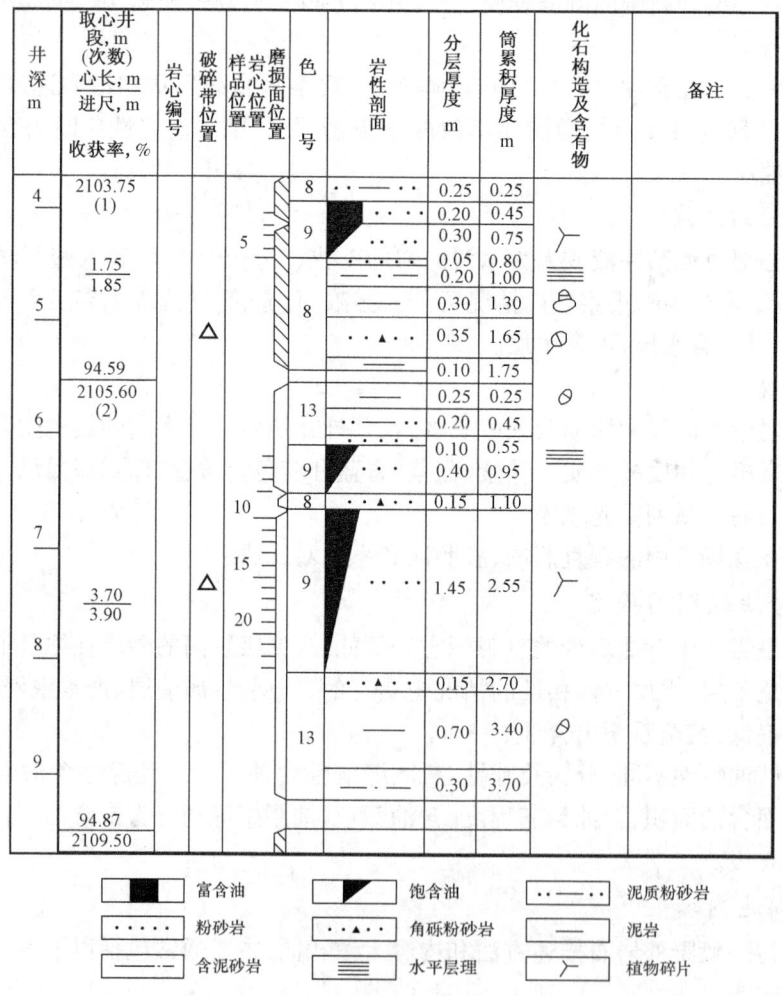

图9-10 岩心录井草图

岩心综合图是在岩心录井草图的基础上,综合其他资料编制而成。它是反映钻井取心井段的岩性、物性、电性和含油性的一种综合图件,其格式如图9-11所示。

				__井岩心录井图 1:100							绘图日期: 年 月 日		40
绘图人:													
盆地名称:				构造名称:						井别:			30
构造位置:				地理位置:									
钻探目的:													
坐 X= m 标 Y= m		经度: 纬度:		地面海拔 m 补心海拔 m			设计井深 m 完钻井深 m 完钻层位:			开钻日期: 完钻日期:			20	
业主单位: 录井单位: 仪器型号: 录井地质师:		录井工程师:		取心层位: 取心井段 m 取心进尺 m 岩心长度 m 取心收获率			含油岩心长 m 含气岩心长 m 荧光岩心长 m			取心应说明的问题			30
图例													20
孔隙度	渗透率	自然电位(自然伽马)	层位	井深 m	取心筒次心长进尺m收获率%	岩心样位置	颜色	岩性剖面	破碎、磨光面位置	双侧向(电阻率)	岩性油气水及缝洞综述		20
30	30	30	5	10	10	10	10	30	10	65	25		

图9-11 岩心综合图(格式)(据 Q/SY 128—2005)

在测井曲线出来以后,需要依据测井曲线并综合各种资料对岩心进行准确"归位"。所谓岩心归位,就是确认岩心的真实深度。取岩心时的深度是以在地面测量的单根钻杆长度加和来确定的,而钻具自重很大,在井中有一定的伸缩性;而测井曲线的深度是用连续的测井电缆长度确定的,相比于钻具深度更为准确。归位就是将岩心原来的钻具深度和收获率不到100%时每块岩心不够准确的深度,校正为测井曲线上的准确深度(图9-12)。

(六)岩心资料的应用

岩心资料除做观察描述外,大量用于分析、化验、试验,其结果主要用于储层研究评价、油藏开发设计、开发调整和提高采收率等重要工作。在现场勘探工作中还有如发现油气层、判断气层、划分原始油气水界面等一些应用。

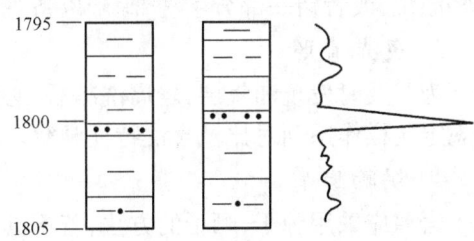

图9-12 岩心深度校正示意图

(七)井壁取心

用井壁取心器按指定位置在井壁上取出地层岩心的方法叫井壁取心。井壁取心的目的是为了证实地层的岩性、含油气性和电性的关系,以及为了满足地质方面的特殊要求。取心时,根据不同的取心目的选定取心层位。在一般情况下,下列层位应进行井壁取心:

① 在钻井过程中有油、气显示但未进行取心的井段,应用井壁取心加以证实。
② 录井资料与电测解释有矛盾的层位。
③ 岩屑录井中漏取岩屑井段,或者钻井取心收获率低,需要进一步落实岩性、油气显示的井段。
④ 相邻井有油气显示而本井未见显示的井段。
⑤ 重要的标准层、标志层以及其他特殊岩性层位。如地层分界、风化壳上、下或特殊岩性段。
⑥ 其他专项要求和分析化验要求的井段。如需了解储油物性资料,但又未进行钻井取心的层位。

井壁取心速度快、时效高、成本低,但岩心体积小、代表性差。其描述内容基本上与钻井取心相同。但是,应注意由于井壁取心的岩心受钻井液浸泡时间较长而污染以及岩心的冲撞等因素对判断油气显示和岩性的影响。

三、岩屑录井

地下的岩石被钻头钻碎后,随钻井液被带到地面上,这些岩石碎块称为岩屑。在钻井过程中,地质人员按照一定取样间距和迟到时间,连续收集与观察岩屑并恢复地下地质剖面的过程,称为岩屑录井。通过岩屑录井可以掌握井下地层层序、岩性,初步了解地层含油、气、水情况。由于岩屑录井具有成本低、简便易行、了解地下情况及时和资料系统性强等优点,因此在油气田勘探、开发过程中,此种录井方法被广泛采用。

(一)岩屑录取

岩屑录井首先要获取井下准确深度的代表性岩屑。为此必须要做到井深准、迟到时间准。要使井深准必须管好钻具,要使迟到时间准必须按一定间距测准岩屑迟到时间。迟到时间是指岩屑从井底返至井口的时间。常用迟到时间测定方法有理论计算法、实物测量法和特殊岩性法3种,理论计算的迟到时间与实际迟到时间往往不符,仅作参考,实测法求迟到时间一般比较准确。这里不详细介绍具体方法。

1. 捞取岩屑

按设计间距和迟到时间准确捞取。每口井必须统一捞样位置,通常有两处:一处在架空槽内加挡板取样;另一处在振动筛前加接样器取样。

2. 清洗岩屑

刚捞取的岩屑均黏附了一层钻井液,因而必须将其清洗干净。一般致密坚硬、水敏性极差的地层,如石灰岩、致密砂岩及部分泥质岩等可以淘洗或冲洗。软泥岩及松散砂岩等只能用盆轻轻漂洗,或者留一部分不洗,晾干以备观察。在清洗岩屑时注意油气显示的观察。

3. 荧光直照

为了及时发现油气层,岩屑洗净后,必须立即进行荧光湿照和滴照。对发现荧光的岩屑要按规定选样作系列对比及含油特征观察。岩屑晾干后还需进行荧光直照。

4. 烘晒岩屑

岩屑应采用晾干、晒干的方法,若不具备晾晒条件时,可以烘干。但用于含油气试验的储集层岩屑及作生油条件分析的生油岩样,严禁烘烤。

(二)岩屑观察描述

1. 岩屑鉴别

在钻井过程中,由于裸眼井段长,已钻过的上部岩层经常从井壁剥落下来,混杂于来自井底的岩屑之中。如何从这些真假并存的岩屑中鉴别出真正代表井下一定深度岩层的岩屑,是提高岩屑录井质量重要环节。

鉴别岩屑真假应从以下4方面综合考虑:

① 观察岩屑的色调和形状。色调新鲜,其形状往往多棱角或呈片状者,通常是新钻开地层的岩屑,但应特别注意由于岩性和胶结程度的差别,在形状上也会存在差异。

② 注意新成分的出现。在连续取样中如果发现有新成分岩屑出现,且以后逐渐增加,则标志着井下新地层的出现。

③ 从岩屑中各种岩性岩屑的百分含量变化来识别。对于有两种或两种以上岩性组成的地层,

须从岩屑中某种岩性的岩屑百分含量增减来判断是进入什么岩性的地层,从而确定岩屑的真伪。

④ 利用钻时、气测等资料验证。

2. 岩屑描述

岩屑描述内容主要包括:岩性类别、名称、颜色、成分、结构、构造、胶结情况、含油特征描述、化石及含有物等。对岩屑描述的要求着重是岩石定名和含油气情况的描述。定名要准确,油层及砂质岩类应做重点描述,不漏掉油气显示和0.5m以上的特殊岩层及其主要特征。

岩屑描述的方法一般是大段摊开,宏观观察;远看颜色,近查岩性;干湿结合,挑分岩性;分层定名,按层描述。

3. 利用岩屑判断缝洞层

岩层中的缝洞不能通过岩屑直接看到,一般只能根据一些特殊标志间接地加以推断。通过对缝洞中的充填物的观察,就能在一定程度上了解岩石缝洞发育情况。常见的充填物主要是一些次生矿物,如方解石、白云石、石膏、石英等。岩屑中次生矿物的多少,反映岩石中缝洞的发育程度,次生矿物越多,缝洞就越发育。只要全部选出岩屑中的次生矿物,求出占岩屑的百分比,即缝洞发育系数,绘制出缝洞发育系数曲线,便可找出缝洞发育段。

根据次生矿物的晶形,判断缝洞的充填程度或开启程度。一般而言,自形晶越多,自形程度越高,透明度越好,说明结晶自由空间大,岩层缝洞中充填物少,开启程度好。

(三)岩屑录井草图和实物剖面

一般岩屑录井草图的内容主要包括录井剖面、钻时曲线及槽面显示等(图9-13)。岩屑录井草图的深度比例尺为1:500,按描述的井深,把相应的颜色、岩性、化石、构造、含有物及油气显示等用统一规定的符号绘出。

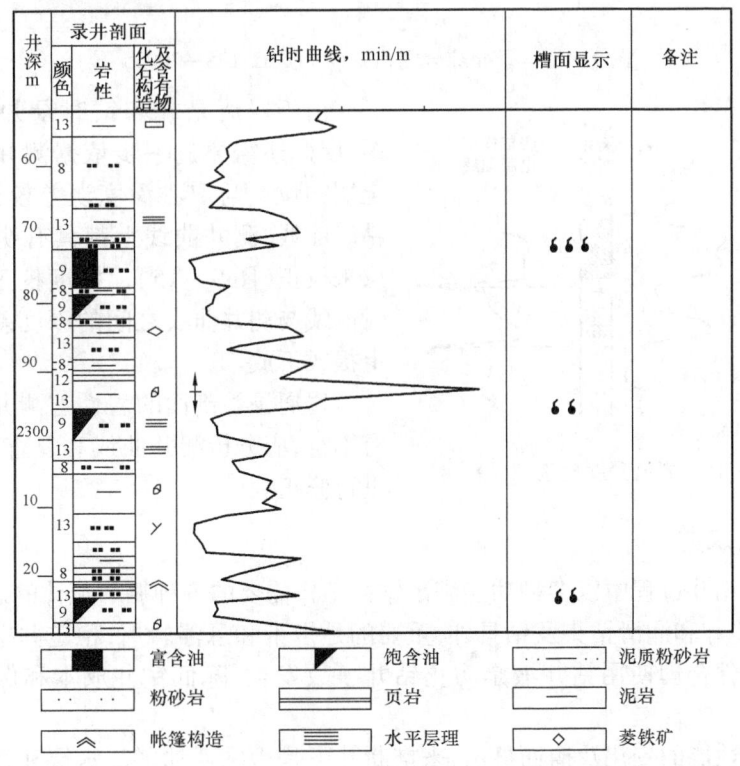

图9-13 一般岩屑录井草图

对于实物剖面与岩样汇集,中国石油天然气集团公司统一规定参数井应逐层挑选岩样黏制1:500实物剖面。岩屑实物剖面是直观成果资料,对掌握地下地层岩性、油气显出及缝洞情况,可取得形象化的效果。

(四)岩屑录井综合剖面

岩屑录井综合剖面是完井地质综合图的主要部分。岩屑录井综合剖面是以岩屑录井草图为基础,结合测井曲线进行综合解释完成的,比例尺为1:500。油田内的开发井一般只作油层井段1:200录井综合图。录井综合图格式如图9-14所示。

井录井综合图 1:500											
绘图人:							绘图日期: 年 月 日				
盆地名称:		构造名称:					井别:				
构造位置:		地理位置:									
钻探目的:											
坐X= m 标Y= m	经度: 纬度:		地面海拔: m 补心海拔: m		设计井深: m 完钻井深: m 完钻层位:		开钻日期: 完钻日期:				
业主单位:		钻头程序					录井井段: ~ m				
录井单位:		套管程序					录井时间: ~				
仪器型号:											
录井地质师:	录井工程师:										
图例											
钻时 (孔隙度)	自然电位 (自然伽马)	层位	井深 m	颜色	岩性剖面	取心井段	井壁取心	双侧向 (电阻率)	全烃组分值 C₁ C₂ C₃ iC₄ nC₄ iC₅ nC₅ 20 40 60 80 2 4 6 8 0.1 0.2 0.3 0.40 0.01 0.02 0.03 0.04	测井解释	录井解释
30	40	5	10	10	30	15		65	40	10	10

图9-14 录井综合图格式(据 Q/SY 128—2005)

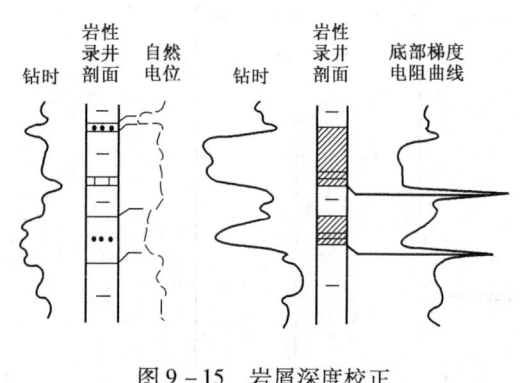

图9-15 岩屑深度校正

由于岩屑录井和钻时录井的影响因素较多,因此还需要进一步依据测井曲线进行岩屑定层归位。与取心深度误差校正类似,选取在钻时曲线、测井曲线上都具有明显特征的岩性层来校正(图9-15)。深度校正主要是依据钻时曲线与测井曲线之间的深度差值把岩性剖面上提或下放。

岩屑录井剖面的岩性与测井解释的岩性如有不符,应分析测井曲线和复查岩屑,找出原因进行修正。

四、钻井液录井

钻井液是指钻井过程中以多种功能满足钻井工作需要的各种循环流体的总称。钻井液除了传递水动力、冷却和润滑钻头及钻具外,重要的是携带和悬浮岩屑,稳定井壁和平衡地层压力。根据地质条件合理使用钻井液是防止钻井事故发生、降低钻井成本和保护油层的重要措施。

根据钻井液性能的变化及槽面显示,来推断井下是否钻遇油、气、水层和特殊岩性的录井方法称为钻井液录井。

（一）钻井中影响钻井液性能的地质因素

了解钻井过程中影响钻井液性能的地质因素,对于判断油、气、水层十分重要,钻遇各类地层时钻井液性能的变化见表9-1。

表9-1 钻遇各种地层时钻井液性能变化表

钻井液性能	淡水层	盐水层	油层	气层	石膏层
密度	下降	下降	下降	下降	不变或稍上升
黏度	下降	先上升后下降	上升	上升	剧增
含盐量	不变或下降	上升	不变	不变	不变
滤失量	上升	上升	不变	不变	上升

1. 高压油、气、水层

当钻遇高压油气层时,油气侵入钻井液,造成密度降低、黏度升高。当钻遇高压淡水层时,密度、黏度和切力均降低,滤失量增大。钻遇高压盐水层时,黏度增加后又降低,密度下降,切力和含盐量增加。油、水侵会使钻井液量增加。

2. 盐侵

当钻遇可溶性盐类,如岩盐($NaCl$)、芒硝(Na_2SO_4)或石膏($CaSO_4$)时,会增加钻井液中的含盐量,使钻井液中Na^+浓度增加,使其黏度和滤失量增大。当盐侵严重时,还会影响黏土颗粒的水化和分散程度,而使黏土颗粒凝结,黏度降低,滤失量显著上升。

钻遇石膏层或钻水泥塞而带入了$Ca(OH)_2$时,均发生钙侵,使黏度和切力急剧增加,有时甚至使钻井液呈豆腐块状,滤失量随之上升,当$Ca(OH)_2$侵入时还将使钻井液的pH值增大。

3. 砂侵

由于黏土中原来含有的砂子及钻进过程中岩屑的砂子未沉淀会导致砂侵。含砂量高,则增大钻井液的密度、黏度和切力。

4. 黏土层

钻遇黏土层或页岩层时,因地层造浆使钻井液密度、黏度增高。

（二）钻井液录井资料的收集

钻进时,钻井液不停地循环,当钻井液在井中和各种不同的岩层及油、气、水层接触时,钻井液性能就会发生变化,可以大致推断地层及含油、气、水情况。当油、气、水层被钻穿以后,若地层压力大于钻井液柱压力时,地层中的流体进入钻井液,随钻井液循环返出井口,并呈现不同的状态和特点,这就要求进行全面的钻井液录井。这些录井工作具有很强的时间性,如错过了,就可能使收集的资料残缺不全,或者根本收集不到。

钻井液录井主要收集的资料有:① 钻井液性能的观察测定;② 钻井液池液面观察;③ 钻井液出口情况观察。

钻井液显示可分为以下5类:

① 油花、气泡:油花或气泡占槽面少于30%,全烃色谱组分值上升,岩屑有荧光显示,钻井液性能变化不明显。

② 油气侵:油花气泡占槽面30%~50%,全烃色谱组分值高,钻井液出口密度下降,黏度上升,有油、气味,钻井液池内总体积增加。

③ 井涌:出口钻井液流量时大时小,混入钻井液中的油气间歇涌出或涌出转盘面1m以内,油花气泡占槽面50%以上,油气味浓。

④ 井喷:钻井液涌出转盘面1m以上称井喷,超过二层平台称油气强烈井喷。

⑤ 井漏:钻井液量明显减少。

(三)钻井液录井图

钻井液录井图一般列在综合录井图中。它要求标示钻井液的相对密度、失水量、滤饼厚度、黏度、切力、含砂量、含盐量、pH值等基本性能数据,以及钻井液显示和处理剂使用等情况,通过各种性能随深度的变化,配合其他录井方法对油气层进行解释。

五、气测录井

气测录井称为气相色谱录井,属随钻天然气地面测试技术,主要是通过对钻井液中天然气的组分和含量测量,判断地层流体性质,间接评价储层。由于气测录井是在钻进过程中进行的,利用气测资料能及时发现油、气显示,预报井喷,因此在探井中广泛采用。

油、气、水层在气测录井资料上的一般显示特征如下。

(一)油层

全量含量高,峰宽且较平缓,幅度比值较大,烃组分齐全,重烃含量较高,钻时低,后效反应明显(图9-9)。

(二)气层

全量含量高,曲线呈尖峰状,幅度比值较大,烃组分不全,C_1的相对含量一般在95%以上,钻时低,后效反应明显(图9-16)。

(三)水层

不含溶解气的纯水层气测无异常,含有溶解气的水层一般全烃值低,组分不全,主要为C_1,非烃组分较高,无后效反应或反应不明显(图9-17)。

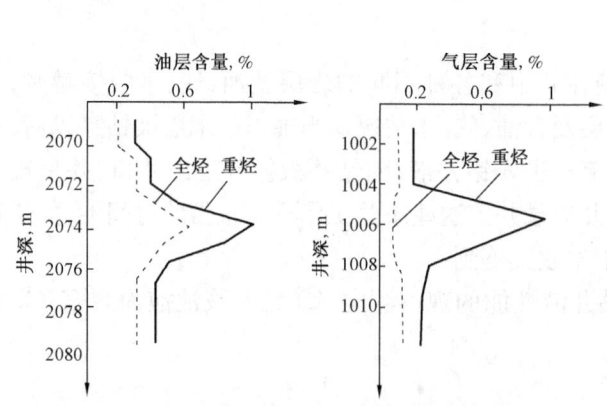

图9-16 油层和气层的气测曲线特征

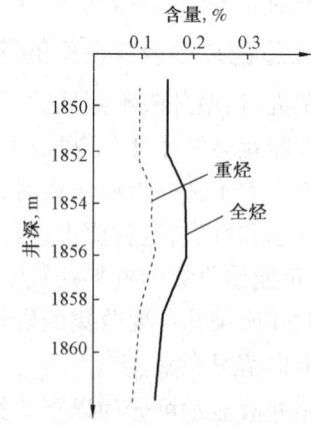

图9-17 油田水层的气测曲线特征

目前,气相色谱资料的解释不论在理论上还是实践上都还不够完善。人们通过实践摸索出一些气相色谱解释方法,对预测油气层具有一定的参考作用。如通过色谱资料确定气体各组分的含量及其构成,制作烃比值图版、三角形组分图版等,参考其他有关资料进行油气层的解释。

六、空气钻井及录井

空气钻井起源于20世纪50年代,其第一发展高峰始于20世纪60年代初,第二发展高峰始于1993年,在国外(特别是加拿大、美国)已广泛应用。近几年我国空气钻井技术的应用日趋成熟。空气钻井是将传统钻井过程中使用的液体循环介质由气体代替,通过气体压缩机将压缩气体注入井内,依靠环空气体的冲量,完成冲击破碎岩屑、冷却钻头、携带岩屑等任务的一种欠平衡钻井方式。空气钻井在工艺上可分为四类:纯空气钻井、空气雾化钻井、空气泡沫液钻井和空气充气钻井。

(一)空气钻井的基本原理

空气钻井的基本原理是将压缩气体注入井内,依靠环空气体的冲量,把钻井岩屑带回地面。利用空气作为工作介质,用空压机对空气先进行初级压缩,再降温、除水,再用增压机将空气继续增压至钻井需要的工作压力,并将增压后排气量为 $100\sim130\text{m}^3/\text{min}$ 的高压空气通过立管三通压入钻具,利用压缩空气完成冷却钻头、携带岩屑返回井口的任务,在排砂管线上利用岩屑取样器取得砂样,利用除尘器消除钻屑粉尘,由专用管汇排入到沉砂池。

(二)空气钻井的优势

1. 提高机械钻速

由于气体的密度极低,井内液柱压力极低,使井底形成一个很大的负压,钻头在负压下旋转导致岩石爆裂、破碎,从而最大限度地提高了地层的可钻性。空气钻井的机械钻速是常规钻井液的5~10倍。

如四川盆地的 DS1 井 700~3276m 井段采用纯空气钻井,平均机械钻速 12.3m/h,而邻井 QLB1 井在相同层位采用钻井液钻井,其机械钻速为 1.20m/h,DS1 井的钻速为邻井 QLB1 井的 10.3 倍。对比结果见表 9-2。

表 9-2 DS1 井与 QLB1 井钻速对比表

层位	钻头尺寸 mm	DS1 井(空气)			QLB1 井(泥浆)		钻速提高倍数
		井段,m	介质	平均钻速,m/h	井段,m	平均钻速,m/h	
沙溪庙	311.2	700~3276	空气	12.30	1750~3282	1.20	9.3

2. 减少油层损害

使用空气/空气泡沫钻井可以对油气层直接进行连续测试,获取油气层的原始产能数据,也可获得"干净"岩心,避免产层损害。

3. 延长钻头寿命

空气钻井要求气体在环空中的返速必须达到 15m/s(3000ft/min)以上,使钻屑完全快速地脱离钻头的切削部件,避免了重复切削,保证了井眼清洁;另外,空气钻井钻头的冷却比钻井液钻井好,延长了钻头寿命。

4. 降低井漏和卡钻的风险

在低压地层,使用气体作为循环介质可降低井漏的危害,免除堵漏损失,基本不会造成因压差而导致的卡钻。

5. 降低钻井成本

由于空气或天然气来源充足,且机械钻速快,大大缩短了钻井时间,已被世界公认为是一种降低钻井成本的好方法。

6. 有利于保护环境

由于采用空气钻井时,不使用钻井泥浆,而且钻井过程中整口井减少了钻井液的消耗和维护量,同时也减少了废弃钻井液的处理量,可显著降低钻井液费用和减少化工产品对环境造成的污染。

(三)空气钻井的适用条件

1. 不出水的坚硬地层

在坚硬地层中,采用空气钻井可以大幅度地提高机械钻速。由于地层水能使黏土颗粒凝结膨胀,容易造成环空堵塞及卡钻事故,所以出水地层不适于空气钻井。

2. 严重漏失地层

对于严重漏失地层,如基质渗透率低但具有宏观开放型裂缝或者溶洞的地层,在这些地层中常规钻井方式难以实施,这时就可以采用空气钻井方式。

3. 严重缺水地区

由于空气钻井是以空气作为循环介质,对水的需求量降到了最低,所以特别适合于干旱缺水、高寒冰冻、供水困难地区的钻探施工。

4. 地层压力低且分布规律清楚的地层

空气钻井的静气柱压力极小,较高的地层压力会加重井控设备的负担。此外,如果不清楚地层压力的分布规律,空气钻井施工的安全性就难以得到保证。因此,对于地层压力较高和分布规律不是很清楚的井,不适合使用空气钻井技术。

(四)空气钻井下的地质录井

1. 空气钻井对常规录井的挑战

1)岩屑的采集

由于在钻井的过程中会产生大量的岩屑,这些岩屑都会随着压缩空气返回到地面上,但是由于空气钻井采用的是密闭循环体系,无法采用常规的振动筛实现分离液固相的方式来收集岩屑,从而对岩屑的采集带来了一定的困难。

2)岩屑的鉴定

以气相作为钻井介质的空气钻井主要针对地层压力低于静水压力的地层。由于气体(如空气、天然气、氮气)的排量一般都较大,气体切割地层的力量也大,岩屑被研磨较细,呈粉末状(如地层出水、出油则呈糊状),影响了岩屑的真实性,造成岩屑辨别困难,给岩性定名及分层卡层带来较大困难。

3)对气测录井的影响

以钻井液脱气为主的气体采集系统没有了基础,也就是说从井口上来的就是气体,直接进机分析、以脱气为主的常规工艺要改变为如何在高压力下采集到有代表性的气体。

2. 空气钻井的录井方法

1）样品采集方法

空气钻井条件下的样品采集,是在排砂管线上引出支管,再分为收集砂样、气样2个支管。砂样采集装置为两端开口带阀门的布袋或铁容器,一端密封固定在排砂管上,另一端带阀门,便于采集岩屑;其中气样采集部分先后通过水过滤、脱脂棉过滤、硅胶过滤、砂球过滤等步骤,主要目的是过滤掉粉尘和水分,达到对气样的分析要求。

2）岩屑鉴定方法

① 分选筛法:利用0.1mm×0.1mm孔径的分选筛,筛取比较大、棱角明显的真岩屑,并用清水将岩屑清洗干净、烘干,利用放大镜、双目镜进行碎屑岩成分、分选、磨圆等描述,提高岩屑描述的准确度。

② 研磨法:在空气钻井的现场岩屑鉴定中,研磨法是最主要手段之一。简单快捷的方法是直接用手来感觉,看看是否有砂砾感;较为正规的方法则是准备一块普通玻璃和一块光滑的铁器把岩屑加水用铁器的光滑面研磨,以此来鉴别砂泥岩。

③ 钻时卡层法:在空气钻井中,钻时同样对岩屑分层具有重要作用,但是前提是必须知道本地区岩性与钻时的关系。根据这个钻时变化规律,结合不同岩性岩石的颜色差别和钻时特征,在空气钻快速钻进时,能较为快速地区分岩性。

④ 伽马仪录井:利用岩石矿物中的自然放射性(γ射线),借助伽马射线探测器检测被测钻屑样品中的自然伽马射线强度,依据沉积岩的自然放射性随泥质含量、有机物含量、钾盐和某些放射性矿物的增加而增加这一原理来划分岩性,卡取层位。

⑤ X射线荧光岩屑识别技术:X射线荧光技术根据荧光X射线的波长(能量)和强度对被测样品中一些元素(Si、Fe、Ca、K、Mg、P、S、Ba、Cl、Ti、Mn等)进行定性和定量分析,以区分岩石类型,达到正确识别岩性的目的。

七、随钻测量技术

井下随钻测量技术包括随钻测量(MWD)和随钻测井(LWD)两大部分。随钻测量(MWD)是在钻井过程中进行井下信息实时测量和上传的技术简称。LWD是在MWD基础上发展起来的一种功能更齐全、结构更复杂的随钻测量系统,与MWD相比,LWD传输的信息更多。20世纪80年代中期在钻定向井中首次使用MWD,80年代末LWD问世,90年代以来,随钻测量技术的发展促进了钻井、录井、测井乃至地震(随钻地震SWD)和地质(实时地质评价)的多学科交叉与融合(刘树坤,2008)。在井下比较高级的随钻测量系统中已将MWD、LWD和录井融为一体,对MWD、LWD和录井进行明确划分显得没有太大意义(苏义脑,2005)。

(一)随钻测量系统(MWD)

随钻测量(MWD)是英文"Measurement While Drilling"的缩写。无线随钻测量仪器可在钻井过程中及时进行测量,即在不停钻情况下,钻井液脉冲发生器将井下探头测得的数据发送到地面,经计算机系统采集处理后,得到实时的井身参数及地层参数。随钻测量仪可在钻井过程中测量井身的倾角、方位角、工具面角和地层自然伽马强度,为大斜度井及水平井的钻井及时提供井身参数和地层评价资料。该仪器是在定向井及水平井钻井作业中,为提高钻井速度和保证钻井质量必不可少的技术装备。

通常意义的 MWD 仪器系统,主要限于对工程参数(井斜、方位、工具面)的测量。

(二)随钻测井(LWD)

随钻测井(LWD)是英文"Logging While Drilling"的缩写。随钻测井是在随钻测量(MWD)基础上发展起来的一种功能更齐全、结构更复杂的随钻测量系统,主要是在常规 MWD 的基础上增加了若干测量短节,如 CDR(补偿双电阻率仪)、CDN(双补偿中子密度仪)、ISONIC(声波仪)等,用以获取测井信息。

在过去的近 20 年里,随钻测井技术得以快速发展,迄今为止,随钻测井能提供地层评价需要的所有测量,如比较完整的随钻电、声、核测井系列,随钻地层压力、随钻核磁共振测井以及随钻地震等等。有些 LWD 探头的测量质量已经达到或超过同类电缆测井仪器的水平。

与常规电缆测井相比,除了节省成本外,随钻测井有如下优势:① 从测量信息上讲,随钻测井是在钻井液尚未侵入或者侵入不深时测量地层信息,滤饼和冲洗带尚未形成,所测得的曲线更加准确,更能反映原始地层的真实信息,如声波时差等;② 从对钻井的指导作用来讲,随钻测井可以提前检测到超压地层,以指导钻井液的配制,提高钻井安全系数。它也可以根据测井信息,分析出有利的含油气方向,确定钻井方向,增强地质导向功能;③ 从适应环境上讲,在大斜度井、水平井或特殊地质环境(如膨胀黏土和高压地层),电缆测井困难或者风险大以致不能进行作业时,随钻测井可以取而代之。目前在海上,几乎所有钻井活动都采用随钻技术。

八、综合录井

综合录井是指在石油钻井作业中,利用循环钻井液作为记录信息的载体,使用各种检测仪表或其他方法,记录钻井液中的井下地质、油气、压力、物性等信息随深度变化的一种综合录井作业。综合录井不仅包括了传统的各种录井内容,还包括了钻井参数、钻井液参数及地层压力的预测。这些参数(包括工程、钻井液、气体的资料)都可以通过物理量的测定转换而来,通过对不同参数的检测、记录、整理、分析、计算,达到对地层进行含油气的初步评价、孔隙压力的预测以及钻井监控的目的。

综合录井的发展源于地质录井和钻井液录井,从 20 世纪 70 年代中期之后,国外将计算机引入综合录井仪,用于实时地质与工程数据处理,录井技术有了质的飞跃。到 20 世纪末已成为包括常规地质录井、钻井液录井、气测录井、地化录井、钻井工程随钻测量(MWD)和随钻测井(LWD)为一体的现代化综合性录井技术,基本上实现了从信号采集、处理、存储、传输到解释自动化,实现了油气钻探过程的全面监控。同时在油气钻探作业中,使用各种测量仪器(含地面和地下测量仪器),能直接实时反映井下地质构造、含油气情况和钻井工程等方面数据,因此具有获取信息及时、多样,分析解释快捷的特点,是其他勘探技术无法取代的。

综合录井系统采集和分析得到的信息可以实时送到用户面前。常规传送的信息包括地质监督的实时屏幕信息(录井图和数据信息)、钻井监督的实时屏幕信息(钻井工程信息)和钻台司钻的数据显示。综合录井图格式如图 9-14 所示。

录井房内计算机屏幕可以显示多井录井曲线,为方便对比,各井的录井曲线可以上下滚动,以便判断本井钻遇的地层层位。录井房内打印机输出图表可根据业主要求打印,按时送达用户手中。录井系统还可以远距离地把信息传送到有关单位。

(一)综合录井的技术特性

1. 随钻性

综合录井伴随钻井进行监测,提供相关信息,因此要求录井连续地随钻监测。这一特点要求录井设备必须具有较高的长期稳定性。

2. 实时性

"实时"意味着"现场立即处理"。综合录井技术具有很强的实时性,信息变量实时采集,实时解释和信息实时传送到用户面前。由于录井实时性强,故可利用录井提供的信息,在钻探作业中实现实时决策。遇到疑难问题,还可以实时网络远程传输,由高级人员做出实时远程决策,从而实现最低成本获取尽可能多的钻探效益。

3. 技术多样性

综合录井涉及地质学科、钻井工程学科、电子技术(含计算机)学科、地球化学学科等。目前,由于定向井和水平井技术的发展,测井技术向录井渗透,构成录井技术的"MWD""LWD"子系统。垂直地震剖面(VSP)也在录井技术中崭露头角,它是以钻头破岩的震动作震源,应用地震波检测井底以下地层界面位置和产状,实现随地震法测量和预报。它还可以用来遥测钻头的位置和方位。

工业(监视)电视已应用到井场,图像系统的信息连接在录井系统上。它主要为远程终端高级技术人员观察井场作业提供方便。如井筒取心,出心场面含有重要的地层信息,远程终端人员可以通过工业电视获取。当然,工业电视在事故处理中也具有重要意义。

(二)综合录井在油气钻探中的作用

1. 钻探合成技术的信息中枢

综合录井是钻探信息中枢,钻井作业中各种状态及钻遇地层的各种信息都可由综合录井提供,钻井工程只需按录井传达的信息不断地变动运行参数,便可确保安全快速钻进和发现油气层。钻井过程中,依据录井提供的监测信息,及时调整钻井液性能。测井资料解释和试油作业都离不开录井提供地质信息。

2. 对地层进行含油气的及时评价

在综合录井中包含了钻时、钻井液、气测录井,这些录井方法在识别油气层中都起着非常重要的作用。录井不仅可以提供井涌信息,还可以检测盖层的钻遇,当钻开可能的油气层1~2m,综合录井就会提供可能钻到储油气层的信息,然后采取停止钻进转为地质循环的措施,等待井底钻井液返出井口,检测钻井液携带出的气体和岩屑信息,及时判断钻遇地层是油层还是水层。

3. 为钻井安全和保护油气层提供信息

在钻井施工中,往往会有险情发生,为排除这些险情,及时提供相关信息极为重要。综合录井除在钻台上提供参数信息显示外,还有声响报警。司钻可根据提供的信息较早地采取措施排除风险,如井涌、井漏、钻具遇卡遇阻、钻杆刺漏、钻头泥包等。

油气层保护是油气钻探中十分重要的问题,综合录井提供的信息可以判断钻井液密度是否合适,是否会对油层造成污染。综合录井提供的信息可减少钻井事故的发生,而任何一种钻井事故都将延长钻井液与地层接触时间,增加地层的污染。有时甚至推迟油气田的发现,给油气勘探造成重大损失。

第三节 完井资料整理

一、固井与完井

完井作业是指一口井按地质设计的要求钻达目的层和设计井深以后,直到交井之前所进行的一系列工作。油气井下套管、固井属于完井作业的主要内容。

(一)井身结构

每口井要根据该井的钻探目的、地质情况和钻井技术水平等制定合理的井身结构。它包括该井下入套管的层次、各层套管的直径和下入深度、与各层套管相应的钻头直径,以及各层套管外的水泥返高(图9-18)。

在一口井中,根据所起作用不同,将套管分为表层套管、技术套管和生产套管(含尾管),如图9-18所示。

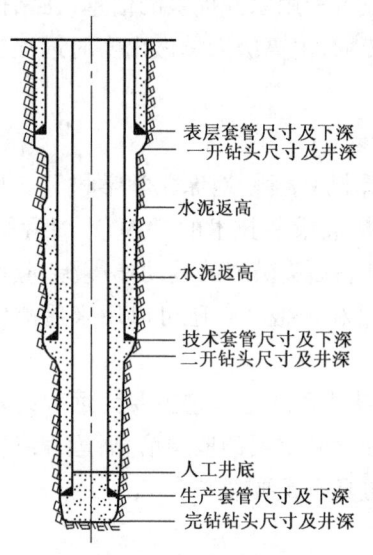

图9-18 井身结构示意图

1. 表层套管

表层套管用于封隔上部松软易塌、易漏地层,防止钻井液对上部淡水层的污染,安装井口防喷器控制井喷,承载技术套管和生产套管的部分重量。

2. 技术套管

技术套管用于分隔难以控制的复杂地层,保证钻井工程顺利进行。如钻井液密度无法兼顾下部高压层和上部易漏失层时,就在钻开高压层之前下技术套管将易漏失层分隔,再钻开高压层。

3. 生产套管

生产套管用于把生产层和其他地层封隔开,把不同压力的产层封隔开,保证油气井正常生产。生产套管又称为油层套管。

根据井身结构、地层情况和开发等方面的情况有时也会使用尾管,常见井内的各层套管通常是从井口一直下到设计深度。而尾管的上端悬挂在上层套管上,不延伸至井口。根据它所起到的作用可分为钻井尾管(或技术尾管)和生产尾管(或油层尾管)。

(二)固井

向井内下入一定尺寸的套管串后,在井壁和套管间的环形空间内注入水泥的工作称为固井。

固井的目的是:一是保护井壁,防止井身垮塌,保证钻井工作的正常进行;二是封隔不同层位不同压力系统的油、气、水层,防止互窜;三是便于安装井口设备,控制井喷,使油气按规定管路流动。固井是钻井工程的一项要重要工作,固井质量好坏对一口井,以及整个油田的勘探、开发都有较大的影响。

表层套管固井时,水泥浆通常返至地面;技术套管固井时,水泥浆应返至所封隔地层100m以上;生产套管固井时,水泥浆一般返至封隔油、气层150m,对于高压气井,水泥浆应返至地面,以提高套管抗内压能力。

(三)完井方式

完井方式是指油气井井筒与油气层的连通方式,以及为实现特定连通方式所采用的井身结构、井口装置和有关的技术措施。

完井方式选择是完井工程的重要环节之一。目前国内外最常见的完井方式有套管或尾管射孔完井、割缝衬管完井、裸眼完井、裸眼或套管砾石充填完井等。

1. 射孔完井

射孔完井是国内外最广泛使用的完井方式。

1) 套管射孔完井

钻穿油层直至设计井深,然后下生产套管至油层底部注水泥固井,最后射孔,射孔弹射穿油层套管、水泥环并穿透油层一定深度,建立起油流通道(图9-19)。套管射孔完井可选择性地射开不同压力、不同物性的油层,具备实施分层注采和选择性压裂或酸化等分层作业条件。

2) 尾管射孔完井

在钻头钻至接近油层顶面时,下技术套管注水泥固井,然后用小一级的钻头钻穿油层至设计井深,用钻具将尾管送下并悬挂在技术套管上(图9-20)。再对尾管注水泥固井,然后射孔。尾管射孔完井,由于在钻开油层以前上部地层已被技术套管封固,因此可以采用与油层相配伍的钻井液以近平衡压力、欠平衡压力的方法钻开油层,有利于保护油层。此外,这种完井方式可以减少套管重量和油井水泥的用量,从而降低完井成本,目前较深的油气井大多采用此方法完井。

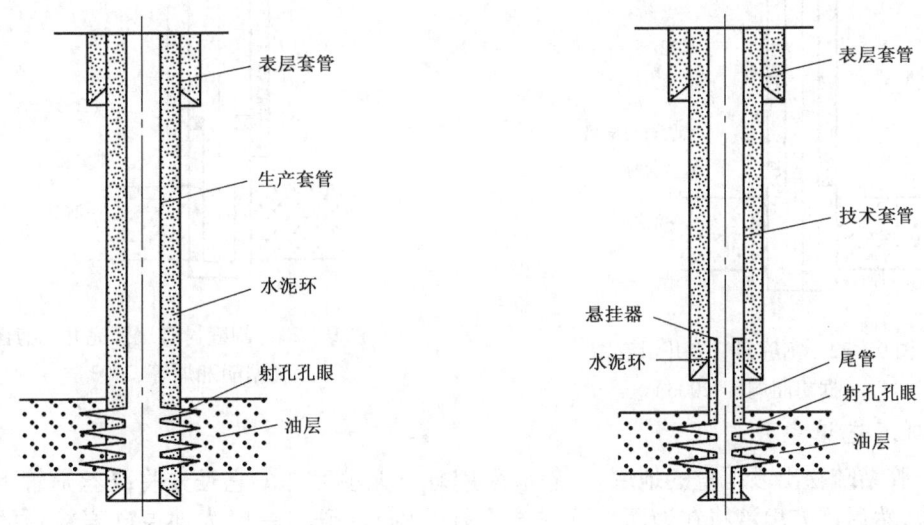

图9-19 套管射孔完井示意图(据胡湘炯等,2003)　　图9-20 尾管射孔完井示意图(据胡湘炯等,2003)

2. 裸眼完井

1) 先期裸眼完井

钻头钻至油层顶界附近后,下入生产套管注水泥固井,水泥浆上返至预定设计高度后,再从生产套管中下入直径较小的钻头,钻穿水泥塞,钻开油层至设计井深完井(图9-21)。

2) 后期裸眼完井

在钻穿油层以后,再下生产套管到油层顶面注水泥固井,使油层部位完全裸露。裸眼完井的主要特点是油层完全裸露,因而油层具有最大的渗流面积,完善程度高,其产能高。这种完井方式一般都在碳酸盐岩油气藏中使用。砂岩油气藏不宜采用裸眼完井。

3. 割缝衬管完井

割缝衬管完井方式也有两种完井工序:一是用钻头钻穿油层后,套管柱下端连接割缝衬管下入油层部位,通过套管外封隔器和注水泥接头固井封隔油层顶界以上环形空间(图9-22);另外一种是钻头钻至油层顶部后,先下技术套管注水泥固井,再从技术套管中下入直径小一级钻头钻穿油层至设计井深,然后在技术套管尾部悬挂割缝衬管完井(图9-23)。

割缝衬管完井主要用于出砂不严重的油层。割缝衬管的防砂机理允许一定大小的、能被原油携带至地面的细小砂粒通过,而把较大的砂粒阻挡在衬管外面,大砂粒在衬管外形成"砂桥",达到防砂的目的。割缝缝眼的形状和尺寸应根据骨架砂粒度来确定。

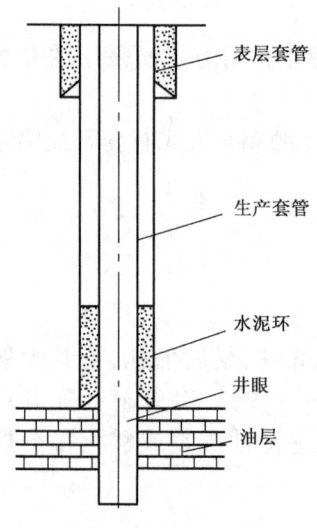

图9-21 裸眼完井示意图
(据胡湘炯等,2003)

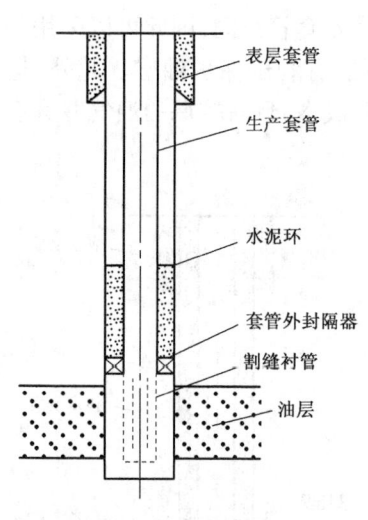

图9-22 割缝衬管完井示意图
(据胡湘炯等,2003)

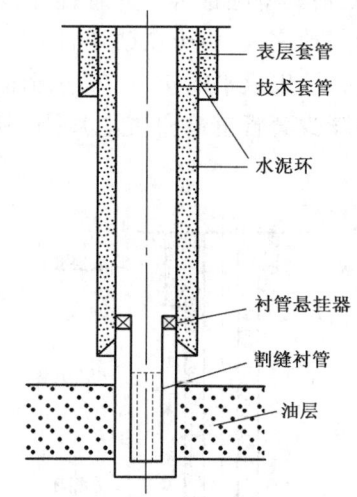

图9-23 割缝衬管尾管完井示意图
(据胡湘炯等,2003)

4. 砾石充填完井

对于胶结疏松出砂严重的地层,一般应采用砾石充填完井。它是先将绕丝筛管下入井内油层部位,然后用充填液将在地面上预先选取好的砾石(砾径一般为地层砂岩粒径的6倍左右)泵送到绕丝筛管与井眼或绕丝筛管与套管之间的环形空间内,构成一个砾石充填层,以阻挡油层砂流入井筒,保护井壁(图9-24,图9-25)。砾石充填完井可用于裸眼井,也可用于套管射孔井。

此外,其他完井方法还有化学固砂完井和防砂滤管完井,这里不再赘述。

二、完井资料整理

完井以后,必须全面、系统地整理和分析在钻井过程中所取得的各项资料,综合判断钻探地层剖面、构造及油、气、水层等地下地质情况,编制完井图和编写完井报告。

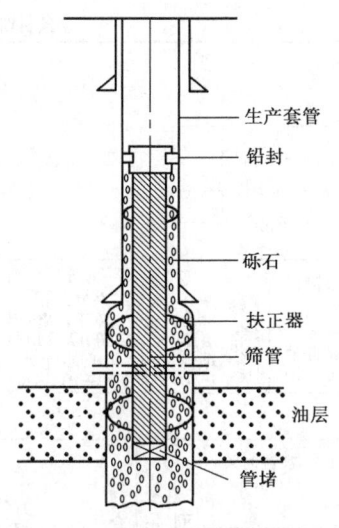

图9-24 裸眼砾石充填完井示意图
（据胡湘炯等，2003）

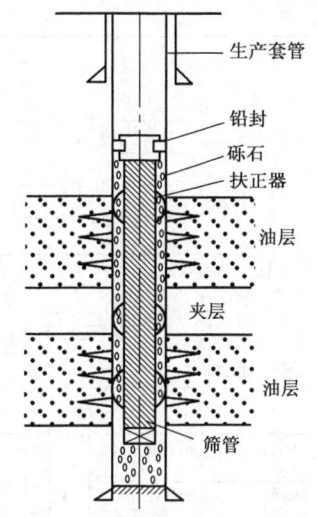

图9-25 套管砾石充填完井示意图
（据胡湘炯等，2003）

（一）完井地质报告

完井地质报告是钻探完井后，全面应用各项录井、测井、地震及分析化验等有关资料进行综合分析，重点针对钻探目的需要解决的地质问题，进行地质评价。其内容包括前言、钻井简史、主要地质成果、结论建议和主要问题讨论等。

根据井别不同，完井地质报告有不同的内容和要求。参数井、预探井应详尽论述，各项录井、测井、分析化验和地层测试资料，应充分加以消化利用，并对区域含油气性和构造的含油气性应有详细评述分析，做到论据充分，图文并茂，对下一步钻探工作提出看法和建议。详探井的完井地质总结报告内容应侧重在对储集层的分布、构造特征和油矿地质内容进行综合分析评价，图表以简明实用为原则。开发井只填写井史资料，保存井身结构图和全套地球物理测井曲线。

（二）完井图件

一口井完井以后，除编写完井地质报告外，还要绘制各种完井图件，以便直观展示一口井的地质录井资料、地化录井资料、测井资料、分析化验资料和井斜情况等，达到恢复井孔的原始地层剖面、显示井身轨迹和判断油、气、水层的目的。一般需要编制完井地质综合图、岩心综合图、井斜水平投影图及三维井斜图。各类图件内容如图9-26、图9-27和图9-28所示。

地理位置					水深		m
构造位置					补心海拔		m
坐标	X		东经		设计井深		m
	Y		北纬		完钻井深		m
井别			钻井船		完钻层位		
钻头程序					开钻日期		
套管程序					完钻日期		
编图		绘图		审核		负责	完井日期

图9-26 XXX-X-X井完井地质综合图

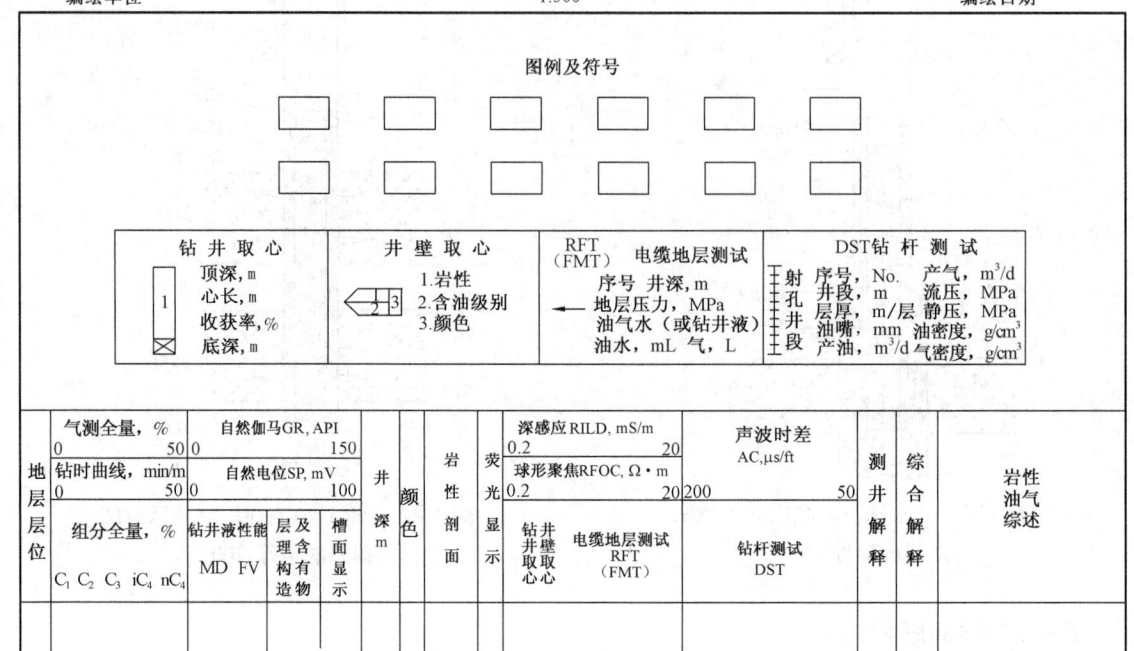

图 9-27　完井地质综合图格式示意图(据吴元燕等,2005)

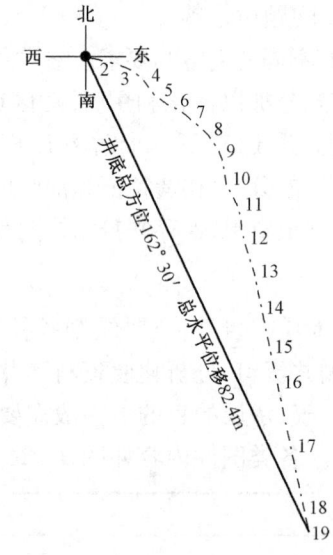

图 9-28　井斜水平投影图(据吴元燕等,2005)

完井图件的绘制,不同的勘探阶段、不同的井别有不同的要求。一般区域探井、预探井、评价井要求全井段绘制 1∶500 完井地质综合图,连续钻井取心超过 10m 要绘制 1∶100 岩心综合图,若见油气显示,不足 10m 也要绘制岩心综合图。井斜水平投影图所有井别都要绘制,具体图头格式参见有关规定。

思 考 题

1. 钻井地质设计的内容有哪些?
2. 地质录井的定义是什么？有哪些类型?
3. 岩心编号的含义是什么？岩心描述的内容有哪些?

第十章 油气资源与储量

油气田勘探开发的重要任务就是落实油气资源的探明程度,计算油气储量的大小。油气储量计算,是综合评价油气田勘探成果的一项主要工作,也是编制油气田开发方案、确定油气田建设规模和国家投资的重要依据。

第一节 资源量与储量分类

一、总原地资源量

油气是沉积有机质经过一系列生物作用、物理化学作用分阶段形成的。一定数量与质量的烃源岩生成一定数量的烃类,其在满足烃源岩自身吸附、运移过程的损耗后,通过排烃作用、运移与聚集等过程最终在不同圈闭中聚集下来。

原地资源量泛指在地壳中由地质作用形成的油气自然资源量,即在原始地质条件下圈闭储层中储藏的油气及伴生有用物质换算到地面标准条件($20℃$,$0.101MPa$)下的数量。

这种自然形成的原地资源量包括通过一系列勘探技术发现的资源量与未发现的资源量。前者称为地质储量(简称储量),后者称为未发现原地资源量(图10-1)。

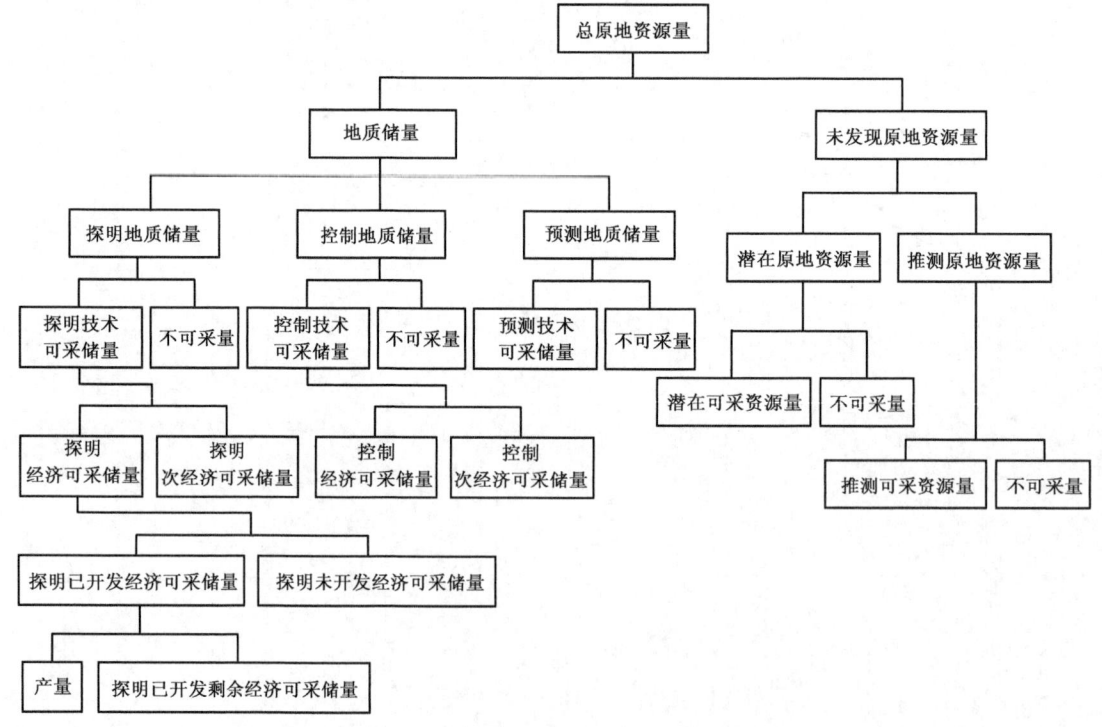

图10-1 资源/储量分类框架(据 GB/T 19492—2004)

二、未发现原地资源量

未发现原地资源量包括潜在原地资源量和推测原地资源量。

(一)潜在原地资源量

潜在原地资源量是指在圈闭预探阶段前期,对已发现的有利含油气的圈闭或油气田的邻近区块(层系),根据石油地质条件分析和类比,采用圈闭法估算的原地油气总量。

(二)推测原地资源量

推测原地资源量是指在区域普查阶段或其他勘探阶段,对有含油气远景的盆地、坳陷、凹陷或区带等推测的油气储集体,根据地质、物探等资料所估算的原地油气总量。

三、地质储量

地质储量是指在钻探发现油气后,根据已发现油气藏(田)的地震、钻井、测井和测试等资料估算求得的已发现油气藏(田)中原始储藏的油气总量。

油气田从发现起,大体经历预探、评价钻探和开发三个阶段。根据勘探、开发各个阶段对油气藏的认识程度,可将地质储量划分为预测地质储量、控制地质储量和探明地质储量。

(一)预测地质储量

预测地质储量是指在圈闭预探阶段预探井获得了油气流或综合解释有油气层存在时,对有进一步勘探价值的、可能存在的油气藏(田),估算求得的、确定性很低的地质储量。

(二)控制地质储量

控制地质储量是指在圈闭预探阶段预探井获得了工业油气流,并经过初步钻探认为可提供开采后,估算求得的、确定性较大的地质储量,其相对误差不超过50%。

(三)探明地质储量

探明地质储量是指在油藏评价阶段,经评价钻探证实油气藏(田)可提供开采并能获得经济效益后,估算求得的、确定性很大的地质储量,其相对误差不超过20%。

四、可采量

可采量包括了可采资源量和可采储量。可采资源量是指在未发现的原地资源量中可采出的油气数量,分为潜在可采资源量与推测可采资源量。可采储量是指在现有经济技术条件下,从储油(气)层中能采出的那部分的油气地质储量。储量是地质储量与可采储量的统称。

可采储量又按地质可靠程度和经济意义,在地质储量三个级别中又可相应分为经济可采储量、技术可采储量和次经济可采储量。可采储量又是经济可采储量、技术可采储量的统称。

五、产量及探明已开发剩余经济可采储量

产量是指在一系列生产措施实施后,实际采出的油气数量。按不同计算时间,可包括日产油气量、月产油气量、年产油气量及累积产油气量等。

扣除累积产量后的探明已开发经济可采储量称为探明已开发剩余经济可采储量。此概念与剩余可采储量定义有相似之处,剩余可采储量是指可采储量与累积产出量之差。

第二节 油气资源评价方法

油气资源评价已成为油气勘探决策分析中必不可少的工作。一个国家要发展,必须掌握

一定数量的油气能源;一个油公司要获得利润,就必须要有油气资源与储量。资源量估算是评价研究区的油气资源量的大小,是油气资源评价的核心。资源量估算是油气勘探决策的基础,其评价结果影响着油气的勘探方向和投资方向,同时其所提供的信息及其可靠程度也影响着研究区的勘探进程。

油气资源评价(预测)的方法很多。查全衡(1999)将其归纳为丰度法、成因法、经验和历史外推法、勘探目标分析法和主观直接法。丁贵明等(1997)将其总结为体积统计法、成因评价法、油气藏或圈闭规模概率分析规律法、资源评价的发现过程模型法、历史统计外推法、特菲尔法与专家系统。金之钧(2002)将其划分为体积统计法、成因评价法和历史—统计外推法。使用这些方法可以对任何勘探程度和资料级别的盆地进行资源量估算,每种评价方法的应用均有其适应性和局限性,分别适应不同的勘探阶段和开发程度。

本书重点介绍成因法、类比法、统计法和专家经验法等油气资源评价方法的基本思路。

一、成因法

成因法,也称为体积生成法或地球化学物质平衡法,它根据油气的生成、运移、聚集过程的基本理论来估算生烃量、运移量和聚集量。该方法是区域普查阶段常用的资源评价方法,主要包括氯仿沥青"A"法、有机碳法、热模拟法等。

(一)氯仿沥青"A"法

烃源岩中氯仿沥青"A"的含量既与有机质丰度有关,又与有机质成熟度有关,因此可以利用氯仿沥青"A"评价岩石中有机质的数量或生油气能力,评价计算公式为

$$Q_\text{总} = S \cdot H \cdot \rho \cdot M \cdot A \cdot K_A \tag{10-1}$$

式中 $Q_\text{总}$——评价目标的总生油量,t;
S——烃源岩的面积,km^2;
H——烃源岩的平均厚度,m;
ρ——烃源岩的密度,g/cm^3;
M——泥岩百分比,%;
A——参与氯仿沥青"A"含量,%;
K_A——氯仿沥青"A"恢复系数。

(二)有机碳法

烃源岩中的总有机碳含量(TOC)越大,有机质丰度越高,表明烃源岩的生油条件越好,因此可以根据有机碳的含量计算烃源岩的生烃量:

$$Q_\text{总} = S \cdot H \cdot \rho \cdot M \cdot C \cdot K_C \cdot X \tag{10-2}$$

式中 C——残余有机碳含量,%;
K_C——有机碳恢复系数;
X——烃产率,%。

(三)热模拟法

根据干酪根热降解的热动力反应规律,利用各种烃源岩模拟实验,求得气态烃、液态烃的产率曲线以及不同演化阶段的气态烃、液态烃产率,据此计算油气的总生成量,再乘以排聚系数,得出油气总资源量:

$$Q_\text{o} = (1/1000) \cdot (C_\text{g}/C_\text{o} + C_\text{g}) \cdot C_\text{a} \cdot C_\text{t} \cdot S \cdot H \cdot d \cdot K_\text{e} \cdot K_\text{a} \qquad (10-3)$$

$$Q_\text{g} = (C_\text{g}/C_\text{o} + C_\text{g}) \cdot C_\text{a} \cdot C_\text{t} \cdot S \cdot H \cdot d \cdot K_\text{e} \cdot K_\text{a} \qquad (10-4)$$

式中 Q_o——石油资源量，t；

Q_g——天然气资源量，m^3；

d——烃源岩密度，g/cm^3；

C_o, C_g——不同演化阶段液态烃、气态烃产率，%；

C_a——有机质的原始产烃潜量，kg/t；

C_t——不同演化阶段累计产烃率，%；

K_e——排烃系数；

K_a——聚集系数。

二、类比法

类比法的主要理论依据是具有相似的地质成因与结构的地质对象之间，其油气资源潜力也具有相应的可比性。基本思路为：首先对要评价对象进行地质特征分析，并且选定已知的类比对象，然后确定类比对象和评价对象的具体参数、指标值之间的相似性和相似系数，从而确定出评价区的资源丰度值，最后利用得到的资源丰度值，采用对应的面积丰度或体积丰度计算出评价对象的总资源量。类比法主要包括类比系数法（体积丰度或面积丰度等）、评分法、比分法等（武守诚，2005）。该方法是在对低勘探程度地区进行评价时通常采用的一种方法。

体积丰度类比法首先假设，评价某一预测目标与另一高勘探程度目标有类似的成藏地质条件，因此，其含油气体积丰度也大致类似，得出油气资源量为

$$Q = \gamma \cdot Q_\text{m} \cdot V/V_\text{m} \text{ 或 } Q = \gamma \cdot q_\text{m} \cdot V \qquad (10-5)$$

式中 Q——预测目标的资源量，t；

Q_m——类比区的资源量，t；

V——预测目标的沉积岩体积，km^3；

V_m——类比区的沉积岩体积，km^3；

q_m——类比区的单位体积资源量，t/km^3；

γ——相似率，即预测目标与类比区的相似程度。

三、统计法

统计法，也称作历史—统计外推法，是一类利用历史经验的趋势推断法，即利用历史勘探成果资料（包括发现率、钻井进尺、油气产率、油气田规模分布等），通过数学统计分析方法将历史资料按趋势合理地拟合成资源储量的增长曲线，将过去的勘探与发现状况有效地外推至未来或穷尽状态，据此对资源总量进行求和计算。该类方法通常适用于成熟或较成熟勘探地区的中后期评价阶段，不宜直接运用于早期的未勘探或未开发阶段。

（一）统计趋势预测法

该方法通过对油气勘探中信息收集行为（重力、磁力、地震）和行动（钻井）及油气储量的发现等过程的描述，建立勘探时间或勘探工作量与油气储量增长之间的关系，进而预测和估算未发现的油气资源量。统计趋势预测法适用于盆地发现高峰已经过去、随着储量发现年限（时间）或钻井进尺的累积增长而曲线呈现下降趋势的油田的评价。

(二)油气田(藏)规模概率分布法

该方法是国外油气资源评价中最常用的方法,尤其是常用于高勘探程度地区的评价。该方法的主要思路是:假设某一地区内的所有油气田(藏)的规模与其发现概率(或数目)服从一定的数学统计(或分布)规律,则根据已发现的油气藏大小或发现序列来修改、调节油气田(藏)规模的分布模型,从而推断出未发现油气田(藏)的大小及数量,进而得出总资源量。该方法又可以细分为很多种方法,其中常用的方法有油气田(藏)规模序列法、发现过程模型法、Arps-Robert模型法和分形预测模型法等。

四、专家经验法

专家经验法,又称特尔菲法,是一种系统综合石油地质专家的经验、知识的简单、有效的油气资源评价方法。该方法主要采用概率曲线法,将评价区进行有效划分,进而统计有关各项资料,分别根据不同专家的认识对其进行评价,最后平衡所有专家的认识,给出对某个盆地或区域的可靠的资源量。

特尔菲法的步骤要点是:① 由一名负责人主持油气资源的评价工作,称为特尔菲班长,特尔菲班长可以聘请经验丰富的若干个专家组成资源评价小组;② 特尔菲专家组的成员有权选用自己认为合适的评价方法,并独立地预测各种概率下的资源量值;③ 特尔菲班长集中各位专家的结果,并采用一定的方法综合处理这些评价结果,并将该结果反馈给各位专家,供他们参考并提出各自的修改意见;④ 通过该过程的多次反复,最终由特尔菲班长给出各种置信水平下的资源量估计值。

这种方法只是大致估算出来的预测的结果,准确性不高,勘探程度较低、数据资料不全的地区可以采用该方法进行资源量估算。

随着油气勘探程度的提高和勘探难度的加大,为了最大限度地降低勘探成本、提高勘探效益,针对不同目标选择合适的油气资源评价方法,定量预测和评价复杂地区的油气资源分布,将成为油气资源评价的发展趋势。

第三节 油气地质储量计算

油气储量的计算方法常用的有容积法、物质平衡法、压降法、产量递减曲线法等,每种方法都有其特点及适用范围。此次仅介绍容积法。

一、容积法计算公式

容积法是计算油(气)田地质储量的主要方法。其优点在于,它适用于不同勘探开发阶段、不同的圈闭类型和驱动方式中的油(气)储量计算,且计算简单。此法的计算精度取决于资料的数量和准确性。对于大、中型构造油气藏精度较高,而对于复杂类型油气藏则准确性较低。

容积法计算储量的实质就是确定油(气)在油气层中所占的体积。一旦知道含油气层的几何体积、有效孔隙度和含油(气)饱和度等参数,便可求出地下油气的体积,然后将油气的地下体积折算成地面体积或质量。

(一)石油储量计算

石油储量计算公式如下:

$$N = 100 \frac{A_o h \phi S_{oi}}{B_{oi}} \quad (10-6)$$

式中 N——石油地质储量,10^4m^3;
A_o——含油面积,km^2;
h——平均有效厚度,m;
ϕ——平均有效孔隙度,%;
S_{oi}——油层平均原始含油饱和度,%;
B_{oi}——平均石油原始体积系数。

若用质量单位表示石油地质储量时:

$$N_z = N \cdot \rho_o \quad (10-7)$$

式中 N_z——石油地质储量,10^4t;
ρ_o——平均地面原油密度,t/m^3。

地层原油中原始溶解气地质储量计算公式为

$$G_s = 10^{-4} \cdot N \cdot R_{si} \quad (10-8)$$

式中 G_s——溶解气的地质储量,10^8m^3;
N——石油地质储量,10^4m^3;
R_{si}——原始溶解气油比。

(二)常规天然气藏储量计算

容积法计算天然气藏主要适用于孔隙性油气藏及油藏气顶。对于裂缝型与裂缝—溶洞型气藏不适用。

气藏和油藏气顶天然气地质储量计算公式如下:

$$G = 0.01 \frac{A_g h \phi S_{gi}}{B_{gi}} \quad (10-9)$$

式中 G——天然气地质储量,10^8m^3;
A_g——含气面积,km^2;
h——平均有效厚度,m;
ϕ——平均有效孔隙度,%;
S_{gi}——原始含气饱和度,%;
B_{gi}——天然气原始体积系数,无量纲。

天然气体积系数为天然气地下体积转换为地面标准条件下的体积换算系数(我国地面标准条件指20℃,绝对压力0.101MPa)。其数值受原始地层压力和温度、地面标准压力和温度以及原始天然气偏差系数的影响:

$$B_{gi} = \frac{p_{sc} \cdot T_i \cdot Z_i}{T_{sc} \cdot p_i} \quad (10-10)$$

式中 p_{sc}——地面标准压力,MPa;
T_{sc}——地面标准温度,K;

p_i——原始地层压力，MPa；
T_i——原始地层温度，K；
Z_i——原始气体偏差系数，%；

据此，天然气原始地质储量计算公式(10-4)也可表达为

$$G = 0.01 A_g \cdot h \cdot \phi S_{gi} \frac{T_{sc} \cdot p_i}{p_{sc} \cdot T_i \cdot Z_i} \tag{10-11}$$

(三)页岩气藏储量计算

页岩气以吸附气、游离气和溶解气三种状态储藏在页岩层段中，页岩气总地质储量为吸附气、游离气和溶解气的地质储量之和；当页岩层段中不含原油时则无溶解气地质储量。

根据页岩层段储层情况确定页岩气地质储量计算方法。计算主要采用静态法；根据气藏情况或资料情况也可采用动态法；可采用确定性方法，也可采用概率法。此次仅介绍静态法。

静态法包括体积法和容积法，其精度取决于对气藏地质条件和储层条件的认识，也取决于有关参数的精度和数量。吸附气地质储量采用体积法计算，游离气和溶解气地质储量采用容积法计算。

1. 吸附气储量计算方法

计算页岩层段中吸附在泥质岩黏土矿物和有机质表面的吸附气地质储量时，采用体积法：

$$G_x = 0.01 A_g \cdot h \cdot \rho_y \cdot C_x / Z_i \tag{10-12}$$

式中 G_x——吸附气地质储量，$10^8 m^3$；
A_g——含气面积，km^2；
h——平均有效厚度，m；
ρ_y——页岩质量密度，t/m^3；
C_x——页岩吸附气含量(由等温吸附实验测得)，m^3/t；
Z_i——原始气体偏差系数，无量纲。

2. 溶解气储量计算方法

当页岩层段含有原油时，采用容积法计算溶解气地质储量，计算方法与常规油气相同，可用式(10-8)计算。

3. 游离气储量计算方法

页岩层段中储集在页岩基质孔隙和夹层孔隙中的天然气为游离气。页岩气藏中的游离气近似于常规天然气，可用式(10-6)进行计算。

当页岩层段不含原油时，容积法计算的吸附气与游离气储量之和即为页岩气地质储量。此外，也可用体积法直接进行计算：

$$G_z = 0.01 A_g \cdot h \cdot \rho_y \cdot C_z \tag{10-13}$$

式中 G_z——页岩气总地质储量，$10^8 m^3$；
C_z——页岩层段中的总含气量(由解析法、保压岩心法测得)，m^3/t。

二、储量参数的确定

容积法计算油气储量总共涉及6个参数：含油(气)面积、有效厚度、有效孔隙度、原始

含油(气)饱和度、原油(气)体积系数、原油(气)密度。对这6个参数的选择确定,介绍如下。

(一)含油(气)面积

含油(气)面积是指具有工业性油(气)流地区的面积,为油气藏产油、气段在平面上的投影区域。

含油(气)面积是根据含油(气)边界来确定的(图10-2)。含油(气)边界包括油(气)水边界、岩性边界和断层边界、不整合面边界。对于背斜油气藏来说,根据油(气)水边界可确定含油(气)面积,而对于地质条件复杂的油气藏,如岩性油气藏、断层油气藏,还要确定岩性边界、断层边界等。只有查明圈闭形态、断层位置、岩性边界以及油气藏油(气)水分布规律后,才能正确圈定含油(气)面积。

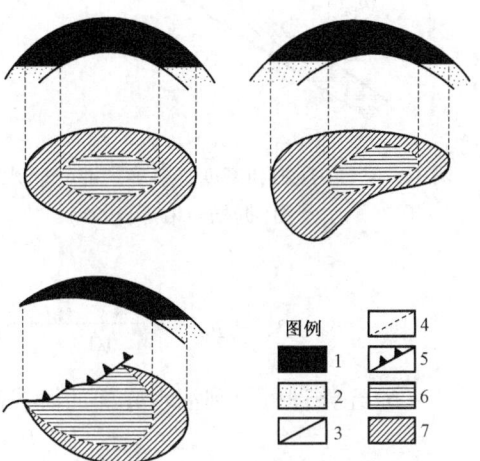

图10-2 含油(气)边界示意图
(据吴元燕,2005)
1—地层产油(气)部分;2—地层饱和水部分;
3—外含油(气)边界;4—内含油(气)边界;
5—尖灭线;6—油气藏纯油(气)带;
7—油(气)水过渡带

1. 油(气)水边界

油(气)水边界是控制含油(气)分布的重要边界。对于边水油(气)藏,可分为外含油(气)边界、内含油(气)边界。对于底水油(气)藏,只有外含油(气)边界。

油(气)水边界的确定主要有以下几种方法:

1)利用岩心、测井及试油(气)水界面

确定油(气)水界面的基本步骤如下:

① 划分油(气)水系统。根据试油(气)或测井解释的各井油(气)层、水层、油(气)水同层、干层,划分油(气)水系统。

② 在同一油(气)水系统内,按油(气)藏剖面或次序,依次将各井的油(气)层底和水层顶海拔高度标注在图10-3的坐标图上。最可靠的资料是单层试油(气)资料。

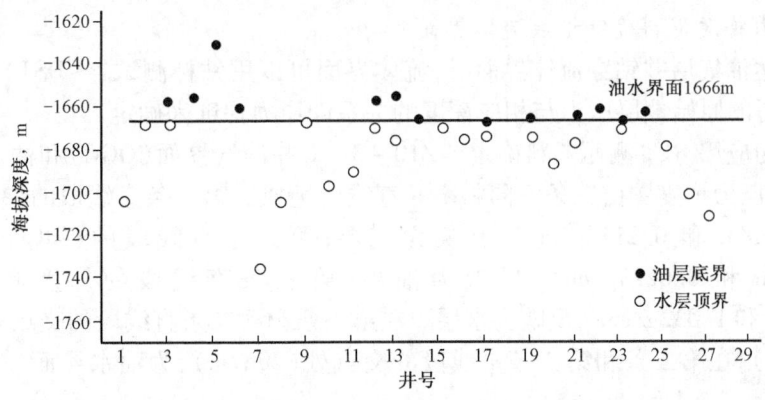

图10-3 确定油(气)水界面图(据蒋裕强等,2010)

③ 整体分析油(气)水分布规律,在油(气)底和水顶之间合理划分油(气)水界面。

2) 利用压力资料确定油气水界面

对于正常压力系统的油气藏,在探井钻达油(气)层但未钻穿流体界面时,可以获得原始的地层压力和流体密度资料,通过这些资料可以近似地确定油(气)藏的油(气)水界面。

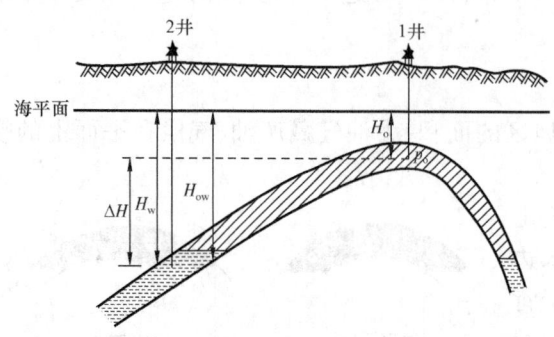

图10-4 用压力和密度资料确定油(气)水界面示意图(据杨通佑等,1998)

如图10-4所示,1井钻在油藏的含油部位,测得的油层静止压力为p_o,原油密度为ρ_o;2井钻在油藏的含水部分,测得的水层静止压力为p_w,水的密度为ρ_w。在油藏系统正常的情况下,根据压力关系可推导出油水界面的深度位置,推导公式如下:

$$p_w = p_o + \frac{(H_{ow} - H_o)}{10^3} \cdot \rho_o \cdot g + \frac{\Delta H - (H_{ow} - H_o)}{10^3} \cdot \rho_w \cdot g \quad (10-14)$$

式(10-6)经整理可得到油水界面的海拔高度为

$$H_{ow} = H_o + \frac{\rho_w \Delta H - 100(\rho_w - \rho_o)}{\rho_w - \rho_o} \quad (10-15)$$

式中 p_o——油井地层压力,MPa;
p_w——水井地层压力,MPa;
H_o——油井井底海拔高度,m;
H_w——水井井底海拔高度,m;
H_{ow}——油水界面海拔高度,m;
ΔH——油水井底海拔高差,m;
ρ_o、ρ_w——油、水密度,g/cm³;
g——重力加速度,取9.8m/s²。

对于气藏也有相似的计算公式,仅将式(10-15)中油的密度ρ_o换为气的密度ρ_g即可。

3) 利用压力梯度资料确定地层流体界面

当探井钻达油气层并钻穿流体界面时,流体界面可以用钻杆测试器(DST)或重复地层测试器(RFT)测得的原始地层压力与相应深度的关系即压力梯度来确定。

图10-5为应用RFT测压资料确定WZ10-3-1井油气界面(OGC)和油水界面(OWC)的图解。图中,压力梯度图由三条不同斜率的直线所组成。第一条直线段的梯度和密度分别为0.002176MPa/m和0.2176g/cm³,反映为气层;第二条直线段的梯度和密度分别为0.006223MPa/m和0.6223g/cm³,反映为油层;第三条直线段的梯度和密度分别为0.01032MPa/m和1.032g/cm³,反映为水层。在第一条和第二条直线段的交点处(1975m),为油气界面(OGC),在第二条和第三条直线段的交点处(2067m),为油水界面(OWC)(杨通佑等,1998)。

值得注意的是,这种方法仅适用于相同流体连续段具有一定厚度的油气藏。

确定了油气藏的油(气)水界面及其海拔高度以后,一般将油(气)水界面投影到油气藏顶面构造图上,以在平面上确定油(气)水边界,圈定油气藏的含油(气)面积。

如果油(气)水界面不是水平的,而是倾斜的或不规则的,此时,就不能简单地按上述方法来圈定含油(气)面积。一般需要编制油(气)水界面等高线图,然后将此图分别与油(气)层顶面构造图和油(气)层底面构造图叠合,取同值等高线之交点,并以平滑的曲线将这些交点连接起来,便分别获得油气藏的含油(气)外边界与含油(气)内边界。如果油(气)水分布非常复杂,则只能以可靠的试油(气)资料为依据,在构造图上分区圈定出含油(气)面积。

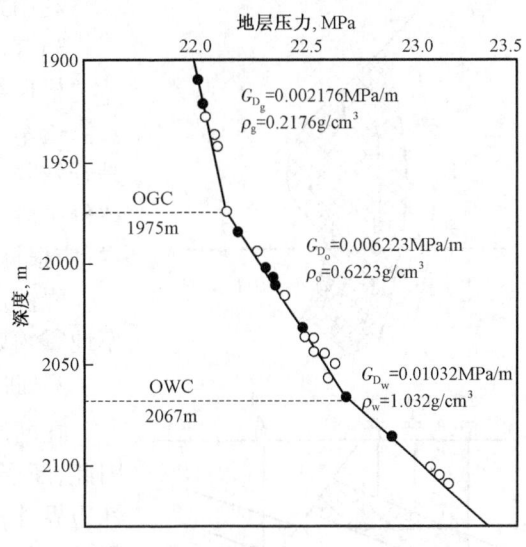

图 10-5　WZ10-3-1 井压力梯度图
（据杨通佑等,1998）

2. 岩性边界的确定

岩性边界一般是指储层岩性发生变化的分界线。但在储量计算中,岩性边界是指有效储层和非有效储层的分界线。由于它是岩性起主导作用,所以首先确定尖灭线的位置。在尖灭线之内的含油(气)情况,要用岩心、岩屑和测井资料进行判断,且经试油(气)具有工业油(气)流后,方能划入含油(气)面积之内。一般的,含油(气)面积在上倾方向利用岩性尖灭线来圈定,而在其下倾方向,则采用油(气)水边界来圈定。

确定尖灭线位置有以下三种方法。

1) 外推法

根据已知两井点间同一砂层厚度的变化梯度,以厚度大的向厚度小的一方外推至厚度为零的地方(图 10-6)。

2) 统计法

应用统计方法可得出下式(图 10-7):

$$X = \frac{L}{h+1} \tag{10-16}$$

式中　X——砂层尖灭位置到相邻井砂层已尖灭井的水平距离,m;
　　　L——相邻两井的水平距离,m;
　　　h——砂岩厚度,m。

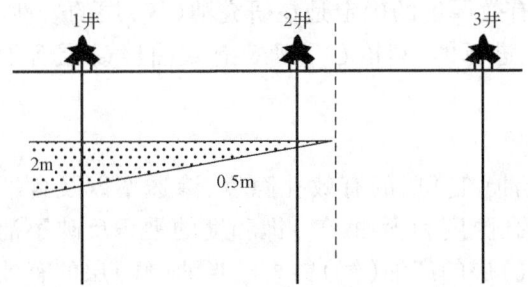
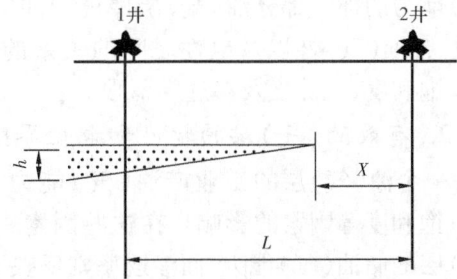

图 10-6　外推法确定尖灭位置　　　　图 10-7　统计法计算尖灭位置

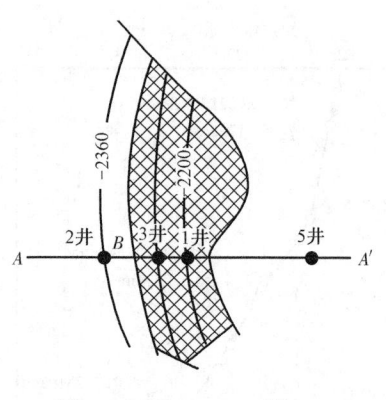

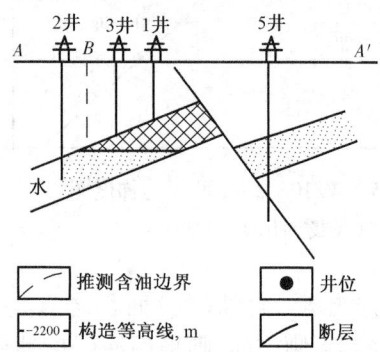

图 10-8　断块油藏含油面积示意图
（据陈立官，1983）

利用式(10-16)便可确定尖灭位置。

3）经验法

根据经验直接勾绘砂层尖灭位置，这要考虑砂层厚度及渗透率。当厚度大、渗透性好时，尖灭位置就远。如果是开发井，可按 1 个或者 1/2 个开发井距外推。但在油藏评价阶段因井距较大，一般不能用井距之半外推岩性边界，应根据同类已开发油田砂体大小的统计资料外推。

岩性边界的确定，除了上述方法外，还可结合高分辨率地震约束反演资料圈定。

3. 断层边界

在断层油(气)藏中，断层对油气分布起着控制作用。因此，断层油气藏的含油(气)边界除油(气)水边界和岩性边界外，十分重要的是断层边界。因此，应充分研究断裂系统与断层的分布，根据断层与油(气)水界面等其他界面共同圈定含油(气)面积。具体方法常采用投影法，如图 10-8 所示。值得注意的是，在应用顶面构造图表现含油(气)边界时，断层的控油(气)范围应充分考虑油(气)层顶、底面与断层面的交线，应以上述两条线的外线为油(气)层含油(气)边界线。图 10-8 中，油(气)层位于断层下盘，断层边界为油(气)层底面与断层面的交线；反之，断层边界为油(气)层顶面与断层的交线。

4. 含油范围的综合确定

充分利用地震、钻井、测井和测试等资料，综合研究油、气、水分布规律和油气藏类型，确定流体界面(气油界面、油水界面、气水界面)以及油气遮挡(如断层、岩性、地层)边界的基础上，编制反映油气层(储集体)顶(底)面形态的海拔高度等值线图、砂体分布图和有效厚度分布图，圈定含油(气)范围，计算含油(气)面积。

(二)油(气)层有效厚度

1. 有效油(气)层与油(气)层有效厚度

有效油(气)层是指在现有技术条件下能产出工业性油(气)流的油(气)层，又称为产层。

油(气)层有效厚度是指有效油(气)层的厚度，具体是指在一定压差下，具有工业性产油(气)能力的那一部分油(气)层厚度。油(气)层有效厚度的确定是在研究油(气)层的岩性、物性、含油(气)性以及电性之间的关系的基础上进行的，其核心是确定有效油(气)层含油(气)饱和度、孔隙度及渗透率下限。

2. 有效油(气)层的物性和电性界限

一个油(气)层的工业产油(气)能力主要受油(气)层的有效孔隙度、渗透率以及含油(气)饱和度等因素的影响。在这些因素中，有效孔隙度和含油(气)饱和度的乘积反映了油(气)层的储油(气)能力，而渗透率则反映了油(气)层的产油(气)能力。当油(气)层的有效孔隙度、渗透率和含油(气)饱和度达到一定界限时，油(气)层便具有工业产油(气)能力，这样的界限被称为有效油(气)层的物性界限，又称为物性标准。

在具体确定物性与电性界限时,目前广泛采用的是交会图法。图 10-9 为利用单层试油(气)资料与孔隙度和渗透率资料交会来确定产层的物性界限示意图。该图表明,产气层的渗透率界限为 $0.018 \times 10^{-3} \mu m^2$,孔隙度界限为 17%。

除此之外,还可作出类似的交会图(图 10-10)来确定有效油(气)层的电性界限。

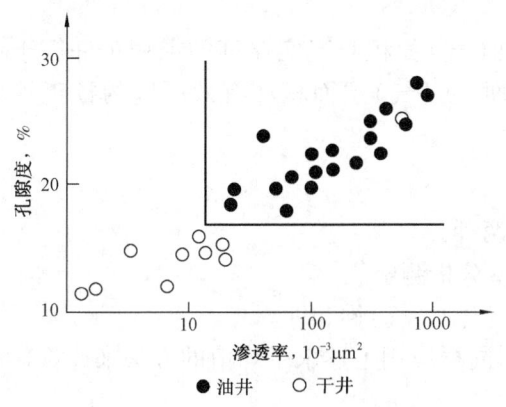

图 10-9 试油与物性关系图
(据林维澄,2006)

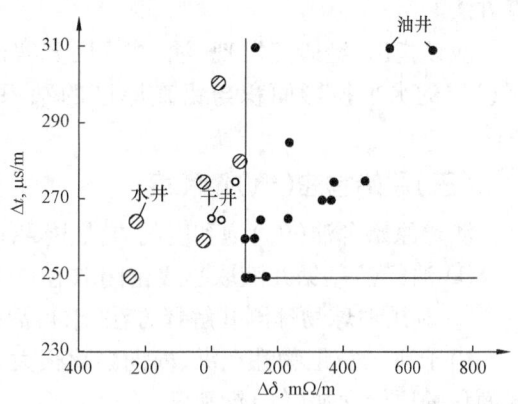

图 10-10 试油与感应幅度差、声波时差关系示意图
(据林维澄,2006)

根据物性与电性界限确定出有效油(气)层后,还须划分出每个产油(气)层的顶、底界限,量取总厚度,并从总厚度中扣除夹层的厚度(图 10-11),从而得到油(气)层有效厚度。

在获取到油(气)层的有效厚度之后,计算储量时,一般应根据分井、分层划分的有效厚度算出平均值。计算油气藏范围的有效厚度平均值有以下两种方法。

1)算术平均法

算术平均法是根据含油(气)面积内单井厚度来计算的,适用于井多而厚度变化不大的油(气)田。其计算公式为

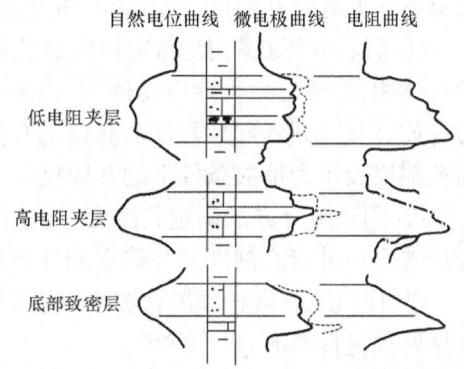

图 10-11 扣除夹层示意图

$$\bar{h} = \frac{h_1 + h_2 + \cdots + h_n}{n} \qquad (10-17)$$

式中 h_1、h_2、$\cdots$、h_n——含油(气)面积内单井的有效厚度,m;
n——含油(气)面积内的总井数;
$\bar{h}$——有效厚度平均值,m。

2)面积加权平均法

面价加权平均法,其计算公式为

$$\bar{h} = \frac{\frac{h_1 + h_2}{2} f_1 + \frac{h_2 + h_3}{2} f_2 + \cdots + \frac{h_{n-1} + h_n}{2} f_{n-1}}{f_1 + f_2 + \cdots + f_{n-1}} \qquad (10-18)$$

式中 f_1、f_2、$\cdots$、f_{n-1}——相邻两条等厚线之间的面积，m^2；

h_1、h_2、$\cdots$、h_n——有效厚度等值线的数值；

$\bar{h}$——平均有效厚度，m。

实践证明，面积加权平均法能比较客观地反映油（气）层情况，是目前广泛采用的一种计算方法。

应该指出，经研究发现，油（气）层真实的含油（气）面积与真实厚度的乘积正好等于油（气）层的水平投影面积与铅直厚度的乘积。因而，油（气）层面积和有效厚度的校正均可省略。

（三）原始含油（气）饱和度

测定原始含油（气）饱和度的方法主要有以下两种：

① 油（气）基钻井液取心或密闭取心，在实验室分析测定。

② 利用地球物理测井解释方法，求得油（气）层含油（气）饱和度。

由于油（气）层物性在纵、横向变化很大，因此，同样应用上述求平均值的方法来计算含油气面积的原始含油（气）饱和度。

（四）有效孔隙度

有效孔隙度的确定以实验室直接测定的岩性分析数据为基础。对于未取心井，则采用测井资料求取有效孔隙度，并与岩心分析数据对比，以提高其精度。

① 岩心分析孔隙度：测定岩样总孔隙度时，先确定岩样总体积，然后将其碾成细粒，求出颗粒体积，二者之差再除以总体积，即为岩样总孔隙度。钻井取心的岩样取至地面后，由于压力释放、弹性膨胀等原因，地面测得的孔隙度要大于地层条件下的孔隙度，计算储量时应将地面孔隙度校正为地层条件下的孔隙度。

② 测井解释方法确定孔隙度：声波测井、中子测井和密度测井是地层岩性和孔隙度的综合反映。通过岩心刻度测井建立测井解释模型，进而解释油（气）层孔隙度。

③ 应用地震资料预测孔隙度：地震预测的孔隙度一般用于控制储量和预测储量的计算。在探明储量计算时，仅作参考。

（五）油（气）的密度及体积系数

油（气）密度是在地面取样后，由实验室分析确定。原油体积系数是指在地层条件下原油体积与地面条件下脱气后的原油体积之比。计算储量时，也应采用平均值。

三、储量综合评价

油气储量开发利用的经济效果不仅和油气储量的数量有关，还取决于储量的质量和开发的难易程度。对于油气层厚度大、产量高、原油性质好、储层埋藏浅、油气田所处地区交通方便的储量，比油气层厚度薄、产量低、油稠、含水高、储层埋藏深的储量，建设同样产能所需开发建设投资必然少，获得的经济效益必然高。因此，分析勘探的效果不仅要看探明多少储量，还要综合分析探明储量的质量。

油气藏（田）储量的综合评价可以通过以下资料来进行。

（一）储量规模

按可采储量规模大小，将油气藏（田）分为5类（表10－1）。

表 10-1 储量规模分类（据 DZ/T 0217—2020）

分类	原油可采储量,$10^4 m^3$	天然气可采储量,$10^8 m^3$
特大型	≥25000	≥2500
大型	≥2500 ~ <25000	≥250 ~ <2500
中型	≥250 ~ <2500	≥25 ~ <250
小型	≥25 ~ <250	≥2.5 ~ <25
特小型	<25	<2.5

(二)储量丰度

按可采储量丰度大小将油气藏(田)分为 4 类(表 10-2)。

表 10-2 储量丰度分类（据 DZ/T 0217—2020）

分类	原油可采储量丰度,$10^4 m^3/km^2$	天然气可采储量丰度,$10^8 m^3/km^2$
高	≥80	≥8
中	≥25 ~ <80	≥2.5 ~ <8
低	≥8 ~ <25	≥0.8 ~ <2.5
特低	<8	<0.8

(三)产能

按千米井深稳定产量大小,将油气藏(田)分为 4 类(表 10-3)。

表 10-3 产能分类（据 DZ/T 0217—2020）

分类	油藏千米井深稳定产量,$m^3/(km \cdot d)$	气藏千米井深稳定产量,$10^4 m^3/(km \cdot d)$
高产	≥15	≥10
中产	≥5 ~ <15	≥3 ~ <10
低产	≥1 ~ <5	≥0.3 ~ <3
特低产	<1	<0.3

(四)埋藏深度

按埋藏深度大小,将油气藏(田)分为 5 类(表 10-4)。

表 10-4 埋藏深度分类（据 DZ/T 0217—2020）

分类	油气藏中部埋藏深度,m
浅层	<500
中浅层	≥500 ~ <2000
中深层	≥2000 ~ <3500
深层	≥3500 ~ <4500
超深层	≥4500

(五)储层物性

按油气藏的储层孔隙度、渗透率的大小分类。

① 按储层孔隙度大小,将储层分为特高、高、中、低、特低5类(表10-5)。

表10-5 储层孔隙度分类(据DZ/T 0217—2020)

分类	碎屑岩孔隙度,%	非碎屑岩基质孔隙度,%
特高	≥30	≥15
高	≥25～<30	≥10～<15
中	≥15～<25	≥5～<10
低	≥10～<15	≥2～<5
特低	<10	<2

② 按渗透率大小,将储层分为特高、高、中、低、特低5类(表10-6)。

表10-6 储层渗透率分类(据DZ/T 0217—2020)

分类	油藏空气渗透率,mD	气藏空气渗透率,mD
特高	≥1000	≥500
高	≥500～<1000	≥100～<500
中	≥50～<500	≥10～<100
低	≥5～<50	≥1.0～<10
特低	<5	<1.0

(六)含硫量

按原油含硫量和天然气硫化氢含量大小、将油气藏分为高含硫、中含硫、低含硫、微含硫4类(表10-7)。

表10-7 原油含硫量、天然气硫化氢含量分类(据DZ/T 0217—2020)

分类	原油含硫量,%	天然气硫化氢含量,g/m³
高含硫	≥2	≥30
中含硫	≥0.5～<2	≥5～<30
低含硫	≥0.01～<0.5	≥0.02～<5
微含硫	<0.01	<0.02

(七)原油性质

按原油的性质将油藏分类:

① 按原油密度大小,将原油分为轻质、中质、重质、超重质4类(表10-8)。

② 地层原油黏度大于50mPa·s,称为稠油;原油凝点大于等于40℃,称为高凝油;其余称为常规油。

表10-8 原油密度分类(据DZ/T 0217—2020)

分类	原油密度,g/cm³
轻质	<0.87
中质	≥0.87～<0.92
重质	≥0.92～<1.0
超重质	≥1.0

思 考 题

1. 简述储量的定义和分类。
2. 地质储量的分类有哪些？定义是什么？
3. 容积法储量计算的公式是什么？关键参数如何确定？

参 考 文 献

柏洋,朱建芳,2006. 世界非常规天然气资源的利用与进展. 中国石油和化工经济分析,9:42-45.

包茨,1988. 天然气地质学. 北京:科学出版社.

曹成润,刘志宏,2005. 含油气盆地构造分析原理及方法. 长春:吉林大学出版社.

陈立官,1983. 油气田地下地质学. 北京:地质出版社.

陈荣书,1994. 石油及天然气地质学. 武汉:中国地质大学出版社.

陈恭洋,2006. 油气田地下地质学. 北京:石油工业出版社.

承秋泉,陈红宇,范明,2006. 盖层全孔隙结构测定方法. 石油实验地质. 28(6):604-608.

崔敏,汤良杰,王鹏昊,等,2009. 雪峰隆起西南缘古应力特征及其石油地质意义. 地质力学学报,15(3):289-295.

D. Emery,1999. 无机地球化学在石油地质学中的应用. 王铁冠,译. 北京:石油工业出版社.

戴金星,宋岩,戴春森,等,1995. 中国东部无机成因气及其气藏形成条件. 北京:科学出版社.

戴金星,邹才能,陶士振,等,2007. 中国大气田形成条件和主控因素. 天然气地球科学,18(4):473-484.

戴俊生,李理,2013. 油区构造分析. 东营:中国石油大学出版社.

戴世昭,1997. 江汉盐湖盆地石油地质. 北京:石油工业出版社.

地质监督与录井手册编辑委员会,2001. 地质监督与录井手册. 北京:石油工业出版社.

丁贵明,王慎言,1995. 油气勘探项目管理工作手册. 北京:石油工业出版社.

丁贵明,张一伟,1997. 油气勘探工程. 北京:石油工业出版社.

董大忠,邹才能,李建忠,等,2011. 页岩气资源潜力与勘探开发前景. 地质通报,2:324-336.

杜贤樾,孙龙德,信荃麟,1992. 试论复杂断块油田的滚动勘探开发. 石油大学学报(自然科学版),16(4):8-15.

范泓澈,张方吼,骆光华,等,2011. 高温高压条件下甲烷和二氧化碳溶解度试验. 中国石油大学学报(自然科学版),35(2):6-11+19.

方帆,李相明,2007. 八面河油田面120区沙三段储层孔隙特征. 石油地质与工程,21(2):19-20.

方少仙,侯方浩,1998. 石油天然气储集层地质学. 东营:石油大学出版社.

付广,王岐,史集建,2012. 大港油田沙一段中部泥岩盖层封闭油气能力和时间有效性. 中南大学学报(自然科学版),43(8):3142-3148.

付金华,2004. 鄂尔多斯盆地上古生界天然气成藏条件及富集规律. 西安:西北大学:152.

高先志,张万选,张厚福,1990. 矿物质对热解影响的研究. 石油实验地质,12(2):201-205.

高先志,陈振岩,邹志文,等,2007. 辽河西部凹陷兴隆台高潜山内幕油气藏形成条件和成藏特征. 中国石油大学学报(自然科学版),31(6):6-9.

龚再升,李思田,2004. 南海北部大陆边缘盆地油气成藏动力学研究. 北京:科学出版社.

龚再升,2009. 生物礁是南海北部深水区的重要勘探领域. 中国海上油气,21(5):289-295.

郝芳,2005. 超压盆地生烃作用动力学与油气成藏机理. 北京:科学出版社.

郝石生,陈章明,高耀斌,等,1996. 天然气藏的形成与保存. 北京:石油工业出版社.

郝石生,黄志龙,杨家崎,1994. 天然气运聚动平衡原理及其应用. 北京:石油工业出版社.

郝芳,邹华耀,方勇,2005. 隐蔽油气藏研究的难点和前沿. 地学前缘(中国地质大学(北京); 北京大学),112(4):481－488.

何登发,贾承造,　　　　等,2005. 多旋回叠合盆地构造控油原理. 石油学报,26(3):1－9.

何自新,2003. 鄂尔多斯盆地构造演化与油气. 北京:石油工业出版社.

胡朝元,孔志平,廖曦,2002. 油气成藏原理. 北京:石油工业出版社.

胡见义,黄第藩,1991. 中国陆相石油地质理论基础. 北京:石油工业出版社.

胡见义,徐树宝,窦立荣,等,1991. 烃类气成因类型及其富气区的分趁摸蛳. 学科发展与研究,1(1):1－5.

胡见义,赵文智,1997. 中国含油气系统的应用与进展. 北京:石油工业出版社.

胡湘炯,高德利,2003. 油气井工程. 北京:中国石化出版社.

黄第藩,李晋超,张大江,1984. 干酪根类型及其分类参数的有效性、局限性和相关性. 沉积学报,2(3):18－33.

黄第藩,1996. 成烃理论的发展:未熟油及有机质成烃演化模式. 地球科学进展,11(4):327－335.

黄志龙,唐为清,郝石生,1994. 天然气扩散模型的建立及其应用. 大庆石油学院学报,3:8－13.

霍永录,等,1989. 中国石油地质志(卷十三,玉门油田). 北京:石油工业出版社.

贾承造,魏国齐,李本亮,2005. 中国中西部小型克拉通盆地群的叠合复合性质及其含油气系统. 高校地质学报,11(4):479－482.

贾承造,1999. 塔里木盆地构造特征与油气聚集规律. 新疆石油地质,20(3):177－184.

贾承造,2007. 煤层气资源储量评估方法. 北京:石油工业出版社.

贾承造,2007. 油砂资源状况与储量评估方法. 北京:石油工业出版社.

金之钧,张金川,2002. 油气资源评价方法的基本原则. 石油学报,23(1):19－23.

蒋有录,查明,2006. 石油天然气地质与勘探. 北京:石油工业出版社.

蒋裕强,陆廷清,2010. 石油与天然气地质概论. 北京:石油工业出版社.

莱复生 A I,1975. 石油地质学. 张更,等译. 北京:地质出版社.

莱复生,1995. 石油地质学. 周家珩译. 北京:地质出版社.

雷群,王红岩,赵群,等,2008. 国内外非常规油气资源勘探开发现状及建议. 天然气工业,28(12):7－10.

李国玉,唐养吾,1997. 世界油田图集. 北京:石油工业出版社.

李国玉,2000. 世界油田图集. 北京:石油工业出版社.

李国玉,金之均,2005. 中国含油气盆地图集. 2版. 北京:石油工业出版社.

李国玉,吕鸣岗,赵俭成,2002. 中国含油气盆地图集. 北京:石油工业出版社.

李景明,王红岩,赵群,2008. 中国新能源资源潜力及前景展望. 天然气工业,28(1):149－153.

李明诚,2004. 石油与天然气运移. 北京:石油工业出版社.

李明诚,2013. 石油与天然气运移. 3版. 北京:石油工业出版社.

李丕龙,等,2003. 陆相断陷盆地油气地质与勘探(卷二):陆相断陷盆地沉积体系与油气分布. 北京:石油工业出版社.

李丕龙,等,2003. 陆相断陷盆地油气地质与勘探(卷四):陆相断陷盆地油气成藏组合. 北京:

石油工业出版社.

李丕龙,2000. 断陷盆地油气聚集模式及其动力学特征. 石油大学学报(自然科学版),24(4):26-30.

李晓亮,李勇,王童,等,2008. 空气泡沫钻井技术在河坝101井的应用. 天然气技术,2(3):32-34.

李晓清,汪泽成,张兴为,等,2001. 四川盆地古隆起特征及其对天然气的控制作用. 石油与天然气地质,22(4):347-351.

廖明光,夏宏全,1997. 孔隙结构新参数 R 顶点及其在储集层研究中的应用. 石油勘探与开发,24(3):78-81.

林维澄,2006. 石油地质概论. 东营:中国石油大学出版社.

柳广弟,孙明亮,吕延防,等,2008. 库车坳陷天然气成藏过程有效性定量评价. 中国科学 D 辑(地球科学),38(增刊Ⅰ):103-110.

柳广弟,张仲培,陈文学,等,2002. 焉耆盆地油气成藏期次研究. 石油勘探与开发,29(1):69-71.

柳广弟,2009. 石油地质学. 4版. 北京:石油工业出版社.

刘和甫,1993. 沉积盆地地球动力学分类及构造样式分析. 地球科学—中国地质大学学报,18(6):317-330.

刘洛夫,赵建章,张水昌,等,2001. 塔里木盆地志留系沉积构造及沥青砂岩的特征. 石油学报,22(6):11-17.

陆克政,2001. 含油气盆地分析. 东营:石油大学出版社.

罗平,张静,刘伟,等. 2008. 中国海相碳酸盐岩油气储层基本特征. 地学前缘.15(1):36-50.

吕延防,付广,高大岭,等,1996. 油气藏封盖研究. 北京:石油工业出版社.

吕正谋,1985. 山东东营凹陷下第三系砂岩次生孔隙研究. 沉积学报,3(2):50-59+157-158.

罗蛰潭,王允诚,1986. 油气储集层的孔隙结构. 北京:科学出版社.

闵琪,付金华,席胜利,等,2000. 鄂尔多斯上古生界天然运移聚集特征. 石油勘探与开发,27(4):26-32.

牟传龙,谭钦银,余谦,等,2003. 四川宣汉盘龙洞晚二叠世生物礁古油藏剖面序列. 沉积与特提斯地质,23(3):60-64.

诺斯 F K,1994. 石油地质学. 高纪清,等译. 北京:石油工业出版社.

潘钟祥,1986. 石油地质学. 北京:地质出版社.

庞雄奇,邱楠生,姜振学,2005. 油气成藏定量模拟. 北京:石油工业出版社.

庞雄奇,2006. 油气田勘探. 北京:石油工业出版社.

强子同,1998. 碳酸盐岩储集层地质学. 东营:石油大学出版社.

秦长文,秦旋,2015. 美国鹰滩和尼奥泊拉拉页岩油富集主控因素. 特种油气藏,22(3):34-37+152.

秦匡宗,赵丕裕,1990. 用固体 13CNMR 研究黄县褐煤的化学结构. 燃料化学学报,18(1):54-68.

尚慧芸,李晋超,郭舜玲,等,1982. 石油地质实验新技术. 北京:石油工业出版社.

裘怿楠,等,1997. 中国陆相油气储集层. 北京:石油工业出版社.

宋岩,赵孟军,柳少波,等,2005. 中国三类前陆盆地油气成藏特征. 石油勘探与开发,32(3):1-6.

童晓光,何登发,2001. 油气勘探原理和方法. 北京:石油工业出版社.

王超,张柏桥,舒志国,等,2018. 四川盆地涪陵地区五峰组—龙马溪组海相页岩岩相类型及储层特征. 石油与天然气地质,39(3):485-497.

王红军,马锋,童晓光,等,2016. 全球非常规油气资源评价. 石油勘探与开发,43(6):850-862.

王清晨,金之钧,2002. 叠合盆地与油气形成富集. 中国基础科学,6:4-7.

王铁冠,钟宁宁,侯读杰,等,1996. 低熟油气形成机理与分布. 北京:石油工业出版社.

王允诚,2007. 油气藏开发地质学. 北京:石油工业出版社.

文龙,李亚,易海永,等,2019. 四川盆地二叠系火山岩岩相与储层特征. 天然气工业,39(2):23-33.

魏国齐,焦贵浩,杨威,等,2010. 四川盆地震旦系—下古生界天然气成藏条件与勘探前景. 天然气工业,30(12):5-9+119-120.

邬立言,顾信章,盛志伟,等,1986. 生油岩热解快速定量评价. 北京:科学出版社.

吴胜和,蔡正旗,施尚明,2011. 油矿地质学. 北京:石油工业出版社.

武守诚,2005. 油气资源评价导论. 北京:石油工业出版社

吴涛,赵文智,1997. 吐哈盆地煤系油气田形成和分布. 北京:石油工业出版社.

吴欣松,张一伟, ,2001. 油气田勘探. 北京:石油工业出版社.

伍友佳,2004. 石油矿场地质学. 北京:石油工业出版社.

吴元燕,吴胜和,蔡正旗,2005. 油矿地质学. 3版. 北京:石油工业出版社.

向才富,汤良杰,李儒峰,等,2008. 叠合盆地幕式流体活动:麻江古油藏露头与流体包裹体证据. 中国科学D辑:地球科学,38:70-77.

徐国盛,李仲东,罗小平,等,2012. 石油与天然气地质学. 北京:地质出版社.

许爱,2006. 气体钻井技术及现场应用. 石油钻探技术,34(4):16-19.

薛海涛,王欢欢,卢双舫,等,2007. 碳酸盐岩油源岩有机质丰度分级评价标准. 沉积学报,25(5):782-786.

颜其彬,付晓文,1993. 油气藏地质学原理. 成都:成都科技大学出版社.

杨通佑,范尚炯,陈元迁,等,1998. 石油及天然气储量计算方法. 2版. 北京:石油工业出版社.

应凤祥,1994. 中国油气储层研究图集. 北京:石油工业出版社.

赵宝峰,陈红汉,孔令涛,等,2014. 莺歌海盆地流体垂向输导体系及其对天然气成藏控制作用. 地球科学:中国地质大学学报,9(9):1323-1323.

查全衡,1999. 石油天然气资源经济管理基础. 北京:石油工业出版社.

翟光明,等,2007. 中国油气勘探理论与实践. 北京:石油工业出版社.

翟光明,2005. 中国石油地质学. 北京:石油工业出版社.

张敦祥,张方吼,骆光华,1990. 梁家楼湖相烃类从泥岩向浊积岩的初次运移. 石油与天然气地质,3:334-344.

张厚福, 高先志,等,2007. 石油地质学. 北京:石油工业出版社.

张厚福,张善文,王永诗,等,2007.油气藏研究的历史、现状与未来.北京:石油工业出版社.

张厚福,张万选,1989.石油地质学.2版.北京:石油工业出版社.

张厚福,1998.石油地质学新进展.北京:石油工业出版社.

张厚福,　　　　高先志,等,1999.石油地质学.北京:石油工业出版社.

张景廉,李相博,刘化清,2013."石油无机成因说"的理论与实践.西安石油大学学报(自然科学版),28(1):1-11+17+12.

张抗,2004.中国克拉通盆地油气成藏特点和勘探思路.石油勘探与开发,31(6):8-13.

张新民,庄军,张遂安,2002.中国煤层气地质与资源评价.北京:科学出版社.

张一伟,金之钧,2003.油气勘探工程.北京:中国石化出版社.

张一伟,金之钧,刘国臣,等,2000.塔里木盆地环满加尔地区主要不整合形成过程及剥蚀量研究.地学前缘,7(4):449-457.

张枝焕,张厚福,高先志,1994.粘土矿物对干酪根热解生烃过程的影响.石油勘探与开发,21(5):29-37+119.

赵宝峰,陈红汉,孔令涛,等,2014.莺歌海盆地流体垂向输导体系及其对天然气成藏控制作用.地球科学:中国地质大学学报,9:1323-1332.

赵文智,沈安江,潘文庆,等,2013.碳酸盐岩岩溶储层类型研究及对勘探的指导意义:以塔里木盆地岩溶储层为例.岩石学报,29(9):3213-3222.

赵文智,王兆云,张水昌,等,2005.有机质"接力成气"模式的提出及其在勘探中的意义.石油勘探与开发,32(2):1-7.

赵文智,邹才能,谷志东,等,2007.砂岩透镜体油气成藏机理初探.石油勘探与开发,37(3):273-284.

赵文智,邹才能,汪泽成,等,2004.富油气凹陷"满凹含油"论:内涵与意义.石油勘探与开发,31(2):5-13.

赵文智,2006.石油地质理论与方法进展.北京:石油工业出版社.

赵喆,钟宁宁,黄志龙,2006.碳酸盐岩排烃条件及其对烃源岩有机质丰度下限的影响.地球化学,35(2):167-173.

郑民,李建忠,吴晓智,等,2019.我国主要含油气盆地油气资源潜力及未来重点勘探领域.海相油气地质,24(02):1-13.

钟宁宁,张枝焕,1998.石油地球化学进展.北京:石油工业出版社.

中国石油地质志编写组,1993.中国石油地质志.北京:石油工业出版社.

周长虹,邓虎,段敏,等,2014.泡沫钻井技术在出水地层中的应用.钻井工程,34(6):91-96.

邹才能,朱如凯,白斌,等,2011.中国油气储层中纳米孔首次发现及其科学价值.岩石学报,27(6):1857-1864.

邹才能,董大忠,王玉满,等,2015.中国页岩气特征、挑战及前景(一).石油勘探与开发,42(6):689-701.

邹才能,董大忠,杨桦,等,2011.中国页岩气形成条件及勘探实践.天然气工业,31(12):26-39+125.

邹华耀,郝芳,张柏桥,等,2005.准噶尔盆地流体输导格架及其对油气成藏与分布的控制.地球科学:中国地质大学学报,30(5):599-616.

Barker C,1980. Primary Migration the Importance of Water organic Mineral Matter Interactions in the

Source Rock. AAPG Studies in Geology. Tulsa: Oklahoma: 1 – 13.

Beard D C, Weyl P K, 1973. Influence of texture on porosity and permeability of unconsolidated sand. AAPG Bulletin, 57(2): 349 – 369.

Berg R R, 1975. Capillary pressures in stratigraphic traps. AAPG, 59(5): 939 – 956.

Burst J F, 1969. Diagenesis of Mexico Coast clayey sediments and its possible relation to petroleum migration. AAPG Bulletin, 53(1): 73 – 93.

Catalan L, Xiaowen F, Chatzis I, et al., 1992. An experiment study of secondary oil migration. AAPG Bulletin, 76(3): 638 – 650.

Chapman R E, 1982. Effects of oil and gas accumulation on water movement. AAPG, 66(3): 623 – 644.

Choquette P W, Lloyd C P, 1970. Geologic Nomenclature and classification of porosity in sedimentary carbonates. AAPG Bulletin, 54(2): 207 – 244.

Cooper J E, Bray E E, 1963. A postulated role of fatty acids in petroleum formation. Geochimica et Cosmochimica Acta, 27(1).

Cordell R J, 1977. How oil migration in clastic sediments. World Oil, 183(1): 6 – 7.

Dembicki H, Anderson J, 1989. Secondary migration of oil: experiments supporting efficient movement of separate, buoyant oil phase along limited conduits. AAPG Bulletin, 73: 1018 – 1021.

Dickey P A, 1986. Petroleum development geology. 3rd ed. Pennwell publishing: 530.

Dow W G, 1972. Application of oil correlation and source rock data to exploration in Williston basin (abs.). AAPG Bulletion, 56: 615.

Dullien F A, 1981. Wood's metal porosimetry and its relation to mercury porosimetry. Powder Technology, 29: 109 – 116.

Ehrlich R, Crabtree S J, Horkowitz K O, et al., 1991. Petrography and reservoir physics I: Objective classification of reservoir porosity. AAPG Bull, 75(10): 1547 – 1562.

Ehrlich R, Etris E L, Brumfield D S, et al., 1991. Petrography and reservoir physics III: physical models for permeability and formation factor. AAPG Bulletin, 75(10), 1579 – 1592.

England W A, Mackenzie A S, Mann D M, et al., 1987. Movement and Entrapment of Petroleum Fluid in the Subsurface. Journal of the Geological Society, 144: 327 – 347.

Grunau H R, 1987. A worldwide look at the cap – rock problem. Journal of Petroleum Geology, 10 (3): 245 – 266.

Hao F, T L Guo, Y M Zhu, et al., 2008. Evidence for multiple stages of oil cracking and thermochemical sulfate reduction in the Puguang gas field, Sichuan Basin, China. AAPG Bulletin, 92 (5): 611 – 637.

Hao F, Zhang Z H, Zou H Y, et al., 2011. Origin and mechanism of the formation of the low – oil saturation Moxizhuang field, Junggar Basin, China: Implication for petroleum exploration in basins having complex histories. AAPG Bulletin, 95(6): 983 – 1008.

Hamilton P J, Kelley S, Fallick A E, 1989. K – Ar dating of illite in hydrocarbon reservoir. Clay Minerals, 24: 213 – 215.

Houseknecht D W, 1987. Assessing the relative importance of compaction processes and cementation to reduction of porosity in sandstones. AAPG Bulletin, 71(6): 633 – 642.

Hubbert M K, 1953. Entrapment of petroleum under hydrodynamic condition. AAPG Bulletin, 37(8): 1954 – 2026.

Hunt J M, 1979. Petroleum geochemistry and geology. San Francisco: W. H. freeman and Company.

Hunt J M, 1990. Generation and Migration of Petroleum from Abnormally Pressured Fluid Compartment. AAPG Bulletin, 74(1): 1 – 12.

Jarvie D M, Hill R J, Ruble T E, et al., 2007. Unconventional shale – gas systems: The Mississippian Barnett Shale of north – central Texas as one model for thermogenic shale – gas assessment. AAPG Bulletin, 91(4): 475 – 499.

Jennings J B, 1987. Capillary pressure techniques: application to exploration and development geology. AAPG Bulletin, 71, 1196 – 1209.

Ji Y L, Zhou Y, Kuang J, et al., 2010. The formation and evolution of Chepaizi – Mosuowan paleo – uplift and its control on the distributions of sedimentary facies in the Junggar Basin. Science China Earth Sciences, 53: 818 – 831.

Langmuir I, 1916. Constitution and fundamental properties of solids and liquids. Journal of the American Chemical Society: 183.

Levorson A I, 1956. Geology of petroleum. San Francisco: W H Freeman and Company.

Levorson A I, 1967. Geology of Petroleum. San Francisco: W H Freeman and Company.

Leythaeuer D, Schaefer R G, Yukler A, 1982. Role of diffusion in primary migration of hydrocarbons. AAPG Bulletin, 66(4): 408 – 492.

Loucks R G, Reed R M, Ruppel S C, et al., 2009. Morphology, genesis and distribution of nanometer – scale pores in siliceous mudstones of the Mississippian Barnett shale. Journal of Sedimentary Research, 79(12): 848 – 861.

Magara K, 1977. Compaction and fluid migration, development in petroleum geology. London: Elsevier Applied Science Publishers Ltd.

Magara K, 1986. Geological models of petroleum entrapment. London: Elsevier Applied Science Publishers Ltd.

Magoon L B, Dow W G, 1994. The petroleum system: from source to trap. AAPG Memoir, 60: 3 – 24.

McAuliffe C D, 1979. Oil and gas migration: chemical and physical constraints. AAPG Bulletin, 65(5): 761 – 781.

McCreesh C A, Ehrlich R, Crabtree S J, 1991. Petrography and reservoir physics II: Relating thin Section porosity to capillary pressure. AAPG Bulletin, 75(10): 1563 – 1578.

Pashin J C, Groshong R H, 1998. Structural control of coalbed methane production in Alabama, 38(1 – 2): 89 – 113.

Pittman E D, 1992. Relationship of Porosity and Permeability to Various Parameters Derived from Mercury Injection – Capillary Pressure Curves from Sandstone. AAPG, 76(2): 191 – 198.

Powers M C, 1967. Fluid – release mechanisms in compacting marine mudrocks and their importance in oil exploration. AAPG Bulletin, 51: 1240 – 1254.

Pratsch J C, 1983. Gasfield, NW Germany basin: secondary migration as a major geologic parameter. Journal of Petroleum Geology, 5(3): 2134 – 2145.

Russell W L, 1951. Principles of petroleum geology. New York: McGraw – Hil.

Russell W L, 1960. Principles of petroleum geology. New York: McGraw – Hill.

Schowalter T T, 1979. Mechanics of secondary hydrocarbon migration and entrapment. AAPG Bulletin, 63: 723 – 760.

Shanmugam G, 1985. Significance of coniferous rain forests and related organic matter in generating commercial quantities of oil, Gippsland Basin, Australia. AAPG Bulletin, 69(8): 1241 – 1254.

Swanson B, 1981. A simple correlation between permeabilities and mercury capillary pressure. Jounal of Petroleum Technology, 11: 2488 – 2504.

Tiratsoo E N, 1951. Petroleum geology. London: Methuen: 449.

Tissot B, Welte D, 1978. Petroleum formation and Occurrence – a new approach to oil exploration. London: Elsevier Applied Science Publishers Ltd.

Tissot B, 1984. Recent advances in petroleum geochemistry applied to hydrocarbon exploration. AAPG Bulletin, 68: 545 – 563.

Toth J, 1980. Cross – formation Gravity – flow of Ground Water: a Mechanism of the transport and Accumulation of Petroleum (the Generalized Hydramic Theory of Petroleum Migration), Problem of Petroleum Migration. AAPG Studies in Geology, 10: 121 – 167.

Ungerer P, 1987. A 2 – D Model of Basin Scale Petroleum Migration by two – Phase Fluid Flow: Application to Some Case Studies//Doligez B. Migration of Hydrocarbon in Sedimentary Basin. Technip Paris: 415 – 455.

Wardlaw N C, 1990. Quantitative Determination of pore structure and application to fluid displacement in reservoir rocks. North Sea Oil and Gas Reservoir – II: 299 – 243.

Wardlaw N C, Taylor R P, 1976. Mercury Capillary pressure curves and the interpretation of pore structure and capillary behaviour in reservoir rocks. Bull. Can. Petroleum Geol, 24: 225 – 262.

Wardlaw N C, Mekellar M, Li Y, 1988. Pore and throat size distribution determined by mercury porsimetry and by direct observation. Carbonate and Evaporites, 3: 1 – 15:

Zhang Y, Zou H, Wang C, et al., 2008. Reserve and Pressure Change of Paleo – oil Reservoir in Puguang Area, Sichuan Basin. Journal of China University of Geoscience, 19(6): 726 – 738.

Zou H, Zhang Y C, Liu J Z, et al., 2008. Evolution of the Moxizhuang Oil Field, Central Junggar Basin, Northwest China. Journal of China University of Geoscience, 19(3): 242 – 251.

Zou H, Hao F, Zhu Y, et al., 2008b. Source rocks for the giant Puguang Gas Field, Sichuan Basin: Implication for petroleum exploration in marine sequences in South China. Acta Geologica Sinica, 82(3): 477 – 486.